TRAUM REISEN auf den großen EISENBAHN ROUTEN DER WELT

Übersetzt von
Wolfgang Ferdinand Müller

TRAUMREISEN auf den großen EISENBAHNROUTEN DER WELT

Für ihre Unterstützung bei der Planung und Vorbereitung dieses Buches danken die Autoren und der Verlag:
Neil Ambrose, Chris Bane, Hilary Bradt, Jeremy Collin, Dr. S. Dandapani (SD Enterprises Ltd), Alfonso Di Ianni, Paul Duncan, Paul Godwin, Elisabeth Grace, Gary Grainger (VIA Rail Canada Inc), Ralph Holzwarth, Fabienne Kalifat, Virginia und Peter Letcher, Elysabeth Logan, Marie Lorrimer, Rod MacFayden, Caroline Marchetti, Polly Phillimore, Bonnie Randall, Jackie Rathband, Caroline Rathbone (VSOE), Melinda Regnell, Martine Simon, Keith Stimpson, Bernard Stonehouse, Peter Tremlett, Richard Turner, Gavin Wynford-Jones.

Ohne die Hilfe folgender Gesellschaften und Institutionen bei Reiseplanung, Flügen, Fahrtkosten und Unterbringung wäre dieses Buch nie Wirklichkeit geworden:
Italien: Citalia; *Türkei*: Türkisches Konsulat, Genf; *Österreich und Deutschland*: Österreichische Bundesbahnen; Österreichisches Fremdenverkehrsamt; Deutsche Bundesbahn; Deutsche Zentrale für Tourismus; Verkehrsämter der Städte Konstanz, Bregenz und Linz; *Norwegen*: Norwegische Staatsbahnen, London; Color Line, Newcastle upon Tyne; *Spanien*: Judith Greeven (Sugden McCluskie); Iberia-Fluggesellschaft; *Indien*: Connemara Hotel, Madras; Taj Garden Retreat, Upper Coonor; Savoy Hotel, Ootacamund; British Airways; Taj-Hotelgruppe; *Myanmar*: Birmesisches Verkehrsministerium, Rangun; *México*: Sr. Javier Rivas, Secretaría de Turismo; Mexikanisches Fremdenverkehrsbüro, London; Balderrama Hoteles y Tours, Los Mochis; Regierung des Bundesstaates Chihuahua, Chihuahua; Ferrocarriles Nacionales de México, Region Norte, Chihuahua; *Chile*: Adrian Turner, Traucomontt Tours/Andean Leisure; *Japan*: Japanisches Fremdenverkehrsbüro, London; *Neuseeland*: Brendon Wilson und New Zealand Rail Ltd; *Südafrika*: Management und Public Relations Office von Spoornet; *und für Routen weltweit*: Dave Clark und Longhaul Leisurail von Peterborough; British Rail International.

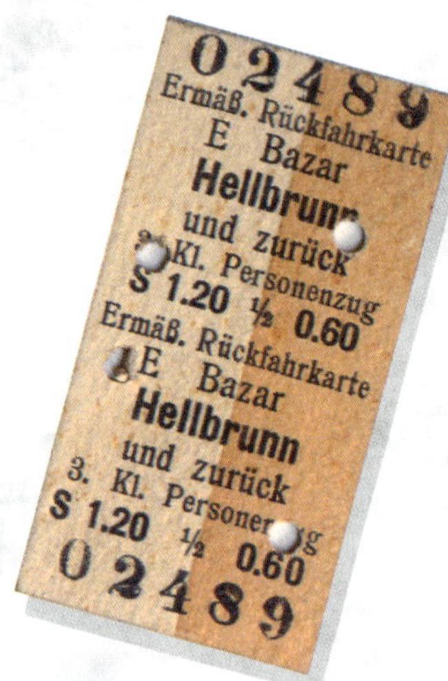

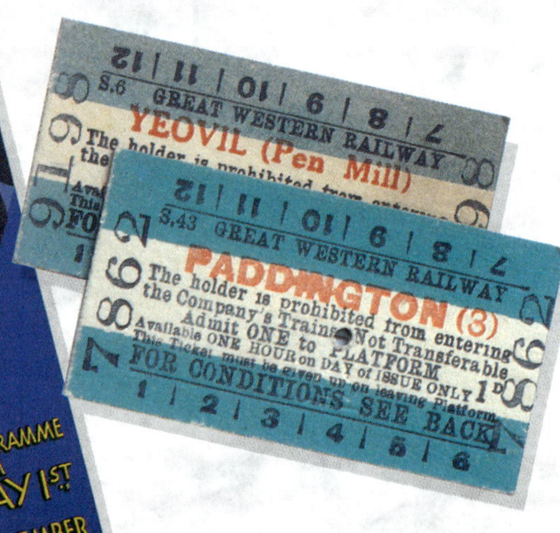

Titel der englischen Originalausgabe:
Train Journeys of the World

Lizenzausgabe mit freundlicher Genehmigung der Rechteinhaber der deutschsprachigen Ausgabe für RV Reise- und Verkehrsverlag GmbH, Berlin, Gütersloh, Leipzig, München, Potsdam/Werder, Stuttgart 1994

Autoren:
Sämtliche Autoren sind im Inhaltsverzeichnis bei den entsprechenden Beiträgen genannt
Übersetzung aus dem Englischen: Wolfgang Ferdinand Müller, Stuttgart
Lektorat und Herstellung: Siegfried Fischer, Stuttgart
Kartographie: © 1993 The Automobile Association, Basingstoke, Großbritannien

Satz: Typobauer Filmsatz GmbH, Ostfildern
Lithographie: L. C. Repro and Sons Ltd, Aldermaston
Druck und Verarbeitung: Mohndruck Graphische Betriebe GmbH, Gütersloh
Printed in Germany
ISBN 3-575-22029-8

1 2 3 4 5 98 97 96 95 94

Inhalt

THE TRANS-SIBERIAN
EXPRESS
INTOURIST
MOSCOW
USSR

14592
Gültig zur Beförderung
zwischen zwei
oder umgekehrt
Unmarkiert ungültig
14592

Wunderbare Bahnwelt

PAUL ATTERBURY

Die Entwicklung der Eisenbahnen

Am 14. Juni 1842 schrieb Königin Viktoria von England in einem Brief aus dem Buckingham-Palast: „Wir sind gestern morgen mit der Eisenbahn von Windsor gekommen. Es war eine bezaubernde Fahrt von einer halben Stunde Dauer, ohne jeden Staub, ohne jede Hitze und Beengtheit." Nachdem sie so, als ein etwas ängstlicher Passagier der soeben eröffneten Great Western Line, die ersten 29 Bahnkilometer ihres Lebens zurückgelegt und ihren ersten Eindruck von der neuen Art des Reisens gewonnen hatte, wurde Queen Victoria eine begeisterte Anhängerin der Eisenbahn. Und das blieb sie auch während ihrer ganzen Regierungszeit. Wobei ihr Reisespaß aber durch ihre notorische Angst vor übertriebenen Geschwindigkeiten gemäßigt wurde, die sie darauf bestehen ließ, daß der königliche Zug nie schneller als 65 km/h fahren dürfe.

Ihre königliche Patronage förderte die schnelle Ausdehnung des Bahnnetzes sowohl innerhalb Großbritanniens, wo ja die Wiege des Eisenbahnzeitalters stand, als auch in anderen Teilen der Erde. Die übrigen königlichen Familien Europas, insbesondere die Deutschlands und Rußlands, folgten bald dem Beispiel der jungen englischen Königin, schon allein aufgrund ihrer engen verwandtschaftlichen Beziehungen. Ludwig von Bayern besaß einen der luxuriösesten Salonwagen, der je gebaut wurde, einen wahren Barockpalast auf Rädern, der sogar über eine Toilette mit Wasserspülung und Schwanendaunenpolster verfügte. Die erste öffentliche Eisenbahn Rußlands war die 1837 eröffnete, nur 24 km lange Strecke zwischen Sankt Petersburg und Tsarskoye Selo (Puschkin); aber die Zaren sahen in der Eisenbahn ein wichtiges Vehikel für die wirtschaftliche Entwicklung und politische Kontrolle ihres Riesenreiches.

Viktorias Enthusiasmus wurde von ihren Ministern nicht immer geteilt. So soll der Herzog von Wellington zu Beginn des Eisenbahnzeitalters gesagt haben: „Ich sehe keinen Grund zu der Annahme, daß diese Maschinen sich je für den allgemeinen Gebrauch durchsetzen werden." Natürlich wurden in der ersten Hälfte des 19. Jahrhunderts die Vor- und Nachteile der Bahn weltweit von all denen heftig diskutiert, deren Arbeit und Leben durch sie beeinflußt wurde – von Klerikern, Politikern, Wissenschaftlern und Militärs, Industriellen, Angehörigen gehobener Berufe, Künstlern und Schriftstellern. Einige hielten sie für ein Werk des Teufels, andere für den Schlüssel zur Zukunft. Wie auch immer, ihr weltweiter Siegeszug war unaufhaltsam. Die Eisenbahn wurde schnell zum bedeutsamsten Ereignis des an Ereignissen ohnehin reichen 19. Jahrhunderts.

UNTEN *Die Eröffnung der Stockton-Darlington-Linie. Heute ist die Eisenbahn Teil unseres Alltagslebens, damals war sie eine Sensation, die die Gemüter erregte*

DIE FRÜHZEIT

Für Königin Viktoria war diese Eisenbahnreise von 1842 ein ganz neues Erlebnis. Aber Bahnen hatte es in vielen Ländern, in der einen oder anderen Form, schon mindestens seit dem 17. Jahrhundert gegeben. Sie wurden für den Nahtransport von Massengütern wie Kohle eingesetzt und waren recht primitive Angelegenheiten mit Schienen aus Holz, Stein oder Gußeisen, auf denen einzelne Wagen von Menschen oder Pferden gezogen wurden.

Die Dampfmaschine tauchte erst im späten 18. Jahrhundert auf, am Vorabend des Industriezeitalters, war aber anfangs eine stationäre Kraftmaschine, die ihre Waggons mittels Seilen und Kabeln zog. Im frühen 19. Jahrhundert erprobte man die ersten Dampffahrzeuge. Diese primitiven Maschinen wurden von ihren Konstrukteuren schnell verbessert, so daß 1825 zwischen Stockton und Darlington die erste öffentliche Dampfstrecke der Welt eröffnet werden konnte. Das war der Beginn des Eisenbahnzeitalters.

Die anderen Länder folgten bald dem britischen Beispiel. Die ersten Fernlinien wurden schon in den 1830ern geplant und gebaut. Ab den 1850ern verzeichnete das internationale Netz eine ganz erstaunliche Wachstumsrate. Zur Jahrhundertwende hatte es bereits eine Gesamtlänge von 1 200 000 km. Was auf der nationalen Ebene Großbritanniens begonnen hatte, überwand binnen kurzem alle Grenzen der Erde.

Zuerst verbanden die internationalen Eisenbahnbauer die Hauptstädte Europas miteinander — all den beträchtlichen ökonomischen und politischen Unterschieden zum Trotz, die diese bis dahin getrennt hatten. Von Europa breitete sich das Bahnnetz dann weiter aus und erwarb dabei die Fähigkeit, nicht nur Länder, sondern ganze Kontinente zu überqueren. Bereits im späten 19. Jahrhundert bot es praktische und zuverlässige Transportmöglichkeiten quer durch Nord- und Südamerika und durch Indien sowie in den Mittleren und Fernen Osten, ja bis nach China. Nur dank der Eisenbahn konnte Phileas Fogg in 80 Tagen um die Welt reisen und so seine Wette gewinnen. Ihre vielleicht einzige große Niederlage erlitten die Bahnstrategen in Afrika, denn die geplante Linie Kairo-Kapstadt wurde nie fertig.

Sogar der Kanaltunnel zwischen England und Frankreich war schon Teil eines großartigen viktorianischen Plans zur Beschleunigung des internationalen Reiseverkehrs. Daß er nun doch noch realisiert wird, ist ein später Triumph des Internationalismus über ein Jahrhundert nationalstaatlich orientierter politischer Intrigen.

„Alles Einsteigen!"

Die Frucht all dieser Anstrengungen war ein erstaunlich vielfältiges Personen- und Güterzugnetz, mit den nationalen und internationalen Zentren als wichtigsten Knotenpunkten. Die anfänglich schlecht ausgestatteten und langsamen Personenzüge begannen sich mit jener ausgesprochen romantischen Aura zu umgeben, die ihnen bis heute anhaftet. Die neu entwickelten Schlaf- und Speisewagen machten die Züge komfortabler — ihr Pionier war George Pullman in Amerika —, und die Fortschritte im Gleis-, Lokomotiv- und Wagenbau, in der Signal- und Kommunikationstechnik machten sie schneller, zuverlässiger und sicherer. Natürlich gab es in den Anfangsjahren häufig Unfälle; aber jeder von ihnen deckte auch bestimmte Schwächen des Systems auf, die dann beseitigt und vermieden werden konnten. Neue Gesellschaften für den Bau und Betrieb einzelner Strecken entstanden, erblühten über Nacht, fusionierten oder gingen bankrott. Sogar die bescheidenen Bahnen mancher Entwicklungsländer erhielten ihren Anteil an Expreß- und Pullmanzügen.

Damals trug eben die Eisenbahn das Banner einer neuen Epoche, so wie heute das Flugzeug. Das war auch die Zeit, als die klassischen Fernzüge ihre Namen erhielten — der Orient-Express, der Talgo, die Transsibirische Eisenbahn oder der Broadway Limited —, prestigegeladene Namen, die ihren festen Platz in der Mythologie des Bahnreisens haben.

Ebenso bedeutsam war die Entwicklung des Tourismus. Den weltersten Zugausflug organisierte in den 1840ern der junge Engländer Thomas Cook, der so einer 500köpfigen Reisegruppe aus Leicester den Besuch eines Temperenzlertreffens in Loughborough ermöglichte. Noch heute, mehr als 150 Jahre später, steht sein Name für Bahnreisen in aller Welt. In den 1860ern stiegen viele Bahngesellschaften ins Tourismusgeschäft ein. Sie eröffneten neue Strecken und Bahnhöfe und organisierten Sonderzüge, die auf die besonderen Bedürfnisse dieser neuen Spezies von Vergnügungsreisenden zugeschnitten waren. Viele Feriengebiete in der ganzen Welt verdanken ihre Entstehung allein der Eisenbahn.

OBEN *„Sonntag in der Union Pacific Railway", eine Skizze aus viktorianischer Zeit, die den übertriebenen Hang des damaligen Bürgertums zur häuslich-behaglichen Bahnreise verspottet*

OBEN *Die Eisenbahnplakate der 1920er hatten eine ganz eigene Eleganz. Sie stellten vor allem die Kraft, Schnelligkeit und Schönheit des Zuges heraus und weniger die Reiseziele*

Sozialer Wandel

In Großbritannien eroberte die Eisenbahn nach und nach alle Wirtschaftsbereiche, die Industrie, den Handel, den Dienstleistungssektor. Das hatte einschneidende Auswirkungen auf viele Aspekte des Alltagslebens. Die Bahn stellte ein unkompliziertes Verkehrsmittel dar, das auch preislich für fast jeden zugänglich war, seit die britische Regierung die Kontrolle über die Preisgestaltung übernommen hatte. Außerdem war (und ist) die Bahn das einzige Massentransportmittel, das direkt ins Herz der Städte und Dörfer fahren konnte (und kann), die an seiner Route liegen.

Dieser revolutionäre soziale Wandel spiegelt sich in weiten Teilen der zeitgenössischen Literatur. Der Romancier Charles Dickens, zum Beispiel, war ein unentwegter Bahnreisender. Er hat, so wie viele andere berühmte Schriftsteller damals, ausführlich über Züge und Bahnreisen geschrieben, ob nun in Sach- oder in belletristischen Büchern. Er konnte auch seine vielen ausgedehnten Lese- und Vortragsreisen letztlich nur machen, weil ihm die schnelle und bequeme Bahn zur Verfügung stand. Im 20. Jahrhundert ist die Eisenbahnliteratur noch vielfältiger geworden. Sie reflektiert den Prestigezuwachs der Bahn in der Zeit zwischen den beiden Weltkriegen, als sie der Inbegriff schicken und eleganten Reisens und ein bevorzugtes Vehikel romantischer Gefühle, tückischer Intrigen und gefährlicher Abenteuer war. Solche Themen wurden auch im Film ausgiebig, und mit großem Erfolg, behandelt.

Keine Bahn ohne Fracht

Die Bahn wurde ursprünglich für den Transport von sperrigen und Massengütern entwickelt. Diese Funktion ist für den größten Teil des weltweiten Schienennetzes bis heute die Existenzgrundlage geblieben. Während der Blütezeit der Eisenbahn gab es ein vielfältiges System der Güterbeförderung. Jede Lokalstation hatte ihren eigenen Güterbahnhof, der Privatleuten und Behörden, Handel und Industrie das gesamte Bahnnetz erschloß. Alles wurde mit der Bahn verschickt – Zeitungen, die „Post", Milch, Fisch, Gemüse und Blumen, lebende und tote Tiere, Maschinen und Handelswaren, militärische Ausrüstungen, Baumaterialien und vieles andere mehr – einfach weil es, bis in die 1950er, zur Bahn keine echte Alternative gab.

Abstieg und Wiedergeburt

Der Privatwagen, das kommerziell genutzte Auto und das Flugzeug konnten eigentlich erst nach 1945 in die Märkte einbrechen, die von der Eisenbahn ein Jahrhundert lang beherrscht worden waren. In den 1960ern und 1970ern gingen bei den Eisenbahnen der Industrieländer sowohl das Frachtaufkommen als auch die Fahrgastzahlen drastisch zurück. Das führte dazu, daß viele Länder ihr Schienennetz und ihren Service abbauten. Aber die Talfahrt setzte sich fort. Die Bahnen der USA und Europas, die inzwischen alle entweder verstaatlicht oder hochgradig subventioniert waren, konzentrierten nun ihre Anstrengungen und Ressourcen auf die Bereiche Massengüter, Nahtransport und Pendlerverkehr. Eine Zeitlang schien es, als seien die Fernzüge und internationalen Strecken, die während des 19. Jahrhunderts unter so großen Mühen aufgebaut worden waren, dem Untergang geweiht. Aber im vergangenen Jahrzehnt wurden sie durch eine aufsehenerregende neue Generation von Hochgeschwindigkeitszügen, die einen schnellen, preisgünstigen und umweltfreundlichen InterCity-Verkehr ermöglichen, quasi wiederbelebt. Gleichzeitig konnten sich die einfacheren, traditionelleren Eisenbahnen der Länder der Dritten Welt ihre wichtige Rolle für die dortige Infrastruktur bewahren.

Ein Grund für dieses neu erwachte Bahninteresse ist vor allem auch die wachsende Zahl der Vergnügungsreisen, bei denen der Zug selbst im Mittelpunkt steht. Der Bahnreisespaß ist heute ein wichtiger Aspekt der internationalen Freizeitgestaltung. Fernrouten wie die Transsibirische Bahn, der Indian-Pacific quer durch Australien und der Coastal Starlight an der amerikanischen Westküste sind nun weitgehend dem Tourismus gewidmet und stoßen auf eine solche Nachfrage, daß sie oft lange im voraus ausgebucht sind. Man hat neue „klassische" Bahnen wie den Ghan Train in Australien eröffnet sowie alte zu neuem Leben erweckt, etwa den Venice Simplon-Orient-Express und die Transkanadische Bahn. Man hat Lokomotiven und Wagen der Vorkriegszeit entmottet oder auf Schrottplätzen ausgegraben und liebevoll restauriert, die uns einen Eindruck von den Luxusreisen der Vergangenheit geben und gleichzeitig mit dem modernsten Komfort aufwarten können.

Weltweit sind heute noch viele hunderttausend Gleiskilometer genutzt. Auf den Fernstrecken fährt man jedoch zunehmend des bloßen Reisespaßes wegen und weniger, um von A nach B zu kommen. Was diese Routen den Reisenden von heute so reizvoll erscheinen läßt, sind die Züge und die Menschen, die mit ihnen unterwegs sind, die Landschaften, die sie durchqueren, die schönen Ausblicke und die Gemächlichkeit, mit der sich all das von einem Tag zum andern verändert. Die Eisenbahn hat sich seit ihrer Erfindung in ihren wesentlichen Merkmalen kaum verändert. Sie mag sich in puncto Design, Geschwindigkeit, Komfort und Sicherheit entwickelt haben. Sie ist aber weiterhin das praktische und oft angenehme Massenverkehrsmittel, als das es die Welt 1825 kennenlernte.

Die Eisenbahnpioniere und ihr Erbe

Schon bei den alten Griechen und Römern waren aus Stein gehauene Gleise in Gebrauch. Aber die eigentlichen Vorläufer der modernen Eisenbahnen sind wohl die hölzernen Schienenwege, die ab dem 16. Jahrhundert in den Bergwerken Deutschlands und Mitteleuropas weit verbreitet waren. Die Wagen, die man damals benützte und von Menschen oder Pferden ziehen ließ, hatten bereits die Eisenräder mit Radreifen, die noch heute für die meisten Eisenbahnen charakteristisch sind. Im 18. Jahrhundert kamen Eisenschienen auf, die meist auf Steinschwellen montiert wurden. Damals legte man in den Bergbaugebieten ausgedehnte Streckennetze an. Für eine dieser Bahnen wurde 1727 in der Grafschaft Durham in Nordengland der Causey Arch gebaut, der erste Eisenbahnviadukt der Welt. Entworfen wurde er von Ralph Wood, der als der erste namentlich bekannte Eisenbahningenieur gelten kann.
Die Surrey Iron Railway, die 1803 eröffnet wurde, war eine der ersten öffentlichen Eisenbahnen der Welt. Diese solide gebaute, zweigleisige Pferdebahn war mit all den Weichen und sonstigen technischen Vorrichtungen ausgestattet, die für den zuverlässigen Betrieb einer normalen Bahn unerläßlich sind.
Aber im Jahr darauf fand in der Nähe von Merthyr Tydfil in Südwales ein noch bedeutsameres Ereignis statt. Damals versuchte die erste Dampflokomotive der Welt, eine schwere Wagenlast den eisernen Schienenstrang entlangzuziehen, was ihr auch mit Leichtigkeit und einer Geschwindigkeit von 6–8 km/h gelang. Diese Maschine wurde von Richard Trevithick gebaut und war das Resultat langjähriger Versuche zur praktischen Nutzung der Dampfkraft. Im Jahre 1808 führte Trevithick dem staunenden Londoner Publikum auf einer eigens dafür gebauten Kreisbahn eine verbesserte Version vor. Für eine Fahrt im Schlepptau seiner Dampflok verlangte er einen Shilling pro Kopf.

Die grossen Namen

Trevithick war sozusagen der Gründer jener Dynastie britischer Ingenieure, deren Können, Kreativität und Ausdauer den weltweiten Erfolg der Eisenbahn möglich machte. Sie kamen aus sehr unterschiedlichen Bereichen (häufig aus dem Bergbau), begriffen aber sehr schnell, daß die Dampflokomotive den Schlüssel aller künftigen Entwicklungen darstellte.
Zu Beginn des 19. Jahrhunderts war der Nordosten Englands das Zentrum der technologischen Innovation. Und genau dort, neben der Wylam Colliery Railway, wurde 1781 George Stephenson geboren. Er ließ sich durch die von William Hedley gebauten Maschinen inspirieren, die auf dieser Zechenbahn direkt vor seiner Tür vorbeiratterten, und konstruierte 1815 seine erste eigene Lokomotive. Unter seinen geschickten Händen

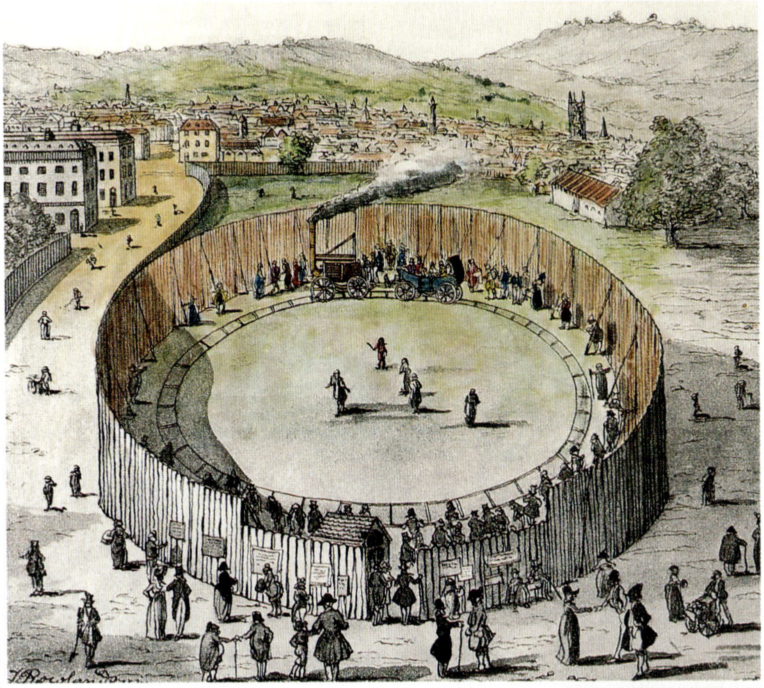

entwickelte sich die neue Technologie sprunghaft weiter.
Ebenfalls in Nordengland wurde 1825 mit Stephensons *Locomotion* (Fortbewegung) die Stockton & Darlington Railway eröffnet; es war die erste öffentliche Dampfeisenbahn. Bei diesem Projekt zeichneten George Stephenson und sein Sohn Robert nicht nur für die Lokomotiven verantwortlich, sondern auch für die Planung und den Bau der Strecke mit all ihren Viadukten, Durchstichen, Brücken und sonstigen technischen Anlagen. Bei der berühmten Lokomotiv-Wettfahrt von Rainhill im Jahre 1829 wurde ihrer *Rocket* (Rakete) die Siegerpalme zuerkannt, weil es ihr gelang, schwere Lasten mit einer Geschwindigkeit von mehr als 48 km/h zu ziehen. Diese erste wirklich leistungsfähige, betriebssichere Dampflok wurde in weiten Teilen Europas bald zum Maßstab des Lokomotivbaus.
In Frankreich waren die ersten Züge mit Dampfloks à la Stephenson schon 1830 in Dienst. Die erste öffentliche Eisenbahn Deutschlands wurde 1835 zwischen Nürnberg und Fürth eröffnet. Dazu wurde eine Stephenson-Lok samt Lokomotivführer aus dem englischen Newcastle importiert; sie wurde „Adler" getauft. Einer der Väter dieser Linie war der Deutsche Friedrich List, der in den USA schon Kohlebahnen gebaut hatte und später mit der Dresden-Leipzig-Bahn die erste Fernlinie Deutschlands plante und baute.
In den 1830ern und 1840ern hatte der Eisenbahnbau weltweit Hochkonjunktur. Damals machten sich einzelne große Ingenieure ihren Namen. Robert Stephenson eilte von Erfolg zu Erfolg. Er baute nicht nur die

GANZ OBEN *Bei Trevithicks Eisenbahnvorführung in Euston, London, hatten viele erstmals Gelegenheit, in einem fauchenden Dampfzug zu fahren*

OBEN *Richard Trevithick, ein visionärer Eisenbahnpionier*

OBEN *Der große britische Ingenieur Isambard Kingdom Brunel war nicht nur bei der Eisenbahn ein einflußreicher Mann, sondern machte sich auch in der Schifffahrt einen Namen*

London-Birmingham-Bahn mit all den anfallenden großen Durchstichen, Tunnels, Bahndämmen und Viadukten, sondern auch die Hauptlinien nach Schottland und durch Wales nach Holyhead. Die letztgenannte Strecke war für den Irish Mail Train, den irischen Postzug, bestimmt. Ihr Glanzstück war die Brücke über die Menai Strait, auf der die Züge in schmiedeeisernen, rechteckigen Röhren, die bis zu 140 m lang und 1612 t schwer waren, in schwindelnder Höhe über die Meeresstraße fuhren.
Die andere bedeutende Gestalt, die sich damals profilierte, war Isambard Kingdom Brunel, ein britischer Ingenieur von ungewöhnlicher Kreativität. Er ist in Eisenbahnkreisen wohl am besten durch seine 1842 fertiggestellte Great Western Line von London nach Bristol bekannt. Sie wurde in der von Brunel bevorzugten, komfortablen und schnellen Breitspur (2140 mm) gebaut. Die damalige Normalspur hatte eine Weite von 1435 mm. Zwischen den Befürwortern der einen bzw. der anderen Spur entbrannte eine jahrelange Schlacht, aus der schließlich Stephensons Spurweite als Siegerin hervorging. Dennoch wurde Brunels Breitspur in Westengland bis 1892 weiterverwendet, werden bis heute in manchen Teilen der Welt sogar noch größere Spurweiten benutzt.
Mit dem kühnen Einsatz neuer Materialien und Technologien schuf Brunel viele bemerkenswerte Kunstbauten, darunter auch die Royal Albert Bridge, hoch über dem Fluß Tamar an der Grenze Cornwalls. Die damals revolutionäre Technologie dieses Baus mit seinem eleganten Gitterwerk aus vorgespanntem Flacheisen führte geradewegs zu anderen großen Eisenbahnbrücken wie etwa der über den Firth of Forth, den Sankt Lorenz oder den Hafen von Sydney.
Großbritannien war der Motor der Eisenbahnentwicklung. Es zögerte aber nicht, sowohl Know-how als auch Technologien zu exportieren. Viele seiner Ingenieure arbeiteten damals im Ausland (so etwa Joseph Locke in Frankreich). Auf der ganzen Erde, ob in Südamerika, Afrika, Indien, China oder Japan, wurden Eisenbahnen von britischen Ingenieuren geplant und gebaut und von britischen Banken finanziert. Eine ähnlich beherrschende Stellung hatten die britischen Lokomotivbauer, so daß man während des ganzen 19. Jahrhunderts die Erzeugnisse schottischer und nordenglischer Fabriken selbst in den entlegensten Weltgegenden im Einsatz sehen konnte.
Die USA mit ihren berühmten Baldwin-Lokomotiven waren damals der Hauptkonkurrent Großbritanniens. Aber am Ende des 19. Jahrhunderts begannen auch Deutschland und Frankreich in diesem Spiel mitzumischen. Der internationale Eisenbahnbau wurde zu einem wichtigen Thema für die Außenpolitiker all jener Länder, die entweder Weltreichambitionen hatten oder jedenfalls die internationale Politik maßgeblich beeinflussen wollten.

Der Eisenbahnbau und die Folgen

Wir können uns die physischen Auswirkungen des Bahnzeitalters heute nur noch schwer vorstellen, da dessen Errungenschaften häufig durch spätere Entwicklungen überschattet worden sind – im Vergleich zu einer Autobahn oder einem Flughafen wirkt jede Eisenbahn klein und unbedeutend. Aber damals, als sie gebaut wurden, erschienen sie wie Unternehmungen von Rasenden, deren Umwelteffekte oft in einem apokalyptischen Vokabular beschrieben wurden. Auf die zeitgenössischen Autoren wirkte eine Bahnbaustelle wie das reinste Chaos. Sie setzten deren Auswirkung auf die jahrhundertelang unberührte Landschaft mit denen von Erdbeben und anderen gewaltigen Naturkatastrophen gleich. Eineinhalb Jahrhunderte später scheinen diese Kunstbauten ein Teil der Landschaft zu sein, sind ihre einst scharfen Kanten durch die Natur abgeschliffen und geglättet.
Ebenso schwer können wir uns die Arbeit vorstellen, die damit verbunden war. Die meisten Eisenbahnen der Erde wurden von Arbeitskolonnen gebaut, die nur über Pickel, Schaufeln und Schubkarren verfügten. Die großen Durchstiche wurden mit der Hand herausgemeißelt, die Bahndämme wurden Schubkarrenladung für Schubkarrenladung aufgeschüttet, die Tunnels Zentimeter um Zentimeter in den Fels gehackt, und das oft unter schwersten Verlusten an Menschenleben. Erst Ende des 19. Jahrhunderts setzte man in größerem Umfang Maschinen wie den Dampfbagger ein, aber da waren die meisten Eisenbahnen schon gebaut.
Für einen frühen Reiseführer der London & Birmingham Railway rangierten die Eisenbahnbauten weit vor allen anderen Bauwerken von Menschenhand:

So hat binnen weniger Jahre ein Stück Menschenwerk der phantastischsten Art Form angenommen; das, wenn man es hinsichtlich seines wissenschaftlichen Charakters, seiner Größe und Nützlichkeit, seiner harmonischen Komposition und mechanischen Apparate betrachtet, alle früheren Kunstwerke in den Schatten stellt. Vergliche man die berühmte Römische Mauer [Hadrianswall] oder selbst die ausgedehntere Chinesische mit ihm, zu welch schäbigen Bauwerken würden sie da nicht; und was die ägyptischen Pyramiden angeht, die ja nicht im mindesten eines Vergleichs mit der Eisenbahn würdig sind, so sind diese bloß ungeschlachte Monumente der Ignoranz und des Aberglaubens ihrer Begründer... bloß Zeugnisse großer körperlicher Kraft, mit nur geringem Beistand der Wissenschaft und des Geschmacks.

Diese Meinung illustriert sehr gut den Geist jener Epoche, die von einem umfassenden Gefühl der Leistung beseelt war und an den Fortschritt der Menschheit hin zu Ordnung, Harmonie und Naturbeherrschung glaubte.

EISENBAHNARCHITEKTUR

Die Landschaft war für den Eisenbahningenieur weniger ein Hindernis als eine Herausforderung. Wo ein Gewässer zu breit war, um überbrückt zu werden, setzte man überall in der Welt Fähren ein, um ganze Züge von einem Hafen zum anderen zu transportieren – in Italien, Skandinavien genauso wie an den Großen Seen in Nordamerika. Wo Berge den Weg versperrten, baute man Tunnels oder Gebirgsbahnen – die höchste Bahn aller Zeiten verband Chile und Bolivien und erreichte eine Höhe von über 4826 m; daneben gab es aber in Südamerika, den USA und der Schweiz mindestens 14 weitere Gebirgsbahnen über 3000m.

Die Tunnels stellen vielleicht die größte architektonische Leistung der Eisenbahnbauer dar. Ganz zu Beginn wurden sie mit der Hand gegraben, Bohrmaschinen zur Erleichterung der damit verbundenen gewaltigen Arbeit gab es erst ab den 1860ern. Das größte Projekt seiner Art ist der Kanaltunnel zwischen England und Frankreich, ein prachtvolles Unternehmen, das vor über einem Jahrhundert zum erstenmal ernsthaft in Erwägung gezogen wurde und nun seiner Vollendung entgegengeht. Der 19,8 km lange Simplontunnel zwischen der Schweiz und Italien wird wohl immer als eines der von Menschen geschaffenen Weltwunder gelten. Viele weitere erwähnenswerte Tunnels, mit einer Länge von über 8 km, gibt es in Italien, der Schweiz, Frankreich, den Vereinigten Staaten, Australien, Neuseeland und Kanada.

Die Kunstbauten, die unsere Phantasie weitaus am meisten gefangengenommen haben, sind die Brücken und Viadukte, seien sie aus Holz, Ziegeln, Stein, Metall oder Beton. Sie besitzen eine direkte optische Ausstrahlung, und die besten von ihnen sind eine Kombination aus Kraft und funktionaler Eleganz. Oft sind allein die statistischen Angaben zu einem solchen Bauwerk überwältigend. Für das gewaltige Gitterwerk der Auslegerbrücke über den Firth of Forth in Schottland wurden 54 900 t Stahl und 6 500 000 Nieten benötigt. Die drei tragenden Stahltürme der Brücke, die den Fjord in einer Höhe von 49 m überquert, sind höher als die Saint Paul's Cathedral in London. In ihrer Art ebenso beeindruckend waren die Holzviadukte, die Brunel für das Bahnnetz in Cornwall bevorzugte. Dieser Brückentyp fand auch in Nordamerika große Verbreitung. Rein ästhetisch gibt es jedoch nichts, was mit den eleganten Betonbrücken der französischen und Schweizer Bahnen konkurrieren könnte.

LINKS *Zwei Triebwagenköpfe der superschnellen französischen TGV. Sie haben das Dampfzeitalter weit hinter sich gelassen und die Idee des Bahnreisens mit neuem Leben erfüllt*

RECHTS *Poster der berühmten Firth-of-Forth-Brücke in Schottland. Dieses Wunderwerk der Ingenieurskunst wurde in sieben Jahren Bauzeit vollendet. 54900 t Stahl und 6500000 Nieten wurden dazu benötigt. 57 Mann verloren beim Bau der Brücke ihr Leben*

UNTEN *Der prächtige Bahnhof von Kuala Lumpur gleicht eher einem Eisenbahntempel als einem funktionalen Schaltergebäude und stellt jede moderne Zweckbauarchitektur in den Schatten*

Die typischen Vertreter dieses architektonischen Genres sind die Bogenbrücken. Sie gehören noch immer zu den effektvollsten Relikten des Eisenbahnzeitalters. Der Anblick eines Viadukts mit bis zu 40 Ziegel- oder Steinbögen, die einen Zug in bis zu 30 m Höhe über ein Tal hintragen, macht eine Reise auch heute noch zu einem unvergeßlichen Erlebnis. In den Bergregionen der Schweiz und Südamerikas entspringen manche Viadukte direkt dem Schlund eines Tunnels, so daß die Züge aus der Dunkelheit zum Flug über den Abgrund ansetzen. Aber selbst wenn ein Viadukt außer Betrieb ist und Gras und Unkraut auf ihm wachsen, bleibt er der Inbegriff von Kraft und Stärke. Jede Darstellung der Bahnarchitektur wäre unvollständig, die die Bahnhöfe, ein wichtiges Erbe des 19. Jahrhunderts, unerwähnt ließe.

Sie stellten einen völlig neuen Gebäudetypus dar. Ihre rasche Ausbreitung seit den 1830ern unterstrich den enormen gesellschaftlichen Wandel im Gefolge der Eisenbahn. Der Bahnhof war eine Herausforderung für die Architekten, ein Experimentierfeld für neue Bautechnologien. Er war in seinen Dimensionen und optischen Details oft beeindruckend und veränderte das Gesicht der Städte und Dörfer von Grund auf. Der Bahnhof wurde das Symbol der neuen Freiheit, so etwas wie das Tor zu einer neuen Welt. Die Architektur versuchte das in entsprechend modernen und beeindruckenden Gestaltungen sichtbar zu machen – und begründete damit eine Tradition des Modernismus, die sich bis weit ins 20. Jahrhundert fortsetzte. Der große Bahnterminal war, und ist, eine Welt im kleinen, mit Läden, Restaurants, Hotels, Waschräumen, Polizeiwachen und Postämtern zur Befriedigung fast aller – wirklichen wie eingebildeten – Bedürfnisse der Reisenden.

Er wurde auch zum Schauplatz jener Szenen, die uns aus vielen Hollywoodfilmen vertraut sind. Da steht der schicke Zugführer gelassen auf dem Bahnsteig, während die letzten Fahrgäste zu den wartenden Wagen hasten. „Alles einsteigen!" ruft er gedehnt. Und während die langgezogenen Silben in dem düsteren Gebäude verhallen, steigt er in sein Dienstabteil, nimmt der Zug langsam Fahrt auf, und weit vorn ertönt der klagende Pfiff der Lokomotive . . . Das ist der Bahnhof als Ort des Abschieds und des Aufbruchs!

Die Geschichte der Lokomotive

Als Richard Trevithick 1804 in Südwales seine primitive Lokomotive ein Plattschienengleis entlangrumpeln ließ, da konnte er sich wohl kaum vorstellen, daß er etwas in Gang gebracht hatte, was den öffentlichen Verkehr revolutionieren würde. Während der folgenden 25 Jahre wurde die unansehnliche, ungefüge und unschnelle Lokomotive durch eine ganze Reihe von Ingenieuren verbessert und verfeinert, zu denen William Hedley, Timothy Hackworth und auch George Stephenson gehörten. Letzterer setzte 1829 mit seiner *Rocket* einen Maßstab für alle weiteren Entwicklungen auf diesem Gebiet. Seine Maschine hatte einen Rauchröhrenkessel, schrägliegende Außenzylinder, Treibräder mit Kuppelstangen und eine Feuerbüchse mit einer Art Gebläse – alles Elemente, die man auch bei den heutigen Dampflokomotiven noch findet.

Als die Maschine in den nächsten 30 Jahren immer weiter verbessert wurde, erhielt sie die charakteristische Gestalt, die uns bis heute vertraut ist: In der Mitte, zwischen den Treibrädern, der lange Dampfkessel, vorn die Zylinder und der Schornstein, hinten das Führerhaus und dahinter dann der Schlepptender, ein separater Wagen für die Brennstoff- und Wasservorräte. Die mächtigen Treibräder lagen in der Mitte, zwischen den kleineren, beweglich montierten Laufrädern oder Drehgestellen, die zur Verteilung des Lokomotivgewichts und Verbesserung der Kurvenläufigkeit dienten.

LINKS *Die typische amerikanische Dampflok, die dieser Druck aus dem 19. Jahrhundert in vereinfachender Weise zeigt, entwickelte ihre ganz besonderen Merkmale, die von dem riesigen Schornstein bis zu dem kraftvollen Kuhfänger reichten*

Aber es gab weitere Verbesserungen, in vielerlei Hinsicht. Stephenson selbst schuf die Planet-Lokomotive mit ihren zwei, unter dem Dampfkessel montierten Innenzylindern, die auf die gekröpfte Treibachse wirkten. In den Vereinigten Staaten entwickelten Ingenieure wie die Brüder Norris und Matthias Baldwin in Philadelphia die typische Lokomotive Nordamerikas: ganz hinten sitzende Treibräder, großzügiges Führerhaus, hoher Schornstein und Kuhfänger – ein Bild, das ja aus zahllosen Westernfilmen bekannt ist. 1854 erfand der Belgier Eugène Walschaert eine nach ihm benannte Schiebesteuerung für den automatischen Dampfein- und Dampfauslaß, während Henri Giffard in Frankreich eine dampfbetriebene Einspritzpumpe entwickelte, die den Kessel höchst effizient mit Wasser versorgte. Thomas Crampton setzte die großen Treibräder mit Einzelachsantrieb und damit einen Lokomotiventypus durch, der in Deutschland und Frankreich große Popularität genießen sollte und die Basis für Patrick Stirlings wunderbare Schnellzuglokomotiven war, die noch immer zu den elegantesten Maschinen der Welt gehören.

DIE GROSSE ZEIT DER DAMPFLOK

Viele berühmte Männer des 19. und frühen 20. Jahrhunderts haben, aus wirtschaftlichen Zwängen, alles gegeben, um die Zuverlässigkeit und Leistung und vor allem die Geschwindigkeit des Stephensonschen Urmodells zu erhöhen. In den 1830ern benötigten Lokomotiven wie die *Rocket* noch über zwei Stunden für die 61 km lange Strecke Liverpool-Manchester. Etwa ein Jahrhundert später stellte Sir Nicholas Gresleys herrliche, stromlinienförmige *Mallard* auf einer Meßstrecke in Nordengland mit einer Geschwindigkeit von 203 km/h einen – bis heute ungebrochenen – Weltrekord für Züge mit Dampftraktion auf.

Die Lokomotiven vom Typ *Mallard, The Flying Scotsman* oder die wunderbaren, von André Chapelon entworfenen französischen Pazific-Maschinen stellen in gewisser Hinsicht den Höhepunkt des Dampfzeitalters dar. Spätestens in den 1930ern waren dann all die Hoffnungen von Visionären wie Stephenson und Brunel erfüllt: Die Dampflokomotiven hatten die Welt erobert.

In einigen Ländern hatte die Geschwindigkeit Vorrang, also wurden die Schnellzuglokomotiven dort meist stromlinienförmig gebaut. Anderswo sicherte schiere Kraft ihre Vormacht. Die ab 1941 in den USA gebauten *Big Boys* der Union Pacific Railroad gehörten zu den größten Dampfloks, die je gebaut wurden – riesige Mallet-Lokomotiven mit 16 Treibrädern, die in der Lage waren, 7000-t-Züge über lange Entfernungen zu ziehen, auch auf schwierigen Trassen durch bergiges Gelände. Ihre schwächeren Verwandten taten indes

RECHTS *Dieser Zug mit seinen hellroten Wagen wirkt wie ein Spielzeug, ist aber für die ländlichen Gemeinden Ekuadors lebenswichtig*

UNTEN *Mit Dampfnostalgie ist Geld zu verdienen. Daher werden auf den malerischsten Strecken der ganzen Erde Dampfzugsonderfahrten angeboten – wie diese hier auf der sommerlichen West Highland Line in Schottland*

auf Abertausenden von Güter- und Personennahverbindungen weltweit Dienst.
Für die Bahnnetze vieler Länder spielten Schmalspurstrecken eine wichtige Rolle; einige haben bis heute überlebt. Die Spurweiten variieren ganz beträchtlich, wobei jede Strecke dank der enormen Flexibilität der Dampfmaschine eigens für sie gebaute Lokomotiven und Wagen hat.
Wo es auf wirtschaftliche und einfache Lösungen ankam, da hatte die Dampftraktion immer die richtigen Antworten parat – sei es die Schmalspur- oder Einschienenbahn, die Hoch- oder Untergrundbahn in der Stadt oder die Feldbahn. Wenn man keine Kohle hatte, konnte man die Lokomotiven auf Öl-, Torf-, Stroh- oder Holzfeuerung umstellen oder gar mit Ernteabfällen wie gepreßtem Zuckerrohr beheizen. Für die einfachsten ländlichen Bahnen integrierte man die Dampfmaschine in einen Wagen und erhielt so eine Art Triebwagen.

Der Niedergang der Dampflok

Nach dem Ende des 2. Weltkriegs begann der Dampf dem vereinten Ansturm von Diesel und Elektrizität zu unterliegen. Durch den damaligen Anstieg des Kohlepreises wurde seine Position noch zusätzlich geschwächt. In den späten 50er Jahren setzte dann das große Dampfloksterben ein, allen Versuchen der Ingenieure zum Trotz, immer leistungsfähigere und wirtschaftlichere Dampfloks zu produzieren. Zu Beginn der 70er Jahre gab es in ganz Westeuropa, Nordamerika und Australien sowie in weiten Teilen Südamerikas und des Fernen Ostens praktisch keine dampfbetriebenen Hauptstrecken mehr. Überleben konnten sie nur in Ländern, wo es genügend billige Kohle gab und die Löhne niedrig waren. So sind Dampfloks noch heute in Teilen Afrikas und in Indien und China weit verbreitet – in China, wurden ja bis vor kurzem sogar noch neue Dampflokomotiven gebaut.
Der unaufhaltsame weltweite Niedergang der Dampfloks war jedoch mit einem, ebenfalls unaufhaltsamen, Anwachsen des Interesses und der Begeisterung für diese ehrwürdigen Relikte gepaart. Es gibt keine andere Maschine, die in den Herzen und Gehirnen ihrer Anhänger so starke Leidenschaften geweckt hätte wie sie. Die Dampfzeitaltervergangenheit wird noch für viele Jahre Teil der Eisenbahngegenwart bleiben, denn die Phantasie und die Wirklichkeit fahren auf parallelen Gleisen.

Die Elektrifizierung

Die Idee eines Elektrozuges wurde schon in den 1830ern geboren, aber erst in den frühen 1880ern in die Praxis umgesetzt, und zwar bei einer Lokalbahn in der Nähe von Berlin. Nach den ersten erfolgreichen Versuchen wurden bald viele weitere Strecken in ganz Europa elektrifiziert, wobei die Energieversorgung entweder durch Oberleitungen oder über eine dritte Schiene, die Stromschiene, erfolgte. Die erste elektrifizierte Hauptstrecke von einiger Bedeutung wurde in der Schweiz eröffnet. In den 1920ern und 1930ern machte die Elektrifizierung der Hauptstrecken dann, dank einer neuen Generation starker Elektroloks, rasche Fortschritte, insbesondere in Frankreich, Deutschland, der Schweiz und Österreich. Zusammen mit vielen anderen Ländern begann auch England in den 1950ern, sein Netz elektrisch betriebener Hauptstrecken zügig auszubauen.
Die Elektrolok ist nicht nur leise, sauber und effizient, sie hat auch ein enormes Geschwindigkeitspotential. Das wurde in vollem Umfang erstmals von den Japa-

nern genutzt, als sie 1964 ihre neue Tokaido-Linie eröffneten. Die *Bullet trains* („Raketenzüge") dieser Bahn erreichten schon Geschwindigkeiten von mehr als 240 km/h. Danach wurden die Züge insgesamt allmählich schneller, aber der eigentliche Durchbruch erfolgte mit der Einführung des ersten französischen TGV (Train à Grande Vitesse). Er demonstrierte, daß Zuggeschwindigkeiten von bis zu 480 km/h – ohne Beeinträchtigung der Sicherheit oder des Reisekomforts – möglich waren.

Dieselpower

Der zweite große Rivale der Dampflok war die Benzin- oder Diesellokomotive. Allerdings scheiterten die Versuche, den Dieselmotor als Loktriebwerk einzusetzen, lange Zeit an den Problemen der Kraftübertragung zwischen Motor und Treibrädern: Eine Dieselmaschine kann, anders als die Dampf- oder Elektrolok, nicht aus dem Stand unter Last anfahren.

In den 50er und 60er Jahren gelang es jedoch, zuverlässige, wirtschaftliche und gut zu fahrende Dieselloks zu entwickeln. Dieser Erfolg beruhte auf der Nutzung des dieselhydraulischen Prinzips (hydraulische Kraftübertragung zwischen Motor und Treibsätzen) bzw. der Umwandlung des Dieselmotors in ein mobiles Kraftwerk, das über einen Generator den Strom für die elektrischen Fahrmotoren erzeugt (dieselelektrisches Prinzip). Diese Technik war schon 1913 in Schweden entwickelt worden; sie wurde aber erst in den 1930-ern von General Motors zum Bau einer verläßlichen und starken Diesellok verwandt.

Dieselpower ist heute allgegenwärtig – in allen Ländern der Erde versehen die dumpf grollenden Loks alle nur denkbaren Aufgaben. Sie reichen vom bescheidenen Güterwagenrangieren bis zur Personenbeförderung in Hochgeschwindigkeitszügen.

UNTEN *Zwischen Stephensons „Rocket" und diesem hochmodernen ICE-Triebkopf, der irgendwo in Deutschland zur Abfahrt bereitsteht, liegen anderthalb Jahrhunderte technischen Fortschritts*

Nordpolarmeer
Nördlicher Polarkreis
Vgl. Kasten
NORWEGEN
Mallaig
Glasgow
G.B.
London
Paris
FRANKREICH
Marseille
SPANIEN
Sevilla
Granada
MAROKKO
Fès
Marrakesch
1. Zermatt-St. Moritz
2. Bregenz-Wien
3. Köln- Frankfurt
CANADA
Vancouver
Montréal
Toronto
U.S.A.
New York
Nordpazifischer
Ozean
Nordatlantik
Los Angeles
New Orleans
Chihuahua
Los Mochis
MEXICO
Äquator
PERU
Lima
Huancayo
Südatlantik
Santiago
CHILE
Puerto Montt
Nördlicher Polarkreis
Kiruna
NORWEGEN
SCHWEDEN
Oslo
Mallaig
Glasgow
G.B.
London
DEUTSCH-LAND
Köln
Frankfurt
Paris
FRANKREICH
Bregenz
Wien
Zermatt
St. Moritz
Venedig
Marseille
Rom
Istanbul
SPANIEN
ITALIEN
TÜRKEI
Sevilla
Granada
Palermo
GRIECHEN-LAND
Athen
Südlicher Polarkreis

Nordpolarmeer
Kiruna
SCHWEDEN
Nördlicher Polarkreis
RUSSLAND UND
GEMEINSCHAFT UNABHÄNGIGER STAATEN
Moskau
Irkutsk
MONGOLEI
Venedig
Rom
Istanbul
TÜRKEI
Athen
alermo
Peking
CHINA
JAPAN
Tokio
Fukuoka
Kairo
ÄGYPTEN
Assuan
INDIEN
Mandalay
MYANMAR
(BURMA)
Rangun
THAI-
LAND
Bangkok
Udagamandalam
Madras
Pazifischer
Ozean
MALAYSIA
Singapur
Äquator
KENIA
Nairobi
Mombasa
Indischer Ozean
Viktoria-
Fälle
ZIMBABWE
Bulawayo
Toamasina
Antananarivo
MADAGASKAR
AUSTRALIEN
Johannesburg
SÜDAFRIKA
Kapstadt
Perth
Sydney
NEU-
SEELAND
Greymouth
Christchurch
Südpolarmeer
Südlicher Polarkreis

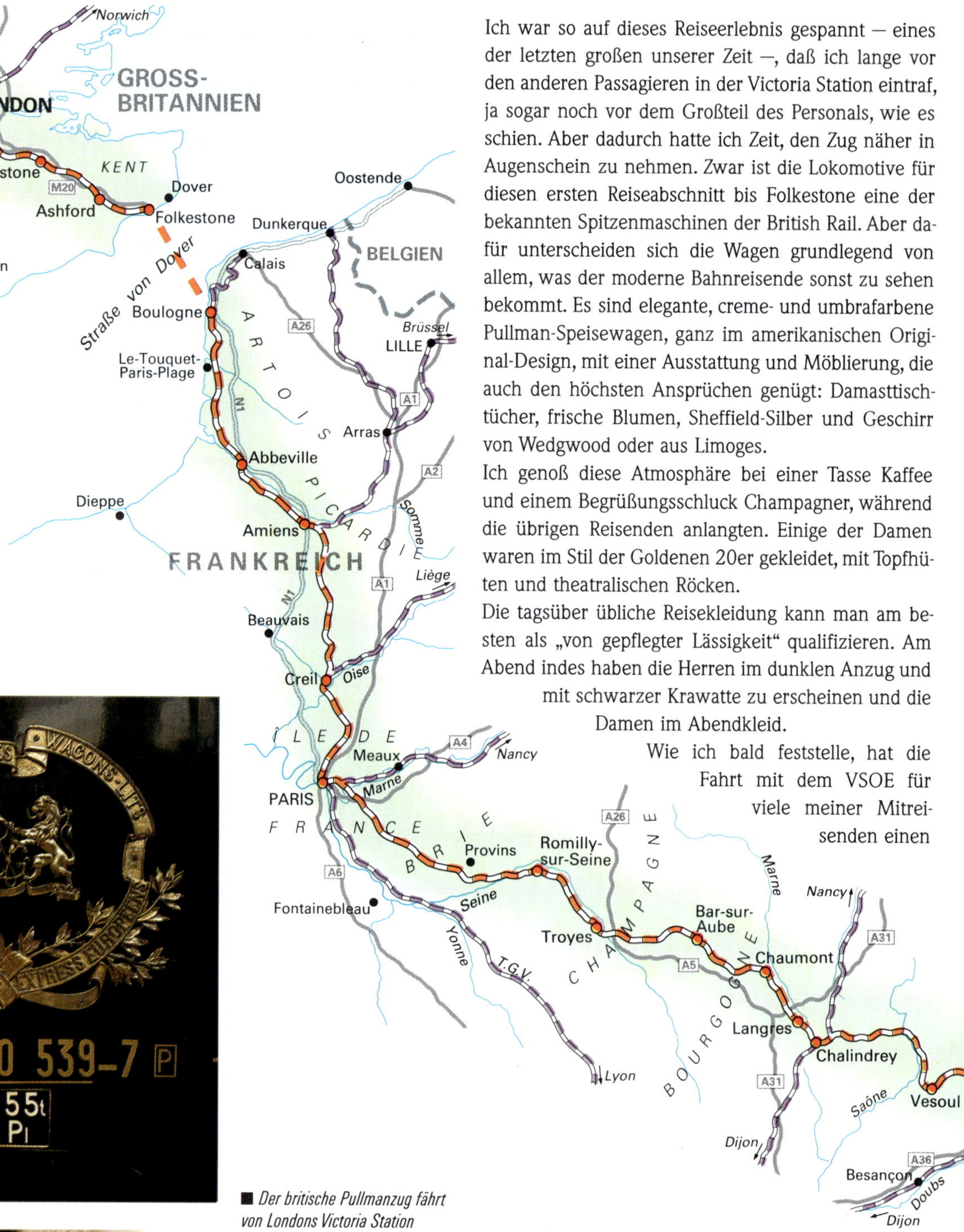

Ich war so auf dieses Reiseerlebnis gespannt – eines der letzten großen unserer Zeit –, daß ich lange vor den anderen Passagieren in der Victoria Station eintraf, ja sogar noch vor dem Großteil des Personals, wie es schien. Aber dadurch hatte ich Zeit, den Zug näher in Augenschein zu nehmen. Zwar ist die Lokomotive für diesen ersten Reiseabschnitt bis Folkestone eine der bekannten Spitzenmaschinen der British Rail. Aber dafür unterscheiden sich die Wagen grundlegend von allem, was der moderne Bahnreisende sonst zu sehen bekommt. Es sind elegante, creme- und umbrafarbene Pullman-Speisewagen, ganz im amerikanischen Original-Design, mit einer Ausstattung und Möblierung, die auch den höchsten Ansprüchen genügt: Damasttischtücher, frische Blumen, Sheffield-Silber und Geschirr von Wedgwood oder aus Limoges.

Ich genoß diese Atmosphäre bei einer Tasse Kaffee und einem Begrüßungsschluck Champagner, während die übrigen Reisenden anlangten. Einige der Damen waren im Stil der Goldenen 20er gekleidet, mit Topfhüten und theatralischen Röcken.

Die tagsüber übliche Reisekleidung kann man am besten als „von gepflegter Lässigkeit“ qualifizieren. Am Abend indes haben die Herren im dunklen Anzug und mit schwarzer Krawatte zu erscheinen und die Damen im Abendkleid.

Wie ich bald feststelle, hat die Fahrt mit dem VSOE für viele meiner Mitreisenden einen

■ *Der britische Pullmanzug fährt von Londons Victoria Station durch die Vororte der Stadt und durch die mit Obstplantagen und Trockenhäusern übersäte Grafschaft Kent. Ohne Zwischenaufenthalt geht es zum Hafenbahnhof von Folkestone. Dort steigt man in das Luftkissenboot SeaCat nach Boulogne um.*

Bald danach läßt der festlandseuropäische VSOE die Basilika Notre-Dame von Boulogne hinter sich und nimmt Kurs auf Amiens, die Hauptstadt der Picardie, und Paris. In Boulogne sammelt der Schaffner die Ausweise und Pässe ein. Er erledigt die Grenzformalitäten, während der Zug durchs nächtliche Frankreich, durch Troyes und Mulhouse (Mülhausen) fährt und bei Basel die Schweizer Grenze in Richtung Zürich passiert.

Die Züge, die von der Alternativroute aus Budapest kommen, durchqueren Deutschland auf dem Weg über München. Die hier beschriebene Strecke ist aber die Originalroute. Sie führt am Zürichsee entlang und weiter durch die Nordschweiz, wechselt bei Buchs ins Fürstentum Liechtenstein und bei Feldkirch nach Österreich. Wenn dann die Fahrt zum Arlbergpaß und durch den Arlbergtunnel beginnt, sitzen die meisten Reisenden beim Frühstück. Hinter Sankt Anton geht es durch eine malerische Landschaft nach Innsbruck. Dort zweigt die Alternativroute nach Budapest ab, während die originale nach Italien führt. Der Zug trifft mittags in Innsbruck ein, überquert dann am Brenner die Grenze zwischen Österreich und Italien. Wenn nach dem Mittagessen der Kaffee serviert wird, sind auch schon die Dolomiten in Sicht. Die letzte Etappe geht über Trient (Trento) nach Verona und endet im Bahnhof Santa Lucia von Venedig, direkt am Canal Grande.

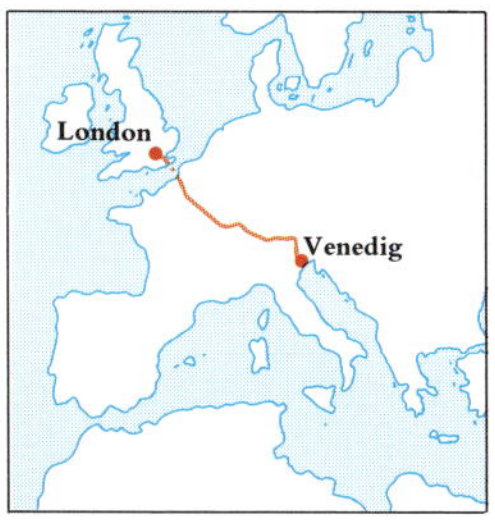

Der Venedig-Simplon-Orient-Express

ROBIN NEILLANDS

Bei der Fahrt mit dem Venedig-Simplon-Orient-Express geht es nicht primär um den Zielort, die Städte *en route* oder die vorbeiziehenden Landschaften. Wer mit dem VSOE reist, möchte eine kultiviertere Art des Reisens genießen und seine Rolle bei der Neuinszenierung des goldenen Bahnzeitalters spielen. Es ist eine Reise in die Vergangenheit, in die Geschichte des Orient-Express. Wer so von London über Paris, Zürich, Innsbruck und Verona nach Venedig fährt, geht auch auf eine Zeitreise. Er erfährt, wie die Idee dieser romantischen, magischen Reise im 19. Jahrhundert geboren und, vor kurzem, wiederbelebt wurde.

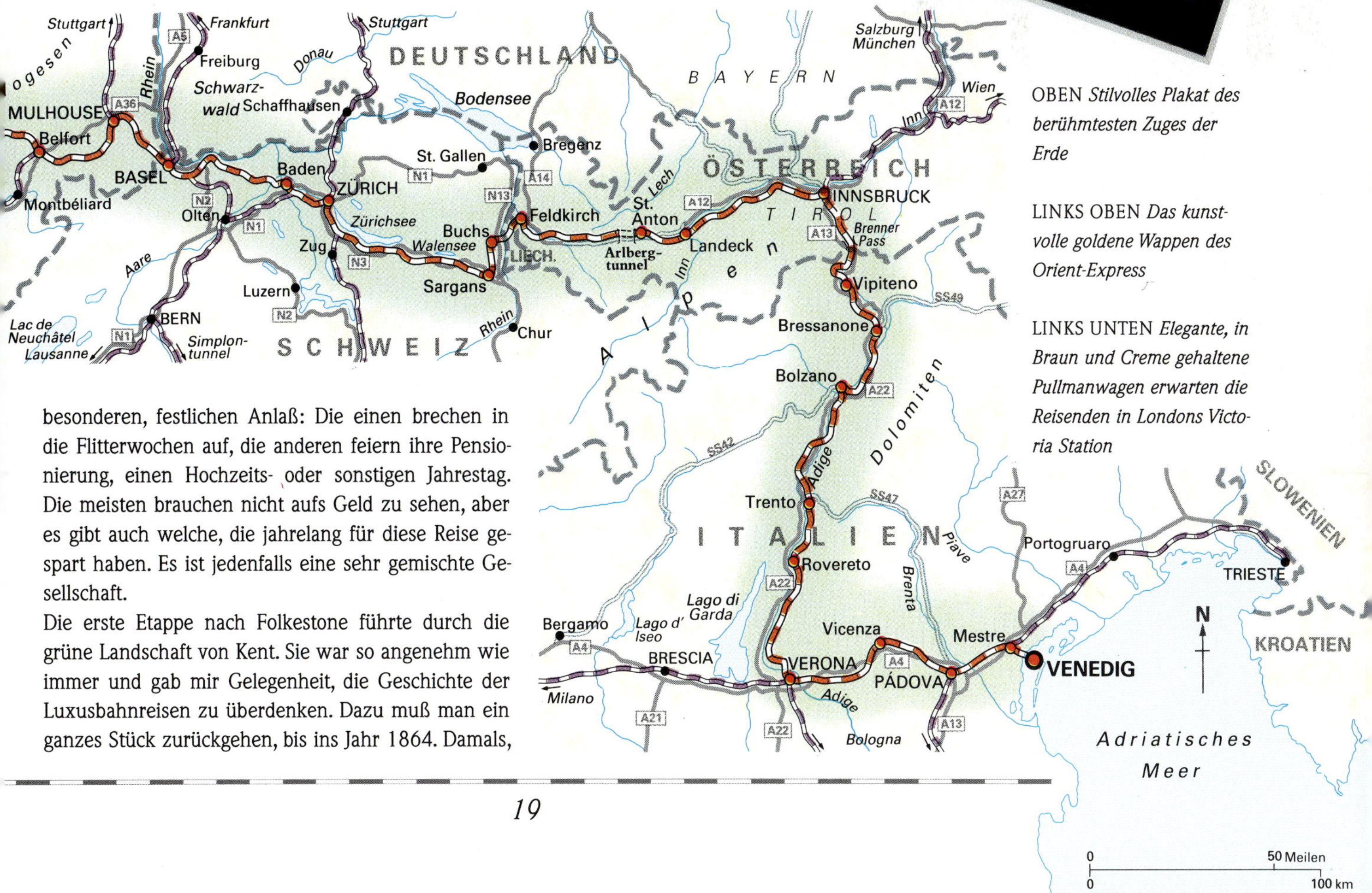

OBEN *Stilvolles Plakat des berühmtesten Zuges der Erde*

LINKS OBEN *Das kunstvolle goldene Wappen des Orient-Express*

LINKS UNTEN *Elegante, in Braun und Creme gehaltene Pullmanwagen erwarten die Reisenden in Londons Victoria Station*

besonderen, festlichen Anlaß: Die einen brechen in die Flitterwochen auf, die anderen feiern ihre Pensionierung, einen Hochzeits- oder sonstigen Jahrestag. Die meisten brauchen nicht aufs Geld zu sehen, aber es gibt auch welche, die jahrelang für diese Reise gespart haben. Es ist jedenfalls eine sehr gemischte Gesellschaft.

Die erste Etappe nach Folkestone führte durch die grüne Landschaft von Kent. Sie war so angenehm wie immer und gab mir Gelegenheit, die Geschichte der Luxusbahnreisen zu überdenken. Dazu muß man ein ganzes Stück zurückgehen, bis ins Jahr 1864. Damals,

UNTEN *Das Abendessen wird in zwei Schüben serviert, vor und nach Paris*

auf der Höhe des amerikanischen Sezessionskrieges, schuf der junge amerikanische Ingenieur George Pullman einen Zugtyp, der das Reisen quer durch den amerikanischen Kontinent von Grund auf veränderte. Er erfand eine Art Hotel auf Rädern mit Speisewagen sowie Reisezugwagen, deren Sitze man nachts in Betten verwandeln konnte.

James Allport, Hauptgeschäftsführer der britischen Midland Railway, lud Pullman ein, seine bahnbrechende Erfindung in England einzuführen. Und so schickte die Pullman Palace Car Company in der Mitte der 1870er ihren ersten Zug auf die Strecke London-Brighton; er hatte Speisewagen und war der erste nur aus Pullmanwagen bestehende Zug in Europa. Als er bald darauf einen Fähranschluß bekam, konnte der Service aufs Festland ausgedehnt werden. Indes hatte aber ein weiterer innovativer Gentleman die Szene betreten.

Das war der Belgier Georges Nagelmackers. Er hatte die Pullmanzüge in den Vereinigten Staaten gesehen und ihr Potential für Europa erkannt. Hier bestand offensichtlich ein großer Bedarf an Zügen mit Essens- und Übernachtungsangebot für mehrtägige Reisen. Nagelmackers erschloß sich alle nur denkbaren Geldquellen und konnte 1876 unter dem Banner seiner neugegründeten Compagnie Internationale des Wagons-Lits seinen ersten Zug in Betrieb nehmen.

ERSTKLASSIGER SERVICE

Die erste Etappe unserer Venedigreise endet in Folkestone. Hier steigen wir in die *SeaCat* um, einen Luftkissen-Katamaran, der uns in 45 Minuten sausender Fahrt über den Ärmelkanal bringt. Auf der französischen Seite geht man in Minutenschnelle über den *Quai* zum Bahnsteig und steht dann vor dem schimmernden, in Blau und Gold gehaltenen Zug im klassischen Kleid des Orient-Express, wo eine Schar weiß behandschuhter Reisebegleiter darauf wartet, die Passagiere in die Wagen zu geleiten.

Die Lokomotive wird auf der weiteren Reise über drei Staatsgrenzen und drei verschieden elektrifizierte Strecken sechsmal gewechselt. Der Zug hat drei Speisewagen, einen Piano-Bar-Car (mit Bar und Stutzflügel), elf Schlafwagen und zwei Gepäck- und Dienstwagen für das Zugpersonal bzw. das Gepäck der Reisenden. Die Privatabteile sind sehr luxuriös und höchst geschmackvoll eingerichtet, aber wenig geräumig. In jedem gibt es ein in einem Schrank eingebautes Waschbecken mit heißem und kaltem Wasser, Handtücher, eine Steckdose für den Rasierapparat und eine verstellbare Heizung. Einige Abteile haben sogar einen Safe. Es gibt keine Duschen oder Badezimmer.

Der Zug, den wir heute in neuem Glanz erleben,

preis – der zu dieser Stunde für keinen mehr ein Hindernis darstellt – kann der Reisende auch *à la carte* essen. Dazu gibt es eine hervorragende Auswahl an erlesenen Weinen und Champagnern. Draußen vor dem Fenster schoß derweil die nordfranzösische Landschaft vorbei, und nicht lange, da tauchten links und rechts der Strecke schon die Vororte von Paris auf. Wenn die schöne Spionin Olga oder irgendeine andere Figur aus den Kriminalromanen Agatha Christies einen Auftritt planten, dann war dies ganz sicher der richtige Moment dafür.

LINKS *Jugendstilscheiben von René Lalique schmücken den Speisewagen*

Literarische Verbindungen

Der Name Agatha Christie ist heute unauflöslich mit der Geschichte des Orient-Express verwoben, aber das ist eher ein Zufall. Christie hat nie ein Buch geschrieben, das *Murder on the Orient-Express* (Mord im

UNTEN *Die Waschgelegenheiten in den Abteilen sind geschickt in Wandschränken verborgen*

wurde von dem französischen Designer Gerard Gallet nach alten Vorlagen neu gestaltet. Seinen wirtschaftlichen Erfolg verdankt er aber vor allem seinem gegenwärtigen Eigentümer, dem amerikanischen Millionär James B. Sherwood. Sherwood ist ein Geschäftsmann mit weitverzweigten Interessen, dem unter anderem das Hotel Cipriani in Venedig gehört. Er erstand 1977 – damals hatte gerade der Original-Orient-Express seinen Geist aufgegeben – bei einer Sotheby's-Auktion in Monte Carlo zwei Schlafwagen aus den 20er Jahren, wobei er ein schwindelerregendes Gebot des Königs von Marokko zu überbieten hatte. Dann verwandte er die nächsten fünf Jahre sowie eine fabelhafte Summe Geldes darauf, weitere historische Eisenbahnwagen aufzustöbern und zu renovieren.

Als der Orient-Express 1977 außer Dienst gestellt wurde, war er nur noch ein blasser und schäbiger Abklatsch seines früheren Selbst. Zuletzt hatte er Gastarbeiter und jugendliche Rucksacktouristen für wenig Geld durch Europa transportiert. Sherwood hatte andere Pläne, er wollte den Orient-Express wieder zu einem luxuriösen Reiseerlebnis machen. Wie ich so im Barwagen sitze und ausgewählten Klavierstücken aus den 20er Jahren lausche, spüre ich deutlich, daß Mr. Sherwood sein Ziel erreicht hat.

Das Abendessen wird in zwei Schüben serviert, vor und nach Paris. Die gesamte Einrichtung ist der Ausstattung der Wagon-Lits von 1903 nachempfunden – von den Möbeln bis zu den Lampen und dem Besteck. Unser Abendessen mit seinen vier Gängen bot so Erlesenes wie sautiertes *filet de boeuf* mit Trüffeln sowie mit *foie gras* gefüllte Wachteln; für einen kleinen Auf-

Orient-Express) geheißen hätte. Dieser Titel entstand erst später. Das Christie-Buch nannte sich *Murder on the Calais Coach*, was natürlich weniger gut klingt. Ihr Buchtitel bezog sich auf den Wagon-Lits-Luxuszug, der zwischen Calais und Istanbul verkehrte, und das war ein Schlafwagenzug ohne den Salonwagen des berühmten Films.

Bis heute hat der Orient-Express sechs Kinofilme, neunzehn Bücher, mehrere Fernsehdokumentationen und mindestens ein Musikstück inspiriert, einen Foxtrott mit dem Titel „Orient-Express“, der 1933 herauskam. Diese flotte kleine Melodie schien aber nicht zu dem Repertoire des Pianisten zu gehören, der nach dem Dinner an dem Stutzflügel der Bar spielte, indes unser Zug weiter durch Frankreich, durch das alte Burgund donnerte, der fernen Schweizer Grenze entgegen.

Diese über 1700 km lange Reise würde den jungen

OBEN *Der Orient-Express durchquert eine der malerischsten Landschaften Europas*

GANZ RECHTS *Kabinenstewards bringen Ihnen das Frühstück ins Abteil*

Gründer der Wagon-Lits, Georges Nagelmackers, freuen, der am 4. Oktober 1883 den ersten Orient-Express von Paris aus auf die Strecke schickte. Der bestand aus einem Gepäckwagen, zwei luxuriösen Schlafwagen und einem gut ausgestatteten Speisewagen mit Rauchsalon – genug Platz also für die 40 Passagiere. Das Personal hatte sich mit einem Wagen am Zugende zu begnügen. Dieser Zug trug als erster den Namen „Orient-Express". Seine Jungfernfahrt beherrschte die Schlagzeilen der Weltpresse.

Ich wachte in Zürich auf, als man die Morgenzeitungen und die Croissants für unser Frühstück einlud. Aber nach kurzem Aufenthalt ging es durch die Nordschweiz weiter, an den Ufern der Seen entlang und zwischen hochaufragenden, schneebedeckten Bergen hindurch auf das winzige Fürstentum Liechtenstein zu, das Zentrum der Nummernkontenindustrie.

Früher einmal fuhr der Zug durch den 1906 eröffneten Simplontunnel von der Schweiz geradewegs nach Italien. Das 19770 m lange Bauwerk war damals der längste Eisenbahntunnel der Welt und gilt als die technische Meisterleistung jener Zeit. Der Simplontunnel rückte Paris viel näher an Venedig und Mailand heran und bot eine südlichere Route nach dem damaligen Konstantinopel. Nagelmackers starb 1905, ein Jahr vor der Eröffnung des Simplontunnels. Er hat die Erfüllung seines Traums also nicht erlebt. Zu seiner Zeit endete der Transeuropa-Express in Giurgiu an der Donau, ungefähr 70 km hinter Bukarest. Dort mußten die Reisenden mit der Fähre die Donau überqueren, um mit einem weit weniger luxuriösen Zug nach Varna am Schwarzen Meer zu fahren, von wo sie ein Schiff in einer Nachtfahrt nach Konstantinopel brachte.

Zum Frühstück waren wir in Österreich. Wir schlängelten uns zum Arlbergpaß hoch, fuhren durch den Arlbergtunnel und sahen dann vor uns in der Sonne Sankt Anton liegen, den schönsten und schicksten aller österreichischen Wintersportplätze. Noch vom Bahnhof aus sahen wir die Skifahrer hoch über der Stadt die steilen Vallugahänge hinunterwedeln.

Unser beschwingter Abend forderte nun seinen Tribut, nicht jeder fühlte sich beim Frühstück wie ein Fisch

im Wasser. Aber schon gegen 10 Uhr wurde der Kaffee wieder durch Champagner abgelöst – „ein Glas kann ja nicht schaden". Und der Stutzflügel klimperte suchend vor sich hin.

ROUTEN ZUR WAHL

Im Jahre 1910 wurde diese Strecke, die zuerst nur nach Mailand und Venedig ging, bis Triest verlängert. Damit begann die große Zeit des Orient-Express, denn die britische Aristokratie und die Schickeria hatten Venedig entdeckt. Sie flüchteten sich vor dem englischen Winter in ihre angemieteten *Palazzi* in der „Serenìssima" (Durchlauchtigste). Eine Tradition wurde geboren. Der Erste Weltkrieg ließ sie ersterben.

In Innsbruck stellt der Orient-Express dem Reisenden von heute zwei Routen zur Wahl: die südliche, nach Italien, die wie zu Beginn des Jahrhunderts in Venedig endet; oder die längere durch das Salzburger Land nach Wien, der einstigen Hauptstadt der Doppelmonarchie Österreich-Ungarn (auch ein Opfer des 1. Weltkriegs), und von dort weiter nach Budapest, der Hauptstadt des heutigen Ungarn und einer der schönsten Großstädte Osteuropas. Das wäre ein guter Vorwand für noch eine Reise, aber für diesmal folgte ich der Schickeria auf ihrem Weg in den Süden, über den Brenner nach Italien.

Der Erste Weltkrieg war eine Tragödie für Millionen von Menschen. Der Orient-Express wurde durch den Krieg zwar für eine Weile lahmgelegt. Er durfte aber bei dessen Beendigung, bei den Waffenstillstandsverhandlungen, einen Part übernehmen. Die kaiserlich-deutsche Delegation unterzeichnete die Kapitulationsurkunde am 11. November 1918 in dem Wagon-Lit Nr. 2419 auf einem Abstellgleis bei Compiègne. Der Wagen blieb als eine Art Denkmal dort stehen. Aber die Rolle, die er gespielt hatte, wurde nicht vergessen: 1940 wählte ihn Adolf Hitler zum Schauplatz der Unterzeichnung der französischen Kapitulation.

OBEN *Die Reise des Orient-Express endet mitten im historischen Venedig. Diese Stadt gilt als das größte Kunstwerk aller Zeiten*

GANZ RECHTS *Die Reisenden kommen und gehen, aber der wunderbare Train Bleu (Blaue Zug) bleibt bestehen*

Wenn man den Brenner überquert hat, ist das Ende der Reise und dieser Geschichte nicht mehr fern. Der Zug läßt die Alpen hinter sich, fährt weiter nach Süden, in Richtung Dolomiten und Adria, und schlängelt sich durch bezaubernde Bergtäler nach Trento (Trient). Nach dem Ersten Weltkrieg erlebte die Bahnreise eine große Renaissance. 1921 wurde eine Direktverbindung Paris-Istanbul eröffnet. Die Fahrt dauerte nur 56 Stunden, einschließlich der inzwischen Tradition gewordenen drei Nächte im Schlafwagen. Viele Wagen des heutigen Zuges sind damals gebaut und für jene klassische Reise benutzt worden. Der Orient-Express fuhr noch 19 Jahre so weiter, als eine Art Verkehrsmittel der Großen und Mächtigen dieser Welt, und konnte die wachsende Konkurrenz der Fluggesellschaften mühelos abwehren, bis ihm der Krieg erneut Einhalt gebot.

Nach dem Zweiten Weltkrieg eroberte sich der Zug die Gleise zurück. Im Dezember 1945, vier Monate nach der Zerstörung Hiroshimas durch eine amerikanische Atombombe, war er schon wieder bis Triest unterwegs, wenn auch in einer einfacheren Version und als „Simplon-Orient-Express". Sein Betrieb wurde durch den Kalten Krieg zwar häufig unterbrochen, aber nie völlig zum Erliegen gebracht. In den 1950ern gab es, zwei- oder dreimal wöchentlich, eine Verbindung Athen-Istanbul, die auch Wagen 2. Klasse führte. Aber die große Zeit des Bahnreisens war vorüber und der Niedergang des Orient-Express längst eingeleitet. Im Mai 1977 war es dann vorbei mit ihm.

Ein Triumph der Romantik

Es war schon mitten am Nachmittag. Der Zug eilte seinem Ziel entgegen. Er querte die Ebenen westlich von

Venedig und fuhr durch das romantische Verona, das Shakespeare zum Schauplatz seines *Romeo und Julia* wählte. Dann rumpelten wir über den Mestre-Damm nach Venedig hinein, um schließlich im Bahnhof Santa Lucia zu halten. Nur ein paar Stufen, und schon ist man am Canal Grande, und die Serenìssima entfaltet sich vor einem in all ihrer Pracht. Venedig läßt sich mit keiner anderen Stadt der Erde vergleichen. Es wäre völlig undenkbar, so etwas heute zu bauen. Wir besäßen nicht den Mut, das Vertrauen und die Kreativität, um uns an etwas derartig Herrliches zu wagen.

Genau wie diese Reise, so fand auch die Geschichte des Orient-Express ein triumphales Ende. Nur fünf Monate nach der Ausrangierung des verschlissenen, ramponierten Veteranen kaufte Sherwood in Monte Carlo zwei der alten Schlafwagen und begann mit der Rekonstruktion des ganzen Zuges. Der Rest dieser modernen Odyssee sollte dann noch ganze fünf Jahre dauern.

James Sherwood fand bei seiner europaweiten Suchjagd noch 35 brauchbare historische Schlaf- und Sitzwagen, vor allem in Spanien, wo das goldene Bahnzeitalter etwas länger gedauert hatte als anderswo. Einige kamen aus Eisenbahnmuseen, andere von Privatsammlern oder Gastronomie-Unternehmen, die sie als fahrbare Restaurants benützt hatten. Die neun Pullmanwagen, die den britischen Teil der Reise bestreiten, wurden in Carnforth in der Grafschaft Lancashire rekonstruiert, die Wagon-Lits-Wagen der Festlandroute von der Bremer Waggonbau in Deutschland und den Wagon-Lits-Werkstätten in Ostende.

All das erforderte viel Zeit, eine Menge Engagement und unwahrscheinlich viel Geld. Aber am 25. Mai 1982 sah James Sherwood dann seinen Traum Wirklichkeit werden, als der in neuem Glanz erstrahlende Orient-Express vom Londoner Viktoria-Bahnhof zu seiner ersten Fahrt quer durch Europa und in das unvergleichliche Venedig aufbrach.

Bei jeder historischen Reise bewegt man sich in zwei Richtungen: vorwärts durch den Raum und zurück durch die Zeit. Ohne die Geschichte dieser Reise und ihrer Initiatoren wäre der erinnerungsträchtige Orient-Express bei all seinem Luxus bloß eine Farce oder eine Persiflage. Aber er ist weder das eine noch das andere, sondern ein Überlebender, ein glorreiches Relikt aus einer glorreicheren Zeit. Ein bißchen traurig über das Ende unserer Fahrt, verließ ich den Bahnhof von Santa Lucia. Aber als ich mich umdrehte, sah ich das Personal scharenweise in den Orient-Express strömen, um ihn für die Rückfahrt vorzubereiten. Bald würde für eine neue Gruppe von Reisenden eine neue Fahrt durch Zeit und Raum beginnen.

Auf mich aber wartete die Stadt, deren hinreißende Atmosphäre man am besten zu Fuß oder in einer Gondel erlebt, die Stadt so großer Maler wie Bellini, Tizian und Tintoretto, die Stadt des Lichts und der Farben. Auf mich warteten der Markusplätz, der Dogenpalast und San Marco. Auf mich wartete Venedig.

PRAKTISCHE TIPS

■ *Der VSOE verkehrt zweimal wöchentlich zwischen London und Venedig, jeweils in beiden Richtungen. Die Reise dauert 32 Stunden und geht über 1714 km. Buchen Sie bitte frühzeitig!*

■ *Es gibt eine Alternativroute nach Wien und Budapest, eine gesonderte Strecke Düsseldorf-Venedig sowie Pläne zur Einbeziehung weiterer europäischer Großstädte in die VSOE-Route. Man kann auch Teilstrecken buchen, etwa von London nach Paris oder Innsbruck, sowie Tagesexkursionen, z. B. innerhalb Englands. (Es gibt auch einen „Eastern & Oriental Express", der aber Singapur und Bangkok verbindet.) Das Zugpersonal erledigt die Grenzformalitäten; der Reisende benötigt einen Personalausweis oder Reisepaß (für Ungarn).*

■ *Ausführliche Informationen zu dieser Reise erhalten Sie bei jedem Reisebüro. Buchen können Sie bei Ihrem Reisebüro oder den Betreibern des Venice Simplon-Orient-Express, die jeweils die von dem VSOE befahrene Strecke pachten. Einen illustrierten Prospekt der Reise und Ihre Platzreservierung erhalten Sie bei Venice Simplon-Orient-Express, Sea Containers House, 20 Upper Ground, GB-London SE1 9PF, Tel. 071/928 60 00, Fax 071/6 20 12 10.*

Mit dem Glacier-Express durch die Schweiz

Robin Neillands

Eine der Hauptattraktionen der Schweiz ist die Fahrt mit dem Glacier-Express. Sie berührt zwei der berühmtesten Skizentren der Welt: Zermatt, am Fuße des Matterhorns, und das mondäne St. Moritz im Engadin. Den Reiz dieser Route machen zum einen die in ganz Europa einmaligen landschaftlichen Schönheiten und zum anderen die atemberaubenden technischen Wunder dieser Strecke aus, die fast jedes Vorstellungsvermögen übersteigen und am besten durch einige Zahlen illustriert werden: Diese Schmalspurbahn führt durch nicht weniger als 91 Tunnels, über 291 Brücken und durch zahllose Haarnadelkurven – es gibt kaum einen Moment, wo sich der berühmte rote Glacier-Express nicht in eine Kurve legt.

Bis zur Abfahrt meines Zuges blieben mir in Zermatt noch ein paar Stunden. So nutzte ich den frühen Morgen zu einem kleinen Ausflug mit der Gornergratbahn, um ein Gipfelfrühstück mit Blick auf die schroffe Spitze des Matterhorns einzunehmen.

Das Matterhorn (4477 m) ist zwar nicht der höchste, ganz sicher aber der eindrucksvollste Berg Europas. Er fordert immer noch etwa ein Dutzend Menschenleben pro Jahr. Die meisten seiner Opfer liegen auf dem Friedhof von Zermatt begraben, ganz nahe bei den Toten jener Gruppe, die 1865 erstmals den Gipfel des Matterhorns bezwang. Ihr Anführer war der Engländer Edward Whymper. Den Aufstieg schaffte sein siebenköpfiges Team ohne große Probleme. Beim Abstieg aber stürzten vier der Männer 300 m tief ab und in den Tod. Diese Tragödie erschütterte ganz Europa. Königin Victoria von England setzte sich dafür ein, das Bergsteigen ganz zu verbieten. Aber noch heute kommen die Bergsteiger zum Matterhorn – im Hochsommer täglich bis zu 60.

Zermatt ist eine hübsche, aber etwas merkwürdige Stadt, die ganz auf Tourismus eingestellt ist: Skifahren im Winter, Bergwandern und Klettern im Sommer. Seil- und Zahnradbahnen bringen die Menschen zu den Gipfeln hinauf. Zermatt ist autofrei. Man geht zu Fuß, fährt mit

RECHTS *Die Fahrt mit der Gornergratbahn ist ein atemberaubendes Erlebnis. Sie beginnt in Zermatt und führt am Matterhorn vorbei*

GANZ RECHTS *Die Strecke des Glacier-Express mußte vielerorts durch das harte Gestein der Schweizer Alpen gesprengt werden*

dem Fahrrad, mit Pferdeschlitten (denen im Sommer vier Räder wachsen) oder mit Elektrobussen. Die Stadt wurde früher durch eine Art geschlossener Gesellschaft regiert, die sich aus der „Bürgergemeinde“ rekrutierte, d. h. den alten Familien von Zermatt, von denen viele schon seit dem Mittelalter hier ansässig sind. Ich genoß mein Frühstück und fuhr dann mit den Skiern ins Tal hinab, um rechtzeitig zu meinem Zug nach Täsch zu kommen. In der Schweiz fahren die Züge auf die Sekunde genau ab. Die Schweizerischen Bundesbahnen sind so effizient und beliebt, daß sie als einzige Eisenbahn der Welt einen großen und blühenden Fanclub haben, und das nicht nur in der Schweiz. Der Glacier-Express ist kein „besonderer“ Zug: Er nimmt eigentlich erst während der Reise selbst Gestalt an. Nur zwei oder drei der Wagen, die jetzt Zermatt verließen, fuhren bis nach St. Moritz. Ab Zermatt ist das Gleis zweifach verwendbar – für Zahnstangen- ebenso wie für Normalbetrieb, und es führt recht zügig und steil den Berg hinunter.

Durch die großen Wagenfenster hatte ich eine herrliche Aussicht. Schon nach ein paar hundert Metern verschwand das Matterhorn hinter einer Kurve; nun hatte die Reise wirklich begonnen. Die Wagen der 2. Klasse waren bequem, aber überfüllt. Weil die Schweizer sparsam mit ihrem Geld umgehen, war es bei mir in der 1. Klasse halb leer.

Die Neigung der Strecke nach Täsch beträgt nur etwa 20 ‰ aber für den Anfang schien mir das schon steil genug. Außerdem wies sie bei den zahlreichen Brücken, die sich über die zu dieser Jahreszeit Hochwasser führenden Bergbäche spannten, etliche wesentlich steilere Zahnstangenabschnitte auf. In Täsch stiegen einige Skifans und Autofahrer aus, die dort ihren Wagen geparkt hatten. Weiter ging die Fahrt und vorbei an St. Niklaus, wo das Tal so eng und steil wird, daß im Winter die Sonne das Dorf nur ab und an erreicht. Mit 125 ‰ Neigung sind die Brücken bei Stalden der steilste Teil der ganzen Reise. Wir waren jetzt schon um 600 m tiefer als Zermatt. In meinen Ohren knackte es regelmäßig, als unser Zug in ein breiteres

■ *Die Schweiz ist ein kleines und zudem das bergigste Land Westeuropas, besitzt aber ein ganz besonders gut ausgebautes Transportsystem.*
Dazu gehören außer dem erstaunlich umfangreichen Eisenbahnnetz der Schweizerischen Bundesbahnen und einiger privater Gesellschaften (5000 km) zahlreiche Postbuslinien (7700 km) sowie Schiffahrtslinien und Bergbahnen.
Der Glacier-Express lädt zu einer eindrucksvollen Fahrt über das „Dach Europas“ ein, durch die Berg- und Gletscherwelt zwischen Zermatt und St. Moritz. Die Strecke verbindet die Kantone Wallis und Graubünden, führt u.a durch den Furkatunnel und über den Oberalp-Paß sowie den Landwasserviadukt und ist in beiden Richtungen mit demselben Vergnügen zu befahren.
Die Flüsse, die unter den zahlreichen Brücken dieser Route tosen, fließen in praktisch alle Himmelsrichtungen, zur Nordsee und zum Schwarzen Meer, zum Mittelmeer und zur Adria. Man sollte eine Landkarte mitnehmen (mindestens im Maßstab 1 : 100 000), um all die Flüsse und Seen, Täler und Berggipfel links und rechts des Weges identifizieren zu können.
Die Route setzt sich aus drei privaten Bahngesellschaften zusammen. Ihr erstes Teilstück, von Visp nach Täsch und Zermatt, entstand 1899. Fünf Jahre später reichte das Gleis schon bis St. Moritz, und 1912 wurde die Hauptlinie Chur-St. Moritz bis nach Reichenau und das Vorderrheintal hinauf nach Disentis verlängert.
Das zweite Glied, die Mittelstrecke des Glacier-Express, bildet die 1915–1926 erbaute Furka-Oberalp-Bahn, die von Brig über Gletsch, den Furkascheiteltunnel und den Oberalp-Paß nach Disentis führt.
Die Strecke ist nun weitgehend elektrifiziert, folgt aber im wesentlichen der alten Route.

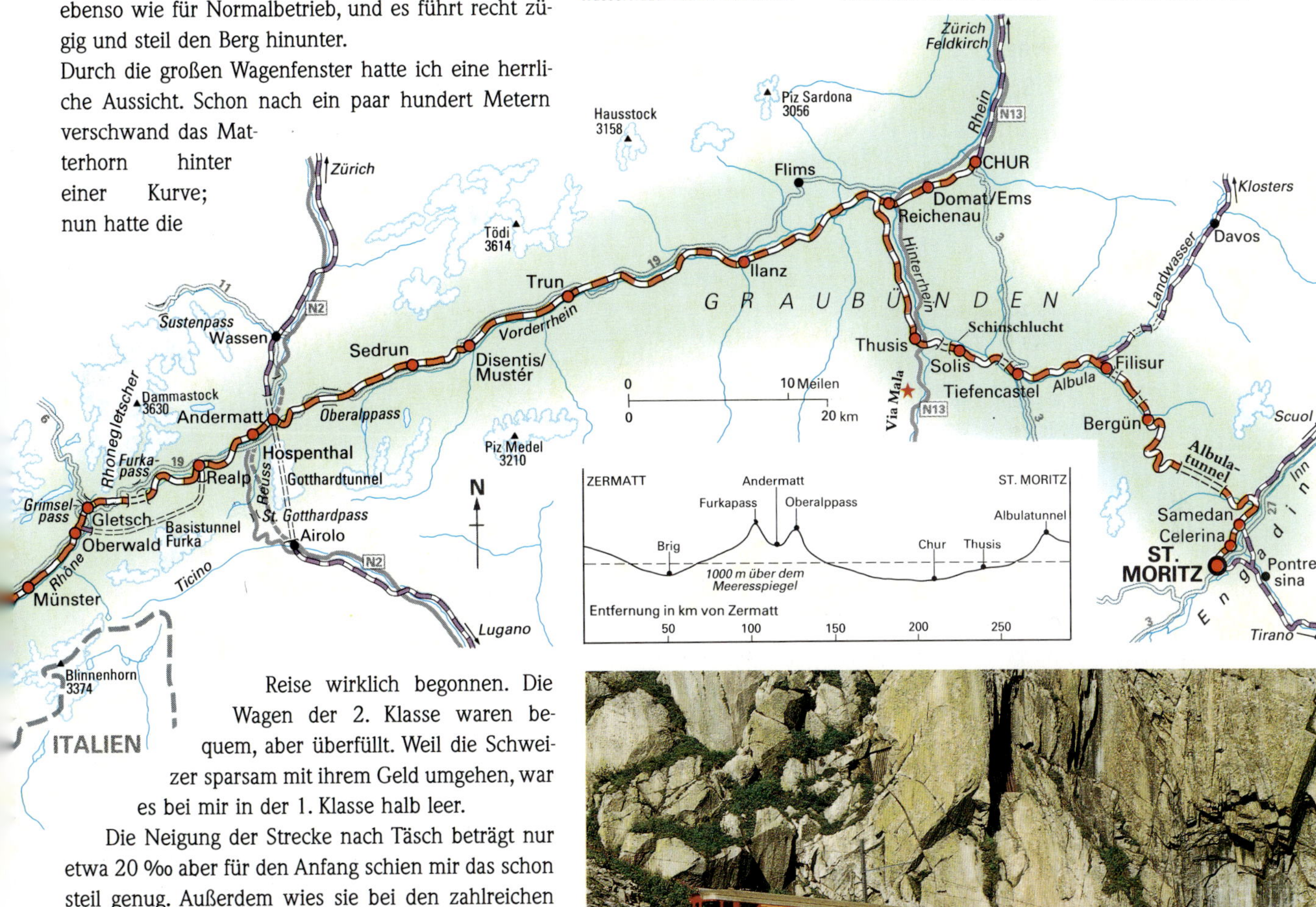

Tal und nach Visp hinunterschaukelte. Mein Gegenüber sah von seiner Karte auf, nickte zum Fluß hinab und sagte: „Die Rhône".

DAS HERZ DER ALPEN

Visp ist ein wichtiger Eisenbahnknotenpunkt und eine hübsche kleine Stadt, in der – in bester Schweizer Tradition – eine fast schmerzhafte Sauberkeit waltet. Hier wurde unser noch kleiner Glacier-Express um einige Wagen verlängert. Ich wollte aussteigen, um das Manöver zu beobachten, denn nach einer alten Reiseregel darf der, der den Boden irgendeines Bahnhofs betreten hat, ja behaupten, die Stadt besucht zu haben. Aber ein empörter Schaffner scheuchte mich wieder in den Zug zurück und belehrte mich, daß ich nur dort aussteigen dürfe, wo meine Fahrkarte dies erlaube, in Andermatt, und nicht vorher.

Die hellrot glänzende Lokomotive zog uns weiter nach Brig, 700 m hoch gelegen und der zweitniedrigste Punkt der Reise. Hier beginnt die vor allem von Napoléon geförderte Simplon-Route über die Alpen, deren Paß noch immer viele Touristen anzieht. Wenn er geschlossen ist, lädt man sein Auto für die 20 km lange Fahrt durch den Simplontunnel auf die Bahn.

Brig wäre gut und gern eine Übernachtung wert. Es ist auch eine von diesen blitzsauberen Schweizer Städten und wird von einer Burg überragt, die im 17. Jahrhundert von dem Baron Stockalper erbaut wurde, dem erfolgreichsten Geschäftsmann in der Geschichte des Wallis. Das erzählte mir der sichtlich um Wiedergutmachung bemühte Schaffner, als er meine Fahrkarte kontrollierte. Die Walliser scheinen ihrer Geschäftsleute genauso zu gedenken wie andere Völker ihrer großen Entdecker oder Wissenschaftler.

Der Glacier-Express folgt nun auf einer Nebenlinie dem Lauf der Rhône, und auf der anderen Seite des Tales sieht man die Hauptstrecke im Simplontunnel verschwinden. Der Zug fährt selten schneller als 32 km/h, legte jetzt aber an Geschwindigkeit zu. Als ich mich im Speisewagen zum Mittagessen setzte, fuhren wir noch immer gleichmäßig bergauf.

Ich bekam meinen Wein in einem der berühmten Glacier-Express-Gläser serviert, die auf der einen Seite höher sind als auf der anderen. So kann man das Glas auf die richtige Seite drehen, damit der Wein nicht verschüttet wird, wenn der Zug Berg-und-Talbahn fährt. Das erwies sich als eine überaus nützliche Vorkehrung, als bald darauf zwischen Mörel und Fiesch die Strecke steil anzusteigen begann. Das Essen war sehr gut: ein Salat, Geschnetzeltes mit Rösti, ein, zwei Scheiben Käse und eine Flasche Arbois. Wer nicht im Speisewagen essen will oder keinen Tisch bekommt, kann sich an einem Getränke- und Speisekarren einen warmen Imbiß, belegte Brötchen, Kaffee und Bier kaufen.

Während wir aßen, überquerte unser Zug auf einem hohen Viadukt eine weite Flußbiegung. Er schien geradewegs auf die jähe Felswand gegenüber zuzusteuern, machte dann aber wieder einen seiner uns inzwischen vertrauten Schwenks. Nun begann er auch schon, im Zickzack – es gibt kein besseres Wort dafür – den Berg hinaufzuklimmen, und setzte dabei die Zahnräder ein, um die steile Strecke in den Griff zu be-

GANZ LINKS *Die Region um Andermatt ist im Winter ein herrliches Skiparadies und prangt im Sommer in üppigem Grün*

LINKS *Das Wahrzeichen von Brig ist das Stockalperschloß, ein eindrucksvoller Barockpalast aus dem 17. Jahrhundert*

UNTEN *Der hellrote Glacier-Express, der hier an einem kleinen Bergdorf vorüberfährt, bringt einen warmen Farbtupfer in die winterliche Landschaft*

GANZ RECHTS *Das Ende der Reise: der vornehme Wintersportplatz Sankt Moritz*

UNTEN *Die eng an den Berghang geschmiegte Strecke ist durch aufwendige Lawinenschutzbauten gesichert*

kommen. Wir hielten uns fest, und der Getränkekarren wurde blockiert. Auf der 9 km langen Strecke nach Fürgangen hinauf gibt es drei so steile Abschnitte, mit einer durchschnittlichen Neigung von 90 ‰.

Hinter Münster wurde es eine Zeitlang eben, und dann schaukelten wir nach Oberwald hinunter. Bis dahin war die Landschaft, nach Schweizer Begriffen, recht offen gewesen, und dies dank der Rhône, die sich hier ihren Weg durch die Berge gräbt. Damit hatte es aber in Oberwald ein Ende, und ich war nicht der einzige, der über die Zähigkeit jener Schweizer Ingenieure und ihre kühne Idee staunte, mit ihrer Bahnlinie durch diese geschlossene Bergwelt *hindurch*zustoßen. „Hindurch" ist der angemessene Ausdruck, denn kurz nach Oberwald beginnt der berühmte, 15,4 km lange Furka-Basis-Tunnel. Vor dem Tunnel liegt noch einmal ein steiler Anstieg. Dafür wird man aber durch den herrlichen Ausblick auf den Rhône Glacier (Rhône-Gletscher) belohnt, der diesem Zug den Namen gab.

Von Oberwald bis zum Eingang des Tunnels bei Muttbach sind es etwa 8 km, bei einem Höhenunterschied von 800 m. Dieser recht kurze Tunnel – rund 3 km quer durch den oberen Teil des Berges – ersparte den Eisenbahnbauern die Mühe, sich auch noch bis zu dem 300 m höher gelegenen Furkapaß emporzuarbeiten, über den die Straße führt. Er ist der längste einspurige Tunnel der Welt und wurde 1982 – nach zehnjähriger Bauzeit – eröffnet.

Hinter Realp, am anderen Ende des Furkatunnels, brauste der Zug zu dem nahen Andermatt hinab, wo ich für die Nacht zu bleiben gedachte. Früher wurde dieser Abschnitt im Winter häufig von Lawinen heimgesucht und durch Schneeverwehungen blockiert. Aber nun ist er durch Lawinengalerien und den regelmäßigen Einsatz von Schneepflügen gesichert und, außer unter extremen Bedingungen, ganzjährig offen. Die Rhône war inzwischen entschwunden und der Rhein nicht mehr fern. Wir überquerten das Tal der Reuss, fuhren durch das Dorf Hospenthal und machten den steilen Abstieg zu dem 800 m tiefer gelegenen Andermatt. Es war 15.30 Uhr, und ich war für heute lange genug gereist. Vor uns lag der Oberalp-Paß, aber der konnte bis morgen warten.

Spielwiese für die Reichen

Andermatt ist, wie Zermatt, ein Berg- und Wintersportzentrum. Es liegt in 1441 m Höhe in einem Bergtal nördlich des Sankt Gotthard. In seiner Umgebung gibt es mehr als 500 km an Bergwanderwegen und einen kleinen See, der von wilden Bergbächen gespeist wird. Die Stadt hat zahlreiche Hotels und kann jedem für eine Übernachtung empfohlen werden, der die schöne Reise ein bißchen verlängern möchte.

Andermatt ist auch ein Eisenbahnknotenpunkt mit Zügen nach Lugano oder Zürich. Es gibt außerdem noch einige Alpenbahnen und Postbusse, die über den Furka- oder den Sustenpaß nach Interlaken oder Gletsch fahren.

Am folgenden Nachmittag war der Zug kaum aus dem Bahnhof, als er schon in Serpentinen den Berg hinaufzuklettern begann und, neben der Straße und darüber hinweg, immer höher und höher stieg und dann am Oberalpsee vorbei und unter einer Lawinengalerie hindurch zum 2044 m hohen Oberalp-Paß hinauffuhr. Diese Bergstrecke östlich von Andermatt hat eine Steigung von durchschnittlich 33 ‰ und weist einige Zahnstangenabschnitte auf. Aber von oben hat man eine herrliche Aussicht: Das ist wirklich das „Dach Europas"!

Der Abstieg auf der anderen Paßseite wirkt fast genauso steil. Der Berghang ist kahl und öde, und der Zug fährt zumeist unter einer Lawinengalerie. Wir rattern zuerst durch Sedrun und halten dann in Disentis, einer recht großen Stadt mit einigen hübschen Gaststätten und guten Wanderwegen. Eine ganze Schar von Reisenden stieg hier ein, denn nun begann eine besonders eindrucksvolle Etappe, die Fahrt nach Chur.

Disentis liegt 1143 m hoch und ist ein weites und steiles Stück Weg vom Oberalp-Paß entfernt. Hier übernimmt eine andere Schweizer Bahngesellschaft den Glacier-Express: die Rhätische Bahn. Wir waren jetzt in Graubünden, dem östlichsten, größten und am dünnsten bevölkerten Kanton der Schweiz, dem einzigen auch, wo gleich drei der vier schweizerischen Sprachen gesprochen werden: Deutsch, Italienisch und Rätoromanisch.

Im Speisewagen servierte man Tee, was mir wie ein Akt höchster Zivilisation in dieser barbarischen Szenerie kahler, unfruchtbarer Berge vorkam! Vielleicht lag es am Tee, vielleicht auch an der Sonne, die von Westen hereinströmte, jedenfalls wurde die Landschaft weicher und ganz anders, grüner und sanfter, als wir das Tal des Vorderrheins hinab in Richtung Chur rollten. Oberhalb der Baumgrenze lag immer noch Schnee, aber die Obstbäume der Bauernhöfe rund um Trun und Ilanz zeigten schon die ersten Blüten. Für die Römer war Ilanz einst die erste Stadt am Rhein.

Ein Stück weiter, gerade wenn man glaubt, sich beruhigt zurücklehnen zu können, schieben sich erneut zerklüftete Bergwände ins Blickfeld: die spektakuläre Vorderrheinschlucht von Flims. Die Strecke verläuft hier unmittelbar neben dem Fluß und unter hohen, überhängenden Klippen, einer Masse bröckelnden Gesteins, die ein Niesen zum Einsturz bringen könnte …

In den inzwischen vertrauten Vorderrhein unter uns mündet bei Reichenau noch ein schäumender Strom, der Hinterrhein. Hier biegt die Linie nach Chur ab, der

Hauptstadt Graubündens. Von Chur fährt der Glacier-Express wieder ein Stück zurück und eilt dann in Richtung Thusis und Tiefencastel das Hinterrheintal hinauf.
Der Bau einer Eisenbahn durch diese Berge stellte eine außergewöhnliche Herausforderung dar. Die letzte Etappe unserer Reise erweist sich deswegen als ebenso faszinierend wie alle vorhergehenden. Von Reichenau aus geht es ziemlich steil bergauf – um 1770 m auf 80 km –, wobei die Steigung sogar noch ständig zunimmt. Eine zügige Streckenführung war den Ingenieuren hier unmöglich, denn die Berge sind von tiefen Schluchten durchschnitten, und überall erheben sich schroffe Felswände, die das Gleis in unaufhörliche Schlangenlinien zwingen. Aus einer dieser Felsklüfte, der Via Mala, schießt der Hinterrhein hervor, der hier auch noch von einem lebhaften Nebenfluß namens Albula gespeist wird.

Die Schwierigkeiten, mit denen die Eisenbahnbauer hier zu kämpfen hatten, waren so groß, daß sie die Arbeiten um ganze sieben Jahre verzögerten. Eine Lösung fand sich erst 1904. Sie bestand darin, die Strecke über den Hinterrhein und via Schinschlucht und durch eine ganze Reihe von Tunnels nach Solis hinaufzuführen und dann über die Solisbrücke wieder hinauszugehen. Dort verläuft das Gleis 89 m über dem Fluß.
Viele meiner Reisegefährten waren jetzt auf den Beinen und ließen die Kameras klicken. Aber ich bin kein Freund von großen Höhen. Ich blieb, wo ich war, als der Zug durch immer neue Tunnels kurvte und sich durch die Felsen immer höher hinauf kämpfte – auf diesem, wie es zu Recht heißt, „aufregendsten Abschnitt der ganzen Route".
Beim Landwasserviadukt, der auf allen einschlägigen Postern erscheint, wird die Strecke sogar ein wenig zu aufregend. Für einige von uns war es jedenfalls zuviel des Guten, als der Zug aus dem dunklen Tunnel ins Freie schoß – wie in eine dünnere Luft hinaus – und die gekrümmte Brücke überquerte, die sich allzu hoch über den Fluß erhebt. Jemand schrie.
Kurz danach zweigt die Nebenlinie nach Davos ab. Der Gletscher-Express beginnt jetzt aber heimatliche Gefilde zu wittern und klettert weiter nach Bergün im Albulatal hinauf. Nach zwei weiteren Tunnels gelangen wir in ein offenes Bergtal. Aber die Erleichterung darüber hält nicht lange vor. Minuten später geht es schon wieder steil bergan. Wir schrauben uns immer höher empor, eher einem Flugzeug gleich als einem Zug. Dann kommt ein Tunnel nach dem anderen und eine Brücke nach der anderen, geht die steile Fahrt über Schluchten und Sturzbäche immer weiter hinauf – eine fast unglaubliche Meisterleistung des Eisenbahnbaus.
Und da ist schon der Albulatunnel, bei dessen Bau sich in den Jahren 1898 bis 1902 etwa 1000 Mann abrackerten. Er liegt in 1823 m Höhe und ist pfeilgerade durch den Berg getrieben. Auf der anderen Seite befinden sich dann Samedan, die Hauptstadt des Engadin, und das Tal des Inn. Es ist flach genug für einen Flugplatz, von dem aus kleine Motorflugzeuge Segelflieger in luftige Höhen emporschleppen. Ganz plözlich waren wir dann im weiten, grünen und mit Seen übersäten Engadin, einer gänzlich anderen Welt nach jener Landschaft aus Felsen und Klüften, durch die wir in den vergangenen drei Stunden emporgestiegen waren. Samedan ist auch der Eisenbahnknotenpunkt für den Fremdenverkehrsort Pontresina, der über das Tal nach Celerina und St. Moritz herüberblickt. Wir fahren am See entlang durch das flache (ja, flache) Tal und halten dann im mondänen Wintersportzentrum St. Moritz, einem Ort, der sich ob seines „Champagner-Klimas" weltweiter Berühmtheit erfreut.
Reichlich erschöpft, kletterte ich aus dem Zug. Dieser letzte Abschnitt der Reise von Chur herauf gleicht eher einem Sturmangriff als einer Eisenbahnreise, denn während dieser ganzen Fahrt stürmen allzu viele Eindrücke auf die Sinne ein – die Szenerie, das beständige Drehen und Wenden der Gleise ... Ich marschierte schnurstracks vom Bahnhof zu meinem Hotel und genehmigte mir einen Drink. Am nächsten Tag würde ich mir ein Paar Skier leihen und ein paar Schwünge auf dem Corviglia absolvieren, aber im Augenblick hatte ich von den Bergen mehr als genug.

PRAKTISCHE TIPS

■ Der Glacier-Express verkehrt ganzjährig und bietet an jedem Bahnhof unterwegs Zusteigemöglichkeiten. Von einigen wenigen Ausnahmen abgesehen, fahren täglich je drei Züge, in beiden Richtungen. Die Fahrtzeit für die rund 290 km lange Strecke beträgt siebeneinhalb Stunden.

■ Man sollte sich auf jeden Fall möglichst früh einen Platz reservieren lassen, auch einen Tisch im Speisewagen, und zwar entweder bei einem örtlichen Fahrkartenschalter, bei einem der Schweizer Verkehrsbüros (SVB) oder bei der Rhätischen Bahn, Bahnhofstraße 25, CH-7002 Chur, Tel. 0 81/21 91 21, Fax 0 81/22 85 01.

■ Die Reise ist zwar zu jeder Jahreszeit hinreißend, in den Monaten Juni und September aber ganz besonders reizvoll, wenn der Andrang noch nicht so groß ist und die Berge wunderschön aussehen.

■ Viele Reiseveranstalter bieten eine Fahrt mit dem Glacier-Express als Teil einer Rundreise durch die Schweiz an. Ausführliche Informationen über den Glacier-Express und eine Vielzahl interessanter Bahnpaß-Angebote sind bei den Schweizerischen Bundesbahnen in Bern, den Schweizer Verkehrsbüros (SVB) und an den Auslandsschaltern Ihrer Bahn erhältlich.

Im Superzug TGV von Paris nach Marseille

PAUL ATTERBURY

Mit der Entwicklung der französischen TGV begann für die Bahn das 21. Jahrhundert. Die 1983 eröffnete Pilotstrecke Paris-Lyon war so erfolgreich, daß dem zügigen Ausbau dieser Hochgeschwindigkeitsbahn nichts mehr im Wege stand. Die Reise von Paris nach Marseille läßt keinen Wunsch offen. Sie vereint die Annehmlichkeiten der schnellen, bequemen Fahrt in einem optimal eingerichteten Superzug mit dem Erlebnis einer kultur- und geschichtsträchtigen Landschaft. Die Szenerie der Strecke, die ab Lyon dem Rhônetal folgt und durch dessen klassische Städte führt, ist erstaunlich vielfältig. Der größte Reiz dieser Fahrt liegt aber darin, daß sie die alte Sehnsucht nach einer Reise in den Süden erfüllt: der Sonne entgegen.

OBEN UND GANZ RECHTS *Der Train à Grande Vitesse ist die Antwort Frankreichs auf die Herausforderungen des 20. Jahrhunderts*

RECHTS *Jede Bahnreise kann zu einem Aufbruch ins Abenteuer werden, aber diese Fahrt in den Süden ist von ganz besonderem historischem Reiz*

Eine Bahnreise von Paris in den Süden, ans Mittelmeer, ist eine Reise auf den Spuren der Geschichte. Viele berühmte, aber auch viele heute vergessene Persönlichkeiten haben diese Reise unternommen. Sie hofften, unter der strahlenden Sonne der Côte d'Azur ein besseres oder zumindest ein anderes Leben zu finden. Geradewegs von Paris kamen einst Van Gogh, Gauguin, Cézanne und viele andere Künstler; ihre Malerei wurde durch das Licht und die Farben der Provence von Grund auf verändert. Auch Hemingway und Scott Fitzgerald reisten in den Süden, und für manchen berühmten Schriftsteller, wie zum Beispiel Somerset Maugham, war der Midi sogar eine so faszinierende Erfahrung, daß er nie mehr in den Norden zurückkehrte. Diese Sonnenroute ist eng mit der sozialen und kulturellen Entwicklung des Mittelmeerraums verbunden. Nizza, Cannes und andere Badeorte an der Côte d'Azur verdanken ihre Entstehung zwei weitgehend britischen Aktivitäten – in warmen Gefilden zu überwintern und im Casino zu spielen –, Gewohnheiten, die im späten 19. Jahrhundert Wurzeln zu schlagen begannen. Bis Ende der 1930er bewahrte sich die Mittelmeerküste ihren Schick, ihre Eleganz und Exklusivität; der Massentourismus begann die Szene erst nach dem Zweiten Weltkrieg zu bestimmen. Das einzige, was diese beiden Typen des Touristen verband, war der Zug, der sie in den Süden brachte.

Die Strecke wurde im 19. Jahrhundert durch die Paris-Lyon-Mittelmeer-Bahn (PLM) gebaut. Diese Compagnie war nicht gerade für ihre schnellen Züge berühmt. In den 1880ern konnte die 864 km lange Fahrt zwischen Paris und Marseille noch bis zu 25 Stunden dauern, aber in den Jahren bis zum 1. Weltkrieg wurden die Reisezeiten in einem atemberaubenden Tempo verkürzt.

Über dieser Strecke schweben aber auch die Geister der Schickeria der

■ Eine Bahnreise in den französischen Süden ist historisch sehr reizvoll. Die Route Paris-Marseille weckt Erinnerungen an viele bekannte Gestalten aus Kunst, Literatur und Politik, der Welt des Films und des Theaters. Viele von ihnen kamen in den 1920ern und 1930er mit dem berühmten Train Bleu an die Côte d'Azur, einem der großen Luxuszüge der Welt. Südlich von Paris führt die Strecke durch flaches Agrarland und dann durch die hügelige Landschaft des Morvan, das Nivernais und das Saônetal. Eine eingehende Betrachtung der Landschaft ist auf diesem Hochgeschwindigkeitsabschnitt nicht möglich. Das eigentliche Sehvergnügen liegt hier in dem raschen Wechsel der Felder, Wälder und Hügel. An dieser Strecke liegen keinerlei Städte, und an den Dörfern fährt man viel zu schnell vorbei, als daß sie irgendeinen Eindruck hinterlassen könnten. Der Akzent liegt vor allem auf dem Erlebnis der hohen Geschwindigkeit und der bemerkenswerten Laufruhe des Zuges. In Lyon erreicht der TGV die Rhônestrecke, die den Biegungen und Windungen des großen Stromes auf seinem Weg in den Midi folgt. Im Osten und Westen wird es von dramatischen Felshügeln gesäumt, den Ausläufern ferner Gebirge. Die durch Schleusen und Flußkraftwerke gezähmte Rhône bewässert ein fruchtbares Tal voller Weinfelder und Obstgärten. Die Rhône ist mindestens seit der Römerzeit eine wichtige Entwicklungsachse und verbindet eine Reihe berühmter Städtchen und Städte, deren Bauten das Wachstum Frankreichs seit dem Mittelalter spiegelt, darunter Valence und Montélimar, Orange und Avignon, Beaucaire, Tarascon und Arles. Ihre Burgen, Paläste und Kirchen zeugen von den vielfältigen kulturellen Einflüssen, die das Rhônetal prägten. Je mehr die Reise fortschreitet, desto augenfälliger wird der Einfluß des Südens – überall sind sanftfarbene Steinhäuser mit roten Ziegeldächern zu sehen, Melonenfelder, Weinberge und Olivenhaine, Zypressen, Bambus und Eukalyptus und die Geranientöpfe, die jeden Innenhof schmücken.

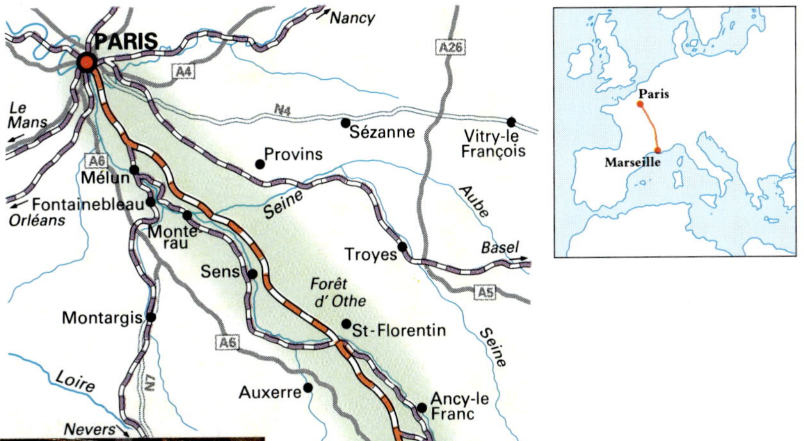

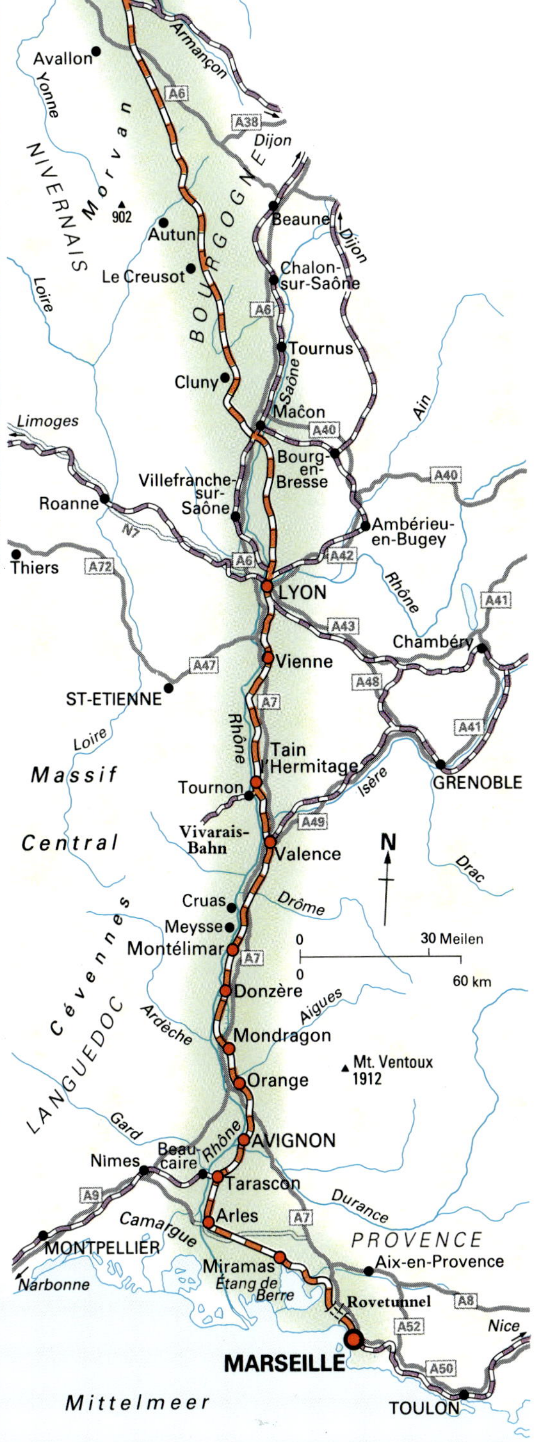

1920er und 1930er Jahre. Das waren die Aristokraten, Politiker und reichen Industriellen mit ihrem Anhang von Schauspielern und Schauspielerinnen, Malern und Musikern, Filmstars, Entertainern und berühmten Sportlern, die die Côte d'Azur erst zum Leben erweckten. Zu ihrer Geschichte gehören auch die Züge, die sie einst hierher brachten. Der berühmteste unter ihnen ist der Train Bleu, der Blaue Zug, ein nur aus Pullmanwagen bestehender Luxuszug, der 1922 in Dienst gestellt wurde. Mit seinen reich dekorierten Art-déco-Wagen und seinen zahllosen berühmten Fahrgästen wurde er in kurzer Zeit zu einem der ganz großen Züge der Welt. Er hat sogar Sergei Diaghilew zu einem Ballett inspiriert, zu dem Picasso das Bühnenbild entwarf.

Paris ist mit einer Reihe prächtiger Bahnhöfe gesegnet, und der Gare de Lyon ist nicht der geringste unter ihnen. Er war der Ausgangspunkt aller großen Reisen an die Mittelmeerküste. Diese Bahnhofshalle muß in der großen Zeit des Train Bleu ein höchst dekorativer Ort gewesen sein. Aber sie hat sich seither sehr verändert und ist weitgehend dem hektischen Reisestil der modernen Zeit angepaßt worden. Eine greifbare Verbindung zum Train Bleu besteht aber immer noch: das Restaurant, das seinen Namen trägt. Es liegt hoch oben in der Halle, bietet einen schönen Ausblick auf die ankommenden und abfahrenden Züge und ist eines der

Oben *Ein TGV verläßt den Bahnhof; der gelbe Triebwagenkopf im Hintergrund gehört zu einem Postzug*

Unten *Die TGV-Triebwagenköpfe mit ihrem Haifischmaul sind ein Symbol für hohe Geschwindigkeit und hohe Leistung – ein Symbol der modernen Zeit*

besten Restaurants von ganz Paris – und wahrscheinlich das beste Bahnhofsrestaurant der Welt. Dieser Train Bleu ist eine Erfahrung, die alle fünf Sinne befriedigt.

Die Inneneinrichtung des Restaurants ist ein einziger Augenschmaus, eine prächtige Kombination von Wandgemälden, farbigem Glas, Gußeisen und Holzschnitzereien im extravaganten Stil des Fin de Siècle. Das Stimmengewirr, Gelächter und Gläsergeklirr ringsum ist Musik für die Ohren. Auch der Tastsinn kommt auf seine Kosten – durch die Berührung mit diesem so erinnerungsträchtigen Ort, der von einer glorreichen Vergangenheit zeugt. Die Luft ist von verführerischen Düften erfüllt, es fehlt nur der rauchige Geruch des Dampfzeitalters. Aber das wichtigste sind natürlich die Gaumenfreuden, die hier geboten werden. Da mein Zug aber schon vormittags abfuhr, kam ein Mittagessen im Train Bleu schlechterdings nicht in Frage. So gab ich mich der Lektüre der Speisekarte hin, um wenigstens im Geiste das Menü zu genießen, das ich sonst vielleicht verzehrt hätte. Nachdem ich auf diese Art jeden Gang gekostet hatte, machte ich mich zum Souvenirstand auf. Da ich viel zuviel Zeit damit verbrachte, dessen umfangreiches Sortiment an Eiffeltürmen und schickem TGV-Schokoladenwerk zu prüfen, hätte ich fast meinen Zug verpaßt. Nur mein verzweifelter Sprint zum Bahnsteig, mitten durch die auseinanderstiebende Menge, verhinderte diese Katastrophe. Als ich den Zug erreichte, waren es nur noch Sekunden bis zur Abfahrt.

Alles Einsteigen!

In Frankreich fahren die Züge meist pünktlich ab, mein TGV machte da keine Ausnahme. Schon schlossen sich die Türen, und der Zug setzte sich sanft, fast unmerklich in Bewegung. Viele französische Züge, und vor allem der TGV, starten ohne großes Aufheben. Das alles läuft ohne Pfeifen und Schreien ab, ohne Rucken und Türenschlagen, sie setzen sich einfach ganz ruhig in Bewegung und lassen den Bahnsteig vorübergleiten. Mag auch der Gare de Lyon voller Erinnerungen an die Vergangenheit sein, der TGV steht für die Zukunft. Diese vor gut zehn Jahren eingeführten Hochgeschwindigkeitszüge, die den Weltrekord von 515 km/h halten, sichern der Eisenbahn einen Platz im 21. Jahrhundert. Als einziges Land in Europa hat Frankreich viel Geld in ein durch und durch modernes Intercity-Netz investiert. Als der TGV entwickelt wurde, betrat man völliges Neuland. Niemand wußte, ob er ein großer Erfolg oder eine gigantische Fehlinvestition würde. Dabei waren die Züge noch nicht einmal das teuerste am TGV. Das Problem war, daß für diese modernen Hochgeschwindigkeitszüge die Gleise nicht mehr genügten, die im 19. Jahrhundert gebaut wurden und für eine Mischung von langsamem und schnellem sowie Güterverkehr ausgelegt waren. Aber allen Kampagnen der Straßen- und Luftverkehrslobby zum Trotz, bissen die Franzosen in den sauren Apfel und bauten die völlig neue Hochgeschwindigkeitsstrecke Paris-Lyon. Die Kosten waren gewaltig, die Konstruktion schwierig und die politischen Risiken groß. Aber der TGV war sofort ein Erfolg, und seither ist das TGV-Netz ständig ausgeweitet worden. Mit Paris in der Mitte, deckt es heute bereits den Westen und Südosten, Süden und Osten Frankreichs ab. Die Nordverbindung Paris-Lille zum neuen Kanaltunnel wurde am 17. 5. 1993 eröffnet. In puncto Geschwindigkeit, Bequemlichkeit, Wirtschaftlichkeit und Zweckmäßigkeit („Ins Herz der Städte") verkörpert das TGV-Konzept die Zukunft der Bahn. Andere

OBEN *Die roten Dächer der Winzergemeinde Fleuri*

Länder haben das sehr schnell begriffen, Großbritannien leider nicht.

Der TGV ist ein Triebwagengliederzug mit normalerweise acht Wagengliedern, die vorn und hinten durch einen der charakteristischen, haimaulähnlichen Elektrotriebwagenköpfe eingefaßt werden. Jede Einheit verfügt über Wagen der 1. und der 2. Klasse, ein Café und Zugtelephone, manchmal auch über einen Speisewagen. Für die Hauptreisezeiten können zwei Einheiten aneinandergekoppelt werden. Die Wagen der 1. Klasse, mit Mittelgang und der Sitzteilung „zwei plus eins", sind außerordentlich komfortabel. Die Wagen der 2. Klasse haben in jeder Reihe zweimal zwei Plätze (oder mehr); sie haben keinen Teppich auf dem Boden und keine Vorhänge an den Fenstern, sind aber weitaus bequemer als die meisten Flugzeuge. Es gibt besondere Einrichtungen für Behinderte, und in einigen Zügen kümmern sich Hostessen der Französischen Staatsbahn SNCF um alleinreisende Kinder zwischen vier und vierzehn Jahren.

In meinem Zug standen die Kinder im Mittelpunkt des Geschehens, wie es auch sonst in Frankreich häufig der Fall ist. Der Wagen der 1. Klasse war voller Familien mit kleinen Kindern, die haufenweise Gepäck hatten. Das spricht wohl dafür, daß heute die Unterscheidung zwischen 1. und 2. Klasse mehr eine Frage des Komforts als der Gesellschaftstruktur ist. Es ging sehr familiär zu, als die Kinder miteinander Bekanntschaft schlossen und ihre Hackordnung aufstellten. Die Mütter waren schnell dabei, die ungebärdigeren in ihre Schranken zu verweisen, und der Schaffner jederzeit bereit, helfend einzugreifen. Die Reisegesellschaft der 2. Klasse war eine demokratische Mischung aus älteren Ehepaaren, Studenten und Geschäftsleuten.

Schnell und bequem

Was den TGV von anderen Zügen unterscheidet, ist seine Geschwindigkeit. Als wir den Gare de Lyon verlassen, schlängelt er sich an den Rangier- und Abstellgleisen, Instandhaltungswerkstätten und Güterschuppen vorbei und hinaus in die grünen Vorstädte, die sich zwischen Verbrauchermärkten und Parkplätzen meilenweit auszudehnen scheinen. Paris ist sehr viel größer, als sein historisches Stadtzentrum vermuten läßt. Bis jetzt gibt sich unser TGV noch wie jeder andere Zug auch. Als er aber nach 29 km die Hochgeschwindigkeitsstrasse erreicht, wird er zu etwas völlig anderem. Wie er so ohne Lärm und Spektakel auf seine Reisegeschwindigkeit von 270 km/h beschleunigt, fühlt man sich wie in einem Flugzeug, das nach dem Abheben in den Himmel empor- und davonfliegt. Der TGV scheint zu schweben, ohne das Hämmern und Schlagen eines konventionellen Zuges bei hohen Geschwindigkeiten. Er wartet weder mit Launen noch Überraschungen auf, legt sich nicht jäh in die Kurve, hält auch nicht plötzlich an. Der einzige Hinweis auf die Geschwindigkeit ist die verschwommene Sicht durch das Fenster – nur weit entfernte Details sind noch klar erkennbar. Man nimmt die vorbeifliegende Landschaft nur in sehr allgemeinen Kategorien wahr, als ein Muster wechselnder Farben und Formen. Weil die Hochgeschwindigkeitsstrecken die Städte absicht-

RECHTS *Im Rhône-Engtal unterwegs*

GANZ RECHTS (OBEN) *Wieder auf einer konventionellen Trasse, fährt der TGV längs der Rhône durch die alte Stadt Tournon*

GANZ RECHTS (UNTEN) *Avignon, im Herzen des sonnigen französischen Süden, ist ein Mekka der Maler*

lich umgehen, bleibt uns in dieser beständig ländlichen Landschaft eigentlich nur die Uhr zu unserer Orientierung. Die Geschwindigkeit läßt einen Wetteränderungen deutlicher wahrnehmen als sonst: Man sieht, wie auf die Sonne der Regen folgt, nach dem Regen die Wolken aufreißen und die Wolken der Sonne Platz machen. Das Geräusch des Fahrtwindes an unseren Fenstern war lauter als der Zug selbst.

Die Bar schien jeden Fahrgast von Zeit zu Zeit anzuziehen. Die Atmosphäre dort war entspannt und gesellig, und die Speisekarte spiegelte ein Qualitäts- und Preisbewußtsein, das für Frankreich typisch ist: kein überteuerter Mikrowellen-Schrott, sondern schmackhafte (Fertig-)Pizzas und Sandwiches, ausgezeichnete frische Salate, Joghurt, Kekse und verschiedene Getränke zu akzeptablen Preisen.

Im Speisewagen wird an allen Tischen der 1. Klasse ein richtiges Menü serviert. Den Tee konnte man vergessen, wie nicht anders zu erwarten. Ein großes Lob verdient der typisch englische „Eisenbahnkuchen" voller Kirschen und Sultaninen, der hier erhältlich war und in dicken Scheiben serviert wurde.

Wie der Zug so dahinflog, bekam die Landschaft einen immer südlicheren Charakter. Ich genoß den herrlichen Anblick der Hügel und Wälder, die das flache Akker- und Wiesenland ablösten, und den Blick auf die gewundenen Flüsse und Täler, die im Licht der Sonne erglühten. So flüchtig wahrgenommen, erschien das alles seltsam unwirklich. Nur die Umrisse weit entfernter Hügel und Berge hatten ein wenig Bestand. Zur Mittagszeit sah ich den ersten Weinberg. Wenige Minuten später kamen wir aus den Hügeln heraus und erreichten die alte Hauptstrecke, die nach Lyon hinabführt. Wir krochen durch den Bahnhof und beschleunigten wieder. Weil der TGV nun der alten PLM-Trasse in den Süden folgt, begann eine konventionellere Reise. Wir überholten andere Züge und brausten durch Bahnhöfe, deren Namen man auf der Karte wiederfinden konnte. Sogar manche der von anderen Zugfahrten vertrauten Geräusche und Bewegungen waren jetzt zu hören und zu spüren. Wir waren zwar noch immer ein Hochgeschwindigkeitszug auf dem Weg nach Süden, aber diese besondere Qualität, dieses Gefühl, mühelos durch die Landschaft zu gleiten, war verschwunden.

Von Lyon in den Süden und zum Mittelmeer verläuft die Strecke längs der Rhône. Es ist eine aufregende Route, die sich nie weit von dem großen Strom entfernt. An den steilen Berghängen im Westen breiteten sich die Weinberge aus, und der Fluß war von Obstplantagen und Melonenfeldern gesäumt. Nach und nach begannen die Wahrzeichen des Südens aufzutauchen: die blühenden Glyzinien- und Fliedersträucher, die staubbedeckten gelben Häuser mit ihren roten Ziegeldächern, die schattigen Innenhöfe voller Geranien und die zerfallenen Schlösser und Burgen, die von ihren hohen Felsspitzen über die Fluten blicken. Die Rhône aber ist allgegenwärtig: eine riesige glitzernde Wasserfläche, die von Schleusen und Flußkraftwerken gebändigt und von ein paar Frachtkähnen durchpflügt wird, die sich mühsam ihren Weg nach Norden erkämpfen.

Die Ausblicke waren unverändert reizvoll, die Details jetzt deutlicher erkennbar. Plötzlich war alles mit Weinbergen bedeckt; die steilen Hänge östlich von Tain l'Hermitage tragen all die berühmten Namen der Region. Eine Hängebrücke führt über die Rhône nach Tournon, dem Ausgangspunkt einer sehr andersartigen

Bahnreise mit schnaufenden Dampfloks in die Berge des Vivarais hinauf.
Valence war unser erster Halt seit Paris, eine kurze Pause nur, die uns kaum Atem zu holen erlaubte. Dann preschten wir nach Süden weiter, vorbei am gigantischen Atomkraftwerk von Cruas-Meysse, vorbei an den großen Steinbrüchen, die die Berge im Westen unaufhaltsam auffressen, und vorbei auch an Montélimar – ohne aber auch nur den geringsten Duft seines berühmten weißen Nougats zu riechen. Die Klimaanlage des Zuges sorgt ja dafür, daß man keinen wie auch immer gearteten Hauch mitbekommt. So entgehen einem all jene unverwechselbaren Gerüche, die den Beginn des Midi, des wirklichen Südens, markieren – der Geruch von Pinien, Eukalyptus und Hitze. Aber nicht das Licht, jenes besondere Licht, das die Maler in den Süden zog. Die Landschaft besteht jetzt ganz aus den Farben Cézannes, seinen Grau-, Braun- und Grüntönen, und so ist man nicht im mindesten überrascht, am östlichen Horizont den Gipfel des Mont Ventoux aufragen zu sehen, dessen Form uns von vielen seiner Bilder vertraut ist. Der Zug fährt nun kreuz und quer über den langen Seitenkanal, auf den zwischen Donzère und Mondragon der Rhône-Schiffsverkehr verlagert wird. Er rast durch Orange, in gehörigem Abstand zum Stadtzentrum, und macht dann in Avignon kurz halt – Zeit für ein paar flüchtige Blicke auf die alten Mauern, die noch heute die Stadt umgeben. Hinter der Stadt überquert der Zug die Durance und fährt dann durch eine typische wilde Provencelandschaft aus ungleichmäßig geformten Hügeln, die mit bizarren Felsen durchsetzt und schattigen Olivenhainen übersät ist. Die Hügel bleiben zurück, werden durch die weite fruchtbare Ebene im Mündungsgebiet der Rhône abgelöst. Tarascon und Arles fliegen vorbei, und dann kommen wir bei dem riesigen Verschiebebahnhof von Miramas wieder in eine sehr viel hügeligere Landschaft mit Dörfern, die sich auf felsigen Berggipfeln zusammendrängen. Weit nach Süden hin erstreckt sich der Etang de Berre, ein Binnensee, der wie das Mittelmeer aussieht. Nun kurvt die Trasse vor dramatischen Felswänden am Seeufer entlang. Rings um uns sind Weinberge, die von Zypressenreihen durchschnitten werden, und hektarweise Treibhäuser.
Als die Felder immer mehr den Industrieanlagen weichen, fährt unser Zug in den langen Rovetunnel ein, der sich durch die felsigen Hügel rings um Marseille gräbt. Wir kommen wieder aus dem Tunnel ans Licht und sehen, endlich, das Mittelmeer vor uns liegen. Die Linie folgt dem weiten Bogen der Bucht, bietet dabei eine gute Aussicht auf den Hafen und die ein- und auslaufenden Schiffe und bringt uns nach Marseille mit seinen berühmten vorgelagerten Inseln. Unsere Reise endet im Gare St. Charles. Langsam kommt der TGV zum Stehen, halb unter dem noch für die alten Züge gebauten Glasdach, halb im gleißenden Sonnenlicht. Es ist eine schöne Ankunft. Der Bahnhof erhebt sich prächtig über der Stadt. Seine hübsche steinerne Front ist voller Erinnerungen an die PLM. Die breite Steintreppe davor ist mit klassischen Skulpturen in der großen Tradition des Empire geschmückt. Sie führt zu den Straßen voller Lärm, Farbe und Chaos hinab, die ihrerseits zum berühmten Alten Hafen hinunterführen – zu Fuß nur ein paar Minuten von hier.

Praktische Tips

■ Zwischen dem Gare de Lyon in Paris und dem Gare St. Charles in Marseille verkehren, in beiden Richtungen, täglich je etwa neun TGV. Sie legen die 864 km lange Strecke in fünf Stunden zurück. Der Abschnitt Paris-Lyon ist eine spezielle Hochgeschwindigkeits-Strecke, mit einer Reisegeschwindigkeit von 270 km/h; von Lyon in Richtung Süden fährt der Zug dagegen auf einer ausgebauten konventionellen Trasse. Diese Route wird auch von konventionellen, aber sehr viel langsameren Zügen befahren, die über Schlaf- und Liegewagen verfügen.

■ Eine Platzreservierung ist obligatorisch. Wegen des großen Andrangs empfiehlt sich eine frühzeitige Planung. Die Hauptberufs- und Ferienreisezeiten sollten Sie unbedingt vermeiden. Für alle TGV ist ein Zuschlag zu entrichten, der je nach Reisetag und -zeit variiert.

■ Die Fahrt von Paris nach Marseille ist zu jeder Jahreszeit reizvoll, aber im Frühjahr sind das Rhônetal und die Provence am schönsten.

■ Das TGV-Netz wird von der Französischen Staatsbahn SNCF betrieben. Innerhalb Frankreichs können Sie Ihre Karten in Bahnhöfen oder Reisebüros kaufen bzw. telefonisch bei einem der etwa 100 großen Bahnhöfe bestellen. Im Ausland erhalten Sie Ihre Fahrkarte und Reservierung an den Auslandsschaltern Ihrer Bahn.

Durch Süditalien von Rom nach Palermo

Timothy Jepson

Der Peloritano verläßt am Morgen Rom, schlängelt sich ein paar Stunden später durch Neapel, folgt dann der italienischen Westküste nach Süden, setzt über die Straße von Messina nach Sizilien über, fährt an der Nordküste der Insel entlang und erreicht in den frühen Abendstunden Palermo. Seine Route berührt einige der schönsten Abschnitte der Mittelmeerküste und führt an den wildesten Gebirgen Italiens vorüber, ja sogar an den einzigen aktiven Vulkanen Europas, dem Vesuv und dem Ätna. Sie überquert auch die Schwelle zwischen dem reichen Norden Italiens und dem armen Süden, wo das Leben der Bauern sich seit Jahrhunderten nur wenig verändert hat. Auf Sizilien lernt der Reisende nicht nur die Heimat der Mafia kennen, sondern eine ganz eigene Welt am Rande Europas, die eher an Afrika als an Italien erinnert.

OBEN *Der Peloritano fährt durch die abwechslungsreiche italienische Landschaft weit nach Süden, bis Palermo auf Sizilien*

RECHTS *Das halb verfallene Bergdörfchen Centalo und der Peloritano. Hier begegnen sich die alte und die neue Zeit*

In Italien beginnen Bahnreisen meist mit einem Chaos. Der Peloritano machte da keine Ausnahme. Chaos herrschte im Gang des Zuges, als wir unter einem klaren blauen Morgenhimmel aus Rom hinauszuckelten und unsere 915 km lange Reise in den Süden begann.

Eine ähnliche Konfusion hatte in der Bahnhofshalle geherrscht, wo ich mich durch eine Schar von Einheimischen, Nonnen, Soldaten und Halbweltfiguren hindurchkämpfen mußte – von heruntergekommenen Drogenabhängigen bis zu brasilianischen Transsexuellen war alles vertreten –, um mir an einem der dicht umlagerten Schalter Gehör und eine Fahrkarte zu verschaffen.

Nun wuchteten die Leute tausenderlei Schachteln, Reisetaschen, geheimnisvoll aussehende Säcke und Aktentaschen durch den Gang und rammten sie den Entgegenkommenden in den Leib. Ein Stoßtrupp aus Rucksacktouristen, gereizten Geschäftsleuten und eleganten römischen Matronen hatte in letzter Minute den Zug gestürmt. Sie schlugen mit den Armen um sich, stießen Schreie und Flüche aus und erfüllten den Wagen mit einer Atmosphäre der Ungeduld, mit Chaos.

Die Glücklicheren mit reservierten Plätzen hatten sich schon eine gute Stunde zuvor häuslich niedergelassen. Sie saßen etwas aufgestört da und schienen hin- und hergerissen zwischen diesen dantesken Vorgängen und dem Defilee der südlichen Vororte Roms hinter den Fensterscheiben. Leider ist vom Zug aus wenig von der alten Pracht der Stadt zu sehen; nur irgendeine Turmspitze dann und wann, ein Stück Peterskirche und das verwitterte Mauerwerk der Porta Maggiore, eines wunderbaren Doppeltores der römischen Stadtmauer aus dem 4. Jahrhundert.

Was sich aber dem Auge bietet, sind verstopfte Straßen, moderne Wohnblocks und ein Wald von Fernsehantennen.

Aber Minuten später zuckelt der Zug schon in die Landschaft hinaus, und wir haben das Schlimmste hinter uns. Von einer leichtgängigen E-Lok gezogen, durchqueren wir die römische *Campagna*, eine weite, fruchtbare Ebene, die noch in den 1950ern bis zu der Stadtmauer reichte. Die Trasse verläuft eine Zeitlang parallel zur Via Appia Antica. Sie wurde 312 v. Chr. begonnen, war eine der wichtigsten Straßen der römischen Republik, besitzt noch immer ihr altes Pflaster und ist von den efeuüberwucherten Resten alter Gräber und Sarkophage gesäumt. In den nahen Katakomben wurden Tausende der ersten Christen beerdigt. Längs dieser Straße wurden auch Spartakus und 6000 seiner Anhänger nach ihrem Aufstand gegen das Römische Reich gekreuzigt. Etwa dort, wo der Zug die alte Straße überquert, soll auch Petrus bei seiner Flucht aus Rom Christus erschienen sein. „Quo vadis? Wohin gehst du?“ habe Petrus gefragt und sei, der Legende zufolge, nach Rom zurückgekehrt, wo auch auf ihn das Kreuz wartete.

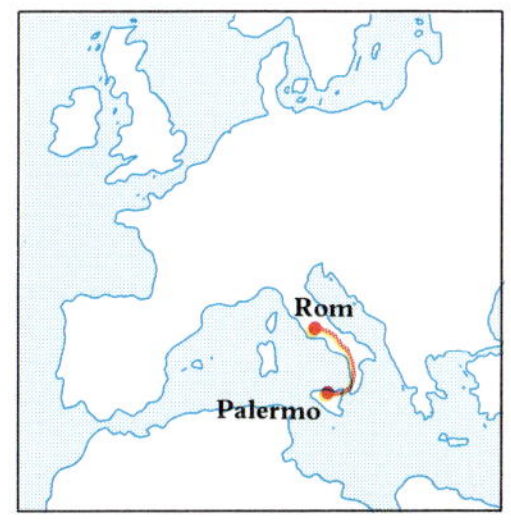

■ *Die Region Lazio, das alte Latium, wird von der Toskana, Umbrien, Abruzzen, Molise und Kampanien begrenzt. Ihre Hauptstadt Rom, Zentrum des Römischen Reiches, ist auch die Hauptstadt des modernen Italiens und eine der bedeutendsten Kunst- und Kulturstädte der Welt.*

Der Name Kampanien geht auf das römische „campania felix" zurück: das ob seiner Schönheit und Fruchtbarkeit glückliche Land. Im Norden grenzt Kampanien an Lazio, Molise, Apulien, im Süden an Basilicata, die ärmste Region Italiens. Neapel, die Hauptstadt Kampaniens, ist chaotisch, aber faszinierend. Es ist die alte Hauptstadt Süditaliens und war im 19. Jahrhundert die letzte Station jeder „Kavalierstour". Die Bucht von Neapel bildet einen der besten und schönsten natürlichen Häfen der Welt. Der Vesuv verschüttete 79 n. Chr. die römischen Städte Herculaneum und Pompeji; er brach letztmals 1944 aus. Ihm verdankt das Gebiet um Neapel einen der fruchtbarsten Böden Italiens. Der fast ständig brodelnde und rauchende Ätna auf Sizilien ist einer der größten und aktivsten Vulkane der Erde und mit seinen 3323 m der höchste Punkt Italiens südlich der Alpen.

Der Apennin bildet das felsige Rückgrat Italiens. Seine fast ununterbrochene Bergkette reicht von den Ligurischen Alpen im Nordwesten über das idyllische Hochland der Toskana bis zu den wilden kalabrischen Sila- und Aspromontemassiven. Kalabrien, die Spitze des „italienischen Stiefels", zählt zu den ärmsten und bergigsten der 20 Regionen Italiens.

Sizilien ist die größte Mittelmeerinsel und wurde in den letzten 2000 Jahren von fast allen Mittelmeermächten erobert. Palermo, die Hauptstadt Siziliens und des organisierten Verbrechens in Italien, hat eine herrliche Lage, einen wunderbaren Hafen und ein reiches historisches Erbe.

OBEN *Das im Schatten des Vesuv erbaute Pompeji war eine blühende Handelsstadt. Sie wurde 79 n. Chr. bei einem Ausbruch des Vulkans zerstört und unter dicken Schichten von Lava und Asche begraben. Heute ist sie, nach über einem Jahrhundert systematischer Ausgrabungen, die besterhaltene Stadt des Altertums*

Vergangene Pracht

Nun folgt der Zug dem hervorragend erhaltenen römischen Aquädukt, der pfeilgerade auf die fernen Albaner Berge (Colli Albani) zustrebt. Die auf Aberhunderten von Arkaden quer durch die *Campagna* geführte Wasserleitung zeichnete sich wunderbar gegen den Morgenhimmel ab. Sie ist einer der Aquädukte, die von den römischen Herrschern erbaut und unter den Renaissancepäpsten restauriert wurden. Einige versorgen noch heute große Teile Roms mit klarem, eiskaltem Wasser oder speisen monumentale Brunnen wie die Fontana di Trevi. Die mit Olivenhainen und sonnendurchfluteten Weinbergen bedeckten Albaner Berge im Norden waren schon in Dunst gehüllt und ihre vulkanischen Pyramidenformen nur noch undeutlich zu erkennen. Hier wächst der Frascati, einer der berühmtesten Weißweine Italiens.

In meinem Wagen war Ruhe eingekehrt. Die Leute schienen in ihre Zeitungen und Magazine vertieft, interessierten sich aber insgeheim vor allem für ihre Mitreisenden. Diese Sechs-Personen-Abteile, die mit Bildern italienischer Städte und Landschaften dekoriert sind, scheinen sehr intimitätsfördernd zu sein. So wurden denn auch bald erste Gespräche angeknüpft, öffneten sich die Schleusen für jene Flut von Unterhaltungen, Anekdoten und Meinungsäußerungen, die zu jeder italienischen Bahnreise gehört. Als Ausländer kann man sich für eine Weile heraushalten. Man wird aber früher oder später, ob man will oder nicht, doch in die kollektive Beichte einbezogen. Draußen ziehen die Agro Pontino vorüber, die ehemaligen Pontinischen Sümpfe, die zuerst von den Etruskern und Römern und dann endgültig unter Mussolini trockengelegt wurden – was vielleicht die größte Leistung des Diktators war, sieht man einmal von seiner Einführung der Pünktlichkeit im Bahnbetrieb ab. Im Gang stehen grübelnde Italiener und rauchen ihre erste Zigarette. Diese schweigenden Raucher, die stundenlang aus dem Fenster starren können, sind ein weiteres Merkmal italienischer Züge. Nachts sind sie am zahlreichsten. Dann blicken sie in die Dunkelheit hinaus oder fixieren selbstgefällig und schwermütig ihr eigenes Spiegelbild.

Viele von ihnen stehen noch immer da, als wir uns zwei Stunden später Neapel nähern. Es ist seit je strittig, wo nun der *Mezzogiorno*, das „Land der Mittagssonne", beginnt. Die Mailänder sagen in Florenz, die Florentiner plädieren für Rom, aber mir erscheint Neapel ebenso plausibel. Südlich von Neapel sind die Sitten anders, die Leute ärmer und die Landschaften karger. Etwa eine Stunde lang fuhr der Zug durch die *Terra di Lavoro*, das „Land der Arbeit", ein Agrargebiet, das durch seine Rinder und den Mozzarella-Käse berühmt ist, der aus ihrer Milch gemacht wird. Bald aber bleiben die ländlichen Gebiete zurück, und wir erreichen die wenig einnehmenden Außenbezirke Neapels, sehen hinaus auf endlose Industriezonen und eine der am dichtesten bevölkerten und ärmsten Regionen der Welt. Auf den ersten Blick wirkt die Stadt schrecklich – schmutzig, chaotisch, verkehrsüberlastet. Aber sie ist auch die Quintessenz jener pulsierenden lateinischen Welt, die wir gewöhnlich mit Italien in Verbindung bringen.

Es ist die Heimat der Pizza, der Fußballfanatiker und der sentimentalen Lieder im Stil von „O Sole Mio", die Stadt, in der man die Wäscheleinen über die Straßen spannt. Ganz in der Nähe wurde auch Sophia Loren geboren. Trotzdem wäre es falsch, Neapel allzusehr zu romantisieren. Vielleicht läßt sich das „Malerische der großen Armut" (Henry James) auch am besten vom sicheren Zug aus genießen. Wir halten in einigen der großen Bahnhöfe der Stadt, und jedesmal fegen flinke Kinder durch den Gang und bieten körbeweise Speisen und Getränke zum Kauf an: „Panini, coca, birra!" – „Sandwiches, Coca-Cola, Bier!" schallt es durch den Zug (wegen des neapolitanischen Akzents für uns nur halb verständlich).

Unser erster Halt ist Napoli-Campo Flegrei, einen Steinwurf vom Campo Flegrei, den „brennenden" oder elysischen Feldern, die der Antike als Eingang zur Unterwelt galten. Hier ließen Homer und Vergil ihre Helden in die Hölle hinabsteigen, hier, wo es so vulkanisch grollt und Schwefeldünste aus heißen Quellen aufsteigen, in dieser unheimlichen Landschaft aus erloschenen Kratern, dunklen Hügeln und tiefen Wäldern.

Im Schatten des Vesuv

Von der sich ausdehnenden Stadt noch unberührt, liegt dieses feurige Milieu auf einer der gefährlichsten Erdbeben- und Vulkanlinien Europas, einer Verwerfung, die parallel zur italienischen Küste verläuft und ihren dramatischen Abschluß in dem rauchenden Koloß des Ätna auf Sizilien findet. Die Eisenbahn folgt dieser Linie recht genau und passiert dabei einen weiteren Vulkan, den Vesuv – ein Höllengipfel, der sich

aus dem Paradies erhebt, wie Goethe meinte. Dieser Berg ist das Damoklesschwert Neapels. Er droht die Stadt zu begraben, so wie er 79 n. Chr. Herculaneum und Pompeji unter seinen Lavamassen begrub. Der jüngste Ausbruch erfolgte 1944. Obwohl der Vesuv etwa alle dreißig Jahre ausbricht und somit das nächste Feuerwerk schon überfällig ist, hat Neapel keinen Katastrophenplan für den Fall, daß seine südlichen Vororte durch einen Ausbruch gefährdet würden.

Der Zug fährt weiter – im Osten liegt der massige Vulkan, im Westen die Bucht von Neapel –, und schon ziehen wir an Herculaneum und Pompeji vorbei, die uns aber durch die unzähligen Straßen und Häuser verborgen bleiben, die diesen Streifen Küste bedecken. Minuten später verebbt die Woge aus Beton, öffnet sich ein herrlicher Ausblick über die Sorrentiner Halbinsel und den Kranz ihrer berühmten Inseln, wie Capri, Ischia und Procida. Diese idyllische Enklave bildet einen der schönsten Küstenstriche Europas, der mit jähen Kliffen und blumenübersäten Hängen reich gesegnet ist, die sich gegen ein aquamarines Meer abzeichnen. Dieses reizvolle Ensemble hat die Reichen und Berühmten seit den Tagen des Tiberius angezogen, der einst nach Capri kam, um in zwölf eigens für ihn gebauten Villen seinen seltsamen sexuellen Gelüsten zu frönen.

Schon sind wir an dem staubbedeckten Salerno vorbei, wo 1944 die Alliierten landeten, und haben einen letzten Blick auf Ravello und Amalfi geworfen, zwei Dörfer, die sich an die steile Südflanke der Halbinsel klammern. Dann schlägt der Zug einen Bogen ins Landesinnere und durchquert die mit Palmen und milchweißen Rindern getüpfelte Sele-Ebene, bis ihn die Cilento-Berge ans Meer abdrängen. Die honigfarbenen Tempel von Paestum, die zu den am besten erhaltenen griechischen Tempeln der Welt gehören, fliegen vorbei. Aber im Zug ist jetzt wenig Zeit für Kultur, die allgemeine Aufmerksamkeit wendet sich dem Essen zu. Bei früheren Reisen auf dieser Strecke hatte ich vergeblich nach einem Speisewagen ausgeschaut. Heimkehrende Sizilianer sagten mir, dieser Zug heiße nicht umsonst der *Treno dei poveri*, der „Zug der Armen". Erste Popularität gewann die Palermo-Linie in den 1950ern, als süditalienische Arbeiter scharenweise in die Fabriken Norditaliens wanderten. Um Geld zu sparen, brachten aber so viele ihr Essen mit, daß es sich nicht lohnte, einen Büffetwagen einzustellen.

Heute ist der Peloritano ein InterCity, die superschnelle Elite der italienischen Eisenbahnen. Dieser Sonderstatus gibt ihm das Recht auf einen Büffetwagen. Aber von den Leuten im Abteil – vorwiegend ältere Sizilianer – nutzen nur wenige dieses Angebot. Die meisten breiten wahre Festmähler auf ihrem Schoß aus – Schinken, Käse und Oliven, Wein und Obst – und bieten ihre Leckerbissen rundum an, wie das in italienischen Zügen allgemein, ganz besonders aber bei Fahrten in den Süden üblich ist, wo die alten Werte des Mittelmeerraums, wie Ehre und Gastfreundschaft, nur langsam aussterben. Nachdem wir uns ganze Brocken Käse und sauren Rotwein geteilt ha-

OBEN LINKS *Farbenprächtige Häuser und Fischerboote in Cetera an der Amalfi-Küste*

OBEN RECHTS *Alte und neue Villen klammern sich an die steile, zerklüftete Küste bei Amalfi, im Süden von Neapel*

OBEN LINKS *Der Peloritano überquert einen anmutig geschwungenen Viadukt*

OBEN RECHTS *Zugrampe in Villa San Giovanni zur Fähre nach Sizilien*

GANZ RECHTS *In den sonnendurchglühten Kreuzgängen unter den rosafarbenen Kuppeln der Kirche San Giovanni degli Eremiti in Palermo blühen die Rosen*

ben, wandere ich zum Büffetwagen. Als ich mich an langen Reihen mürrisch starrender Raucher vorbeizwänge, werde ich von dem heißen Fahrtwind gerüttelt, der durch die geöffneten Fenster bläst.

Der *Ristorante* aber hat eine Klimaanlage und ist auch Aussichtswagen, mit einer Theke, einer Reihe von Stühlen auf jeder Seite und Panoramafenstern über die ganze Wagenlänge. Aufgewärmte, plastikähnliche Teiggerichte sind hier zu haben (vielleicht bringen die Leute nicht nur aus Armut ihr Essen mit), aber der Kaffee, der in fingerhutgroßen Tassen serviert wird, schmeckt so ausgezeichnet, wie man es in Italien erwartet. Der Zug ist inzwischen in Kalabrien, er wird bis Palermo in unmittelbarer Küstennähe bleiben. Eine Kette kleiner Fischerdörfer zieht vorüber, ihre Häuser sind weiße Tupfer vor dem Hintergrund des türkisfarbenen Meeres. Durch das gegenüberliegende Fenster sehe ich die grauen, in Dunst gehüllten Berge der kalabrischen Apenninen sich in weite Fernen erstrecken.

Es ist inzwischen sehr heiß. Im Süden steigt die Temperatur sommers bis auf 40 °C, und sogar noch höher, wenn der glühend heiße Schirokko aus der Sahara herüberbläst. Als wir endlich in Paola halten, wo die Züge ins Landesinnere abzweigen, liegt eine drückende Stille über der Landschaft. Mit den riesigen blauen Stationsschildern – der Name in stechendem Weiß –, den harten Linien und dem Travertinmarmor, die ihm ein leicht faschistisches Aussehen verleihen, sieht der stille Bahnhof so aus wie die meisten italienischen Bahnhöfe. Wir sind mitten in der nachmittäglichen Siesta, kaum eine Menschenseele ist zu sehen. Über den langen Bahnsteigen flimmert die Hitze, und nur das Zirpen der Zikaden ist zu hören. Im Wagen dösen die Leute vor sich hin. Durch das Fenster dringt der Geruch von Diesel und Kerosin herein und mischt sich mit Kaffeeduft.

Langsam schlängelt sich der Zug aus dem Bahnhof. Der warme Fahrtwind verschafft uns kurz Erleichterung, bis die alten Frauen, die sich so neurotisch vor Erkältungen fürchten, wie nur Italiener das können, die Fenster bis auf den kleinsten Spalt schließen. Auch die Jalousien werden heruntergelassen. Bald rutschen die Leute unbehaglich auf ihren Plätzen hin und her, weil ihnen auf den Plastiksitzen die Kleider am feuchten Körper kleben. Unterdes hat sich ein weiter Ausblick übers Meer nach Sizilien, zum Ätna eröffnet und auch zur Autostrada del Sole hinauf, der wichtigsten Autobahn Italiens, die sich hier über riesige, an die steile Küste Südkalabriens geschmiegte Viadukte schwingt. Fast genauso beeindruckend ist die Bahnstrecke selbst. Sie wurde, wie ein Großteil der Trasse an der italienischen Westküste überhaupt, von den Kolonnen britischer Bauarbeiter errichtet, die nach Italien kamen, als das britische (und dann das französische) Bahnnetz weitgehend fertig war. Sie wurden durch italienische Bauern verstärkt, die wieder in ihre Dörfer zurückgingen, wenn die Trasse die Grenzen ihres Gebietes überschritten hatte.

Meerumspült

In sausender Fahrt queren wir ein, zwei Tunnels und rauschen dann an Scilla vorbei, wo die hundsköpfige, zwölffüßige *Skylla* lebte, eines jener zwei Ungeheuer, die Homer in seiner *Odyssee* als eine von Seeleuten gefürchtete Gefahr erwähnt. Jenseits der Straße von Messina, 6 km entfernt, lauerte die Charybdis – das heutige Cariddi –, die dreimal täglich das Wasser des Meeres einschlürfte und wieder ausspie. (In Wirklichkeit waren die beiden wohl gefährliche Strudel.) Minuten später rattert der Zug nach Villa San Giovanni hinein und macht sich zu einer der faszinierendsten Episoden der ganzen Reise bereit. Anders als viele andere Züge, die eine Meerfahrt zu scheuen scheinen, wird er einfach aufgeteilt und auf die Fähre verschoben. Bei nächtlichen Überfahrten versuchen die meisten Reisenden, das geräuschvolle Rangieren im Schlaf hinter sich zu bringen. Aber am Tage leert sich der Zug, weil jeder ein bißchen Seeluft schnappen und an Deck einen Kaffee trinken möchte.

Sizilien ist ein exotisches Fleckchen Erde. Obwohl die Überfahrt nur eine Sache von Minuten ist, meint man, eine fremde Welt zu betreten, die an Europas Rand gestrandet ist und halb schon zu Afrika gehört. Dieser Platz atmet den Geist der Antike und gehörte einst zu den schönsten Orten der Erde. Mit einem wundervollen Klima und fruchtbaren Böden gesegnet, kann er noch heute ein Paradies wogender Weizenfelder sein (er war die „Kornkammer des Römischen Reiches"), ein Paradies voller Zitronenhaine, Weinberge und silbergrauer Olivenbäume. Weite Teile der Küste sind aber auch ein Alptraum ungezügelter Bauspekulation und eine abweisende Ansammlung ausgedörrter Berge und Urlandschaften. Außerdem gibt es hier die Mafia. Während der letzten Stunden bis Palermo kommen wir nur mühsam voran: Siziliens Bahnnetz ist einspurig, und wir müssen oft und lang auf irgendeine *Coincidenza* warten, Anschlußzüge aus dem Landesinneren. Der InterCity-Status des Peloritano zählt jetzt nur noch wenig. Dementsprechend ungeduldig und schlechtgelaunt wirkt unser Zug auch, als er endlich Palermo erreicht, dieses pulsierende, manchmal düstere Konglomerat aus arabischen Bazaren, Elendsvierteln und heruntergekommenen Barockpalästen. Im Gang drängen sich die Leute, wie zu einer Neuauflage des Chaos bei unserer morgendlichen Abfahrt. Die Menge auf dem Bahnsteig sieht aus, als wolle sie aus dem Krieg heimkehrende Soldaten oder Reisende aus einem fernen Land begrüßen. Aber letztlich ist Sizilien seit Jahrhunderten ein Land der Emigration und an Abschied und Heimkehr gewöhnt: Sie sind ein Teil der Psyche dieser Insel. Als wir uns aus dem Fenster lehnen und diese dunklen, halb griechischen und halb arabischen Gesichter sehen und das gutturale Schleifen des sizilianischen Dialekts hören, kommt es uns vor, als ob wir Italien verlassen hätten. Nur der sich leerende Zug gehört noch zu jenem anderen Land.

Praktische Tips

- Zwischen Rom und Palermo gibt es täglich etwa zwölf Direktverbindungen, davon fünf mit Schlaf- und Liegewagen. Der Peloritano benötigt für die 915 km lange Strecke 11½ Stunden, mit Schlafwagen 90 Minuten mehr. Die Nachtzüge sind gewöhnlich gut besetzt; um Ostern und Weihnachten sowie Anfang Juli und Ende August sind alle Züge voll. Auf die Angebote der Hotelagenten, die in den Bahnhöfen herumlungern, sollten Sie besser nicht eingehen.
- Im Süden Italiens kann es im Hochsommer sehr heiß werden; Sie reisen vermutlich sehr viel angenehmer, wenn Sie diese Route im Frühjahr/Frühsommer oder im Spätsommer/Herbst fahren.
- Informationen zum Peloritano sowie zu Bahnreisen in Italien überhaupt erhalten Sie bei jedem Citalia-Büro bzw. bei den Vertretungen der Italienischen Staatsbahnen (Ferrovie dello Stato) sowie am Auslandsschalter Ihrer Bahn.

Längs der Ägäis von Athen nach Istanbul

PIERS LETCHER

Die Hauptstrecke von Athen nach Norden folgt der griechischen Ostküste nach Thessaloniki, biegt dann nach Osten, durchquert Makedonien und Thrakien und erreicht endlich das 1353 km entfernte Istanbul. Start und Ziel dieser Reise sind zwei der historisch und kulturell interessantesten Städte der Welt. Der Zug fährt gemächlich am Parnaß und Olymp vorbei, die ägäische Küste entlang und durch die endlose Leere des alten Thrakien. Es ist keine bequeme Reise. Zumindest eine schlaflose Nacht an oder bei der türkischen Grenze ist garantiert. Aber das wird durch ihre vielfältigen Reize mehr als wettgemacht.

OBEN *Bahnsteig 1 im Athener Larissa-Bahnhof: Warten auf den Zug*

RECHTS *Die Akropolis, das stolze Wahrzeichen der griechischen Hauptstadt Athen, steht am Beginn dieser Reise längs der Ägäis*

Der argentinische Gynäkologe, der im Flugzeug nach Athen neben mir sitzt, fragt, wie lange der Zug nach Istanbul braucht. Da ich es selbst nicht weiß, verweise ich auf die Reiseführer, die zwischen 30 und 40 Stunden veranschlagen oder gar mit dem Hinweis aufwarten, die Verbindung sei eingestellt. Im *Thomas Cook* findet sich eine vorsichtige Andeutung auf 24 Stunden Gesamtreisezeit. Aber das scheint weitgehend davon abzuhängen, wie lange die Kurswagen an der Grenze warten müssen.

Es ist keine gute Idee, kurz vor Mitternacht im Athener Hauptbahnhof anzukommen. Die paar Bahnbediensteten, die ich noch antreffe, finden meine Bitte, mir für den 7.20-Uhr-Zug nach Istanbul einen Platz zu reservieren, eher belustigend. Könnte es sein, daß ich Constantinópolis meine? Vermutlich. Nun, es gebe keinen durchgehenden Zug nach Constantinópolis; ich müsse in Thessaloniki umsteigen. Danke schön. Eine Fahrkarte? Nein, die bekäme ich am Auslandsschalter, im nächsten Gebäude. Dieses nächste Gebäude sieht sehr verwaist aus. Trotzdem gelingt es mir, als ich mehrmals an ein schmutziges Fenster klopfe, einen streitsüchtig wirkenden Mann aufzuscheuchen, der mir dann nicht nur eine Karte verkaufen, sondern auch „von Thessaloniki" einen Platz reservieren kann. Wohin? überlege ich halbherzig und stecke meine Karte ein.

Der Larissa-Bahnhof bietet einen liebenswürdig armseligen Anblick – nur drei Bahnsteige für den Hauptbahnhof einer Weltstadt mit bald mehr als fünf Millionen Einwohnern! Aber sogar des Nachts herrscht hier überraschend viel Betrieb: eine wogende Menge; alte, brechendvolle Koffer; ganze Haufen schlecht verpackter Pakete; voll besetzte Cafétische.

Beim Morgengrauen wartet auf dem Bahnsteig 1 eine riesige Menschenmenge auf den Zug nach Norden, und ich bin froh über meine Reservierung. Ich nutze die Gelegenheit, um mich an den Kiosken mit unerläßlichen Reisevorräten einzudecken – Wasser in Flaschen, Brot, Kekse, Orangensaft, Kuchen, Käsepastete, Nüsse und eine kleine Flasche Ouzo für den Notfall.

Als der Zug langsam in Sicht kommt, trotten immer noch alte Frauen, die mehrere Baumwollkleider übereinander tragen und in riesige Kopftücher gehüllt sind, von den Bahnsteigen 2 und 3 über die Gleise zu uns herüber. Sie schleppen Picknickkörbe und Einkaufstaschen voller Proviant. Hinter ihnen gehen ihre Männer. Sie haben fest verschnürte Bündel und Schachteln unter den Arm geklemmt und die flache Mütze tief ins wettergegerbte Gesicht geschoben.

Noch ehe der Zug zum Stillstand gekommen ist, klettern ein paar Fahrgäste in die Wagen. Aber zum Glück

■ *Athen (Athínai), die Hauptstadt Griechenlands, ist eine riesige Stadt mit gewaltigen Umweltproblemen. Sie war die Wiege der westlichen Zivilisation und beherbergt die Akropolis, die Agora, das erstklassige National-Archäologische Museum und viele griechische, römische, byzantinische Ruinen.*

Der Parnaß ist das Zentrum der größten griechischen Skiregion; der lange, keineswegs schwierige Aufstieg zu seinem höchsten Gipfel (2457 m) wird durch eine unvergleichliche Aussicht belohnt. Auch vom Zug aus hat man eine herrliche Sicht auf das Gebirge.

Wenn die Bahn in Thessalien (Thessalía) in die Ebene absteigt, fährt sie durch eine Reihe spektakulärer Tunnels und über zahlreiche Brücken.

Der Olymp (Ólimbos) ist mit 2917 m die höchste Erhebung Griechenlands (er hat, genaugenommen, acht Gipfel). Der Aufstieg ist anstrengend, aber lohnend. Ganz in der Nähe liegen schöne Strände, die mit der Bahn leicht zu erreichen sind (steigen Sie dazu in Kateríni oder Lárisa in einen Nahverkehrszug um).

Die Hafenstadt Thessaloniki – einst Schnittpunkt byzantinischer Straßen – verfügt auch über ein ausgezeichnetes archäologisches Museum; es beherbergt die prunkvollen Funde aus dem Grab von Philipp II., dem Vater Alexander des Großen.

Thrakien (Thraki) ist eine dünn bevölkerte und unverdorbene Landschaft, die teils zu Griechenland, teils zur Türkei gehört. Touristische Einrichtungen fehlen hier fast völlig, das wird aber durch die Freundlichkeit seiner Bewohner mehr als wettgemacht. Alexandroúpolis wirkt auf der Landkarte zwar verlockend, lohnt aber keinen Aufenthalt.

Der Évros ist Grenzfluß zwischen dem griechischen und dem türkischen Thrakien; die Eisenbahn folgt seinem Ufer von der Küste bis zur Grenzstation Pithion/Uzunköprü.

Istanbul ist der Endpunkt des Bahnnetzes der europäischen Türkei mit einer Eisenbahnfähre zum asiatischen Bosporusufer. Die Hafenanlagen befinden sich im Goldenen Horn, im Bosporus und am Nordende des Marmarameers.

Istanbul (Byzantion, Byzanz, Constantinópolis und heute Istanbul): Moscheen und Minarette; der Bosporus, der die einzige, auf zwei Kontinenten liegende Stadt der Welt trennt; der Sitz mächtiger Reiche – hier gibt es genug zu sehen, um einen wochenlang zu beschäftigen. Aber lassen Sie sich wenigstens die Hauptsehenswürdigkeiten an der Südseite des Goldenen Horns nicht entgehen: die Sultan-Ahmad- oder Blaue Moschee, die Hagia Sophia („Heilige Weisheit") und die überwältigenden Reichtümer des Topkapi-Serails.

GANZ OBEN *Düster und wolkenverhangen blickt der Olymp über die Bucht*

OBEN *Die schnörkellose Front des Athen-Express*

sichert mir meine Reservierung einen bequemen Platz in einem ansonsten vollen Abteil. Die Bahnsteiguhr rückt um eine Minute weiter, und schon geht es los, genau nach Fahrplan. Das wiederholt sich in den nächsten sechseinviertel Stunden immer wieder: Wir fahren pünktlich in die Bahnhöfe unterwegs ein und erreichen Thessaloniki sogar fünf Minuten zu früh, so daß uns reichlich Zeit bleibt, um in den Anschlußzug nach Constantinópolis umzusteigen. Die 515 km lange Strecke ab Athen ist seit kurzem elektrifiziert, und der Zug ist ein Wunder an Pünktlichkeit. Früher brauchte man für diese Reise über zehn Stunden.

DAS LAND DER GÖTTER

Die kurvenreiche Fahrt längs des Parnaß ist ein Genuß. Seine Ausläufer erstrahlen in einer späten Fliederblüte. Pastellfarbene Bienenstöcke, die sich oben an kleinen Weiden drängen, und weißgetünchte orthodoxe Grabkapellen sausen an unserem Zug vorbei. Heute ist Feiertag, für die Griechen gleichzeitig Tag der Arbeit und Tag der Blumen. Im Vorbeirasen sehe ich immer wieder fröhliche Menschen, die im Schatten der Olivenbäume oder an Flußufern Picknicktische aufschlagen.

Als wir langsam die Berge verlassen und in die thessalische Ebene hinausfahren, kommt zum ersten Mal das Ägäische Meer in Sicht. Bald darauf brausen wir am Olymp vorbei, der westlich von uns aufragt. Die Großfamilie um mich herum bestaunt den Berg mit fast derselben Ehrfurcht wie einst ihre Ahnen (die ihn zur Heimstatt ihrer Götter erklärten). Von zwei älteren Männern ernte ich ungläubige Blicke, als ich erzähle, daß ich ihn zwei Jahre zuvor bestiegen habe. Nun ist die obere Hälfte schneebedeckt und funkelt weiß vor dem wasserblauen Himmel.

In Thessaloniki bleibt uns zwischen den beiden Zügen gerade genug Zeit für ein Bier in der riesigen Bahnhofsbar, die die Ausmaße einer kleinen Konzerthalle hat und das halbe Dutzend Gäste dort zu Zwergen macht. Ich bin etwas nervös, denn als ich das letztemal hier einen Zug nahm, war jeder Platz besetzt – es sind acht pro Abteil – und von Liegeplätzen nicht die Spur. In Thessaloniki ging das Waschwasser aus, bald danach funktionierten auch die Toiletten nicht mehr. Aber inzwischen haben sich die hygienischen Verhältnisse gewaltig verbessert – die Toilette fällt auf dem ganzen Weg nach Istanbul nicht einmal aus, sie wird regelmäßig gesäubert, und die Waschbecken haben fast bis zum Schluß Wasser.

Zwei etwas ältere Waggons, deren Kreidenummern zu meiner „Von-Thessaloniki"-Reservierung passen, sind inzwischen an den langen Zug nach Alexandroúpolis angehängt – Kurswagen nach Istanbul, auch wenn sie keinen entsprechenden Hinweis tragen.

Es versteht sich von selbst, daß alle Reisenden mit reservierten Plätzen in zwei benachbarte Abteile gepackt wurden. Nach Thessaloniki brauchen wir eine Weile, bis uns das klar wird. Aber da sind wir nun mal: alle Ausländer auf einem Haufen – drei Amerikaner, zwei Mexikaner und ein Australier, die mit mir die Reise nach Istanbul machen. Ab und zu unternimmt einer von uns einen Ausflug in die rein griechischen Waggons. Aber das ist ein riskantes Unternehmen, da niemand genau weiß, wo und wann unser Zug getrennt werden wird. Beide Züge fahren nach Alexandroúpolis, aber wohl nicht zur selben Zeit. Der Schaffner weiß da auch nicht mehr als seine Fahrgäste. Einer der Mexikaner bringt Dimitri an, einen jungen, weitgereisten und polyglotten Griechen, der bis Xánthi bei uns bleibt.

Griechenland ist größtenteils ländlich und unterbevölkert. Letzteres ist nicht weiter verwunderlich, da heute mehr als die Hälfte seiner Einwohner in der Hauptstadt lebt und das Festland meist bergig ist. Unser Zug windet sich jetzt durch die endlosen Felder Makedoniens und Thrakiens. An jeder der winzigen Stationen steigt nicht mehr als ein halbes Dutzend Fahrgäste aus oder zu. Sie sind fast alle mittleren Alters oder darüber. Die Jugend ist der Verlockung der Großstädte erlegen, hier wie anderswo, und hat die ländlichen Regionen für immer verlassen.

Dimitri verschwindet für ein paar Minuten und kehrt dann mit einem Laib Brot, durchdringend riechendem Feta und Oliven zurück – ein Geschenk seiner Familie, die einige Wagen weiter sitzt. Wir sind ganz mit unserem kleinen Picknick beschäftigt, als der Zug in die kleine Stadt Dráma einfährt. Ich sitze der Tür am nächsten und meine nach einer Weile, Rauch zu riechen. Ich gehe in den Gang hinaus und sehe tatsächlich aus einer der leichten Verkleidungen Rauchschwaden hervorquellen.

Der Zug brennt! Eigentlich kein Grund zur Aufregung, aber das ist nun schon das zweite Mal, daß mir das in Griechenland passiert. Das letzte Mal wurden wir dadurch eine halbe Nacht auf dem Peloponnes aufgehalten.

Ein Ingenieur taucht auf. Er weist die Schraubenzieher und Schraubenschlüssel zurück, die ihm hilfsbereite Einheimische anbieten, die an Bord geklettert sind, um das Schauspiel zu genießen, schwingt ein Beil und macht mit dem Feuer kurzen Prozeß: Geschmolzenes Plastik tropft auf den Boden, und der Rauch verzieht sich. Er zeigt strahlend auf die gekappten elektrischen Leitungen, und wir setzen die Reise fort. Die Drähte hängen danach anklagend von der Decke – und tun es auch drei Tage später noch, als ich nach Athen zurückfahre.

Als der Zug mit nur etwa einer Stunde Verspätung in Xánthi eintrifft, verabschieden wir Dimitri und seine Familie. Aber nicht lange, da merken wir, daß auch der Lokführer und der Ingenieur verschwunden sind, zusammen mit unserer freundlichen Putzfrau. Die Lokomotive summt ruhig vor sich und kühlt ab. Der Stationsvorsteher sieht uns nur mit leerem Blick an, wenn wir nach der Abfahrtszeit fragen. Wir warten und warten.

Es wird dunkel. Durch die geöffneten Fenster wogt der süße Geruch der Rosen herein, die in einem Garten am Bahndamm blühen.

Die Nacht bricht herein. Aber wir müssen noch lange warten, bis unsere unbekümmerte Crew zurückkehrt. Sie sehen so aus, als ob sie sich ein gutes Mahl und viel Retsina einverleibt hätten. Inzwischen ist aber der türkische Zug an der etwa 160 km entfernten Grenze eingetroffen und, da er uns nicht vorfand, achselzuckend weitergefahren.

Hoffnungslos verspätet, rumpeln wir schließlich weiter. An der griechischen Grenzstation Pithion hebt der Bahnhofsvorsteher bedauernd die Hände: Morgen früh um sechs kommt der nächste Zug, meint er fröhlich, vielleicht.

Ein Uniformierter sammelt unsere Pässe ein und verschwindet damit in der Dunkelheit. Sein Assistent leuchtet mit unbestimmter Geste unser Reisegepäck ab – eine sehr summarische Zollkontrolle. Die griechische Lokomotive verabschiedet sich mit einem Pfiff und läßt uns in der kalten Nacht ohne Licht und Heizung zurück. Wir versuchen auf unseren Bänken etwas zu schlafen.

Steif vor Kälte, wache ich irgendwann in der Nacht auf (nach einem langen, heißen Tag ist die Temperatur fast auf den Gefrierpunkt gesunken) und suche in den Bahnhofsgebäuden nach einem warmen Plätzchen. Beklagenswert einsam wirken die zwei Wagen unseres Zuges, nachdem uns die griechische Lokomotive verlassen hat und von der türkischen weit und breit nichts zu sehen ist. Ich trinke mit dem verschlafenen Stationsvorsteher einen Kaffee. Er erklärt mir, wie unangebracht meine Fahrplanvorstellungen seien. Schließlich gebe es nicht bloß einen richtigen oder einen falschen Weg, etwas zu erledigen, sondern einen griechischen. Er schwört, ein Maschinenschaden sei an der Verspätung schuld. Aber ich bleibe skeptisch: Während des ganzen stillen Aufenthalts in Xánthi hat kein Mensch an unserer Lokomotive gearbeitet.

Beim Morgengrauen wenden sich die Dinge zum Besseren.

Ein kräftiger, unrasierter Mann mit offener Uniformjacke stapft lärmend und geschäftig den Waggon entlang, reißt die Türen auf und streckt mir einen Packen Pässe hin. Eine türkische Lok erscheint im Morgen-

LINKS *Thessaloniki wurde 1917 von einer verheerenden Feuersbrunst heimgesucht – aber ein sorgfältiger Wiederaufbau und sein reiches historisches Erbe sicherten ihm seinen Status als Hauptstadt Nordgriechenlands*

RECHTS *Die prächtige Hagia Sophia in Istanbul stammt aus dem 6. Jahrhundert. Sie ist der Inbegriff byzantinischer Architektur, war einst Kirche und Moschee und beherbergt heute ein schönes Museum*

UNTEN *Zollfreier Einkauf in Pithion an der griechisch-türkischen Grenze*

MITTE *Silbrig glänzende Fische auf dem Markt von Fatih, im Westteil der Altstadt von Istanbul*

GANZ RECHTS *Musikant vor der Sultan-Ahmad- oder Blauen Moschee*

licht und fährt aufreizend langsam an uns vorbei, nur um kurz darauf von der anderen Seite her wieder aufzutauchen, mit ein paar Wagen hinter sich. Nach viel Rangieren und manchem Stoß sind unsere beiden Wagen endlich angehängt.

Als das Abfahrtszeichen kommt, sehen wir frustriert das Bahnhofscafé seine Pforten öffnen – zu spät für uns!

Zur türkischen Grenzstation Uzunköprü brauchten wir nur 20 Minuten. Dort ging alles einen wesentlich geregelteren Gang.

Wir wurden von mit Gewehren bewaffneten Männern aus dem Zug getrieben und in dem schneidenden Wind auf den grasbewachsenen Bahndamm vor dem Gebäude gedrängt. Drinnen saß ein Mann mit einem dunklen Bart, der Pluton beunruhigend ähnlich sah. Er rief uns einem nach dem anderen herein und stempelte unsere Pässe, indem er einen abgenutzten und fast jeder Farbe baren Gummistempel mit der ganzen Kraft seines gewaltigen Unterarms niedersausen ließ.

Wieder im Zug, überkommt uns der Hunger. Einer der Amerikaner greift tief in seine Reisetasche und bringt die letzten beiden Scheiben einer besonders fettigen Spinatpastete triumphierend ans Tageslicht. Wir teilen sie uns. Mit dem letzten Ouzo hinuntergespült, schmeckt sie sogar köstlich.

Schon sind wir wieder unterwegs und durchqueren die fruchtbaren Felder der europäischen Türkei – ein winziges Gebiet, das nur drei Prozent des ganzen Landes darstellt, aber Lust auf mehr macht. An jeder der vielen hundert Haltestellen steigen neue Fahrgäste zu. Aber während die übrigen Wagen immer überfüllter werden, bleibt der unsrige rätselhafterweise leer.

Der Morgen vergeht, es wird warm. Der Mittag erinnert uns an unseren Hunger. Wir sprechen aber lieber nicht darüber und nehmen uns insgeheim für Istanbul gewaltige Festmähler vor.

Wir stehen im Gang, strecken den Kopf zum Fenster hinaus, ignorieren die diesbezüglichen viersprachigen Verbotsschilder und sehen die Landschaft vorbeikriechen.

Der Zug fährt so langsam, daß kleine Kinder am Bahndamm mit uns Schritt halten und aufsteigen können. Aber es gibt noch andere Zerstreuungen: Ein alter Mann mit einem schmutzigen Scheitelkäppchen treibt eine Schar Gänse über den Bahnübergang; Frauen mit Kopftüchern ziehen in Gruppen dahin, dahinter die Männer mit ihren Anzügen im Stil der 50er und 60er Jahre; barfüßige, kahlgeschorene Kinder rennen im Kreis herum. Auf den vernachlässigten islamischen Friedhöfen stehen namenlos und vergessen halb umgestürzte Grabsteine – welch ein Gegensatz zu den liebevoll geschmückten und gepflegten orthodoxen Kirchhöfen Griechenlands!

Neubausiedlungen kündigen das nahe Istanbul an. Obwohl es noch eine Stunde bis dahin ist, wie sich zeigen wird, macht sich überall Aufregung breit. Istanbul

ist eine faszinierende Stadt, die jährlich eine halbe Million Neubürger aus der dürren und verarmten Osttürkei anzieht und im Begriff zu sein scheint, eine der größten Städte der Welt zu werden.

Bei der Einfahrt nach Istanbul bieten sich uns wahrhaft unvergleichliche Ausblicke. Das in der mittäglichen Sonne glänzende Marmarameer kommt erstmals in Sicht. Am Horizont versammeln sich riesige Tanker und andere Schiffe, um durch den Bosporus ins Schwarze Meer zu fahren.

Die Stadt zeigt uns bei der Einfahrt ihre schönste Seite. Wir gleiten durch die ältesten Befestigungsanlagen – heute nur noch ein paar Mauerreste und verstreute Steinbrocken – und dann an der Küste des sich verjüngenden Marmarameers entlang. Im allerletzten Augenblick eröffnet sich noch eine hinreißende Aussicht auf die Blaue Moschee und die Hagia Sophia. Dann biegt der Zug zwischen die alten Mauern des Sultanspalastes Topkapi ein, an deren Fuß sich ausgedehnte, aber ungepflegte Gärten erstrecken. Der Palast war einst das Zentrum blühender Reiche, Schauplatz von Intrigen, Despotismus und Korruption. Im Innern des Harems gibt es noch heute Hunderte verstaubter Zimmer, die seit der Jahrhundertwende verschlossen sind, Räume mit kunstvollen Schnitzereien, riesigen alten Teppichen von unschätzbarem Wert, Gobelins und Zedernholzvertäfelungen mit Perlmuttintarsien, eine zerfallende Pracht, die langsam zu Staub wird.

Noch einen kurzen Blick über das tiefblaue Wasser des Goldenen Horns zu den dicht gedrängten Gebäuden auf dessen jenseitigem Ufer, und schon gleiten wir um die letzte Kurve und in den Sirkeci-Bahnhof hinein, 32 Stunden und einen halben Kontinent von Athen entfernt.

Nach einer 40stündigen Rückreise wieder in Athen zurück, bleibe ich in einer engen, marmorgepflasterten Straße stehen, um den Parthenon zu bewundern. Eine alte, ganz in Schwarz gekleidete Frau kommt auf mich zugeschlurft, hält an, sieht mir direkt in die Augen, bekreuzigt sich und hastet weiter. Überrascht blicke ich ihr nach.

Aber nur wenige Augenblicke später kommt es zu einer ganz ähnlichen Szene, die sogar noch durch gemurmelte Verwünschungen angereichert wird. Stimmt mit meinem Aussehen etwas nicht? Als es zum drittenmal passiert, schultere ich meine Reisetasche – und sehe erst jetzt die winzige byzantinische Kirche hinter mir.

Praktische Tips

- Es gibt täglich einen Zug von Thessaloniki nach Istanbul und umgekehrt; er benötigt zwischen 14 und 24 Stunden und verfügt weder über Schlafgelegenheiten noch einen Büffetwagen. Von Athen nach Thessaloniki und umgekehrt verkehren täglich je neun Züge; die Nachtzüge haben Schlaf- und Liegewagen. Die kürzestmögliche Reisezeit zwischen Athen und Istanbul beträgt 24 Stunden und 15 Minuten, die Rückreise 19 Minuten weniger.

- Die obligatorischen Platzkarten sind einen Tag vor Reiseantritt zu kaufen; die Geldbußen bei Nichtreservierung sind allerdings minimal.

- Die besten Reisezeiten sind Frühsommer und Herbst – im Juli kann es glühend heiß und voller InterRail- und Rail-Europ-Reisender sein. Von September bis Juni sollten Sie wegen der langen Nacht an der Grenze warme Kleidung oder einen Schlafsack dabei haben. Nehmen Sie auch Essen und Getränke mit.

- Für die Türkei benötigen Reisende aus Deutschland und Österreich nur noch einen Personalausweis, Schweizer Staatsangehörige einen Reisepaß.

- Im Ausland erhalten Sie die Fahrkarten bei den Auslandsschaltern Ihrer Bahn. Die besten und zuverlässigsten Fahrpläne gibt Thomas Cook heraus. Die Reiseplanung wird aber durch „örtliche Änderungen" der Abfahrts- und Ankunftszeiten erschwert.

Quer durch Österreich – von Bregenz nach Wien

COLIN UND FLEUR SPEAKMAN

Abwechslung heißt das Stichwort dieser Reise, die vom Bodensee im Westen bis zur Donau im Osten führt – von den Alpen zur Donauniederung. Sie beginnt mit den berühmtesten Landschaften und einer extremen Bahnstrecke in Vorarlberg und Tirol. Weiter im Osten, in Nieder- und Oberösterreich, führt sie durch weniger bekannte, aber ebenso bezaubernde Landschaften mit alten Bauernhöfen, friedlichen Dörfern, romantischen Weinbergen, Kirchen und Klöstern. Diese Route verbindet einige der berühmtesten Städte Österreichs – wie Bregenz, Feldkirch, Innsbruck, Salzburg und Linz – mit dem großartigen Wien.

RECHTS *Die Entdeckungsfahrt durch Österreich beginnt in Bregenz, am Ufer des Bodensees*

OBEN *Überschreiten der Gleise verboten!*

Es ist durchaus möglich, mit dem Schiff nach Österreich zu reisen – zwar nicht übers Meer, aber doch über den Bodensee, nach dem Genfer See der zweitgrößte See am Fuße der Alpen. Wir waren mit dem Zug nach Konstanz gefahren, einem bezaubernden Badeort an der deutsch-schweizerischen Grenze, und hatten dort die Nacht verbracht, um das Frühschiff nach Bregenz zu nehmen.

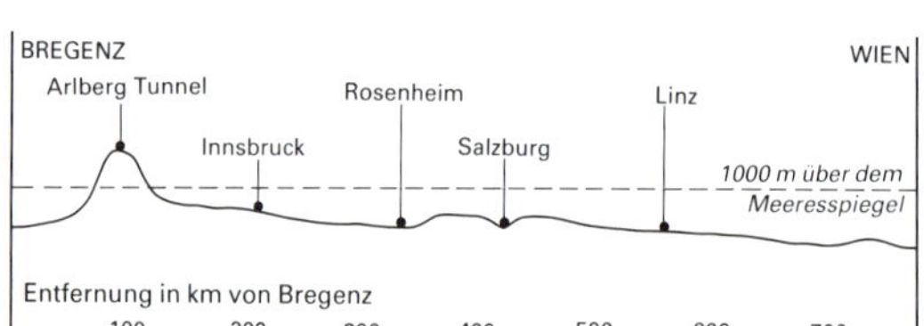

Der Himmel war trüb und regnerisch, als unser schönes renoviertes Schiff aus den 1930ern von der baumgesäumten Kaimauer des Konstanzer Hafens ablegte. Die Bodenseeflotte wird von der Deutschen Bundesbahn und den Schweizerischen und Österreichischen

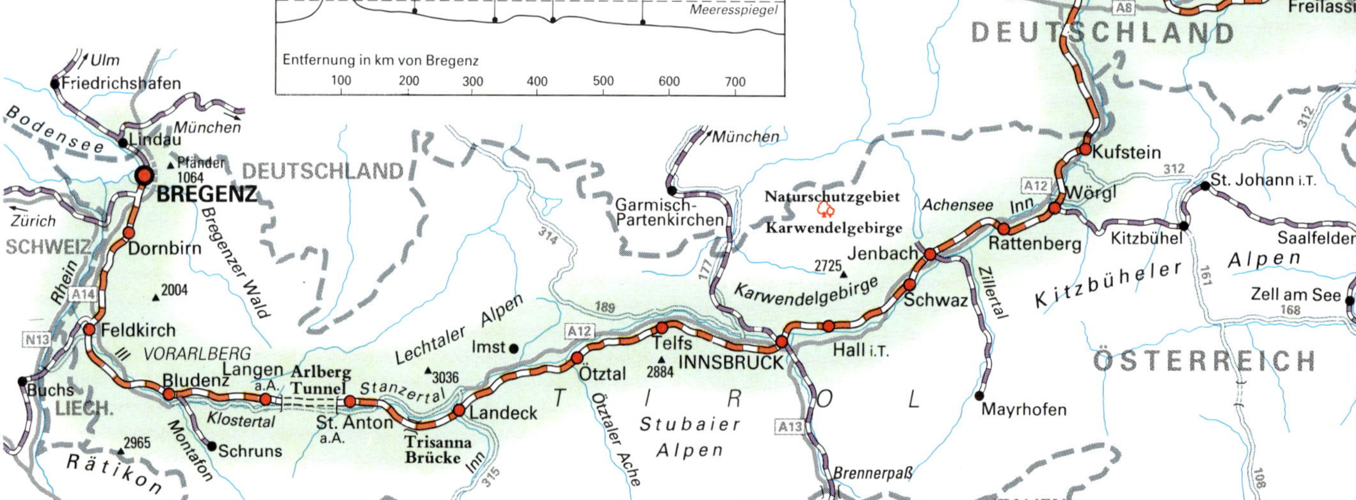

Bundesbahnen gemeinsam betrieben. Sie ist Teil des öffentlichen Nahverkehrssystems zwischen den Städten und Gemeinden am Seeufer, lädt aber auch zu Vergnügungsfahrten auf dem „Schwäbischen Meer“ ein. Unsere Route verlief längs des nördlichen, deutschen Ufers. Während wir uns im eleganten Salon an Kaffee und Kuchen gütlich taten, legte das Schiff ab und zu an den Landestellen und in den Häfen der bezaubernden, oft mittelalterlichen Städtchen und Städte an, die zwischen steilen Weinbergen eingebettet sind. Als wir die Inselstadt Lindau erreichten, unsere letzte Station in Deutschland, hatte es aufgehört zu regnen. Vor uns lagen im hellen Sonnenschein Österreich und Bregenz. Hinter der Stadt erhob sich der 1064 m hohe Pfänder, dessen Gipfel von tiefen Wolken und wandernden Nebelschwaden verhüllt war – ein dunkler, geheimnisvoller Fond der Szenerie. Unser Schiff glitt fast lautlos in den kleinen Hafen, und wir suchten, so unwahrscheinlich es auch klingen mag, an der winzigen Zollstelle nach unseren Pässen für die Einreise nach Österreich.

Bregenz ist die Hauptstadt des Bundeslandes Vorarlberg, des ersten der sechs Länder Österreichs, durch die unsere Reise führen sollte. Bregenz war zuerst eine keltische Siedlung und wurde später für die Römer ein strategischer Stützpunkt am Ostufer des Bodensees. Heute ist es ein eleganter Seebadeort mit einer mittelalterlichen Altstadt und einem geschäftigen modernen Zentrum. Es wird von dem Martinsturm beherrscht, einem beeindruckenden Zwiebelturm (angeblich der größte seiner Art in ganz Mitteleuropa), der sich inmitten eines Gewirrs bezaubernder Gäßchen, Durchgänge und Kirchen erhebt.

Anders als die meisten Züge, die von Lindau kommen, begann unser Zug seine Reise in Bregenz selbst. So hatten wir genug Zeit, um uns in einem der bequemen, hellrot und dunkelgrau gehaltenen InterCity-Wagen einen Platz zu suchen. Es war ein kühler Tag, und wir hatten eine Fahrt durch die Berge vor uns. So

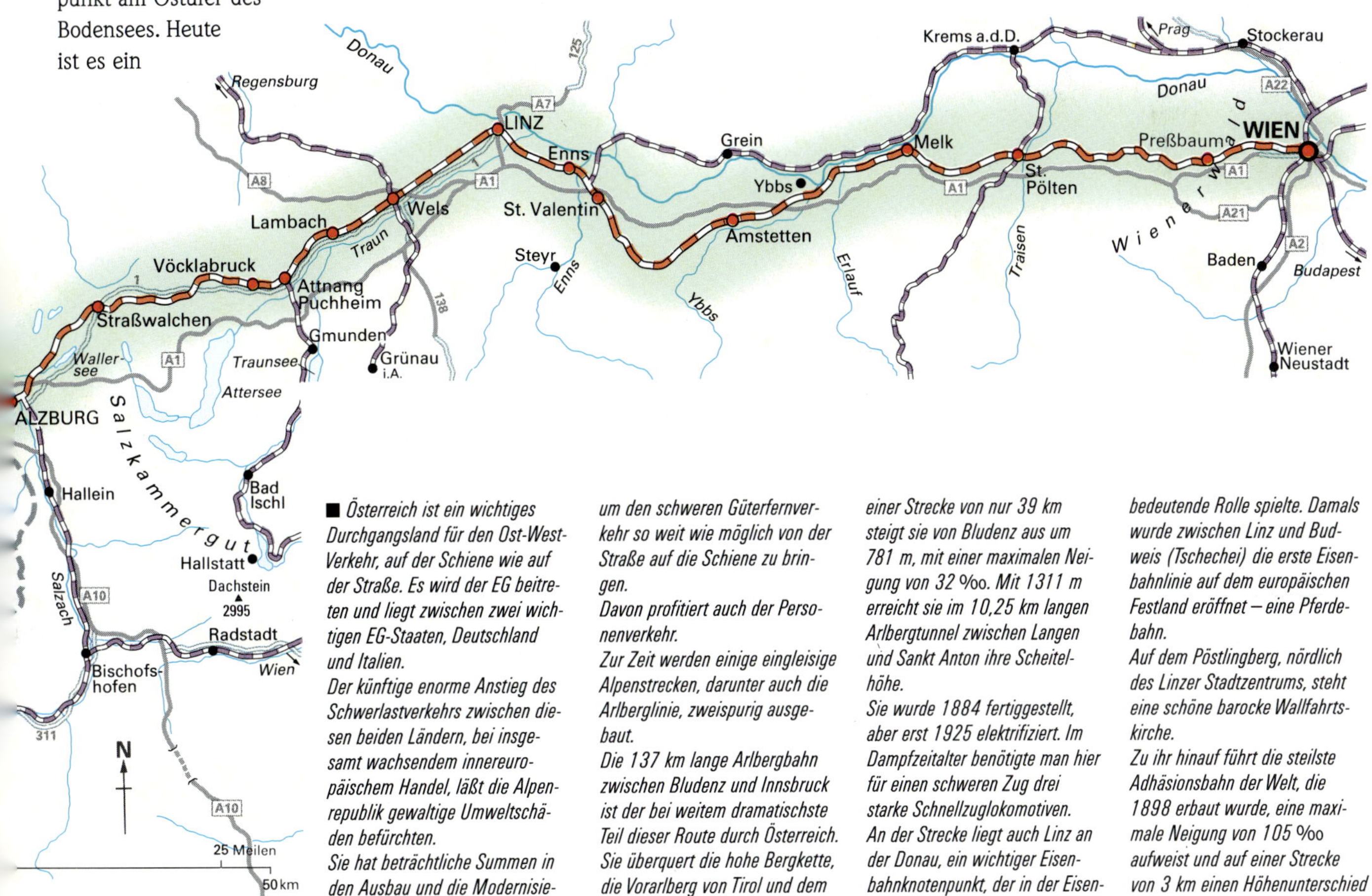

■ *Österreich ist ein wichtiges Durchgangsland für den Ost-West-Verkehr, auf der Schiene wie auf der Straße. Es wird der EG beitreten und liegt zwischen zwei wichtigen EG-Staaten, Deutschland und Italien.*
Der künftige enorme Anstieg des Schwerlastverkehrs zwischen diesen beiden Ländern, bei insgesamt wachsendem innereuropäischem Handel, läßt die Alpenrepublik gewaltige Umweltschäden befürchten.
Sie hat beträchtliche Summen in den Ausbau und die Modernisierung seiner Eisenbahn investiert, um den schweren Güterfernverkehr so weit wie möglich von der Straße auf die Schiene zu bringen.
Davon profitiert auch der Personenverkehr.
Zur Zeit werden einige eingleisige Alpenstrecken, darunter auch die Arlberglinie, zweispurig ausgebaut.
Die 137 km lange Arlbergbahn zwischen Bludenz und Innsbruck ist der bei weitem dramatischste Teil dieser Route durch Österreich. Sie überquert die hohe Bergkette, die Vorarlberg von Tirol und dem übrigen Österreich trennt. Auf einer Strecke von nur 39 km steigt sie von Bludenz aus um 781 m, mit einer maximalen Neigung von 32 ‰. Mit 1311 m erreicht sie im 10,25 km langen Arlbergtunnel zwischen Langen und Sankt Anton ihre Scheitelhöhe.
Sie wurde 1884 fertiggestellt, aber erst 1925 elektrifiziert. Im Dampfzeitalter benötigte man hier für einen schweren Zug drei starke Schnellzuglokomotiven.
An der Strecke liegt auch Linz an der Donau, ein wichtiger Eisenbahnknotenpunkt, der in der Eisenbahngeschichte schon 1832 eine bedeutende Rolle spielte. Damals wurde zwischen Linz und Budweis (Tschechei) die erste Eisenbahnlinie auf dem europäischen Festland eröffnet – eine Pferdebahn.
Auf dem Pöstlingberg, nördlich des Linzer Stadtzentrums, steht eine schöne barocke Wallfahrtskirche.
Zu ihr hinauf führt die steilste Adhäsionsbahn der Welt, die 1898 erbaut wurde, eine maximale Neigung von 105 ‰ aufweist und auf einer Strecke von 3 km einen Höhenunterschied von 256 m bewältigt.

UNTEN *Rosa Geranien schmücken das Höhenschild eines Bahnhofs*

GANZ UNTEN *Der Weg zum Arlbergpaß führt durch enge, steile Bergtäler*

riet uns der Schaffner, uns in den Salonwagen zu setzen, wo es ein bißchen wärmer sein würde. Unser Zug wurde durch eine kraftvolle Elektrolok der Reihe 1044 mit einer Leistung von 5300 kW gezogen, jenem Typ, der bei den meisten InterCity-Zügen in Österreich eingesetzt wird.

Die Österreichischen Bundesbahnen bieten eine glückliche Kombination von moderner Effizienz und altmodischem Charme. Hier hat jeder EuroCity und InterCity einen Namen. Wo sonst in der Welt reist man in Zügen, die nach einer Blume benannt sind – wie der *Blaue Enzian* – oder nach einer Oper – wie der *Rosenkavalier* –, nach Operettenkomponisten wie Strauß und Lehár oder einem Orchester (*Wiener Symphoniker*) oder sogar einem Tanz – wie der *Wiener Walzer*? Wo sonst in Europa tritt der Stationsvorstand eines kleinen Provinzbahnhofs bei der Durchfahrt des Zuges in voller Uniform vor die Tür seines Stationsbüros, als ob er den vorbeirasenden Zug grüßen und sich vergewissern wolle, daß mit der Lokomotive, den Wagen und Passagieren alles in Ordnung sei?

Unser Zug hieß der *Niederösterreichische Tonkünstler*. Er fuhr pünktlich im Bregenzer Bahnhof ab, zog mit seinen etwa 13 Wagen an der Seepromenade entlang und bog dann nach Süden und ins Landesinnere ab, in Richtung auf Dornbirn, Mittelpunkt der Vorarlberger Textilindustrie und wichtiges Handelszentrum mit einer Export- und Mustermesse. Zu unserer Rechten strömte der Alpenrhein dahin, der bald danach in den Bodensee mündet und hier die Grenze zur Schweiz bildet. Links von uns aber erhoben sich die dunklen Berghänge des Bregenzerwaldes.

Kurz vor Feldkirch kommt die Linie vom schweizerischen Buchs herein, auf der auch der Orient-Express verkehrt. In Feldkirch, dessen altes Stadtzentrum von der Schattenburg und ihrem Katzenturm beherrscht wird, sahen wir zu unserer Überraschung Skifahrer einsteigen; die Lösung dieses kleinen Rätsels erfuhren wir etwas später. Dann folgte die Bahn auf ihrem Weg nach Südosten dem Illtal. Bald werden die Berge immer steiler und höher und bilden in der südlich gelegenen, massiven Kette des Rätikons eine natürliche Grenze zwischen Österreich und der Schweiz.

Nicht lange, und wir erreichten die alte Stadt Bludenz, am Schnittpunkt des Montafon und des Klostertals. Das Montafon ist ein besonders schönes, enges Alpental mit dem bekannten Ferienort Schruns, der durch die private Montafoner Bahn mit Bludenz verbunden ist. Von Schruns aus fahren Busse bis ans Talende und über den Silvrettapaß nach Tirol hinein. Unser Weg aber ging nach Osten, durchs Klostertal und über den Arlberg, einen der sensationellsten Eisenbahnpässe Mitteleuropas. Er ist nach der Bergkette benannt, die das westlichste Bundesland Österreichs vom übrigen Staatsgebiet trennt. Daher auch dessen Name „Vorarlberg“.

In Bludenz wurde noch eine 1044er-Lokomotive angekuppelt, die Schiebelok für unseren schweren Zug. Aber als wir langsam höher zu klettern begannen und dann auf der Höhe der Dächer der Stadt und der typisch österreichischen Zwiebelkirchtürme dahinfuhren, mußten die beiden Loks trotz ihrer Kraft hart gegen die Steigung ankämpfen, wobei sie durch die schmierigen, nassen Gleise alles andere als unterstützt wurden. Bald fuhr der Zug im Schrittempo und beschleunigte nur nach und nach zu einem gleichmäßigen Trott, als die beiden Maschinen schließlich warm geworden waren.

Ein Wunder der Technik

Die 137 km lange Arlberglinie zwischen Bludenz und Innsbruck ist eine technische Meisterleistung. Sie wurde in den Jahren 1880 bis 1884 gebaut. Ihre strategische Bedeutung wird durch die Tatsache erhellt, daß Kaiser Franz Joseph höchstpersönlich sie am 6. September 1884 eröffnete. Auch gut ein Jahrhundert später kann man man nicht umhin, die außerordentliche Leistung zu bewundern, die der Bau dieser Strecke darstellt. Sie führt über schmale, teils aus dem Berg herausgehauene Felsgesimse und überquert gewaltige Schluchten auf feingliedrigen Brücken und Viadukten, von denen einige (wie die berühmte und oft nachgebaute Trisanna-Brücke zwischen Pians und Strengen) von außerordentlicher architektonischer Schönheit sind. Der Bau dieser Linie war mit großen Kosten verbunden, sowohl an Geld als an Menschenleben. Nicht weniger als 135 Männer verloren dabei ihr Leben, davon allein 37 beim Bau des Arlbergtunnels.
Die Probleme beim Bau und Betrieb der Strecke wurden durch das fast unvorstellbar wilde alpine Gelände und ein extrem feindseliges Klima erschwert. Lawinen und Erdrutsche fegten mehr als einmal ganze Abschnitte und sogar Züge in die Tiefe und brachten vielen den Tod. In unschöner Regelmäßigkeit wurden Züge durch Schneestürme und Steinschlag blockiert. Heute sorgen Lawinenschutzwälle, Zäune und Galerien für die Sicherheit der am meisten gefährdeten Strecken. Aber trotzdem stellt der Arlberg bei extremen Wetterbedingungen immer noch ein gewaltiges Hindernis für Mensch und Maschine dar.
Das ging uns durch den Sinn, als wir durch eine immer winterlichere Landschaft nach Langen hinaufkletterten und die Schneegrenze überquerten, während sich die Silhouetten der dunklen Wälder gegen die verschneiten Almen abzeichneten und die Berge sich im Nebel verloren. Der gutgelaunte Schaffner hatte recht gehabt: Die zunehmende Kälte draußen war sogar durch die Doppelglasscheiben zu spüren. Obwohl es schon April war, herrschte hier oben noch kalter Winter. Die Dörfer im Tal weit unter uns sahen verwundbar und verloren aus. Der Bahndamm war von hohen, mehrschichtigen Schneeverwehungen gesäumt. Die Lokomotiven an den beiden Zugenden arbeiteten auf Hochtouren. Schließlich passierten wir die kleine Bergstation Langen und tauchten in den tiefen, schwarzen Schlund des Arlbergtunnels. Die Fahrt beschleunigte sich. Den Loks war die Erleichterung fast anzuhören, als wir den Gipfelpunkt überschritten hatten und in den hellen Tag hinausfuhren und Sankt Anton und Tirol vor uns liegen sahen.
Nun verstanden wir auch, was unsere Beobachtung im Bahnhof von Feldkirch bedeutete: Wir hatten ein Skiparadies erreicht. Die Berge waren mit kleinen schwarzen Figuren übersät, die mit Liften die Hänge hinauffuhren oder die Pisten hinabwedelten. Aber nun begann unser langer Abstieg durch das Stanzertal. Die Landschaft war typisch alpin – hohe Berge, steile, verschneite Almen, Bauernhöfe mit weit herabgezogenen, hohen Dächern. Kurz vor Landeck mußten wir halten, zuerst, um einen Personenzug vorbeifahren zu lassen, und dann, um selbst einen Güterzug zu passieren, der von einem „Kleinen Krokodil" geschoben wurde, einem Oldtimer der 1020er-Reihe aus dem 2. Weltkrieg.

OBEN *In kurvenreicher Fahrt geht es an den Dörfern des Talbodens vorbei nach Sankt Anton*

UNTEN *Im Sommer verbindet die Achenseebahn, eine dampfbetriebene Zahnradbahn, Jenbach mit dem Naturschutzgebiet Karwendelgebirge*

GANZ RECHTS *Die ausgefallenen Farben und Formen des Hundertwasser-Hauses in Wien bilden einen hübschen Kontrast zur gesetzteren, aber nicht weniger beeindruckenden klassischen Architektur und Skulptur der Stadt*

Als wir in dem alpinen Wintersportort Landeck einfuhren, wo die Arlberglinie das Inntal erreicht, befanden wir uns wieder unterhalb der Schneegrenze. Die grünere, sanftere Landschaft mit ihren blühenden Krokussen und Narzissen erschien uns wie eine freundlichere, zivilisiertere Welt. Die Lokomotive am Zugende hatte sich inzwischen verabschiedet. In dem breiter werdenden, flachen Gletschertal des Inn legte unser Zug an Geschwindigkeit zu, als ob er sich daran erinnert hätte, daß er ja eigentlich ein InterCity war. Nach kurzen Aufenthalten in Ötztal und Telfs eilten wir in Richtung Innsbruck weiter. Auf dem felsigen Berghang zu unserer Linken konnten wir bald eine andere Tiroler Bergbahn ausmachen, die Karwendel-Linie, die von München nach Garmisch-Partenkirchen führt und sich nach ihrem raschen Abstieg ein paar Kilometer westlich von Innsbruck mit unserer Strecke vereinigt. Dann glitten wir auch schon in den Innsbrucker Hauptbahnhof.

Innsbruck ist die Hauptstadt des Bundeslandes Tirol. Sein reiches Erbe an schönen Bauten, zu denen auch die Hofburg und die Stadtpfarrkirche Sankt Jakob gehören, zeugt vom Einfluß der habsburgischen Monarchie. Am meisten beeindruckt die Besucher jedoch der majestätische Hintergrund der Stadt, das schneebedeckte Karwendelgebirge.

Nach der aufregenden Arlberglinie wirkte die Hauptstrecke zwischen Innsbruck und Salzburg recht gemütlich. Sicher, die Landschaft war immer noch eindrucksvoll. Aber die hohen, spektakulären Berge lagen in sicherer Entfernung, als wir durch das breite, flache Tal brausten, das auch von einer Autobahn durchschnitten und mit Bauernhöfen und Fabrikgebäuden übersät war.

Der nächste Halt war Jenbach, ein Mekka der Eisenbahnfans. Es ist nicht nur die Heimat der Jenbacher Werke, eines der führenden europäischen Hersteller von Eisenbahnausrüstungen und Lokomotiven, sondern auch Ausgangspunkt zweier prächtiger Schmalspurbahnen, der Zillertal- und der Achenseebahn.

ALTE PRACHT

Bei dem nächsten Halt in Wörgl hätten wir einen anderen Zug und die Strecke nach Salzburg nehmen können, die via Kitzbühel, Zell am See und Bischofshofen über österreichisches Gebiet führt, eine landschaftlich sehr schöne Route. Aber da der Fahrplan gegen uns war, blieben wir beim InterCity. Er wird in Kufstein zum „Korridorzug", der unter Zollverschluß und ohne Zwischenaufenthalt über Rosenheim und Freilassing die Südostecke Deutschlands durchquert und bei Salzburg wieder österreichischen Boden erreicht. Es ist eine reizende Strecke, die durch die sanft gewellte, mit Bauernhöfen und Waldungen übersäte Landschaft Südbayerns in der Nähe des lieblichen Chiemsees verläuft. Der Zug hält erst wieder, wenn er die Brücke überquert hat, die nach Salzburg hineinführt und dem Reisenden eine herrliche Aussicht auf den Fluß, die Burg, die Turmspitzen und Kirchendome bietet.

Es ist fast unglaublich, daß der alte Reichtum dieser Stadt und ihre großartige Architektur aus dem Salz hervorging, jenem bescheidenen Artikel des täglichen Bedarfs. Aber es waren die Regalien ihrer Salzbergwerke, die den mächtigen Erzbischöfen von Salzburg erlaubten, den mittelalterlichen Stadtkern abzureißen und mit prächtigen Barockpalästen neu zu bebauen. Sie ermöglichten es ihnen auch, zum Mäzen eines gewissen Wolfgang Amadeus Mozart zu werden, von dessen Ruhm die glanzvollen Internationalen Salzburger Festspiele zehren.

Viel zu früh waren wir wieder auf dem Weg nach Nordosten. Wir ließen Salzburg hinter uns und stiegen durch eine recht schroffe Landschaft, an Seen, Wäldern, Bauernhöfen und verstreuten Dörfern vorbei durch den Nordzipfel des Salzburger Landes und nach Oberösterreich hinauf, das eine sanftere, freundlichere Landschaft aufweist als das alpine Tirol.

Nicht daß Oberösterreich nicht auch Anteil am Gebirge hätte! Die Bahn umfährt im weiten Bogen eine der malerischsten Seen- und Bergregionen Österreichs, das Salzkammergut. Hier wachten jahrhundertelang die kaiserlichen Soldaten und Steuereintreiber über das „weiße Gold", das in seinen tiefen Salzbergwerken gefördert wurde und vor der Erfindung des Kühlschranks und der Tiefkühltruhe für die Konservierung vieler Lebensmittel unabdingbar war. Das Salzkammergut lernt man am besten kennen, wenn man in Attnang-Puchheim die Hauptstrecke verläßt und die malerische Salzkammergut-Linie nach Gmunden, Bad Ischl und Hallstatt nimmt. Sie führt an Seen und an den Kalkgipfeln und Gletschern des Dachsteingebirges vorbei, einer Szenerie von eindrücklicher Schönheit.

Unser nächster Halt ist Wels, ebenfalls eine reizvolle alte Stadt in Oberösterreich sowie Knotenpunkt der Hauptlinie nach Deutschland und der kleinen Nebenstrecke, die zu dem kleinen Ferienort Grünau im Amtal führt. Bald biegen wir ins Donautal ein und erreichen Linz, die Hauptstadt des Bundeslandes Oberösterreich. Nach der achtstündigen Reise von Bregenz her, mitten durch eine erstaunlich vielfältige Landschaft, war Linz der richtige Ort für einen Aufenthalt. So stiegen wir gleich am Bahnhof in die Straßenbahn, um diese sehr unterschätzte Stadt zu erkunden.

Linz an der Donau war ein wichtiges Handelszentrum an den alten Bernstein- und Salzstraßen und rühmt sich der ältesten Kirche Österreichs, der Martinskirche, die vor 1200 Jahren erbaut wurde. Es ist seit 1490 Regionalhauptstadt und zeichnet sich heute durch seine blühende Industrie und seinen Stil und Charme aus. Die eleganten Fassaden der Häuser im Zentrum der Stadt stammen aus dem 18. Jahrhundert, weisen aber Elemente aus dem Mittelalter und sogar der Römerzeit auf und zeigen einen starken mediterranen Einfluß. Das jährliche Bruckner-Festival erinnert an die Verbindung der Stadt mit dem großen Komponisten und Symphoniker.

Wir verließen Linz früh am Morgen mit dem IC nach Wien, der passenderweise *Rosenkavalier* hieß. Es war ein deutscher Zug mit einer stromlinienförmigen Hochgeschwindigkeitslok der Reihe 103 der Deutschen Bundesbahn – ein Beispiel für die wachsende grenzüberschreitende Zusammenarbeit der Eisenbahnen beider Staaten. Er hatte ein paar Minuten Verspätung, die er aber bald wieder aufholte, als er durch die weite Landschaft mit ihren verschlafenen Bauernhöfen und verstreuten Dörfern fuhr, von denen jedes sein Barockkirchlein mit Zwiebelturm aufwies. Ohne anzuhalten, fuhren wir durch Sankt Valentin, dessen Bahnhof auch die malerische Wachaulinie bedient, die am Nordufer der Donau mitten durch die Weinberge zu der alten Winzerstadt Krems führt.

Der *Rosenkavalier* fuhr über die Enns nach Niederösterreich hinein und schlängelte sich durch die Donauebene ins Donautal selbst. Wir genossen die Aussicht auf den großen Strom zu unserer Linken und die Schlösser und Burgen am Horizont. In Melk bot sich uns der atemberaubende Anblick des riesigen barokken Benediktinerstifts aus dem 18. Jahrhundert. Dann wandte sich der Zug nach Südosten, ließ die Donau hinter sich und hielt in St. Pölten, einem Regionalzentrum, das wegen seiner schönen Bauwerke berühmt ist und einen wichtigen Knotenpunkt bildet, der ein Netz von Lokalbahnen bis nach Krems und weit nach Niederösterreich hinein versorgt.

Bald hinter St. Pölten, das erste Mal in Niederösterreich, mußte der Zug seine Fahrt verlangsamen, um jähe Kurven und steilere Steigungen anzugehen. Die zunehmende Bewaldung machte uns deutlich, daß wir nun in den Wienerwald kamen, dessen Hügel einen so eindrucksvollen Hintergrund der Stadt Wien abgeben. Schon machte sich der hauptstädtische Einfluß bemerkbar: Parkplätze für die Autos der Pendler umgaben die kleinen Bahnhöfe, und in den Dörfern waren städtische Villen zu sehen, darunter einige in den typischen, kunstvollen Stilrichtungen des Biedermeier.

Nach kurzem Halt im Bahnhof Hütteldorf (mit Anschluß zur Stadtbahn) durchquerten wir dichtbevölkerte Vororte mit Hochhäusern, Reihenhaussiedlungen und Ladengeschäften. Fast auf die Minute pünktlich fuhr der *Rosenkavalier* langsam zwischen den dicht besetzten Bahnsteigen des Wiener Westbahnhofs ein. Augenblicke später gingen wir schon durch die große Eingangshalle, um eine Straßenbahn ins Zentrum zu nehmen. Eine der faszinierendsten und bezauberndsten Städte Europas erwartete uns.

PRAKTISCHE TIPS

■ Zwischen Bregenz und Wien verkehren im Stundentakt InterCity-Züge. Die 771 km lange Fahrt dauert etwa 10 Stunden. Eine Platzreservierung ist normalerweise nicht erforderlich.
Bei der Durchquerung der Südostecke Deutschlands wird der Zug zum „Korridorzug", ohne Zu- und Aussteigemöglichkeiten und ohne Zoll- und Paßkontrolle.

■ Österreich ist zu jeder Jahreszeit schön. Wer die Reise aber mit der Fahrt über den Bodensee nach Bregenz beginnen will, muß beachten, daß die „Weiße Flotte" nur etwa von Anfang April bis Ende Oktober verkehrt.
Alle InterCity und EuroCity sind zuschlagpflichtig, auch bei kurzen Fahrten.

■ Österreich bietet eine ganze Reihe von Bahnpässen an, darunter auch die Rabbit-Card. Sie gelten auf allen Bundesbahnen (Zuschläge inbegriffen) sowie auf den meisten Privatbahnen; auf den Bodenseeschiffen kann man damit zum halben Preis fahren. Die Karten sind in allen größeren Bahnhöfen Österreichs erhältlich und gelten für vier von jeweils zehn Tagen. Außerhalb Österreichs erhalten Sie die Pässe und Fahrkarten an den Auslandsschaltern Ihrer Bahn.

Von Oslo in die Arktis

Richard Sale und Tony Oliver

Für ein so großes Land – es ist fast so groß wie Deutschland – hat Norwegen eine seltsame Form. An der schmalsten Stelle mißt es nur 6,4 km, aber von der Süd- bis zur Nordspitze sind es in Luftlinie über 1800 km, was in etwa der Entfernung London-Sizilien entspricht. Die Norweger haben versucht, die Städte ihres ausgedehnten Landes durch Bahnlinien zu verbinden, und haben dabei sogar den Polarkreis überwunden – eine Leistung, die sich sehen lassen kann. Nördlich von Fauske mußten sie sich jedoch geschlagen geben. Ab da geht der Verkehr über das Meer und die Straße. Fährt man aber mit dem Schiff oder dem Bus bis Narvik, kann man mit der Bahn nach Kiruna im arktischen Schweden weiterreisen, vorbei am Abisko-Nationalpark, der zu den schönsten Europas gehört.

RECHTS *Viele schöne Schiffe ankern im Hafen von Oslo, dem Ausgangsort dieser Reise in den Hohen Norden*

GANZ RECHTS *Mit ihrem Schneepflug hinter den Puffern sind die Lokomotiven gut für den harten norwegischen Winter gerüstet*

Oslo erwacht sehr früh. Der Strom der eingemummten Pendler am Hauptbahnhof hat schon gut eine Stunde vor unserer Ankunft eingesetzt. Wir überqueren den Platz vor der Busstation und halten uns mit festen Schritten die Morgenkälte vom Leib. Unser Atem steigt in kleinen Wölkchen auf. Oslo ist eine helle und luftige Stadt und hat dem Besucher viel zu bieten, von der Burg Akershus, der Domkirche und den Museen, die dem Maler Edvard Munch und dem Bildhauer Gustav Vigeland gewidmet sind, bis zu der Holmenkollen-Sprungschanze mit seinem Skimuseum. Zum Museumsgebiet Bygdøy ist es nur ein kurzes Stück mit der Fähre. Dort kann man die kunstvoll gebauten Wikingerschiffe bewundern, die *Fram* besichtigen, mit der Nansen den Nordpol erobern wollte, und die sehr viel weniger robuste *Kon-Tiki* bestaunen, mit der Heyerdahl den Pazifik überquerte. Der Hauptbahnhof von Oslo ist nicht elegant, aber imposant und leistungsstark. Er hat Rolltreppen, Fahrsteige und eine digitale Anzeigetafel, und die Züge hier sind pünktlich. Den Kopf unseres „Dovresprinten" bildete eine Bo'-Bo'-Elektrolok, die 1987 bei Thyssen-Henschel in Kassel gebaut wurde. Der Zug hatte zwei Klassen, wobei sich die 1. von der 2. Klasse eigentlich nur durch das bißchen zusätzliche Ellbogenfreiheit unterschied, das ihre zwei-plus-eins-Sitzanordnung (statt zwei plus zwei) gewährte. Die Wagen beider Klassen waren sauber und bequem. Kein Wunder also, daß nur wenige Wert darauf legten, erster Klasse zu reisen, für die im übrigen auch nur ein halber Wagen zur Verfügung stand. Geräuschlos und auf die Sekunde pünktlich, glitt der Dovresprinten aus dem Bahnhof. Auf offener Strecke war diese Laufruhe noch ausgeprägter, wie wir bald feststellten. Dort sorgten stoßlos verschweißte Gleise dafür, daß von dem altvertrauten, ebenso aufreizenden wie beruhigenden Rattatatatt-Rattatatatt nichts zu hören war.

Wie die meisten Städte zeigt auch Oslo dem Bahnreisenden seine wenig reizvolle Hinteransicht. Das reiche und elegante Stadtzentrum wich schnell den bescheidenen, ausgedehnten Vororten mit ihren Hinterhöfen voller Wäsche, Kinder und Fahrräder, ihren Bootswerften und Autowaschanlagen. Unsere Reise fiel auf den Beginn der Osterferien. Zu dieser Zeit macht ganz Norwegen dicht, und die Städter setzen sich scharenweise in die Berge ab. So war der Dovresprinten denn auch mit Skifahrern vollgepackt. In der 1. Klasse saßen einige Geschäftsleute. Normalerweise nehmen sie aber auch für ihre Inlandsreisen das Flugzeug, denn die Entfernungen zwischen all den ab-

gelegenen Orten dieses Handtuchs von Land sind einfach zu gewaltig.

Am Zugende führten wir einen speziellen Skiwaggon mit, in dem die Abfahrts- wie die Langläufer ihre Skier verstaut hatten. Die Alpinen trugen bunte Jacken, deren Farben ebenso grell waren wie ihre Unterhaltung und ihr Lachen – ganz die modernen Instantsportler. Die Langläufer waren altmodisch und zurückhaltend gekleidet und trugen alle eine lange, wollene Bommelmütze. Ihr Tonfall war so zurückhaltend wie ihre Anoraks und paßte zu dem anstrengenden Sport, dem sie in der harschen Landschaft so ausdauernd nachgehen. Die Langläufer sind meist ältere Leute: Frauen und Männer mit faltigen, wettergegerbten Gesichtern und harten, knotigen Händen. Es sind Leute, die noch einen Rhythmus halten und mit harmonischen Bewegungen im weichen Schnee riesige Entfernungen zurücklegen können; Leute, die in einer einfachen Hütte übernachten und am nächsten Tag das Ganze noch einmal machen.

Am Fenster zogen die letzten Häuser von Oslo vorüber. In vielen Gärten flatterte die norwegische Fahne. Die Norweger sind sehr stolz auf ihre Flagge, die sie (mit einigem Recht) für die schönste der Welt halten. In der Liebe zu ihrer Flagge manifestiert sich ihre Liebe zu ihrem Land. Es heißt zwar oft, alle Skandinavier seien Wikinger. Aber die Norweger, Dänen und Schweden waren sehr eigenständige Leute, auch wenn sich ihre Länder 1397 in der Kalmarer Union zusammentaten. Als Gustav I. Wasa 1527 Schwedens Austritt erklärte, wurde Norwegen Teil des dänischen Königreichs. Es erhielt erst 1814 wieder seine Selbständigkeit und eine eigene Verfassung, wurde aber zur großen Enttäuschung vieler Norweger noch im sel-

■ Höhepunkt der Reise ist die Überquerung des Polarkreises. Dort geht die Sonne am Mittsommertag nicht unter. Nördlich davon beginnt das Land der Mitternachtssonne, wo die Sonne im Sommer stets sichtbar ist, und zwar um so länger, je weiter man nach Norden kommt: in Bodø vom 2. Juni bis 10. Juli, in Narvik vom 26. Mai bis 19. Juli. Natürlich gibt es von Dezember bis Januar auch das Gegenstück der Polarnacht.

Wer in Fauske den Togbus nach Narvik nimmt, verpaßt den Rest der Bahnstrecke nach Bodø, die in der Nähe von Saltstraumen vorbeiführt.

Über eine Länge von 3 km verengt sich dort der Fjord bis auf 150 m. So entsteht der schnellste Gezeitenstrom der Welt, der die Wassermassen mit bis 50 km/h durch diese Enge drückt. Das ist der berühmte Mahlstrom, der unheimliche, schrille Geräusche von sich gibt. Während einer Tide rauschen schätzungsweise 455 Millionen Kubikmeter Wasser durch die Engstelle.

Sogar am Totpunkt der Gezeitenwende – und das ist der einzige Zeitpunkt, zu dem Schiffe ungefährdet durch den Saltstraumen fahren können – führt er ein Vielfaches der Wassermenge des wasserreichsten Flusses in Norwegen.

Bodø ist eine schöne, moderne Stadt. Von dort kann man auch mit dem Schiff nach Narvik fahren. Der schnelle Katamaran „Hyrtingbåt" und der langsamere Küstendampfer der „Hurtigruten" bedienen die Route Bodø-Svolvær (Lofoten)-Narvik. Weil die Lofoten zu den schönsten Inseln der Welt gehören, ist das wohl eine Überlegung wert.

Von Narvik gibt es eine Bahnverbindung zum Abisko-Nationalpark in Schweden, einem wunderbaren Park mit einer bemerkenswerten Geologie. In seiner erstaunlichen Flora finden sich sogar einige Orchideenarten und in seiner Fauna der Vielfraß und der Polarfuchs, die lappländische Ammer und der Gerfalke. Weiter östlich liegt Kiruna, die nördlichste Großgemeinde Schwedens. Wo einst eine Samen(Lappen-)siedlung stand, bildete sich nach der Entdeckung von Eisenerz eine kräftig expandierende Stadt.

ben Jahr in eine Union mit Schweden gezwungen, aus der es erst 1905 durch eine Volksabstimmung entkam. Daß die Norweger so stolz auf ihr Land und seine Symbole sind, liegt wohl an ihrem langen Unabhängigkeitskampf. Sie sind auch sehr stolz darauf, daß Norwegen als eines der ersten Länder Europas eine geschriebene Verfassung erhielt. Sie wurde 1814 in Eidsvoll unterzeichnet. Natürlich sahen wir auch überall die Fahnen flattern, als wir 50 Minuten nach unserer Abfahrt durch Eidsvoll zuckelten. Der Wildwuchs der Osloer Vorstädte lag nun schon eine halbe Stunde hinter uns. Die Hinterhöfe waren durch eine wunderschöne Landschaft voller kleiner Seen, Kiefernbestände und lieblicher Hügel abgelöst worden – ein sauberes, klares und schönes Land.

Hinter Eidsvoll liegt der Mjøsa. Er ist mit einer Fläche von über 300 km^2 der größte der vielen Seen Norwegens. Enten und Seetaucher, die unser Zug aufgescheucht hatte, rannten über das Wasser, und einige flatterten sogar erschreckt von dannen. Nun entfernte sich das Gleis langsam vom Seeufer und schlängelte sich durchs Land. Dieser Abschnitt ist einspurig, mit einer Ausweichstelle hier und da.

Wir erreichten Hamar. Am Rande des Bahnhofs steht ein halbrunder Lokomotivschuppen mit einer alten Drehscheibe. Dieses Wunderwerk tut zwar noch immer Dienst, ist aber auch eine schöne Ergänzung der Ausstellungsstücke des örtlichen Eisenbahnfreilichtmuseums. Was hat die Stadt noch zu bieten? Die prächtigen Reste einer Wikingerkirche aus dem 12. Jahrhundert und die unzähligen Hinweise auf ihre Eignung als Touristenbasis für die Winterolympiade 1994 in Lillehammer.

Winteridylle

Auf seinen Plakaten ist Lillehammer ein wunderschöner kleiner Ort: eine goldige Ansammlung verschneiter Chalets, die sich um eine hübsche Kirche mit einem bezaubernden pyramidenförmigen Turm scharen. In der Realität ist die Stadt um einiges größer. Sie hat etwa 20 000 Einwohner und sah jetzt, da ihr die Sonne die warme weiße Decke weggezogen hatte, müde und verbraucht aus. Viele der lärmenden Abfahrtsläufer stiegen hier aus, nicht ohne ihre Gürteltaschen ausgiebig zu richten und die Sonnenbrillen auf den teuren Frisuren zurechtzurücken. Einige Langläufer stiegen zu und setzten sich still auf ihren Platz. Eine Gruppe lud *Pulkas* ein, Ziehschlitten mit Ausrüstung und Verpflegung für ein paar Tage. Ein alleinreisender Langläufer hatte einen kleineren Pulka dabei, samt Schlittenhund und Geschirr, der ihm die Schlepperei abnehmen würde.

Ein paar Minuten nördlich von Lillehammer überquerten wir eine Brücke, unter der jeder Troll, der etwas auf sich hält, gerne wohnen würde. Sie spannt sich über eine enge Schlucht mit einem überwältigend schönen Wasserfall. Bald fuhren wir auch an dem großen Abfahrtsgebiet mit seinen vielen Schlepp- und Sesselliften vorbei. Die Langläufer sahen zur anderen Wagenseite hinaus und grübelten über die mißratene Jugend.

Dann erschien der Schaffner, ein großer, jovialer Mann, der keinem Plausch abgeneigt war. Man hatte unsere Fahrkarten in Oslo nicht kontrolliert, denn nach gutem norwegischem Brauch geschieht das während der Fahrt. Der Schaffner war Beamter der Norwegischen Staatsbahn und ein ausgesprochener Eisenbahnfan. Er fragte nach unserem Reiseziel und bekam einen verträumten Blick, als er hörte, daß wir einige

LINKS *Rauschender Wasserfall im herrlichen Gudbrandsdalen*

GANZ OBEN *Mächtige Berge und spielzeugkleine Häuser*

OBEN *Moderne Bürohäuser in Trondheim, die an alte Bauformen erinnern*

OBEN *Bodø liegt etwa 80 km nördlich des Polarkreises – hier präsentiert es sich im goldenen Dämmerlicht der Mitternachtssonne*

RECHTS *Die Lofoten mit ihren scharfgezackten, schwarzen Bergen sind ein einziges Vogelparadies*

Tage auf dem Kungsleden (Königsweg) durch den schwedischen Abisko-Nationalpark wandern wollten. Dann schwärmte er uns etwas von den Freuden des Langlaufs und des Wanderns vor. Er war ein typischer Norweger, hilfsbereit und gutgelaunt, aber der Einsamkeit zugetan, und ein Mann, der körperliche Anstrengungen nicht etwa fürchtete, sondern genoß. Als er so erzählte, rannte ein Kind in ihn hinein. Seit der Abfahrt aus Oslo sprangen dauernd Kinder in den Wagen auf und ab, ohne von irgend jemandem Notiz zu nehmen. Eine amerikanische Austauschlehrerin meinte später, norwegische Eltern vertrauten bei der Kindererziehung einzig auf die Kraft des vernünftigen Arguments. Dementsprechend, sagte sie sichtlich verzweifelt, seien sie dann auch: eine ungezogene Bande. Aber das schien niemanden hier zu stören.

Hohe Gipfel und blaue Gletscher

Wir hatten jetzt das Gudbrandsdalen erreicht. Viele halten es für das schönste Tal Norwegens, das „Tal der Täler". Es ist eine wunderschöne Landschaft, vor allem auch wegen seiner vielen, über das ganze Tal verstreuten Bauernhöfe. Diese Holzhäuser sind Jahrhunderte alt und werden sorgfältig und liebevoll in ihrem Originalzustand bewahrt. Bei Ringebu weitet sich das Blickfeld, kommen die ersten hohen Berge und Gletscher in Sicht. Hier ist eine weitere Drehscheibe in Betrieb; sie ist für die einspurige Strecke unumgänglich.

Die herrliche Aussicht währte die ganze weitere Fahrt bis nach Dombås, dem Endpunkt der Dovre-Linie. Natürlich blieb nicht unkommentiert, daß die Strecke nach einem Dorf benannt wurde – es liegt ein kleines Stück südlich von Dombås –, in dem der Zug nicht einmal hält. Aber die meiste Zeit begnügten wir uns damit, ins Tal und auf die Rauma-Linie hinabzustarren, die von Dombås nach Åndalsnes im Romsdal führt, einem der schönsten Gebiete Norwegens.

Aber unser Zug war auf dem Weg nach Norden. Wir überwanden einen Paß und fanden uns bei der anschließenden Talfahrt bald in einer mehr tundraähnlichen Landschaft mit kleinwüchsigen Birken und hier und da einer verschneiten Berghütte. Ab und an fuhren wir an einem einsamen Langläufer vorbei, und einmal sahen wir einen Mann beim Eisfischen (er fischte durch ein ins Eis eines Sees gebohrtes Loch). Das lenkte unsere Gedanken aufs Essen, und so machten wir uns auf den Weg zur Café-Bar. Der Zug hat zwar einen recht anständigen mobilen Getränke- und Imbißservice, aber in der Bar, zu der auch ein geräumiger Salonteil gehört, bekommt man doch etwas kräftigere Kost – belegte Brote (eine nationale Spezialität) und Mikrowellen-Cheeseburgers (Schwamm darüber). Die schneebedeckte Tundra schwebte vorbei; manchmal zogen sich Elch- oder Rentierspuren durch das reine

Weiß. Man bekomme diese Tiere häufig zu Gesicht, wurde uns gesagt. Wir hatten zwar nicht dieses Glück, sahen aber später ein Paar Schneehasen. Noch eine Tasse Kaffee, und wir fuhren in Trondheim ein.

Es war noch mitten am Nachmittag, Zeit genug also für einen Stadtbummel. Der Nidaros-Dom wurde im 11. Jahrhundert begonnen, die ältesten erhaltenen Bauteile stammen aber aus dem 12. Jahrhundert. Hier werden heute noch die norwegischen Könige gekrönt und die Kronjuwelen aufbewahrt, die viele Besucher anlocken. Trondheim hat einige schöne Museen und den nördlichsten Botanischen Garten der Welt, Ringve genannt. Der alte Hafen, der in der Nähe des Doms am Fischmarkt liegt, ist sehr malerisch. Es war kalt und wurde immer kälter, als wir endlich zu unserem Hotel gingen. Kein Wunder, daß der Schnee hart und glitzernd war, als wir uns am nächsten Morgen wieder zum Bahnhof begaben. Unser neuer Zug wurde durch eine Bo'-Bo'-Diesellok gezogen, die auch von Thyssen-Henschel in Kassel stammte. Wir fuhren pünktlich ab und zogen dann gemächlich am Trondheimsfjord entlang, bis wir die Abzweigung am Eingang des Stjørdalen erreichten. Dort zweigt eine Linie nach Osten und ins Schwedische ab, die unsrige aber führte nach Norden, durch Stjørdal und weiter nach Levanger. Mit den Schneegipfeln auf der anderen Seite des langgestreckten Snåsavatn-Sees sah die Landschaft wieder sehr schön aus.

In Grong trafen wir einen alten Freund, Magne Raum. Er hatte vor etwa 60 Jahren als Trapper in Nordostgrönland gelebt und dort Polarfüchse gejagt. Vor einiger Zeit hatte er dann mit uns Grönland erneut einen Besuch abgestattet. Seine Augen funkelten, als wir nun über diese Reise und gemeinsame Freunde sprachen. Aber wir mußten uns nur allzubald wieder auf den Weg machen. Magne winkte uns zum Abschied;

LINKS *Eine gute Tasse Kaffee oder Tee ist immer willkommen*

der Hut über seinem lächelnden Gesicht sah wie ein Teewärmer aus.

Ein Schneegestöber erschwert uns die Sicht nach draußen, als wir uns Magnes alte Geschichten in Erinnerung rufen. Daß man monatelang allein in einer der unwirtlichsten Gegenden der Welt leben und sich von der Jagd ernähren kann, ist für viele von uns heute unvorstellbar. Magne hat einige Begegnungen mit Eisbären und sogar das kalte Bad überlebt, das er nahm, als einmal durch dünnes Meereis brach. Norwegen bringt schon einen zähen Menschenschlag hervor, dachten wir, als wir durch die

LINKS OBEN *Der Nordpol liegt für Narvik näher als Paris oder Wien*

RECHTS OBEN *Denkmal für die Svarte Bjørn in Narvik*

GANZ RECHTS OBEN *Die schwedische Bergbaustadt Kiruna mit ihren Abraumhalden, die wie gestrandete Schiffe aus dem Schnee ragen*

RECHTS *Den Eisbohrer in der Hand, geht ein Angler aufs arktische Eis hinaus*

Scheiben unseres behaglich warmen Abteils die arktische Landschaft vorüberziehen sahen.
Wir begannen zu lesen oder zu dösen und hatten erst wieder Augen für die Außenwelt, als der Zug zum Polarkreis und nach Stødi hinaufkroch. Der Polarkreis wird an der Ostseite des Gleises durch eine seltsame, von einem Metallglobus gekrönte Pyramide aus Kieselsteinen markiert. Hinter diesem Mal erhebt sich das Polarmuseum. Steinmal und Museum sind von Bolna oder Lønsdal aus mit dem Bus zu erreichen; aber das bedeutet natürlich, daß man dann auf einen anderen Zug warten muß.

Ein Volk von Arbeitern

Wir stiegen in Fauske aus, etwa 60 km vor Bodø, der Endstation dieser Strecke. Vor dem Bahnhof wartete schon der Togbus, der uns nach Narvik und damit zum Ausgangspunkt der nächsten Linie bringen sollte. Da es schon spät war, kam uns die Aussicht auf weitere fünf Stunden auf Achse gar nicht verlockend vor. Aber die Busfahrt war großartig, eine wunderbare Reise auf einer mit Liebe und Können mitten durch eine zerklüftete Bergwelt geschnittenen Straße. Wir hielten zweimal zu einer kleinen Erfrischungspause an. Dann kam die 20minütige Fahrt mit der Fähre über den Tysfjorden. Wir lehnten uns an die Reling und sahen zu, wie die Sonne über den Lofoten unterzugehen begann. Diese Inseln müssen eine der schönsten Gegenden der Erde sein. Aber auch eine der kältesten.
Da Schwedens Ostseehäfen im Winter zufrieren, wurde für den Transport des Eisenerzes aus dem schwedischen Kiruna zu dem eisfreien norwegischen Exporthafen Narvik von einer britisch-schwedischen Gesellschaft die Ofotbahn gebaut. Die etwa 160 km lange Strecke führt durch eine der unzugänglichsten Regionen Europas. Sie wurde 1898 begonnen und in vier Jahren vollendet. Im Winter machten der Schnee, die Kälte und die Polarnacht die Arbeit praktisch unmöglich. Jedes Jahr im Januar und Februar findet zu Ehren dieser Bahnarbeiter ein einwöchiges Festival statt. In Narvik steht auch ein Denkmal für die Svarte Bjørn („Schwarze Bärin“), die Köchin dieser Arbeiter. Sie wurde zur Legende, weil sie auch unter schwierigsten Wetterbedingungen dafür sorgte, daß diese vielen hundert Männer etwas zu essen bekamen. Ohne sie, heißt es hier, hätte es diese Eisenbahn nie gegeben.
Kiruna und seine Erzberge haben ihre große Zeit wohl hinter sich. Dennoch wurde unser Zug durch etliche Güterzüge mit mehreren Loks überholt, die nach Schweden fuhren, als wir die sagenhafte Steigung hin-

aufkletterten. Als wir die Grenze passierten, gab es keine Einreiseformalitäten, war nirgendwo an der Strecke eine Grenzmarkierung zu sehen. An diesem Morgen hatte sich der Zug in Narvik mit Langläufern gefüllt, von denen viele in Bjørnfell ausstiegen, der letzten Station auf norwegischem Boden. Die meisten aber fuhren noch bis in das zehn Minuten entfernte Vassijaure in Schweden. Es gab in keinem der beiden Bahnhöfe irgendwelche Kontrollen, auch eine halbe Stunde später in Abisko nicht.

Bevor wir, wie geplant, in Abisko Quartier bezogen, wollten wir uns Kiruna ansehen. Wir blieben also im Zug und genossen noch 60 Minuten lang die vorbeiziehende lappländische Szenerie. Kiruna ist ein trostloser Ort: Die einst reiche Bergwerkstadt steckt in einer tiefen Wirtschaftskrise und hat viele Arbeitslose. Nun versucht Kiruna, Langlaufzentrum zu werden. Hoffentlich gelingt es – und sei es auch nur den fröhlichen Kellnerinnen des Cafés zuliebe, in dem wir bei einem Täßchen Kaffee auf unseren Zug nach Abisko warteten. Wir ließen uns nachschenken und dann noch einmal nachschenken, denn der Zug Narvik-Kiruna ist der einzige hier, der weder eine Bar noch einen Getränkekarren hat.

PRAKTISCHE TIPS

■ Für die siebenstündige Reise von Oslo nach Trondheim stehen täglich mehrere Züge zur Verfügung. Auch von Trondheim nach Fauske und Bodø (ca. zehn Stunden) und von Narvik nach Kiruna (ca. drei Stunden) gibt es täglich einige Verbindungen, aber mit geringerer Häufigkeit.

■ An der norwegisch-schwedischen Grenze gibt es für Bahnreisende keine Paß- und Zollkontrolle.

■ Dieser Zug wird das ganze Jahr über stark frequentiert – von Skifahrern im Winter und von Touristen im Sommer –, vor allem während der in Norwegen besonders beliebten Osterreisezeit. Platzreservierungen sind deshalb zu empfehlen. Jede Jahreszeit ist in Norwegen Reisezeit: Im Sommer lockt das besondere Erlebnis der Mitternachtssonne nördlich des Polarkreises, im Winter die bezaubernde, märchenhafte Landschaft mit ihren eisbedeckten Berggipfeln und verschneiten Wäldern.

■ Diese Strecke wird durch die staatliche Eisenbahn Norske Statsbaner (NSB) betrieben. Über den Togbus von Fauske nach Narvik informiert der Zugfahrplan. Die NSB bieten u. a. die preisgünstige *Nordtourist-Karte* an, mit der man 21 Tage lang mit Bahn, Bus und Fähre durch ganz Skandinavien fahren kann. In Norwegen erhalten Sie die Zug- und Busfahrkarten (auch die Platzkarten) in jedem Bahnhof oder Reisebüro. Die Fahrt mit dem Katamaran *Hurtingbåt* oder einem Schiff der *Hurtigruten*, die zwischen Bodø, Svolvær und Narvik verkehren, buchen Sie am besten über ein Reisebüro (Reisebyrå). Im Ausland können Sie alle Buchungen bei einem Reisebüro oder einer Vertretung der Norwegischen Staatsbahn vornehmen.

Romantische Rheinfahrt von Köln nach Frankfurt

Colin und Fleur Speakman

Der Rhein ist eine der größten Wasserstraßen Europas. Seinen Ufern folgen die Bahnlinien zwischen Köln und Frankfurt, zwei der berühmtesten Städte Deutschlands. Vom Zug aus genießt der Reisende die malerische Landschaft des Mittelrheins, eines Engtals mit Burgen, Felsen, Weinbergen und bezaubernden Städten und Dörfern. Aber mehr noch als alles andere prägt der allgegenwärtige mächtige Strom mit seinen zahllosen Fracht- und Passagierschiffen diese Fahrt. Der InterCity verkehrt auf dem linken Rheinufer. Aber es gibt hier so viel zu erkunden, daß es schade wäre, nicht auch von den langsameren Zügen zu profitieren, die beide Ufer befahren, oder auf den allerromantischsten Abschnitten eine Schiffsreise einzulegen.

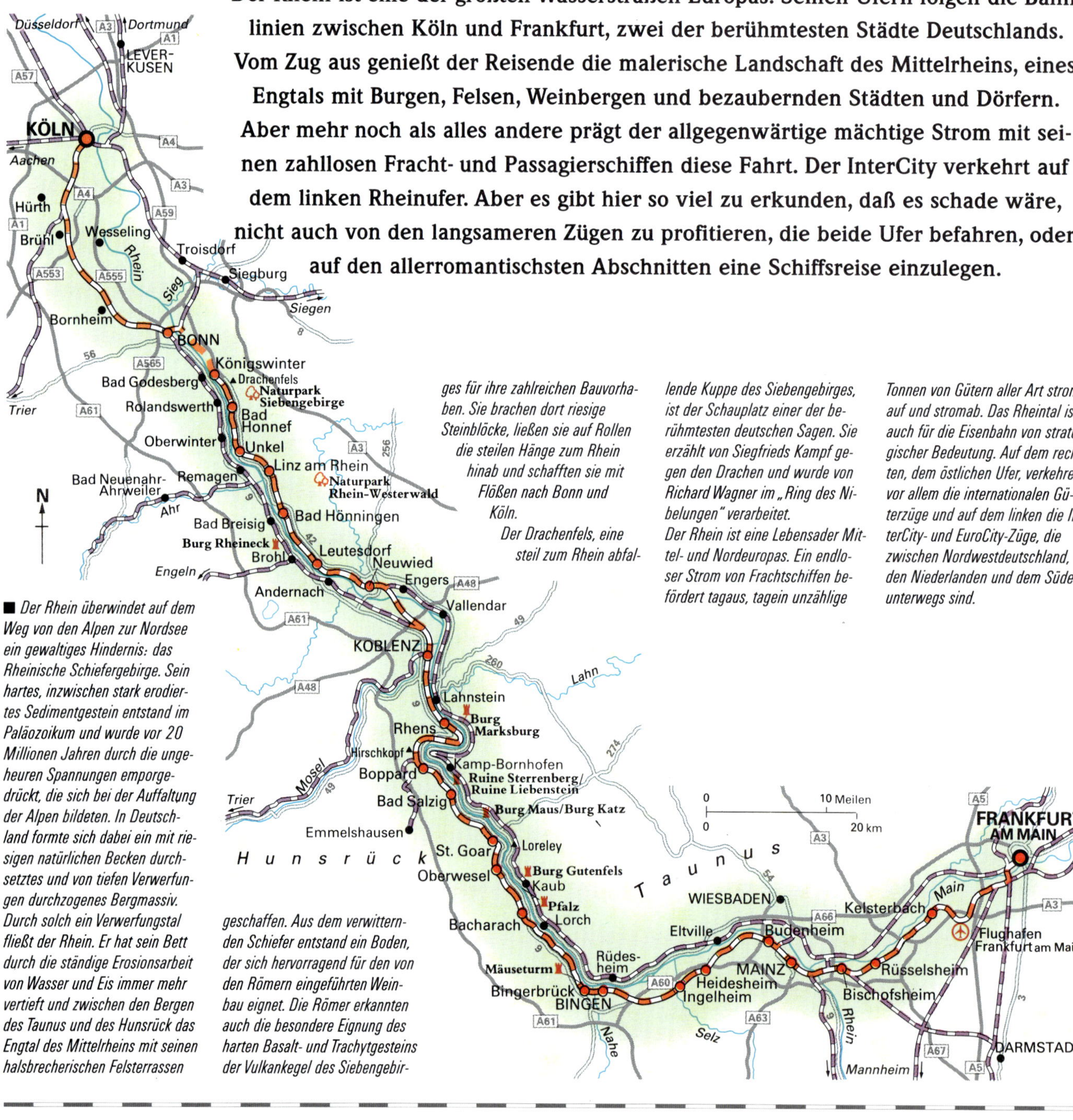

■ *Der Rhein überwindet auf dem Weg von den Alpen zur Nordsee ein gewaltiges Hindernis: das Rheinische Schiefergebirge. Sein hartes, inzwischen stark erodiertes Sedimentgestein entstand im Paläozoikum und wurde vor 20 Millionen Jahren durch die ungeheuren Spannungen emporgedrückt, die sich bei der Auffaltung der Alpen bildeten. In Deutschland formte sich dabei ein mit riesigen natürlichen Becken durchsetztes und von tiefen Verwerfungen durchzogenes Bergmassiv. Durch solch ein Verwerfungstal fließt der Rhein. Er hat sein Bett durch die ständige Erosionsarbeit von Wasser und Eis immer mehr vertieft und zwischen den Bergen des Taunus und des Hunsrück das Engtal des Mittelrheins mit seinen halsbrecherischen Felsterrassen geschaffen. Aus dem verwitternden Schiefer entstand ein Boden, der sich hervorragend für den von den Römern eingeführten Weinbau eignet. Die Römer erkannten auch die besondere Eignung des harten Basalt- und Trachytgesteins der Vulkankegel des Siebengebirges für ihre zahlreichen Bauvorhaben. Sie brachen dort riesige Steinblöcke, ließen sie auf Rollen die steilen Hänge zum Rhein hinab und schafften sie mit Flößen nach Bonn und Köln.*

Der Drachenfels, eine steil zum Rhein abfallende Kuppe des Siebengebirges, ist der Schauplatz einer der berühmtesten deutschen Sagen. Sie erzählt von Siegfrieds Kampf gegen den Drachen und wurde von Richard Wagner im „Ring des Nibelungen" verarbeitet.

Der Rhein ist eine Lebensader Mittel- und Nordeuropas. Ein endloser Strom von Frachtschiffen befördert tagaus, tagein unzählige Tonnen von Gütern aller Art stromauf und stromab. Das Rheintal ist auch für die Eisenbahn von strategischer Bedeutung. Auf dem rechten, dem östlichen Ufer, verkehren vor allem die internationalen Güterzüge und auf dem linken die InterCity- und EuroCity-Züge, die zwischen Nordwestdeutschland, den Niederlanden und dem Süden unterwegs sind.

GANZ LINKS *Die Rheinuferbahn führt durch ein Land voller steiler Weinberge, romantischer Burgen, betriebsamer Städte und beschaulicher Dörfer*

LINKS *Die wundervolle Ruine Schönburg hoch über Oberwesel. Auf der winzigen Insel stromauf ist noch der weiße Turm der „Pfalz" zu sehen*

UNTEN *Die Züge verkehren auf beiden Rheinufern – man kann für den Rückweg aber auch eines der vielen Rheinschiffe nehmen*

Wer die Romantik transkontinentaler Fernreisezüge spüren will, der besuche den Kölner Hauptbahnhof, dieses beeindruckendes Monument des Dampfzeitalters. In seine weite, gewölbte Halle gleitet ein EuroCity und ein ICE nach dem anderen, vorneweg die schimmernden E-Loks der Reihe 120 – der neueste Stand der Technik. Ein wenig älter, aber vielleicht noch eindrucksvoller sind die stromlinienförmigen 103er-Loks, die sich über das komplizierte Muster von Weichen und an den vielen Rangier- und Abstellgleisen vorbei nach Süddeutschland aufmachen oder in die Schweiz, nach Österreich, Ungarn, Italien, Griechenland, Dänemark, Polen und sogar Rußland.

Falls Sie bis zu Ihrem Anschluß etwas Zeit haben, sollten Sie einen Bummel durch diese außergewöhnliche Stadt machen. Schräg gegenüber dem Bahnhofseingang führt eine Treppe zum Domplatz hinauf. Der Kölner Dom ist eine der großartigsten Kirchen Europas. Man muß die Ausmaße dieses riesigen gotischen Bauwerks mit den zwei 157 m hohen Türmen selbst gesehen haben, um sich eine Vorstellung davon zu machen. Das Innere, der weite Raum des Lang- und Querhauses, ist ehrfurchtgebietend. Einen Besuch wert sind auch die Museen der Stadt. Und Sie sollten auch ein Kölsch trinken, das typische Kölner Bier.

Zwei Bahnlinien führen am Rhein entlang – die eine auf dem linken, westlichen Ufer, über die der Großteil des vornehmeren ICE-Verkehrs, aber auch normaler Nahverkehr geht; die andere auf dem rechten Ufer, auf der außer einigen Schnellzügen vor allem Güter- und Personennahverkehrszüge fahren. Wem das nicht ausreicht, der sei auf die Schiffe der Köln-Düsseldorfer-Rheinschiffahrt (KD) verwiesen, die von Mitte April bis Ende Oktober fahrplanmäßig zwischen Köln und Mainz verkehren und mit Zwischenlandestellen viele Bahnhöfe auf beiden Ufern bedienen.

Für unsere Reise rheinauf von Köln nach Frankfurt nahmen wir nicht den ICE, sondern einen Personenzug, der an jedem Bahnhof hält: Die Beschaulichkeit war uns wichtiger als die Bequemlichkeit. Der InterCity braucht für die 222 km lange Strecke kaum über zwei Stunden – eine hervorragende Zeit, wenn man es eilig hat und nach München, Mailand oder Wien möchte, aber wirklich zu kurz, wenn man die dramatischen Landschaften des mittleren Rheintals genießen will. Von Köln nach Koblenz fährt etwa jede halbe Stunde ein Personenzug, auf dem linken Ufer. Kein Problem also, ein gemütliches Vormittagszügchen zu nehmen, mit dem wir denn auch bald durch die Industrie- und Wohnvororte von Köln schaukelten. Zwischen Köln und Bonn gab es nicht viel an malerischer oder auch nur offener Landschaft zu sehen. Kaum hatten Felder und Wiesen das Bild zu bestimmen begonnen, da fingen auch schon die ausgedehnten Vororte Bonns mit ihren dichten Häuserreihen an.

In Bonn stand das erste römische Legionslager Deutschlands. Es war die Residenzstadt des mächtigen Erzbischofs von Köln und ist seit 1949 Sitz der deutschen Bundesregierung. Seit der deutschen Vereinigung verliert es diese Rolle aber zunehmend wieder an Berlin, die alte und neue Hauptstadt Deutschlands. Berühmt ist Bonn auch durch seinen großen Sohn Ludwig van Beethoven, der hier 1770 geboren wurde. Die Beethovenhalle und das alle drei Jahre stattfindende internationale Musikfestival erinnern an ihn. Das Zentrum mit dem herrlichen Blick auf das Siebengebirge ist eine reizende Mischung aus Beschaulichkeit und

moderner Dynamik, aus barocken Fassaden und Palästen, Wolkenkratzern und hoch aufragenden Apartmentblöcken. Da wir dem Siebengebirge einen Besuch abstatten wollten, stiegen wir in Bonn aus und fuhren mit der Straßenbahn nach Königswinter, einem Fremdenverkehrsort am anderen Rheinufer. Von dort aus brachte uns die kleine elektrische Drachenfelsbahn auf den Drachenfels, eine steil zum Rhein abfallende, mit einer Ruine gekrönte Bergkuppe. Er ist einer dieser „Sieben Berge" und als Wahrzeichen berühmt. Von oben hat man eine atemberaubende Aussicht flußabwärts, in Richtung Bonn und Köln, und nach Westen auf die dichten Wälder des Naturparks Siebengebirge. Flußauf überblickten wir ein gutes Stück der vor uns liegenden Route, mit dem breiten silbergrauen Band des Rheins, den parallel verlaufenden Straßen und den beiden zweispurigen Bahnstrecken links und rechts des Stroms. Der Rhein ist ein ehrwürdiger, aber kein abweisender, unzugänglicher Fluß. Heinrich von Kleist nannte ihn einen „natürlichen Vergnügungspark". Das Rheintal bietet eine erstaunliche Vielfalt touristischer Attraktionen: romantische Schlösser und kühne Bur-

gen, steile Weinberge, die im Frühjahr wie Flecken aus grünem Kordsamt aussehen, mittelalterliche Städtchen und malerische Dörfer mit weißen, cremefarbenen und rosa Häusern, elegante Kurorte mit ihren Gesundbrunnen, schroffe Felsen, viele Ruinen aus der Römerzeit und mittelalterliche Legenden.
Wieder in Königswinter zurück, mußten wir uns entscheiden: Wir konnten entweder mit der Straßenbahn nach Bonn zurück und dann mit der Fähre zum Bahnhof Bonn-Mehlem übersetzen, um den linksrheinischen Zug nach Koblenz zu erreichen, oder aber den Zug auf dem rechten Rheinufer nehmen, vorbei an dem Kurort Bad Honnef und dem Obstbauort Unkel, an Linz und Bad Hönningen, beides reizvolle kleine Weinorte am Rheinufer. Wir wählten die zweite Möglichkeit. Zu unserer Linken lagen zuerst die dicht bewaldeten Hänge des Naturparks Rhein-Westerwald, eines beliebten Wandergebiets. Dann zogen wir an dem schon recht großen und mit einiger Industrie gesegneten Neuwied vorbei und querten die 600 m lange Rheinbrücke bei Engers, um etwas unterhalb von Koblenz wieder auf die Hauptstrecke zu stoßen.

Die Verkehrsader Europas

Die schnelle, linksrheinische Linie durchquert die Vororte, dann das Zentrum des touristisch reizvollen Bad Godesberg und erreicht bei Rolandswerth wieder das Flußufer mit dem schönen Ausblick über den Strom und auf das Siebengebirge. Hier teilt sie sich das Ufer mit der Bundesstraße und dem Rheinradweg und passiert den kleinen Hafen von Oberwinter, wo man zusehen kann, wie Rheinfrachter entladen werden. Der Rhein ist eine wichtige europäische Schiffahrtsstraße. Zwei endlose Reihen von Lastkähnen, die Öl, Kohle, Baustoffe, Chemikalien und Container transportieren und einzeln oder in Verbänden von zwei oder gar vier Schiffen fahren, sind ständig flußab und flußauf unterwegs. Die Schiffer wohnen sogar an Bord ihrer Kähne, und so sieht man oft nicht nur ihre Fahrräder, sondern auch das Familienauto auf dem Deck stehen.
Dieser ständige Strom von Schiffen erinnert an die alte Tradition der Rheinschiffahrt. Noch zu Beginn des Jahrhunderts fuhren gigantische Flöße den Rhein hinab, die riesige Mengen Holz aus dem Schwarzwald in die Niederlande brachten. Schon Julius Cäsar erwähnt diese Flöße, und auch ein altes Koblenzer Zollverzeichnis unterstreicht ihre wirtschaftliche Bedeutung: Sie mußten genauso hohe Zölle entrichten wie die größten Schiffe damals. Später wurden sie zu gewaltigen schwimmenden Holzinseln, die aus Tausenden von Baumstämmen bestanden und nicht selten die Ausmaße eines kleinen Dorfes hatten. Ein Autor des 18. Jahrhunderts beschreibt eines von ihnen als 300 m lang und 27 m breit und mit einem Dutzend geräumiger Hütten und einer Besatzung von 400 bis 500 Mann ausgestattet. Für deren Ernährung führten sie so enorme Lebensmittelvorräte mit – und sogar lebendes Vieh für den Verzehr unterwegs –, daß dem großen Fresser Gargantua das Herz im Leibe gelacht hätte. Die Flöße verfügten über zahlreiche Anker, die für die Bewältigung schwieriger Flußbiegungen und Strömungen und die Anlegemanöver benötigt wurden. Das letzte betriebsfähige Floß war 1968 auf dem Rhein zu sehen; ein maßstabsgetreues Modell eines solchen Fahrzeugs steht im Museum zu Königswinter.
Die linksrheinische Trasse begleitet den Fluß weiter nach Remagen, einer bedeutenden Weinstadt römischen Ursprungs. Ganz in der Nähe mündet das für

OBEN *In Königswinter lädt die 1883 gebaute Drachenfelsbahn, die älteste Zahnradbahn Deutschlands, zu einem reizvollen Ausflug ein*

LINKS *In schneller Fahrt geht es an der Burg Stolzenfels vorbei, die trotz all ihrer Pracht ein wenig unecht wirkt*

OBEN *Starke Dieselloks schieben die Züge der Hunsrückbahn von Boppard aus den Berg hinauf*

UNTEN *Die historischen Gebäude am Römerberg in Frankfurt wurden nach ihrer Zerstörung im 2. Weltkrieg sorgfältig rekonstruiert*

RECHTS *Der imposante Mainzer Bahnhof*

seine Rotweine berühmte, malerische Ahrtal, das die kleine Ahrtalbahn erschließt. Weiter rheinauf liegt Bad Breisig mit seinen berühmten Thermalquellen und der stolzen Burg Rheineck. Etwas südlich, in Brohl, zweigt die Brohltalbahn nach Engeln ab, eine interessante 1000-mm-Bahn, auf der sommers der „Vulkan-Expreß" mit seiner Dampflok fährt. Andernach besitzt einige schöne Reste seiner römischen und mittelalterlichen Stadtbefestigung und einen mächtigen Rheinkran aus dem 16. Jahrhundert, der für das Verladen von Mühlsteinen gebaut wurde und bis 1902 in Betrieb war.
Koblenz hat eine Schlüsselstellung am Zusammenfluß von Rhein und Mosel und bietet dem Zug über die große Moselbrücke eine beeindruckende Einfahrt in das alte Stadtzentrum. Im Westen liegt das berühmte Weinbaugebiet des Moseltals, mit Bahn- und Schiffsverbindungen nach Cochem und Saarbrücken. Zwischen Koblenz und Bingen aber wartet der spektakulärste Teil des ganzen Rheintals. Dort schlängelt sich das vielfach gewundene Band des Stromes zwischen schroffen Hängen dahin, die abwechselnd bewaldet und mit Weinbergen besetzt sind, die jedes nur verfügbare, oft halsbrecherisch steile Fleckchen Erde erobert haben. Das versprach der romantischste Abschnitt der Reise zu werden. Wir waren daher versucht, auszusteigen und mit dem Schiff nach Mainz weiterzufahren. Von April bis Oktober sind die schönen Kreuzfahrtschiffe, die hier an vielen Landstellen anlegen, ein nicht wegzudenkender Teil der Szenerie. Sie verkörpern auch ein Stück Schiffbaugeschichte: Ihre Skala reicht von der fast 80 Jahre alten *Goethe*, dem einzigen noch verbliebenen Raddampfer auf dem Rhein, bis zu dem Tragflügelboot *Rheinpfeil* mit einer Spitzengeschwindigkeit von 40 km/h. Wenn im Frühjahr die Kreuzfahrtsaison eröffnet wird, ist das immer ein guter Anlaß für rauschende Bordfeste.
Wir fuhren mit einem Personenzug auf der linken Rheinseite weiter. Die Bahn schmiegt sich sehr eng an den Fluß an, teilt sich das schmale Ufer manchmal mit dem Radweg, manchmal mit der Bundesstraße, bietet prächtige Ausblicke über den Strom und – nachdem sie das Lahntal und Lahnstein passiert hat – auf die märchenhafte Marksburg mit ihren vielen Türmchen (die einzige unzerstörte Burg am Mittelrhein). Nach der kleinen, befestigten Stadt Rhens schlängelt sich der Zug um eine riesige Doppelschleife des Stroms nach Boppard, einer alten Römersiedlung, Wein- und Rheintouristenstadt. Dort beschlossen wir unsere Reise zu unterbrechen und zu übernachten.
Von Boppard führt eine Sesselbahn auf den Hirschkopf, zum berühmten „Vierseenblick": Die teilweise von bewaldeten Hügeln verdeckten Rheinschleifen sehen von dort oben in der Tat wie vier glitzernde Seen aus. Bevor wir unsere Rheinreise am nächsten Tag fortsetzten, unternahmen wir einen Ausflug mit einer kleinen Hunsrückbahn. Als nationales Eisenbahnerbe wurde sie erst kürzlich teilweise vor der Stillegung bewahrt. Diese landschaftlich reizvolle Nebenlinie ist zwar nur 15 km lang, überwindet aber auf 6 km Länge ganze 326 m Höhenunterschied und ist mit dieser extremen Steigung eine der

steilsten Bahnstrecken Deutschlands überhaupt. Eng an die bewaldeten Berghänge geschmiegt, führt sie durch fünf Tunnels und über großartige Viadukte. Sie wurde als Zahnradbahn gebaut, wird heute aber nur im Adhäsionsbetrieb genutzt. Ihre mit hydrodynamischer Bremse ausgerüsteten, kraftvollen Dieselloks der Reihe 213 schieben die Personen- und Güterzüge von Boppard zu den Hunsrückdörfern Buchholz und Emmelshausen hinauf.

Wir sind wieder auf der Hauptstrecke, südlich von Boppard. Die Dörfer beiderseits des Rheins mit ihren pastellfarbenen Häuserzeilen und hübschen kleinen Kirchen sind ganz besonders schön. Jeder, aber auch jeder Gipfel scheint hier mit einer Burg gekrönt zu sein. Über Kamp und Bornhofen, auf dem rechten Ufer, erheben sich die Ruinen Sterrenberg und Liebenstein. Sie heißen die „Feindlichen Brüder", sind nur 1 km voneinander entfernt und starren sich über trutzige Mauern feindselig an. In Bornhofen steht eine berühmte Wallfahrtskirche und in Kestert eine Dorfkirche, die nur über den Dorfkrug zugänglich ist, weil der Pfarrer gleichzeitig Seelenhirt und Gastwirt ist. Die Burg Thurnberg über dem Dorf trägt den Spitznamen „Maus", den sie von den früheren Herren des nahen Katzenelnbogen und der Burg „Katz" erhielt. St. Goar mit der Burg Rheinfels ist ein lebendiger Ort, der nach dem Schutzheiligen der (Rhein)schiffer und Gastwirte benannt wurde.

Bald schon runden wir die Flußbiegung vor der Loreley, einem jähen, 132 m hohen Felsen, der über die Stromschnellen bei Sankt Goarshausen blickt. Dort droben saß einst die schöne Loreley (eine von Brentano geschaffene und von Heine besungene Gestalt) und sang und kämmte ihr goldenes Haar. Aber es lag ein Fluch auf ihr. Sie verzauberte im Dämmerlicht die Schiffer so sehr, daß sie der verborgenen Klippen und tückischen Strömungen nicht mehr achteten und ein nasses Grab fanden ... Um dem Fluch zu entgehen, stürzte sich die Loreley in den Rhein. (Eine Statue des schönen Mädchens steht auf einer Landzunge ein Stück stromabwärts.) Stromaufwärts, kurz vor dem Fremdenverkehrsort Oberwesel, lauern weitere tückische Klippen: die „Sieben Jungfrauen". Ihre Geschichte geht so: Es waren einst sieben junge Frauen, die jeden Verehrer zurückwiesen. Zur Strafe für ihre Hartherzigkeit wurden sie, als sie bei einer Bootsfahrt im Rhein ertranken, in sieben Felsen verwandelt. Hoch über dem Städtchen Kaub liegt die majestätische Burg Gutenfels. Gegenüber, auf einer winzigen Insel mitten im Strom, prunkt der Pfalzgrafenstein oder die „Pfalz", die eleganteste aller Rheinburgen. Sie wurde im 14. Jahrhundert als Zollburg der Pfalzgrafen bei Rhein erbaut. Genau gegenüber dem Bahnhof Bingerbrück, hinter den Bäumen am Flußufer, steht noch so ein wunderschöner Inselturm. Das ist der Mäuseturm, früher gleichfalls eine Zollburg, heute aber als Signalwarte genutzt. Seine Geschichte ist makaber und geht so: Ein Bischof in alter Zeit, Hatto II., war so geizig und grausam zu seinen hungernden Bauern, daß sie sich gegen ihn erhoben. Um sein Leben zu retten, floh er in den Mäuseturm – und wurde dort durch ganze Heerscharen von Rachemäusen bei lebendigem Leibe gefressen!

Bingen ist eine bedeutende Hafen- und Weinhandelsstadt und ist durch eine Fähre mit dem populären Fremdenverkehrs- und Weinort Rüdesheim auf dem gegenüberliegenden Ufer verbunden. Das Binger Loch war als Stromenge und Untiefe von der Schiffahrt gefürchtet. Es ist noch heute mit Vorsicht anzugehen, trotz seiner Entschärfung 1974. Hinter Bingen trennten wir uns vom Ufersaum und fuhren an ausgedehnten Obstplantagen und kleinen Ortschaften wie Ingelheim und Budenheim vorbei und durch einen Flickenteppich von Schrebergärten und beschaulichem Bauernland. Dann tauchten immer mehr neue Industrie- und Vorortgebiete auf: Wir näherten uns Mainz.

Die Stadt geht auf eine Keltensiedlung zurück und wurde 13. v. Chr. als römisches Militärlager gegründet. Unter dem Einfluß des heiligen Bonifatius, eines englischen Missionars, wurde Mainz 746 zu einem Zentrum des frühchristlichen Deutschland. Neben vielen prächtigen historischen Bauwerken beherbergt die Stadt auch den größten deutschen Weinmarkt.

Kurz nach dem Mainzer Bahnhof queren wir eine beeindruckende Rheinbrücke, die dem Reisenden einen

großartigen Blick auf die Altstadt und den Dom gewährt. Nun geht die Fahrt mainauf weiter, zuerst an Vorortbahnhöfen vorbei, dann durch eine sanft gewellte Hügellandschaft mit Feldern, Wiesen und Wäldern. Jetzt sind wir schon unter den Start- und Landebahnen des Frankfurter Flughafens zum Flughafenbahnhof unterwegs. Gleich darauf sucht sich der Zug seinen Weg durch das komplizierte Netz der Gleise, die aus jeder nur denkbaren Richtung nach Frankfurt hineinzulaufen scheinen.

Die von riesigen Wolkenkratzern beherrschte Skyline Frankfurts hat ein transatlantisches Flair. Als blühender Bank-, Finanz- und Versicherungsort und Heimat der mächtigen Bundesbank ist Frankfurt eines der bedeutendsten Wirtschaftszentren Europas. Sein Bahnhof hat, wie der in Köln, gewaltige Ausmaße. Er besitzt unter anderem ein elegantes Bahnhofsbüffet aus den 30er Jahren, dessen Verlockungen wir aber widerstanden. Wir fuhren statt dessen mit einem ICE auf dem linken Rheinufer nach Köln zurück, genossen im Speisewagen ein gutes Mahl und tranken dazu, selbstverständlich, ein Glas ausgezeichneten Rheinweins.

Praktische Tips

- Auf beiden Rheinufern verkehren stündlich oder alle 30 Minuten Nahverkehrszüge. Außerdem gibt es viele ICE-, IC- und EC-Züge. Der InterCity benötigt für die 222 km lange Strecke kaum mehr als zwei Stunden. Die Fahrtzeiten der Nahverkehrszüge variieren je nach der gewählten Route.
- Für die Nahverkehrszüge ist keine Platzreservierung möglich, für InterCity-Reisen an Wochenenden und in sonstigen Hauptverkehrszeiten aber unbedingt zu empfehlen. Bei Benutzung von EC/IC ist, unabhängig von der Fahrtdauer, ein Zuschlag zu bezahlen. Er entfällt bei Nahverkehrszügen und ICE.
- Die Monate April bis Oktober sind die ideale Zeit für eine Rheinreise.
- Eine Netzkarte für dieses Gebiet (111) erhalten Sie in Deutschland. Die Fahrkarten gelten auch für die Schiffe der Köln-Düsseldorfer-Rheinschiffahrt, die von Mitte April bis Ende Oktober zwischen Köln und Mainz auf dem Rhein verkehren.

Schottlands malerische West Highland Line

PAUL ATTERBURY

Die West Highland Line von Glasgow nach Mallaig wurde in zwei Etappen eröffnet, 1894 der Abschnitt zwischen Glasgow und Fort William und 1901 der zwischen Fort William und der Hafenstadt Mallaig. Sie wurde zwar für den westschottischen Fischhandel gebaut, war aber bald eine Touristenattraktion und wird heute vom Tourismus am Leben erhalten. Die Route geht vom Clyde über Loch Lomond zum Sleat-Sund und führt durch die atemberaubende Szenerie des schottischen Hochlands mit seinen wilden Bergen und Mooren, Flüssen und Seen. Mit ihren herrlichen Ausblicken, kühnen Viadukten und Tunnels, Durchstichen und Steigungen ist sie eine der schönsten Bahnlinien Großbritanniens.

Die schwarze Lokomotive ließ einen gellenden Pfiff ertönen. Ihre Räder rutschten leicht auf den nassen Gleisen, als sie die lange Wagenreihe behutsam aus dem Bahnhof zog. Der Regen strömte über die Abteilfenster und drückte die vorbeiziehenden Rauch- und Dampfschwaden herunter. Als die Lok beschleunigte, verfiel sie in jenen keuchenden Rhythmus, der für uns das Dampfzeitalter wieder heraufbeschwor. Wir fuhren in eine dichte Nebelwand hinein. Es war ein typischer Hochlandmorgen in Fort William. Wir hatten hier unsere Reise unterbrochen, um zu übernachten. Man kann die Strecke Glasgow-Mallaig und zurück an einem einzigen Tag machen, sollte sich für die West Highland Line aber mehr Zeit nehmen, um die Strecke und die wunderbare Landschaft zu genießen.

Wir waren tags zuvor in Glasgow aufgebrochen und bei strahlendem Sonnenschein am Clyde entlanggefahren. Die Strecke folgt eine Zeitlang dem nördlichen Flußufer und bietet einen schönen Blick auf Dumbarton, Newark Castle, das alte Seebad Dunoon und Holy Loch. Dann zieht sie nach Norden, führt am Ufer des Gare Loch nach Garelochhead, am U-Boot-Hafen Faslane vorbei, zum Loch Long hinüber. Sie klettert dabei gleichmäßig bergan und läßt das Meer weit unter sich. Am Ende von Loch Long liegt der hübsche Fremdenverkehrsort Arrochar mit einem jener dekorativen, für die Strecke so typischen Holzbahnhöfe. Vom Salzwasser des Loch Long bei Arrochar war es nicht weit bis zum Süßwasser des Loch Lomond, und auf den nächsten paar Kilometern bot sich uns ein schöner Blick über den Lomondsee, auf die Wälder und jähen Felswände an seinem Ostufer. Viele Boote nutzten den schönen Tag, aber die zum See hinabdonnernden Wasserfälle erinnerten uns an den heftigen Regen der letzten Tage.

RECHTS *Dampfzug-Sonderfahrten gehören zu den sommerlichen Attraktionen dieser schönen Strecke. Sie führt durch eine der malerischsten Landschaften Schottlands*

GANZ RECHTS *Am Ufer des stillen Loch Eilt entlang geht die Fahrt nach Westen*

Bis nach Crianlarich hinauf, wo die Linie nach Oban abgeht, steigt die Strecke beständig, wird die Szenerie mit jeder Meile aufregender. Die schottische Landschaft lebt vom Licht: Wenn die Sonne herauskommt, zu welcher Jahreszeit auch immer, entfaltet sie hier eine atemberaubende Farbenvielfalt. Wenn sie verschwindet, verschwindet auch diese Farbenmagie, bleiben nur Grau- und Brauntöne. In der späten Nachmittagssonne zeigte uns die abwechslungsreiche Landschaft ihr schönstes Gesicht.

Zwergenhaft klein war unser Zug angesichts der Gipfel des

Beinn Odhar und Beinn Dorain. Die Fort-William-Bahn klammert sich über dem Fluß an den felsigen Hang und beschreibt eine dramatische Hufeisenkurve, mit einem großen Viadukt an jedem Ende. Im Westen dehnt sich eine wilde Moor- und Waldlandschaft bis zu den Hügeln und Bergen in der Ferne. Nach Bridge of Orchy verläuft die Strecke hoch über Loch Tulla und biegt dann nach Osten ab, um Rannoch Moor zu durchqueren. Das ca. 150 km^2 große, von Bergen umgebene Rannochmoor ist weites Heide- und Moorland, das mit kleinen Hügeln, Felsblöcken und torffarbenen Flüssen durchsetzt ist. Es ist ein wildes, trostloses

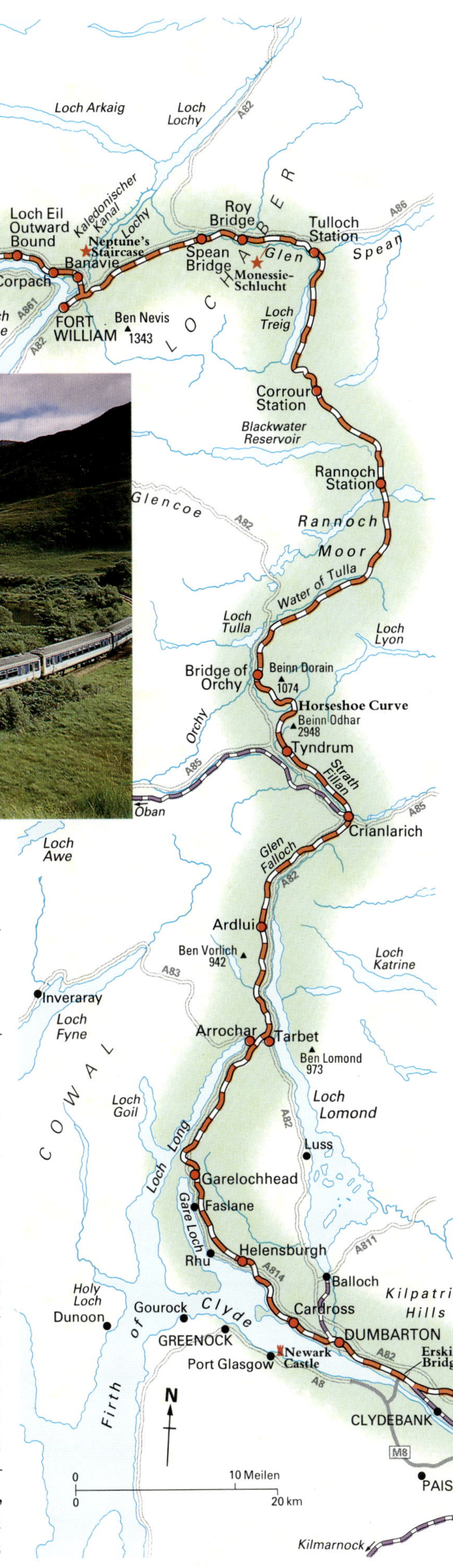

■ *Von Glasgow fährt der Zug am Clyde und an Gare Loch, Loch Long und Loch Lomond entlang und dann durch eine gewaltige Berglandschaft und über wilde Bergbäche das Glen Falloch hinauf nach Crianlarich. Er nimmt die Horseshoe Curve und läßt dann die Berge hinter sich, um Rannoch Moor zu durchqueren. Danach schlängelt er sich durch Felsschluchten und enge Täler nach Fort William hinab und auf den Ben Nevis zu. Nach Fort William geht es zwischen steilen Hügeln und Bergen an Loch Eil entlang. Dann beginnt eine überwältigende Landschaft mit einer Folge dramatischer Tunnels, Durchstiche und Viadukte. Hinter Lochailort windet sich der Zug hoch über der Felsküste der Hebridensee dahin und bietet herrliche Meerblicke, bevor er dann nach Mallaig hinabfährt. Das ausgedehnte Rannoch Moor ist ein wildes und abgelegenes Gebiet mit Torfmooren, Heideland und geheimnisvollen Flüssen und Seen, das die Erbauer der West Highland Line vor große Probleme stellte. Deren Lösung bestand in einer schwimmenden Trasse – mit Reisigbündeln als Unterlage und Tonnen von Asche und Erde darüber. Fast ein Jahrhundert später überqueren die Züge das Moor noch immer auf diesem schwimmenden Gleis.*
Die Konstruktion der Mallaig-Bahn mit ihren vielen Kunstbauten und aufwendigen Streckenarbeiten war teuer und zeitraubend. Der federführende Bauunternehmer war Robert MacAlpine. Aus Kostengründen setzte er für die tragenden Teile erstmals im großen Maßstab Beton ein, daher sein Spitzname „Beton-Bob".
Seine erste Herausforderung war der geschwungene Glenfinnan-Viadukt, der sich mit 21 Bögen hoch über das felsige Finnantal spannt. Das war weltweit der erste Versuch, Beton für eine solche Konstruktion zu verwenden, und sein Resultat, ein gewaltiges Bauwerk von unvergänglicher Eleganz, lieferte einen überzeugenden Beweis für MacAlpines Weitblick.
Am Loch nan Uamh und Morar finden sich weitere beeindruckende Viadukte. Der Borrodale-Viadukt bekam, dem Grundeigentümer dort zuliebe, eine Türmchen- und Zinnenfassade. Sie verbirgt die eigentliche Sensation: die größte einspannige Betonbogenbrücke jener Zeit.

VORIGE SEITE *Diese spektakuläre Bahn verbindet Glasgow mit einigen der wildesten Regionen der westlichen Highlands*

NEBENBILD VORIGE SEITE *Der Auch-Gleann-Viadukt an der Horsehoe Curve, bei Bridge of Orchy*

RECHTS *Das Denkmal Bonnie Prince Charlies am oberen Ende von Loch Shiel*

UNTEN *Ausflüglerzug am Ausgang des berühmten Glenfinnan-Viadukts*

GANZ RECHTS *Mallaig mit seinem Fischereihafen ist der Endpunkt dieser Reise und das Sprungbrett zur Isle of Skye und den Äußeren Hebriden*

Land, wie geschaffen für Robert Louis Stevensons berühmten Roman *Die Entführung oder Die Abenteuer des David Balfour.*

Eine unheimliche Landschaft

Mitten im Moor und in vollständiger Abgeschiedenheit liegt Rannoch Station – sicherlich kein Bahnhof, wo einer den Zug verpassen möchte. Diese leere Landschaft begleitet uns bis Corrour, wo die Bahn mit 411 m ihren Scheitelpunkt erreicht. Dann geht es am Loch Treig entlang wieder bergab. Wo sich der See verengt, tritt der Zug in das Felsental Glen Spean ein. Bald nachdem er Tulloch Station hinter sich gelassen hat, donnert er dann auf einem schmalen Felsband an den senkrechten Wänden der Monessie Gorge entlang. Tief drunten stürzen Wildwasser die Felsen hinab. Aber bald öffnet sich die Landschaft wieder. Ben Nevis, der höchste Berg der britischen Inseln, beherrscht immer mehr den Horizont, je mehr wir uns Fort William nähern. Der Weg dorthin führt an Roy Bridge und Spean Bridge vorbei. Spean Bridge ist wegen des Denkmals für die britischen Kommandotruppen berühmt, von denen viele hier im schottischen Hochland ausgebildet wurden.

Der Morgen in Fort William begann wenig verheißungsvoll. Es regnete unaufhörlich. Die Berge waren unter grauen Nebelbänken verschwunden, als wir aufbrachen, die Stadt zu erkunden. Sie geht auf eine Militärbasis zurück, die Oliver Cromwells General Monk 1654 gründete, hieß ursprünglich Inverlochy und wurde zu Ehren Wilhelms von Oranien (William of Orange) umgetauft. Aber bis zur Fertigstellung von

Thomas Telfords Kaledonischem Kanal im Jahre 1822 war sie eigentlich nicht mehr als eine Garnison. Dann verlagerte sich der Akzent auf Handel und Tourismus. Daß der Fremdenverkehr nach und nach die Oberhand gewann, daran ist der Ben Nevis mit seinen jähen Felswänden schuld, die den viktorianischen Sinn fürs Malerische sehr ansprachen. Obwohl er nur allzugern und häufig Regen und Nebel anzieht, bringt der Ben Nevis noch immer viele Touristen nach Fort William.

Der Regen nahm den Kunsthandwerk- und Souvenirläden den letzten Reiz. So machten wir uns früh zu dem unmalerischen, modernen Bahnhof auf. Der Zug war abfahrbereit. An seiner Spitze stand, von Photographen umlagert und von Dampfwolken eingehüllt, eine *Black-Five*-Lokomotive Nummer 44781 – eine der wenigen Überlebenden der berühmten Vorkriegsreihe von William Stanier, dem Chefkonstrukteur der London, Midland and Scottish Railway. Auch wir bewunderten das polierte, fauchende Biest in gebührender Weise. Dann setzten wir uns auf unsere Plätze und lehnten uns zurück, um das Spektakel der Abfahrt, die Geräusche und Gerüche des Dampfzeitalters zu genießen.

Technik und Industrie

Der äußerst schwierige und teure Bau von Bahnlinien durch das westliche Hochland am Ende des 19. Jahrhunderts spiegelte den erbitterten Konkurrenzkampf, den sich damals die führenden Eisenbahngesellschaften Schottlands („Caledonian" und „North British") um das Fisch- und Tourismusgeschäft lieferten. Die West Highland Line erreichte 1894 Fort William, brauchte aber für die restlichen 64 km bis zur Hafenstadt Mallaig weitere sechs Jahre sowie erhebliche Summen an

Aktionärsgeldern und staatlichen Zuschüssen. Die Strecke ist durchweg mit hohem technischem Aufwand gebaut und hat 11 Tunnels, mehrere große Viadukte und steile Steigungen. Als sie am 2. April 1901 endlich fertig war, schrieb der *Glasgow Herald*: „Von heute an zerreißt der schrille Pfiff der Eisenbahn die Stille von Morar und Mallaig, erschließen sich im westlichen Highland dem unersättlichen Touristen neue landschaftliche Schönheiten."

Der Zug war mit den genauso unersättlichen Nachfahren jener ersten Touristen vollgepackt, als er aus Fort William dampfte und über die alte Drehbrücke ratterte, die bei Banavie den Kaledonischen Kanal quert. Rechter Hand ist Telfords berühmte Schleusentreppe (Neptune's Staircase) zu sehen, auf der die Kanalschiffe ihre lange Reise nach Inverness begannen. Als nächstes erscheinen die Aluminiumhütte und die Papierfabrik von Corpach – die zu ihrer Zeit Fort William und die Eisenbahn vor dem endgültigen Aus bewahrten. Dann geht die Fahrt am Ufer des Loch Eil weiter. Der Nebel lag schwer auf dem Wasser des Sees und nahm uns die berühmte Aussicht auf den Ben

Nevis. Hinter Loch Eil steigt die Strecke steil an, um am Nordende des Loch Shiel den Glenfinnan zu überqueren: Über 300 m lang und 30 m hoch ist der berühmte Glenfinnan-Viadukt. Die 3000 Arbeiter, die sich mit Pickel und Schaufel beim Bau der nun folgenden Strecke abmühten, haben sich ihr Brot redlich verdient. Manchmal wurde die Strecke auf einem Knüppeldamm übers Torfmoor geführt, manchmal eine Reihe kühner Durchstiche und Tunnels aus dem harten Fels gesprengt. An einem klaren Tag kann man drunten im Tal, am sumpfigen Ende von Loch Shiel, das Denkmal von Bonnie Prince Charlie sehen: Die hohe Säule mit einem Standbild des Prinzen aus dem Jahre 1831 erinnert an all jene, die an dem Aufstand von 1745 teilnahmen, dem fehlgeschlagenen Versuch zur Wiedereinführung der Stuart-Monarchie.

Das rhythmische Schnauben der Lokomotive hallte von den Bergen wider, als unser Zug vollends nach Glenfinnan Station hinauffuhr. Dann überquerte er die Wasserscheide, schlängelte sich durch Felsdurchstiche und an Loch Eilt vorbei und endlich den Fluß entlang, der sich ins Salzwasser des Arisaig-Sunds ergießt, bis wir schließlich Lochailort erreichten. Tief drunten leuchtete die Hebridensee, während wir oben durch die dramatische Landschaft fuhren und eine stattliche Zahl teils dicht aufeinander folgender Tunnels und Viadukte passierten. Hoch über der Stelle, wo Bonnie Prince Charlie das schottische Festland betrat, steht bei Borrodale die prächtigste dieser Brücken. Sie ist reich mit Zinnen geschmückt, aber ihr dekoratives Mauerwerk ist nur Fassade und kaschiert eine eingespannte Bogenbrücke aus Beton.

Von den Bergen zum Meer

Als der Zug sich nach Arisaig hinunterschlängelte, hob sich der Nebel zu einem kurzen Blick auf die Inseln Eigg, Rhum und Skye – damit wir uns wenigstens vorstellen könnten, wie schön die Aussicht an einem klaren Tage wäre! Wir ließen das einsame Bergland zurück (zur Zeit des Bahnbaus lebten dort weniger als fünf Menschen pro Quadratkilometer) und fuhren durch eine ansprechende Landschaft mit kleinen Baumgruppen, grünen Hügeln, weißen Cottages und sandigen Buchten. Jetzt wandte sich die Strecke nach Norden, und bald zog westlich von uns die sandige Morarmündung vorbei. Im Osten lag Loch Morar, das tiefste Loch Schottlands. In seinen Tiefen soll Morag hausen, ein naher Verwandter des Monsters, das in Loch Ness lauert. Noch ein paar Felseneinschnitte waren zu durchfahren, dann schlug die Lok ein gemächlicheres Tempo ein, ließ zischend Dampf ab und ging das letzte Stück nach Mallaig an.

Im Hafen von Mallaig drängen sich noch immer die Fischerboote. Die Stadt ist ein Produkt der Eisenbahn. Und wenn es auch viele Jahre her ist, seit die Züge von hier aus den Hering zu den Märkten im Süden brachten, so hängt Mallaig doch immer noch von der Eisenbahn ab – und von den Touristen, die sie heranbringt. Viele von ihnen setzen mit der Fähre zur Insel Skye über, deren runde Berge zum Kai herüberblicken.

Nach einer kurzen Pause machte sich die *Black Five* mit frischen Kräften wieder auf den Weg. Wir aber bummelten durch die Straßen der kleinen Hafenstadt mit ihren weißgetünchten Häusern.

Praktische Tips

■ Die Scotrail, eine Unterabteilung der British Rail, setzt auf der Route Glasgow-Mallaig wochentags in beiden Richtungen je etwa fünf Züge ein, sonntags je drei. Die Fahrtzeit für die 264 km Strecke beträgt ungefähr 5 1/4 Std. In allen Zügen gibt es einen ambulanten Getränke- und Imbißservice.

■ Buchen Sie früh genug, um einen – wirklich unerläßlichen – Fensterplatz bzw. während der Ferienreisezeit überhaupt einen Platz zu bekommen. Bei der Fahrt von Glasgow nach Mallaig sitzt man am besten auf der linken Wagenseite.

■ Wenn die Sonne scheint, bietet das Highland zu jeder Jahreszeit einen farbenprächtigen Anblick. Aber am schönsten ist die Strecke sicherlich im Frühjahr und Herbst sowie im Winterschnee.

■ Eine besondere Attraktion ist der *Lochaber* mit seiner Dampflokomotive, der von Juni bis Semptember an vier Tagen in der Woche zwischen Fort William und Mallaig verkehrt. Er ist zuschlags- und reservierungspflichtig. Buchungen sind bei jedem Bahnhof der British Rail oder über ein Reisebüro möglich.

■ Sie können diese Strecke aber auch mit einem Komfort à la Pullman erleben: in einem „West Highlander" der InterCity-Luxustouren. Nähere Informationen über diese Wochenendfahrten erhalten Sie bei InterCity Luxury Land Cruises, 104 Birmingham Road, GB-Lichfield, Staffordshire, WS14 9BW, Tel. 05 43/25 40 76, Fax 05 43/25 08 17.

Mit dem Andalusien-Express durch Südspanien

DAVE SCOTT

Al Andalus ist ein Luxuszug, ein „Fünf-Sterne-Hotel auf Rädern“ für die vielleicht teuerste Bahnreise der Welt. Seine Eleganz erinnert an das goldene Zeitalter der Eisenbahn. Was diesen Zug vor allem berühmt gemacht hat, ist die Südspanientour zu den romantischen alten Städten Andalusiens. Die hier beschriebene Rundfahrt begann mit einer Reise im superschnellen AVE-Express von Madrid nach Sevilla. Von dort ging es mit dem eigentlichen Andalusien-Express weiter nach Córdoba, ins Herz des maurischen Spaniens, dann an den fruchtbaren Weinbergen, Olivenhainen und weißen Dörfern Andalusiens vorbei nach Granada mit seiner berühmten Alhambra und schließlich wieder nach Sevilla zurück.

Meine Südspanienreise mit Al Andalus begann im Madrider Atocha-Bahnhof, dem Start der Hochgeschwindigkeitsbahn nach Sevilla. Atocha ist ein großer, heller, luftiger Bahnhof mit einer kühlen marmornen Eingangshalle, die eine Oase aus Palmen und anderen subtropischen Pflanzen birgt. Ich wartete auf meinen

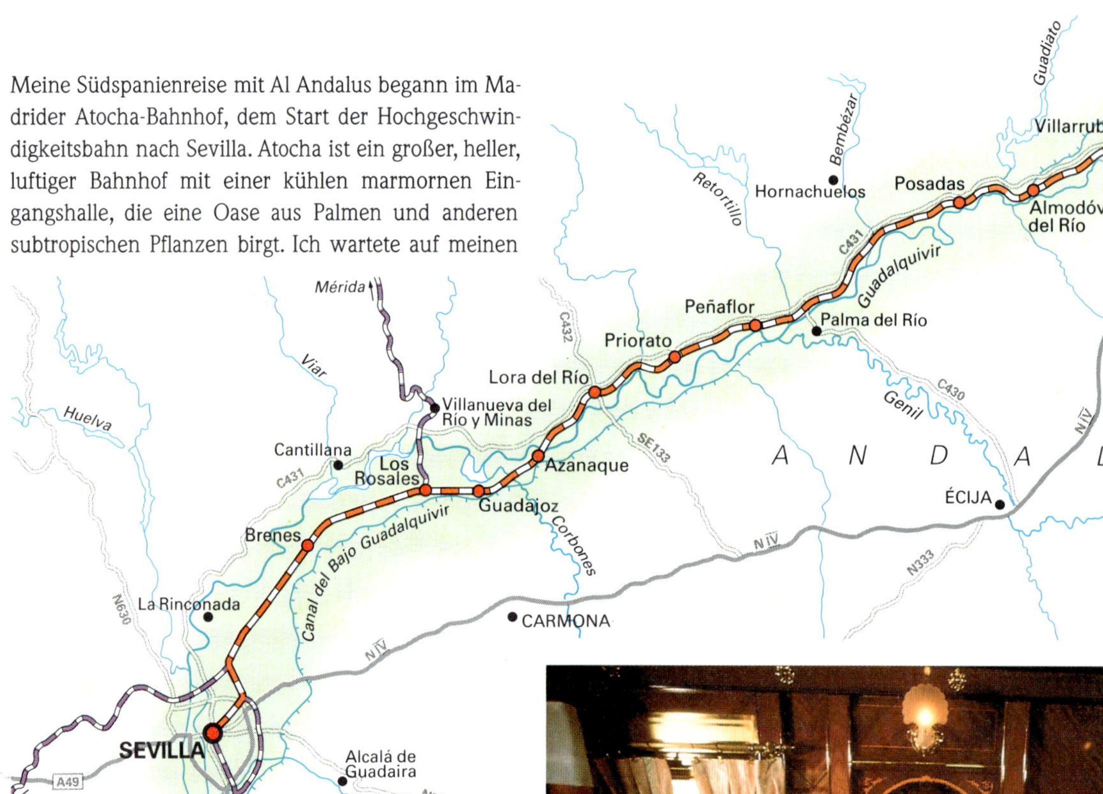

GANZ RECHTS *Mit Al Andalus lernt man Südspanien auf luxuriöse Weise kennen – hier eines der komfortablen Doppelabteile*

RECHTS *Diese Reise ist auch ein gastronomisches Erlebnis – die vorzüglichen Speisen und Weine sind Teil des Vergnügens*

Zug und genoß das exotische Grün und jenen milden, aber unverwechselbar spanischen Geruch von frisch gemahlenem Kaffee und türkischen Zigaretten.

Al Andalus erwartet seine Fahrgäste in Sevilla. Wer seine Rundreise in Madrid beginnt, bucht den AVE-Express Madrid-Sevilla, Club Class. Ich sah meine Reisegefährten zum erstenmal bei der flughafengleichen Gepäckabfertigung in der AVE-Wartehalle, kurz vor dem Einsteigen. Und nun der AVE oder Alta Velocidad Española (Spanischer Hochgeschwindigkeitszug): Der Elektrotriebwagenkopf dieses klinisch-weißen Wunderwerks sieht aus wie ein Geschoß, das sich zu einem Entenschnabel verjüngt. Die Sitze in den schmalen, stromlinienförmigen Wagen ähneln denen eines Flugzeugs. Eine Hostess bringt den Fahrgästen in einem Karren Essenstabletts und Getränke; in jedem Wagen läuft ein „Bordfilm" über die Bildschirme. Die Fahrtzeit für die 470 km lange Strecke beträgt 2 Stunden und 45 Minuten. Ein (spanischer) Mitreisender versicherte mir, dieser Zug werde Andalusien aus seinem Dornröschenschlaf als unentdeckte, nur Mittelschichtlern mit eigenem Auto bekannte Region erlösen. Andalusien, das Los Angeles Europas?

Glatt und ruhig glitt der Zug aus dem Bahnhof. Die überraschend niedrige Skyline Madrids zog schnell vorüber. Schon fuhren wir in die heiße, spärlich kultivierte Ebene hinaus, die die Stadt umgibt. Lautlos kamen dann und wann Dörfer in Sicht – die Häuser weiß und sandbraun, die Dächer mit verblaßten roten Ziegeln gedeckt – und verschwanden ebenso lautlos wieder. Die Erde wurde röter, je mehr wir in den Süden kamen und uns Sevilla näherten. Wir fuhren an schier endlosen Reihen von Olivenbäumen vorbei, die sich bis zum Horizont erstreckten – ein potentielles Olivenölmeer.

Als wir Córdoba durchquerten, verlangsamte der Zug seine Fahrt. In einem Park nahe dem Bahndamm lag ein Paar auf dem Rasen und küßte sich leidenschaftlich. Nicht weit von ihnen lehnte ein Mann an einem Moped, schöpfte ein schwitzender Jogger neuen Atem – keiner von ihnen beachtete das Paar. Zärtlichkeit in der Öffentlichkeit, das ist im Spa-

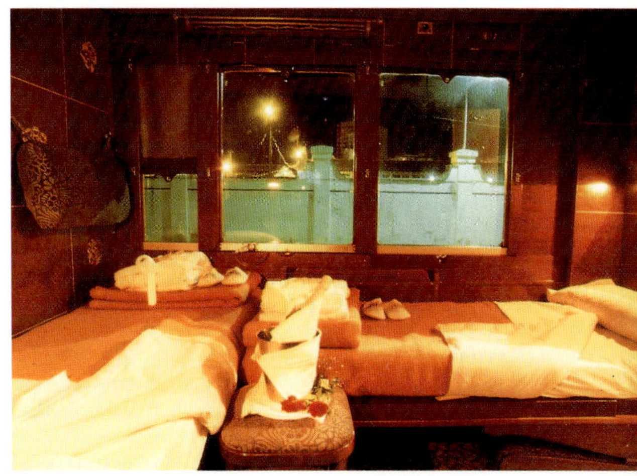

■ *Die Südroute des Andalus Express führt durch das einst maurische Spanien. Hier findet sich ein großer Teil dessen, was wir für typisch spanisch halten: Flamenco und Stierkampf, Sherry-Kellereien und aufwendige religiöse Feste. Mit den erlesenen Speisen und Weinen seines Bordrestaurants, den Ausblicken auf Städte, Dörfer und Landschaften und den Exkursionen und Stadtbesichtigungen vermittelt diese Reise einen authentischen Eindruck Andalusiens und seiner zutiefst spanischen Atmosphäre.*

Andalusien war länger als das übrige Europa ein Feudal- und Agrarland und hat sich viel von seiner alten Schönheit bewahrt. Man sieht hier Landschaften aus ockerfarbener Erde und endlosen Reihen von Olivenbäumen, Weizenfelder mit Reitern am Horizont, blendend weiße Bergdörfer und geschichtsträchtige Städte. Unter dem leuchtend blauen Himmel blühen Orangen und Zitronen, Jasmin, Palmen und andere subtropische Pflanzen.

Die Südroute hat die Form eines Dreiecks, mit den großartigen, einsamen Städten Sevilla, Córdoba und Granada als Eckpunkten. Sevilla beherbergt die größte gotische Kirche der Welt – ein ebenso düsteres wie gewaltiges Bauwerk. Seine Türme sind ein Wegweiser im Labyrinth der Gassen und Plätze der Altstadt.

Am zweiten Tag steht Córdoba auf dem Programm, der nördlichste Punkt der Reise. Die Stadt wirkt sehr viel geschlossener und – obwohl karthagischen und römischen Ursprungs – auch arabischer als Sevilla. Die christlich-moslemische Vergangenheit Córdobas spiegelt sich in der riesigen Moschee-Kathedrale La Mezquita. Für ihre öde Außenansicht entschädigt der inspirierende Innenraum, dessen Marmorsäulen und exquisit geschmückte Arkaden und Decken eine mystische Atmosphäre schaffen.

Der letzte Halt, bevor Al Andalus nach Sevilla zurückkehrt, ist Granada am Fuße der Sierra Nevada, deren Gipfel selbst in der Junihitze noch schneebedeckt sind. Granada ist, sehr zu Recht, für seine Alhambra und die schönen arabischen Gärten der Sommerresidenz Generalife berühmt, die aus luftiger Höhe auf die Stadt hinabblicken.

RECHTS *In Sevilla beginnt die Al-Andalus-Reise. Hier fand die Expo '92 statt, aber auch schon die Exhibición Ibero-Americana von 1929, an die die großartige Plaza de España erinnert*

nien von heute ein ganz normaler Anblick. Mir war er peinlich, aber vielleicht ist dieses Verhalten der Spanier eine Reaktion auf die moralische Enge der Franco-Zeit. Ich hatte vor kurzem in einer englischen Zeitung gelesen, während der 36jährigen Franco-Diktatur sei die Intoleranz ein Wesensmerkmal der spanischen Gesellschaft geworden. Heute jedoch sind die Spanier fast zwanghaft tolerant – außer vielleicht gegenüber Rassismus, Terrorismus und Korruption.

Der AVE-Express kam an einem fahlen Betonbahnsteig zum Stehen: Santa Justa Estación, Sevilla. Durch das gewölbte Hallendach aus Glas und Stahl drangen blendend helle Sonnenstrahlen. Die Reiseleiter des Andalusien-Express führten unsere Gruppe zu einem ruhigen, schattigen Abstellgleis, wo Al Andalus schon auf uns wartete. Hier sollten wir unsere erste Nacht im Zug verbringen.

BLAUES BLUT

Die altmodischen, in Braun und Creme gehaltenen Waggons sind so breit wie sonst keine in Europa. Der Club- und Rezeptionswagen Medina Azahara, wo wir begrüßt wurden und die Abteilschlüssel überreicht bekamen, war ebenso geräumig wie prunkvoll. Er war 1930 in Spanien gebaut worden. Seine edle Innenausstattung war ein strahlendes Ensemble von Ledersesseln und polierten Holztischen mit eingelegten Verzierungen, von geschliffenem Glas und Walnußtäfelungen.

Die fünf Schlafwagen wurden in den 1920ern in Frankreich gefertigt. Sie haben die königliche Familie Großbritanniens und den Adel Europas über den Kontinent getragen. Gegen Ende der 60er Jahre wurden sie in Spanien im Stil der Belle Époque originalgetreu restauriert. Jeder Wagen verfügt über zwei geräumige Doppelsuiten mit eigener Dusche und Toilette sowie sechs kleinere Abteile mit je zwei Schlafplätzen (die Duschen und Umkleideräume befinden sich in einem anderen Wagen).

Die obere Koje meines Zweibett-Abteils war hochgeklappt und die untere (tagsüber eine Sitzbank) mit frisch gestärkten weißen Leintüchern bezogen und weichen Wolldecken versehen. Der Raum war angenehm klimatisiert. Aber da ich frische Luft hereinlassen wollte und auch der Versuchung nicht widerstehen konnte, den großen Messinghandgriff des altmodischen Mechanismus zu betätigen, ließ ich die Scheibe herab.

An der cremefarbenen, gewölbten Decke des Abteils prangten blumenförmige Art-Deco-Lampen. Die Wände waren mit Walnußholz getäfelt. Zwei gebauchte Türen verbargen einen kleinen Waschraum mit Becken und Spiegel, einem wohlausgestatteten Kulturbeutel, Handtüchern und einem Bademantel. Außerdem gab es ein eingebautes Wäscheschränkchen und einen Leinensack mit Reißverschluß für Kleider und Anzüge. Tagsüber kleidet man sich zwanglos, aber für den Abend wird Gesellschaftskleidung erwartet, und zum Dinner sind für den Mann Jackett und Krawatte Pflicht. Also zog ich mich um.

Wir aßen im Alhambra-Restaurant, einem der beiden luxuriös eingerichteten Speisewagen, die 1929 in Frankreich gebaut und 1941 nach Spanien transferiert worden waren. Mit an meinem Tisch saßen Dave, ein Fotojournalist aus San Diego, und Will, ein pensionierter, aber wohlhabender und weitgereister Computer- und Telefonkabel-Verkäufer aus Los Angeles. Unsere 25köpfige Reisegruppe bestand vorwiegend aus Amerikanern, wies aber auch vereinzelte englische, belgische und spanische Teilnehmer auf. Viele waren pensioniert oder reich genug, um nicht arbeiten zu müssen.

Das spanische Personal servierte das Abendessen stilvoll und formvollendet. Der erste Gang bestand aus einer reichen Auswahl von in Teig gebackenen Garnelen, geräuchertem Lachs, Hühnerkroketten, *Terrine de foie* und Pilztörtchen. Dann folgten Flußkrebse mit Salatsoße und als Hauptgericht ein Filetsteak mit gefüllten Babytomaten. Dazu ließen wir einen Rioja Tinto aus dem umfangreichen und gut sortierten, aber etwas teuren „Alhambra"-Weinkeller auftragen. Zum Nachtisch wurden *Baked Alaska* (Eiscreme-Meringuetorte), Obst, Kaffee und *Petits fours* gereicht. Manche verlängerten den Abend noch und gingen auf einen Tanz und ein Glas oder zwei in den Giralda-Barwagen, ursprünglich ein Speisewagen der Compagnie Internationale de Wagons-Lits, der 1928 für die europäischen Luxuszüge gebaut wurde. Ich aber ging zu Bett, um die Ruhe und den Luxus meines Abteils zu genießen.

EIN GLORREICHES ERBE

Am nächsten Vormittag nahmen wir nach dem Frühstück an einer Stadtführung teil. Unser Bus fuhr am Guadalquivir und an dem irgendwie dramatisch aussehenden Gelände der Expo 92 vorbei – der ersten Weltausstellung seit Osaka 1970. Dann gewährte er uns einen Blick auf die Stierkampfarena aus dem 18. Jahrhundert und auf das neue Opernhaus und hielt endlich vor dem Eingang der fünfschiffigen, einschüchternd großen Kathedrale von Sevilla. Sie wurde im Jahr 1402 begonnen und bewahrt von ihrem Vorläuferbau ein Minarett als Glockenturm, die 98 m hohe „Giralda". Damals erklärten die Stadtväter, die für die Baukosten aufkamen, sie wollten ein Gebäude errichten, das so groß sei, daß jeder seiner Betrachter sie für verrückt halten würde. Bei mir jedenfalls löste die ungeheure Weite des Kircheninneren das Gefühl eigener Bedeutungslosigkeit aus.

Die nächsten Stationen unseres Rundgangs: der Alkazar, ein Überbleibsel des ausgedehnten, von Peter dem Grausamen erbauten Königspalasts; die Gärten des Alkazar, ein ruhiger Zufluchtsort hinter hohen, zinnengekrönten Backsteinmauern; die Universität aus dem 18. Jahrhundert, einst eine Zigarrenfabrik und der Arbeitsplatz von Bizets *Carmen*, der „berühmtesten Frau Sevillas". Dann ruhten wir uns im Park der Plaza de América aus.

Auf diesem Platz wurden 1929, bei der feierlichen Eröffnung von Sevillas erster Weltausstellung, mehrere Pärchen schneeweißer Tauben aufgelassen. Heute flattern, schwirren und gurren hier ganze Scharen ihrer zahlreichen Nachkommen und kämpfen um die Maiskörner, die einheimische Händler den aufs Taubenfüttern versessenen Touristen tütchenweise verkaufen. Mir kam das Geschwirr und Geflatter recht bedrohlich vor, aber anderen schien es offenbar ein ideales Fotomotiv.

Als letztes stand die Casa de Pilato auf unserem Programm. Dieser hinreißende, zweistöckige Renaissancepalast in der Calle Aquilas im Stadtzentrum wurde 1492 von Pedro Enriques de Ribera gebaut, angeblich im Stil der römischen Villa von Pontius Pilatus. Glücklicherweise hat einer der Architekten, ein Moslem, eine gewisse islamische Symmetrie und Geräumigkeit eingebracht. Sie machen die Schwere der kunstvollen Decken und Stuckwände weniger lastend, die von den Mudejaren (arabische Künstler und Handwerker in christlichen Diensten) entworfen wurden. Die Verbindung von arabischer und europäischer Sensibilität ist sehr ansprechend und könnte gut als Metapher für Sevilla selbst gelten.

Zum Mittagessen waren wir wieder im Zug. Das siebengängige Mahl nahm den größten Teil des Nachmittags in Anspruch. Aber währenddessen fuhren wir am Guadalquivir hinauf nach Córdoba. Es kam mir seltsam unwirklich vor, in einer so kultivierten Umgebung so exquisit zu speisen, während vor unseren Fenstern das ländliche Spanien vorüberzog: Mais-, Sonnenblumen- und Weizenfelder und Wiesen voller roter Mohnblumen, Oliven-, Orangen- und Zitronenhaine und Maultiere, die regungslos in Schatteninseln standen oder müde die steinigen Wege entlangtrotteten.

Ich aß mich langsam durch das Menü hindurch: Spargelcremesuppe, Schellfisch-*Mousse*, frischer Lachs mit Endiviensalat, Meerhecht in Weinsoße, Käse, Gebäck und Obst. Dieses Essen erinnerte mich daran, daß die Araber – via Andalusien – so manche Nutzpflanze nach Europa brachten, wie etwa den Mandelbaum, die Orange und die Banane, die Dattelpalme und das Zukkerrohr (das im Niltal beheimatet ist, sich aber auch in den halbtropischen Regionen am Unterlauf des Guadalquivir wohl fühlt). Andererseits waren aber die ländlichen Gefilde, die draußen vorbeizogen, zur Zeit der maurischen Besetzung Spaniens auch der Schauplatz höchst blutiger Schlachten zwischen El Cid und den moslemischen Ungläubigen.

UNTEN *Die wuchtigen exotischen Doppelbögen der Mezquita-Kathedrale (Moschee-Kathedrale) in Córdoba*

EIN LAND DER GEGENSÄTZE

Während ich mein Mittagessen verdaute, las ich einen Artikel über Spanien und die Spanier. Der Autor kam zu dem Schluß, daß deren wirkliches Wesen für einen Außenstehenden nur schwer zu ergründen sei. Die verschiedenen Regionen „Spaniens" seien zwar seit fünf Jahrhunderten von denselben Herrschern regiert worden, und während dieser Zeit hätten die

GANZ RECHTS *Der elegante „Alhambra"-Speisewagen mit seinen polierten Intarsien und glänzenden Messingarbeiten*

GANZ RECHTS, UNTEN *Hoch über Granada erhebt sich die großartige Alhambra*

UNTEN *Die schattigen Kreuzgänge der Generalife in Granada, einst Sommerresidenz der maurischen Könige*

verschiedenen Völker auch kulturelle und gesellschaftliche Wertvorstellungen ausgetauscht und sich durch Heirat vermischt. Dennoch sei Spanien so voller Gegensätze, daß es keine Verallgemeinerungen zulasse: „Ethnische und sprachliche Unterschiede, mangelnde Kommunikation, klimatische Vielfalt, eine von Gebirgen geteilte Geographie und eine von Religionskonflikten gebrochene Geschichte – das zusammen hat zu enormen regionalen Ungleichheiten in Temperament und Sitte geführt. Das Trennende zwischen Galiziern, Asturiern, Basken, Katalanen, Kastiliern, Valencianern, Andalusiern und Kanariern ist wohl genauso bedeutsam wie das Vereinende." Andalusien kommt mir jedenfalls sehr anders vor als das übrige Spanien.

Die Moschee-Kathedrale La Mezquita in Córdoba ist eines der wenigen Touristenziele, die den von überenthusiastischen Reiseführern geweckten Erwartungen wirklich gerecht werden. Das massive und ehrfurchtgebietende Bauwerk wurde 785 n. Chr. begonnen und unter verschiedenen Kalifaten etappenweise fertiggestellt. Wenn man die Moschee von dem äußeren „Hof der Orangenbäume" her betritt, bietet sich einem ein kaleidoskopischer Anblick: Man sieht Reihen auf Reihen von Marmor-, Jaspis- und Porphyrsäulen, die zwei Arkaden aus weißem Naturstein und rotem Backstein tragen, und darüber Decken, die mit unzähligen geometrischen Mustern geschmückt sind. Dieser Anblick hat eine traumhaft und mystische Wirkung. Leider verliert sich dieses Gefühl angesichts der römischkatholischen Kathedrale aus dem 16. Jahrhundert, die buchstäblich mitten in diese Moschee gebaut wurde (nachdem man 63 der mittleren Säulen entfernt hatte). Diese halb spätgotische, halb barocke Kirche wirkt böse und düster und scheint sich in der ruhigen, meditativen Atmosphäre der maurischen Arkaden sehr unwohl zu fühlen. Nach der Kathedrale zeigte man uns das Judenviertel und die Burg sowie einige Gärten und private Innenhöfe, die hier für die exotische Pracht ihrer Topfpflanzen und Ziersträucher berühmt sind. Dann brachte uns der Bus zum Andalus zurück, der inzwischen auf einem Abstellgleis bei dem Dörfchen Villafranca stand, 18 km von Córdoba. Sobald alles eingestiegen war, brachen wir nach Granada auf. Ich duschte und zog mich zum Abendessen um.

Don Juan, der große Frauenverführer aus Andalusien und Urbild des heißblütigen romanischen Schürzenjägers, war ein Adliger des 17. Jahrhunderts, der nach einem Leben in Sünde Buße tat und ein Krankenhaus für die Armen gründete. Diese Kombination von dionysischem Leben und religiöser Praxis fand eine gewisse Parallele in unserer Reise, die den Luxus des Andalus mit den pilgerartigen Besichtigungen der berühmten Moscheen und Kirchen von Sevilla, Córdoba und – demnächst – Granada verband.

Während wir zu Abend aßen und die Nacht hereinbrach, fuhren wir durch eine zunehmend bergigere Landschaft immer weiter nach Süden.

Ich erwachte vom durchdringenden Pfiff einer Lokomotive und hörte das Geräusch eines abfahrenden Zuges. Ich ließ das Rollo an meinem Fenster hoch und blickte hinaus. Al Andalus stand im Bahnhof von Granada; am gegenüberliegenden Bahnsteig fuhr gerade ein Pendlerzug ab. Vom Gang aus konnte ich im Südosten die schneebedeckten Berge der Sierra Nevada sehen.

Das Zugfrühstück hatte ich schon am Tag zuvor genossen. Aber als ich mich nun an frisch gepreßtem Orangensaft, heißen Croissants und Kaffee labte, wurde mein Genuß noch durch den herrlichen Blick auf die vorbeiziehenden Berge erhöht.

Auch diesmal leistete mir Dave Gesellschaft. Er erzählte, er habe während seiner Reportagereisen mehr als hundert Länder besucht und dabei ein solches Ausmaß an Umweltschäden und Armut gese-

hen, daß er glaube, nur ein technologisches Wunder könne die Welt noch vor unermeßlichen Leiden bewahren. Das war ein sehr unbehaglicher Gedanke angesichts unserer luxuriösen Umgebung.
Granada liegt am Fuß der Sierrra Nevada. Auf einem Hügel und einem Bergvorsprung über der Stadt erheben sich die weltberühmte Alhambra und die Gärten der ehemaligen maurischen Sommerresidenz Generalife – Orte der Stille und Schönheit hoch über dem brausenden Verkehr der City. Wir nahmen am Vormittag zuerst an einer Führung durch den Renaissancepalast teil, der zum Alhambrakomplex gehört, und besichtigten dann die im arabischen Stil gestalteten Gärten mit ihren Springbrunnen, künstlichen Teichen und blühenden Pflanzen. Dann kehrten wir zum Mittagessen in den Zug zurück und genossen unseren letzten Nachmittag an Bord des Andalus. Nach Westen ging nun unsere Fahrt, nach Sevilla zurück, zuerst durch die Berge und danach in die Ebene hinab.
Der kräftige Geruch des Olivenöls, als wir an den stählernen Vorratstanks einer örtlichen Genossenschaft vorbeifuhren; die einsamen, weißen Gehöfte am Horizont; hie und da ein Mann auf einem Maultier; ein wogendes Meer von Siloplanen aus schwarzem Plastik; die lebensgroßen, weiß gestrichenen Figuren zweier Männer in Hemd und Hose, die an Schiedsrichter beim Kricket erinnerten, aber das Tor zu einem riesigen Landgut bewachten – das sind nur einige der Bilder und Erinnerungen jenes Nachmittags, da wir zum letzten Mal vom Zugfenster aus Andalusien besichtigten.
In einem Restaurant in der mittelalterlichen Stadt Carmona im Hügelland östlich von Sevilla nahmen wir an einem andalusischen Abend teil. Das Essen war ausgezeichnet. Dann trat eine Gruppe von jungen Leuten aus Carmona auf, die für uns Flamencos tanzten und sangen. Ihre Vorführung war von einer unschuldigen Leidenschaft erfüllt und ohne jedes Gehabe. Es war ein bewegender, unvergeßlicher Abschluß dieser Reise.

Praktische Tips

■ Die hier beschriebene Südspanienreise des Andalus dauert vier Tage und drei Nächte und geht über insgesamt 705 km. Für 1993 ist eine Verlängerung auf fünf Tage und vier Nächte vorgesehen, mit zusätzlichen Stops auf der Strecke Granada-Sevilla (in Málaga, Ronda und Jerez).

■ Der Andalus fährt vier unterschiedliche Haupttouren und wird zusätzlich noch bei besonderen Anlässen eingesetzt. In den Monaten Mai/Juni und September/Oktober befährt er die „Südroute". Im August reist er ins kühlere Nordspanien, zu der als „Santiagoweg" bekannten Pilgerroute nach Santiago de Compostela. Im Juli ist er in den Weinbaugebieten rund um Pamplona unterwegs und während der Wintermonate auf der „Historischen Städtetour" über Madrid, El Escorial, Avila, Segovia und Toledo.

■ Die Südtour des Andalus ist seine beliebteste Route. Da die Plätze begrenzt sind, sollte man früh buchen. Das können Sie bei einer Al-Andalus-Agentur, bei einem Reisebüro Ihres Landes oder direkt bei Al Andalus Expreso, Calle Alcalá 44, E-28014 Madrid, Tel. 521 4827/4764, Fax 521 4877.

In die Blauen Berge Südindiens, von Madras nach Ootacamund

ANTHONY LAMBERT

GANZ OBEN *Dieser Briefkasten in Hillgrove erinnert an die Briten, die als erste dieser Route in die Nilgiri Hills folgten*

OBEN *Ein Leben, das seinen ruhigen Gang geht*

RECHTS *Rauchwolken im Bahnhof von Coonor*

Die 640 km lange Strecke von Madras nach Ootacamund, einer der bekanntesten Bergstationen Indiens, durchquert zwei Drittel Südindiens und führt in eine der malerischsten Bergregionen des Subkontinents. Die meisten Bahnreisenden nehmen für diese Fahrt den Nilgiri-Express. Er hat seinen Namen von den 2500 km^2 großen Nilgiri Hills rings um Ootacamund (Udagamandalam auf tamilisch). Der Zug, der bei seiner Bergfahrt gewaltige Steigungen überwinden muß, ist Indiens einzige Zahnradbahn und wird mit Schweizer Dampflokomotiven betrieben.

In den 1820ern begannen die britischen Kolonialbeamten in Südindien Ootacamund als ihr Bergrefugium zu nutzen. Vier Jahrzehnte später wurde es Sommerresidenz der Präsidentschaft von Madras, und dabei blieb es dann bis zur Unabhängigkeit Indiens 1947. Die Eisenbahn nach Ootacamund – liebevoll Ooty genannt – verdankt ihre Existenz der alljährlichen Wanderung der britischen Beamten, die bei Anbruch der heißen Jahreszeit aus Madras und der Ebene in die kühlen Berge flüchteten.

Man sollte vielleicht ein paar Tage auf die Besichtigung der vielen historischen Bauwerke und Museen von Madras verwenden, bevor man den Nilgiri-Express besteigt. Vor dem Hauptbahnhof von Madras drängen sich die gelben und schwarzen Auto-Rikschas wie Wespen vor ihrem Nest. Wenn man das letzte Stück zu Fuß geht, ist man oft schneller am Ziel, als wenn man sich mit dem Auto einen Weg zu bahnen versucht. Als Fußgänger hat man auch die Muße, das zweistöckige, spätgotische Empfangsgebäude mit dem hoch aufragenden zentralen Uhrenturm zu bewundern, bevor man sich ins Gedränge mischt.

Ein großer indischer Bahnhof ist fast zu jeder Tages- und Nachtzeit ein einzigartiges Faszinosum. Unter den surrenden Ventilatoren lagern scharenweise Familien, die stundenlang auf die Abfahrt ihres Zuges warten, als ob sie nur so sicher sein könnten, ihn nicht zu verpassen. Durch diese Menge winden sich rot uniformierte Gepäckträger mit unglaublichen Lasten auf dem Kopf, die sie mit einer Hand im Gleichgewicht halten, während sie oft mit der anderen einen weiteren Koffer tragen.

Aber der Anschein von Chaos trügt. Das computerunterstützte Reservierungssystem hier versagt nur sehr selten. Man findet jeweils am Ende der klimatisierten Wagen 1. und 2. Klasse eine Liste mit den Namen der Fahrkarteninhaber und der Anzahl der Schlaf- oder Sitzplätze.

Der Nilgiri-Express fährt kurz nach 21 Uhr in Madras

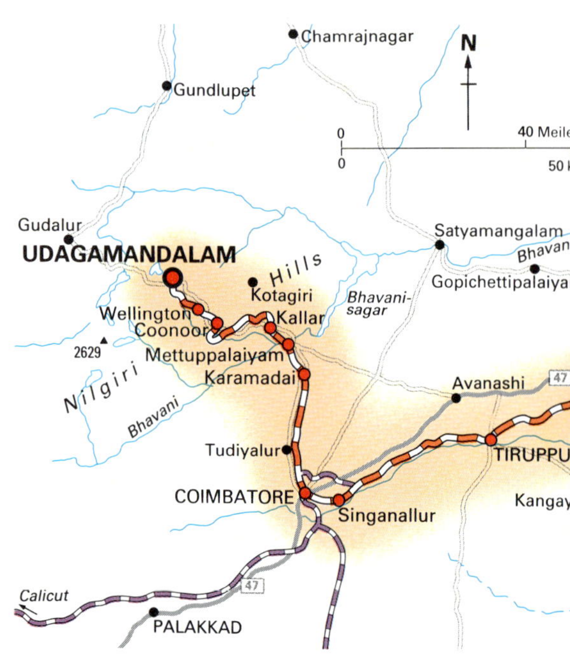

ab. Langsam sucht sich die Elektrolok ihren Weg durch das komplizierte Gleisnetz in die äußeren Vororte hinaus, wo sie dann endlich richtig beschleunigen kann. Die meisten Fahrgäste werden in Coimbatore oder früher aussteigen; nur wenige fahren bis nach Mettuppalaiyam, wo die Strecke nach Ooty beginnt. Da wir Coimbatore schon etwa um 6 Uhr morgens erreichen werden, dämpft man bald die Beleuchtung, damit sich die Reisenden vom Rhythmus der Schienenstöße in den Schlaf wiegen lassen können.

Auch wenn die Landschaft, die wir jetzt in der Dunkelheit durchqueren, sich in ihren Reizen nicht mit der messen kann, die auf uns wartet, hat sie dem Reisenden, der die Strecke am Tage befährt und vielleicht in Coimbatore übernachtet, viel Sehenswertes zu bieten. Auf dem Weg von der Küstenebene in das immer steiler aufragende Bergland kann man das ganze Spektrum indischen Landlebens besichtigen: In den Zuckerrohrfeldern blitzen Macheten im Sonnenlicht. Ein lange Reihe von Frauen, immer zwei und zwei hintereinander, tastet sich auf einem schmalen Damm durch ein Meer von Reisfeldern, das in den feinsten Grünabstufungen schimmert. Plötzlich sticht einem der leuchtende Farbtupfer einer Bougainvillea oder das lebhafte Rosa eines makellos sauberen Sari ins Auge. Die gleichartigen, langen Stoffstreifen, die in dem trockenen Flußbett ausliegen, zeugen von den vielen Webstühlen im nahen Dorf. Ein Karren mit monströsen Holzrädern, die seine nickenden Zugochsen bei weitem überragen, rumpelt eine staubige Straße entlang und passiert eine Gruppe von Männern, die noch mit der Hand Getreide dreschen. Das strahlende Weiß einiger Reiher hebt sich gegen das Wasser eines flachen Teiches ab. Während der Zug über eine Balkenbrücke rattert, sieht man das fröhliche Farbmuster der frisch gewaschenen Kleider

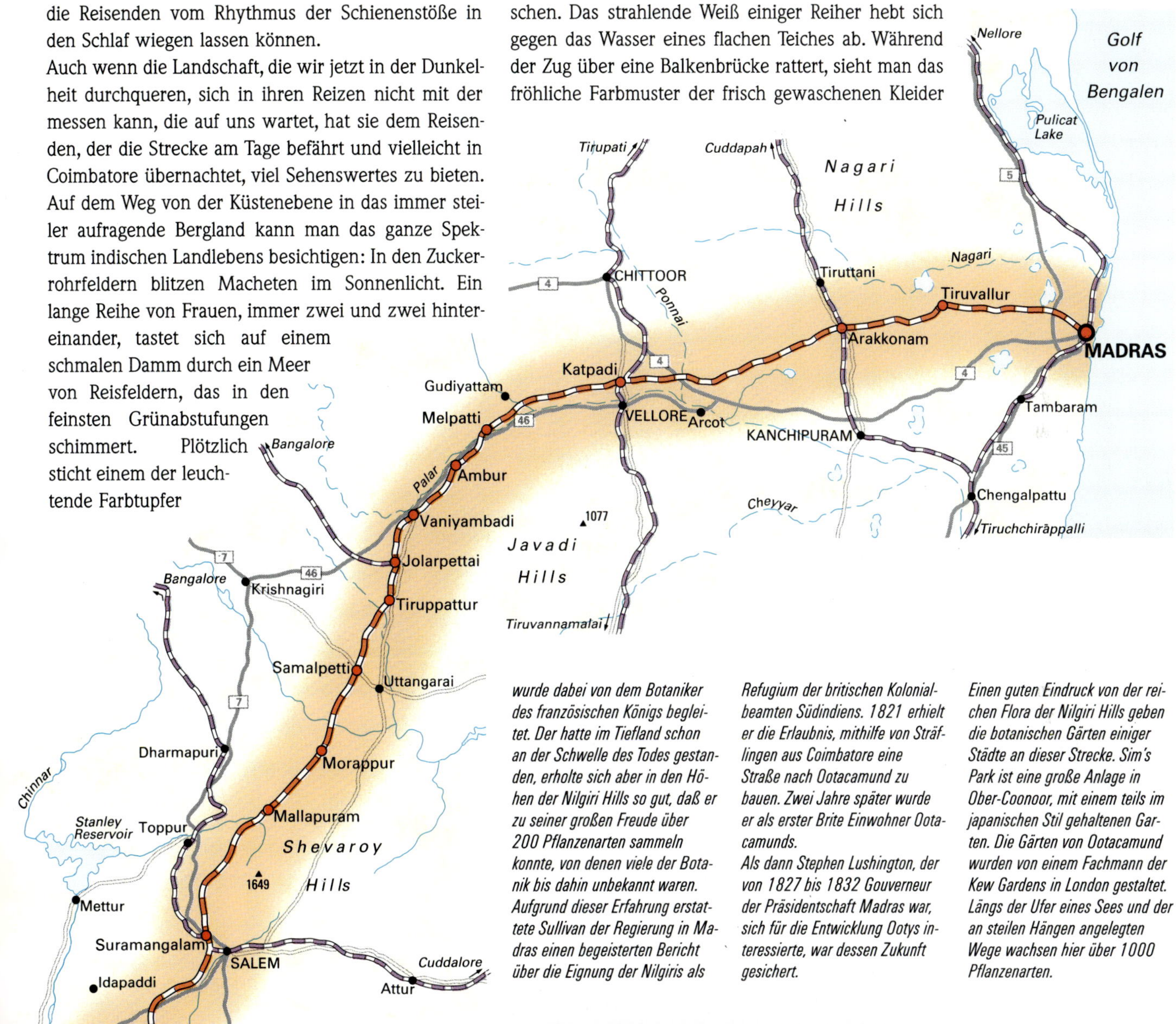

■ *Unser Dank für die Reise nach Ootacamund gehört John Sullivan, der 1818 Distriktchef von Coimbatore war (im heutigen Bundesstaat Tamil Nadu). Wenn es auch seine beiden Assistenten Kindersley und Whish waren, die bei der Jagd auf Schmuggler den entscheidenden Streifzug in die Nilgiri Hills machten – erst durch Sullivan wurde Ootacamund zur „Königin der Bergstationen". Was er von seinen Assistenten über dieses fruchtbare Hochland hörte, erschien ihm so reizvoll, daß er es sich selbst ansehen wollte. Er wurde dabei von dem Botaniker des französischen Königs begleitet. Der hatte im Tiefland schon an der Schwelle des Todes gestanden, erholte sich aber in den Höhen der Nilgiri Hills so gut, daß er zu seiner großen Freude über 200 Pflanzenarten sammeln konnte, von denen viele der Botanik bis dahin unbekannt waren. Aufgrund dieser Erfahrung erstattete Sullivan der Regierung in Madras einen begeisterten Bericht über die Eignung der Nilgiris als Refugium der britischen Kolonialbeamten Südindiens. 1821 erhielt er die Erlaubnis, mithilfe von Sträflingen aus Coimbatore eine Straße nach Ootacamund zu bauen. Zwei Jahre später wurde er als erster Brite Einwohner Ootacamunds.*

Als dann Stephen Lushington, der von 1827 bis 1832 Gouverneur der Präsidentschaft Madras war, sich für die Entwicklung Ootys interessierte, war dessen Zukunft gesichert.

Einen guten Eindruck von der reichen Flora der Nilgiri Hills geben die botanischen Gärten einiger Städte an dieser Strecke. Sim's Park ist eine große Anlage in Ober-Coonoor, mit einem teils im japanischen Stil gehaltenen Garten. Die Gärten von Ootacamund wurden von einem Fachmann der Kew Gardens in London gestaltet. Längs der Ufer eines Sees und der an steilen Hängen angelegten Wege wachsen hier über 1000 Pflanzenarten.

OBEN *Hoch über der Straße nach Coonor arbeitet sich der Zug langsam den Zahnstangenabschnitt hinauf*

aufleuchten, die im Gras des Flußufers zum Trocknen ausgebreitet sind.

In Jalarpet (Jolarpettai) wird die elektrische durch eine Diesellok abgelöst; davon ist in den dicht abgeschlossenen Wagen aber nichts zu hören. Beim Rangieren und Wenden des Zuges in Coimbatore öffnen jedoch die meisten Reisenden die Augen und blinzeln verschlafen ins fahle Licht des frühen Morgens. Aber eine Tasse Tee oder Kaffee von einem der Bahnsteigverkäufer macht einen so munter, daß man die letzten 33 km nach Mettuppalaiyam mit wachen Sinnen erlebt. Am besten setzt man sich jetzt in einen der nicht klimatisierten Wagen der 1. Klasse, wo man die Fenster öffnen und die frische Luft und eine ungehinderte Aussicht genießen kann.

Die Sonne beginnt die Erde zu vergolden. Hell leuchtet der weiße Verputz der kleinen, sauberen und mit roten Ziegeln gedeckten Häuser. Sie werden oft fast ganz von den Bäumen verdeckt, auf deren Schatten sie in der Hitze des Tages so angewiesen sind. Kleine Jungen pumpen Wasser aus den Brunnen, während ihre Väter sich zu ihrem morgendlichen Geschäft in die Büsche am Dorfrand verdrücken, bei dem sie der vorüberfahrende Zug aber unsanft stört. Schweine beginnen nach Freßbarem zu suchen, Hunde strecken sich und schütteln sich den Schlaf aus den Gliedern. An den Bahnübergängen bilden sich Trauben von Fahrrädern und Bussen, mit denen die Leute zur Arbeit oder in die Schule fahren.

Wir ziehen durch das ansteigende Gelände nach Norden. Die Nilgiri Hills, die Blauen Berge, kommen in Sicht und machen ihrem Namen alle Ehre, denn die sich kreuzenden und bis zum Horizont reichenden Bergketten bilden in der Morgendämmerung eine Palette pastellener Blautöne. Zehn Minuten später fährt unser Zug schon am Inselbahnsteig von Mettuppalaiyam ein. Man sollte sich bereit halten, um sofort auszusteigen, wenn der Zug zum Stehen kommt, und schnell den Bahnsteig zu dem schon wartenden meterspurigen Zug nach Ooty überqueren: Er hat nur zwei Abteile 1. Klasse, und zwar am Zuganfang; die besten Plätze sind die vier auf der bahnsteigfernen Wagenseite. Die Lok befindet sich am Zugende und schiebt ihre Wagen, im Adhäsions- wie im Zahnradbetrieb.

Die Eisenbahn erreichte Mettuppalaiyam im Jahre 1873. Die Anschlußstrecke nach Ooty wurde jedoch erst im August 1891 von einer unabhängigen Gesellschaft begonnen. Wegen Finanzproblemen kamen die Bauarbeiten aber nur langsam voran. So wurde der Abschnitt Mettuppalaiyam-Coonoor erst am 15. Juni 1899 eröffnet – unter einer neuen Gesellschaft, mit Sitz in London.

Der „Nilgiri Passenger" – so der Name auf einem Schild am Zuganfang – fährt um 7.45 Uhr in Mettuppalaiyam ab. Er zuckelt dampfend und pfeifend durch

die Außenbezirke der Stadt und überquert auf einer eindrucksvollen Balkenbrücke den Bhavani. Neben grasenden Büffeln waschen ein paar Frauen am Flußufer Kleider. Hier endet Mettuppalaiyam – einst ein Produkt der Eisenbahn, heute Produzent synthetischer Edelsteine.
Ein Großteil der gut 7 km langen Strecke bis Kallar, dem nächsten Halt, zieht sich schnurgerade durch Kokosnuß- und Betelnußplantagen. Die Nüsse der hohen, schlanken Betelpalme werden in Scheiben geschnitten und geröstet, in ein mit Kalk bestrichenes Blatt des Betelpfeffers eingewickelt und als verdauungsförderndes Genußmittel gekaut. Was davon von Zeit zu Zeit ausgespuckt wird, sieht aus wie Blut.

Abenteuer Zahnradbahn

In dem leicht ansteigenden Gelände kommt der Zug rasch voran. Damit hat es aber ein Ende, als kurz nach Kallar der Zahnradbetrieb beginnt. Der Heizer klettert hinaus und kontrolliert, ob das Zahnrad richtig in die Zahnstange greift, und muß sich mit dem Aufsteigen sputen, als die Lokomotive ihre Bergfahrt beginnt. Von hier bis zum Einfahrtssignal des Bahnhofs von Coonoor geht es im Zahnradbetrieb bergauf, sieht man einmal von den kurzen ebenen Abschnitten bei einigen Zwischenstationen ab. Bis Coonoor sind es kaum mehr als 19 km. Die Strecke wirkt aber durch die geringe Fahrgeschwindigkeit – etwa 13 hm/h – sehr viel länger. Kein Wunder bei einem Höhenunterschied von 1330 m und Steigungen bis zu 80‰!
Aber den meisten Reisenden kann die Fahrt gar nicht lange genug dauern. Von Kallar bis Ooty ist die Landschaft ein einziger Augenschmaus und immer interessant. Als ob die für die Streckenführung verantwortlichen Landvermesser damals beschlossen hätten, daß jede ihrer 208 Kurven einen anderen Ausblick bieten müsse! Kurz hinter Kallar wird das dünne Buschland von dichtem Wald abgelöst, der eine reiche Flora und Fauna birgt. Die furchtlosen Nilgiri-Languren und Hutaffen sind hier ein recht häufiger Anblick; Elefanten sieht man dafür nur selten, obwohl sie ja bei ihrer Suche nach Jackfrüchten bis an die Bahnlinie kommen.
Das Tal verengt sich, und die Berghänge werden immer halsbrecherischer, bis man endlich auf der linken Seite eine Felswand vor Augen hat, die fast senkrecht aus dem Dschungel aufsteigt. Bald darauf halten wir an einer der Wasserstationen *en route*, von denen sich einige stolz „Bahnhof" nennen, obwohl es kein einziges Dorf in auch noch so bescheidener Nähe gibt.
Es ist kein Zufall, daß die zwölf Zahnradloks – acht sind noch in Betrieb – in Winterthur in der Schweiz gebaut wurden (zwischen 1920 und 1952). Dank einer Spezialkonstruktion kann man die beiden innenliegenden Niederdruckzylinder, die das Zahnrad antreiben, ausschalten, so daß die Lokomotive nur noch von den äußeren Hochdruckzylindern angetrieben und im Adhäsionsbetrieb gefahren wird. Das war nötig, weil

LINKS *Mit solchen Zahnstangen überwindet der Zug die steilsten Steigungen*

UNTEN *Die rußgeschwärzte Crew der Lok 37391. Sie befährt eine der selten gewordenen Strecken im reinen Dampfbetrieb*

die Strecke hinter Coonoor für den Zahnradbetrieb zu flach wird.
Ein Pfiff holt uns alle wieder in die Abteile. Gleich nach der Abfahrt taucht der Zug in einen der 16 Tunnels der Strecke ein. Die Tunnelkrone ist ganz schwarz von dem Rauch der vielen Lokomotiven, die jahrzehntelang Züge voller müder Beamter oder genesender Soldaten aus der schwülheißen Ebene in die frische kühle Bergwelt hinaufschleppten. Was diese

RECHTS *Mit seinen vielen historischen Dampfloks und Strecken ist Indien für den Bahnfan eines der aufregendsten Länder der Welt*

RECHTS UNTEN *Ein fröhliches, farbenprächtiges Hindufest mit Tänzern und Stelzenläufern*

UNTEN *Gemächliche Kurvenfahrt – hinter Mettuppalaiyam schiebt die Lok den Zug*

Menschen nach Ooty zog, war aber nicht nur das Klima, sondern auch die Landschaft, die sie an ihre heimatlichen Gefilde erinnerte.

Aber noch ist nichts zu sehen, was sehr an Großbritannien erinnern würde; schon allein die Dimensionen der Landschaft hier lassen alles winzig erscheinen, was der englische Lake District oder die schottischen Grampian Mountains zu bieten haben. Zwischen Hillgrove und Runneymede tauchen auch die ersten Teebüsche auf, und zwar an Hängen, die manchmal so steil aussehen, als ob die Teepflücker dort nur mit Steigeisen arbeiten könnten. Es war ein Franzose, M. Perrotett, der den Teeanbau in den Nilgiri Hills einführte. Er hatte damit so großen Erfolg, daß der Tee bald zu ihrem Haupterzeugnis wurde.

Die Fahrt hinauf zu der weiß gestrichenen Teefabrik in Glendale und dem Viadukt dort bietet einige hinreißende Ausblicke, deren Reiz durch das lodernde Purpurrot der blühenden Palisanderbäume und das zarte Rosa der Wandelröschen noch erhöht wird, die in Hülle und Fülle am Bahndamm wachsen.

Der Zug quert auf dem Glendale-Viadukt das obere Talende. Als er gleich dahinter in einen Tunnel einfährt, wird das charakteristische Schnauben der Lok zum erstickten Brüllen. Die Strecke verschwindet noch in etlichen Durchstichen und windet sich noch manches Mal auf schmalem Felsvorsprung um steile Hänge, bevor sie den Bahnhof von Coonoor erreicht. Dort begegnet sie auch erstmals der Straße von Mettuppalaiyam, die sich in einer endlosen Folge von Haarnadelkurven zur Bahnlinie emporarbeitet. In diesen qualmenden Bussen oder Lastwagen in die Blauen Berge hinaufzufahren, ist alles andere als ein Vergnügen, ganz abgesehen davon, daß man von der Straße unterhalb der Bahnlinie eine viel schlechtere Aussicht hat.

Die Lokomotive keucht vollends zu dem Bahnübergang hinauf. Dort endet der Zahnstangenabschnitt, weil die Steigung inzwischen deutlich geringer geworden ist. Die Berge rund um Coonoor sind ein schöner Hintergrund für die viktorianischen Gebäude dieses Sackbahnhofs. Weil der Kohlevorrat unserer Lokomotive fast erschöpft ist, bekommen wir für die restlichen 19 km bis Ooty eine frische Lok. Die kleine Verzögerung gibt den Fahrgästen Gelegenheit, dem Teeausschank der Station einen Besuch abzustatten oder den Hauptlokschuppen der Bahnlinie zu besichtigen.

Die Abfahrt aus Coonoor erinnert an den Beginn einer Theatervorstellung. Unser Vorhang hebt sich auf das kräftige Läuten einer improvisierten Bahnhofsglocke hin – d.h. jemand hämmert mit einer Eisenstange auf ein riesiges Zahnrad. Die an der Vorderseite jedes Wagens plazierten Schaffner sind die Hauptdarsteller. Ihre Rolle während der Fahrt besteht darin, alle Warnungen oder Entwarnungen, die der Mann auf dem ersten Wagen gibt, bis zum Lokführer am Ende des Zuges weiterzuleiten – eine lebenswichtige Vorkehrung bei dieser kurvenreichen Strecke.

Was sie hier vorführen – wie sie gleichzeitig ihre grünen Flaggen schwenken, während der Zug aus dem Kopfbahnhof zurücksetzt –, ist Schauspielkunst reinsten Wassers. Um dieses Manöver zu erklären, bedarf es eines kleinen Ausflugs in die Geschichte. Die Strecke nach Ooty wurde 1908 eröffnet, neun Jahre nachdem der erste öffentliche Zug Coonoor erreichte. Es war aber nicht möglich, die Strecke eben durch den Bahnhof weiterzuführen, und so muß nun der Zug zurücksetzen, bevor er die 40‰-Steigung am Stellwerk vorbei angeht. Der Lärm des abfahrenden Zuges ist in ganz Coonoor und auch in den Bergen ringsum zu hören. Von hier bis Ooty wird die Lok nur durch die beiden äußeren Hochdruckzylinder angetrieben; die inneren Zylinder und der Zahnradantrieb sind außer Funktion.

Die Landschaft zwischen Coonoor und Ooty ist sehr viel sanfter als die längs der Zahnstangenstrecke. Die Hochebene hier gibt einen viel weiteren Ausblick als die steilen Täler, durch die wir bisher fuhren. Bald erreichen wir Wellington, die Heimat des Madras-Regiments (des ältesten Regiments der indischen Armee). Zu unserer Rechten zieht ein Schießstand vorbei. Ein Teil der Munition, die hier verschossen wird, könnte

aus der nächsten Stadt stammen, aus Aravankadu, wo eine riesige Pulverfabrik die Talseite rechts der Strecke einnimmt.

Die sanfteren Hänge rund um Wellington und Aravankadu erlauben die Anlage von Terrassen, auf denen, dank des günstigen Klimas, alle nur denkbaren Arten von Gemüse angebaut werden. Ein Großteil der Strecke zwischen Aravankadu und Lovedale führt durch Plantagen mit Eukalyptusbäumen, aus deren Blättern und Holz man in Ooty Öl gewinnt. Frisch aufgebrochene Erde hat hier die Farbe von Currypulver; sie wird aber von der Sonne zu Ockergelb ausgebleicht.

Die Einfahrt nach Ooty wird durch die weite Kurve um den Bootsteich (in den 1820ern für Bewässerungszwecke angelegt) und den beeindruckenden, cremefarbenen Turm von St. Thomas gekennzeichnet. Stolz erhebt sich die Kirche über der Bahnlinie. Sie ist von den Grabsteinen eines Jahrhunderts umgeben – für alle, die nach Ooty kamen und dort geblieben sind. Viele Teepflanzer liegen dort.

Mit dem Einzug der Fabriken während der letzten Jahrzehnte – darunter auch ein riesiges Hindustan-Film-Werk, das für den allgemein-photographischen und den wissenschaftlichen Markt produziert – hat sich hier viel verändert. Dennoch gibt es in Ooty, in den Bergen ringsum und in den kleineren Orten wie Kotagiri noch viel zu sehen und zu genießen. Die Kirchen, Regierungsgebäude, botanischen Gärten und ehemaligen Paläste sind ja noch alle da und lassen den Besucher jene Atmosphäre zumindest erahnen, die so viele Kolonialbeamte bestimmte, lieber hier als in England ihren Lebensabend zu verbringen. Ein Vergnügen, das man sich nicht entgehen lassen sollte – und eine gute Möglichkeit, etwas von der Atmosphäre von Ooty kennenzulernen –, ist der Fünfuhrtee im Garten des Savoy-Hotels. Es ist ein unvergeßlicher Genuß, dort, von Bäumen und Blumen umgeben, eine Tasse einheimischen Tees zu trinken und dabei den fernen Pfiff des Nachmittagszuges von Coonoor aus dem Tal drunten zu hören.

Praktische Tips

■ Zwischen Madras und Ootacamund gibt es, das ganze Jahr über, täglich eine Verbindung. Die Reisezeit für die 640 km lange Strecke, Umsteigen in Mettuppalaiyam inklusive, beträgt 16 Stunden. Eine Reservierung ist zu empfehlen.

■ Der Zug von Madras nach Mettuppalaiyam ist aufgeteilt in: „AC First Class" („air-conditioned", klimatisierte 1. Klasse, mit Schlafabteilen, inkl. Waschbecken und Bettzeug); „AC2 Tier open" (zweireihige klimatisierte Wagen ohne Abteile – gut zum Kennenlernen der Mitreisenden; Bettzeug gegen eine kleine Gebühr); und 2. Klasse. Es gibt auch nichtklimatisierte Wagen der 1. Klasse.

■ Die beste Jahreszeit für diese Reise sind die – klimatisch sehr angenehmen – Monate Februar und März sowie September und Oktober.

■ Wegen Fahrkarten und Reservierungen wenden Sie sich am besten an ein Reisebüro Ihres Landes, das seinerseits die Buchungen über das entsprechende Büro der Indian Railways vornimmt.

Mit dem Mandalay-Express durch Birma

BEN DAVIES

Von der etwas heruntergekommenen Hauptstadt Yangon, dem einstigen Rangun, tukkert der Mandalay-Express durch die traumhafte Landschaft von Myanmar (Birma) mit ihren unzähligen Reisfeldern, durch ein Land der 10 000 goldenen Türme bis nach Mandalay an den Ufern des Irawadi. Vierzehn Stunden Chaos, Gedränge und schier unbeschreibliche Exotik – wo sonst in Asien findet man eine Bahn von diesem Reiz?

RECHTS *Der bürokratische Hürdenlauf, der für diese Zugfahrt zu absolvieren war, hat sich schließlich doch gelohnt*

GANZ RECHTS *Yangon Station: Der Mandalay-Express ist abfahrtbereit. Die birmesische Hauptstadt Rangun wurde 1989 in Yangon umbenannt*

Schon Stunden bevor über den menschenleeren Straßen von Rangun der Morgen dämmerte, waren die Bahnsteige bis auf den letzten Platz besetzt. Ein Heer schweigender Gestalten, die auf dem Boden lagerten oder dicht gedrängt geduldig anstanden, wartete auf die Abfahrt jener grandiosen Institution namens Mandalay-Express. Der aber ruhte wie ein Halbgott hinter einem Stacheldrahtzaun, eine Schlange aus 13 Wagen in Orange, Weiß und Braun, die uns nach Mandalay bringen würde, der Stadt der Paläste und tausend Verheißungen, 621 km nördlich von Rangun.

„Fahrkarten", sagte der Mann mit den peinlich sauberen, beigen Flanellhosen, der zwischen mir und dem sich schnell füllenden Zug stand. „Sie brauchen eine Sonderfahrkarte. Alle Touristen müssen mit Tourist Burma fahren."

„Schriftsteller", erklärte ich ihm. „Sondererlaubnis. Nicht nötig", setzte ich hinzu und reichte ihm einen abgegriffenen Brief des birmanischen Verkehrsministers.

Der Mann wurde nervös und erörterte die ungewöhnliche Situation mit einem Kollegen, der sie mit einem weiteren Kollegen besprach. „Zug voll", sagten sie alle drei wie aus einem Munde. „Sprechen Sie mit Tourist Burma." Wenn mir nicht ein früherer Marineoffizier für knapp einen Dollar eine Nahbereichskarte gekauft und mich schleunigst zu einem Wagen geführt hätte, der noch überfüllter war als der Bahnsteig, würde ich ganz sicher noch immer dort stehen und warten.

Aber so werde ich genau um 6.00 Uhr, beim Läuten einer elektrischen Glocke und dem langgezogenen Pfiff des Schaffners, nach vorn geschleudert – und ab geht's auf rostigen Schienen in Richtung Mandalay.

Die Morgendämmerung hat inzwischen begonnen. Ich erhasche Szenen einer schon hellwachen Welt: Kinder waschen sich unter Sturzbächen brackigen Wassers, und herrenlose Hunde trotten an den Gleisen entlang, die den Einheimischen als Fußweg dienen. „Yangon", seufzt der Mann neben mir, „zu viele Menschen."

Als ob hier nicht auch genug wären – überall Menschen, auf den Koffern, unter den Bänken, auf den Wagendächern. Laut dem kleinen Handbuch der Burmesischen Eisenbahn befördern die hiesigen Bahnen jährlich über 50 Millionen Fahrgäste und über 1.74 Millionen t Güter. Wenn ich mich so umsehe, kann ich mich des Gefühls nicht erwehren, daß wir mehr als den uns zustehenden Anteil abbekommen haben, besonders in diesem Wagen hier.

■ *Von Yangon fährt der Mandalay-Express nach Norden, über Pegu, Daik-u, Penwegon, Pyu, Toungoo, Yeni, Pyinmana, Yamethin, Thazi nach Mandalay. Der Bau der Linie begann 1877 unter der Irrawaddy State Railway, der späteren Burmese Railways. Der Abschnitt zwischen Yangon und Toungoo wurde am 1. Juli 1885 eröffnet, der Anschluß nach Mandalay am 1. März 1889. Ab 1. April 1989 heißt die Betreibergesellschaft Myanmar Railways.*
Die heruntergekommenen Bauten der birmanischen Hauptstadt Yangon zeugen von vergangenem Glanz. Einen Besuch wert ist Yangons Shwe-Dagon-Pagode, der berühmteste Tempel von Myanmar.
Pegu, einst Hauptstadt des Monreiches, besitzt viele schöne Tempel und Statuen. Am berühmtesten sind die Shwemawdaw- und die Mahazedi-Pagode und die Kolossalstatue Shwethalyaung-Buddha („liegender Buddha"). Zur Fahrt dorthin mieten Sie am besten einen Pferdewagen.
Berühmt ist auch der märchenhafte Inle-See, den man von Thazi aus erreicht. Seine schwimmenden Gärten sind künstliche, auf dem Seegrund verankerten Inseln. Am schönsten ist es dort am frühen Morgen, wenn der schwimmende Markt in vollem Gange ist.

Letzteres spiegelt in gewissem Maße die soziale Hierarchie Birmas. In den Zügen hier gibt es zwei Klassen, die Obere und die Normalklasse. Die Obere Klasse hat hübsche, verstellbare Polstersitze; hier sitzen Regierungsbeamte und Geschäftsleute. In der Normalklasse mit ihren Holzbänken reisen die weniger begüterten Mitglieder der Gesellschaft. Aber selbst in den Wagen der Holzklasse kann man noch zwischen „Betuchten" und „Habenichtsen" unterscheiden. Die Betuchten haben ihre Fahrkarten drei Tage vor der Abfahrt erstanden und haben auch einen Sitzplatz. Der Habenichts hat sein Ticket unmittelbar vor der Abfahrt des Zuges gekauft und dafür schon vor dem Morgengrauen auf dem Bahnsteig angestanden; die einzige Sitzmöglichkeit für ihn ist der Fußboden. Zu dieser weniger vom Glück begünstigten Kategorie gehöre auch ich. Aber ich befinde mich in guter Gesellschaft: Ein Mönch, ein Krüppel mit zwei lebenden Hühnern und ein Soldat, der mit einer Art doppelläufigem Gewehr herumfuchtelt, teilen mein Los. Als ich endlich einen Platz auf dem Boden finde, haben wir die weite, offene City mit ihren schimmelnden, grandiosen Kolonialbauten und ihrer Atmosphäre schläfrigen Verfalls schon hinter uns. Die Betonbauten weichen Holzhütten, als wir uns durch die Vororte schlängeln und in jene ländliche Welt kommen, in der die meisten ihren Boden noch immer genau wie ihre Ahnen und Urahnen bestellen. Nun verfällt der Zug in einen gemächlichen Rhythmus. Vor uns breitet sich das weite Land aus, eine riesige flache Mulde voller Reisfelder, mit hie und da einer kleinen Anhöhe, deren jede ihre eigene weiße Pagode trägt, die von einem Spitzkegel aus massivem Gold gekrönt ist. Während eines Großteils des Jahres ist dieses Land ein einziges grünes Meer. Jetzt, im März, wirkt es trocken und ausgedörrt, fast trostlos.

Wir nähern uns dem einst mächtigen Pegu, das bis 1541 die Hauptstadt des Monreiches war, und sehen seine glitzernden Tempel sich aus der Ebene erheben: auf der einen Seite die weiße Marmorgestalt der Mahzedi-Pagode, auf der andern der goldene Turm der berühmten, 114 m hohen Shwemawdaw-Pagode („Goldenes Heiligtum"), die zwei Haare Buddhas und einen seiner heiligen Zähne aufbewahrt.

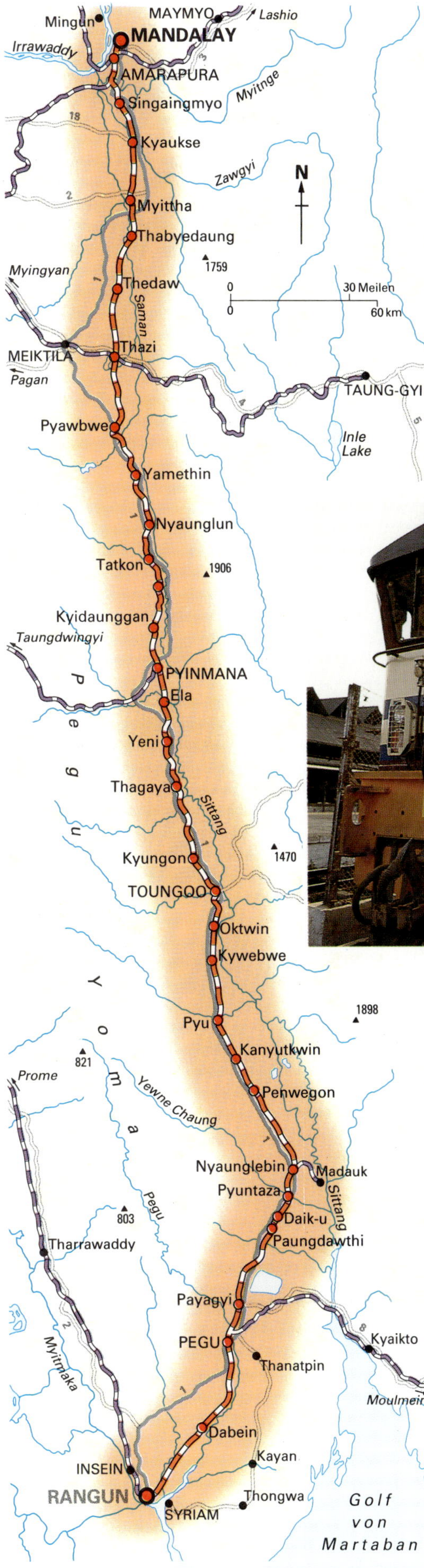

Das großartigste Zeugnis der einstigen Pracht Birmas ist Pagan, die 1287 durch die Mongolen zerstörte Hauptstadt des ersten birmanischen Reiches. Seine vielen tausend Tempel, die bis ins 2. Jahrhundert nach Chr. zurückgehen, liegen auf einem etwa 50 km² großen Gebiet am mittleren Irawadi. Am bekanntesten

sind der Ananda- und der Mahabodhi-Tempel.
Mandalay ist ein bedeutendes Kulturzentrum und Mittelpunkt des Edelsteinhandels. Versäumen Sie nicht den schönen Königspalast von Mandalay, den Shwenandaw Kyaung – und den Sonnenaufgang über dem Irawadi, wenn die Boote nach Mingun hinüberfahren.
Fünf Stunden sind es bis zur alten britischen Sommerresidenz Maymyo in den Bergen oberhalb von Mandalay, die heute vor allem für ihre Kutschfahrten und frischen Erdbeeren berühmt ist. Von Maymyo fährt der Zug nach Lashio weiter, das derzeit aber für Touristen gesperrt ist.

OBEN *1889 schrieb Kipling über die liebliche Shwe-Dagon-Pagode: „Sie ist ein berühmtes Heiligtum oder so etwas Ähnliches ... und nun, da die Toungoo-Mandalay-Bahn eröffnet ist, kommen die Pilger in Scharen, um es zu sehen."*

MENSCHEN WIE SAND AM MEER

Auf dem Bahnsteig, nicht weit von der Shwemawdaw, warten Scharen fliegender Händler, um sich auf den einfahrenden Zug zu stürzen und Enteneier, Zwiebel-*Bhaji* und die „mordsmäßigen" grünen Stumpen zu verkaufen, die Rudyard Kipling sofort wieder erkannt hätte. Kinder mit großen Krügen voll Wasser hasten vorbei, und schon sind wir wieder unterwegs.

Als wir Daik-u passieren, haben sich meine Mitreisenden in allen nur denkbaren Positionen eingerichtet, auf den Sitzen, unter den Sitzen und in den Gängen, Körper an Körper und Kopf an Kopf. Ein paar Händler sind unter ihnen und eine junge, wohlhabende Familie, die ihre alte Mutter in Maymyo besuchen will, zwei Soldaten und ein *Schan* aus einem der Landesteile, die sich gegen die Regierung erhoben haben. Eine junge Frau fasziniert mich ganz besonders. Ihr Make-up besteht aus großen weißen Klecksen der süß riechenden Eukalyptuspaste *Thanadkhar.* Sie trägt ein rosa T-Shirt, auf dem in großen Buchstaben das englische Wort „Porn" steht. Die meisten hier haben einen *Longyi* an, ein seidenes Wickeltuch, das die Männer vorn zuknoten und die Frauen an der Seite. „Porno" trägt Jeans.

Die Lokomotive ist auch etwas Besonderes. „Französisch", erklärt mir der Zugführer stolz und zeigt auf das Schild der Pariser Firma Alsthom. Es ist eine Diesellok. Noch bis vor zehn Jahren wurde diese Strecke von schnaufenden, keuchenden Dampflokomotiven befahren, die aber nur noch bei Güterzügen und irgendwelchen Personenzügen in Oberbirma eingesetzt werden. „Fortschritt", verkündet der Zugführer. Ich überlege melancholisch, daß Fortschritt hier die Abschaffung so grandioser Institutionen wie der Dampfzüge bei gleichzeitiger Bewahrung weitaus altmodischerer Einrichtungen, wie der Tourist Burma und der staatlichen Bürokratie, bedeutet.

Etwa eine Stunde später kämpft sich ein kleiner Burmese mit einem großen Plastiksack durch den Gang. Er macht bei jeder Holzbank halt und teilt ganze Bündel von bedrucktem Papier an die begeisterten Reisenden aus: burmesische Magazine, Heftchen mit Kitschromanen und Cartoons. Sie werden stundenweise vermietet und sind der Hauptgrund, warum meine Mitreisenden sich während der ganzen Fahrt kaum von der Stelle rühren.

Wider alles Erwarten

Natürlich gibt es solche und solche Eisenbahnen. Manche sind für ihre technischen Wunderwerke berühmt, andere wegen ihrer Geschichte oder der Landschaft, die sie durchqueren. Das Besondere an der Yangon-Mandalay-Bahn ist sicher, daß die Behörden es überhaupt geschafft haben, sie am Leben zu halten – trotz der zahllosen Versuche (allerdings nicht in neuerer Zeit), sie in die Luft zu sprengen. Als der Schriftsteller Norman Lewis Mitte der 1950er diese Reise unternahm, kam er nicht viel weiter als 200 km, bevor das kommunistische „Weiße Banner" oder irgendeine der unzähligen anderen Rebellengruppen seinen Zug vorn und hinten verminten und hochjagten, um dann schnell wieder im Dschungel zu verschwinden.

Aber auch ein anderes Fiasko dieser Bahnlinie ertrugen die Burmesen mit typischer Nonchalance. In einem bestimmten Stadium sollte die Strecke bis Singapur, Malaysia und Thailand weitergeführt werden. Das war Teil eines großen Planes, den sich die japanischen Besatzer während der 1940er ausgedacht hatten und an den die tragischen Ereignisse am River Kwai erinnern. Heutigentags schnauft der Zug aber nur einen 621 km langen Streckenabschnitt hinauf und hinab, für den er bei einem theoretischen Schnitt von 43 km/h theoretisch 14 Stunden braucht. Im allgemeinen benötigt er aber einige Stunden mehr, weil er ganz erhebliche Zeit mit Stillstehen verbringt.

Schuld daran sind auch die zahlreichen außerplanmäßigen Stopps, die sich aus der einmaligen burmesischen Art zu reisen ergeben. Statt an ihrem Zielbahnhof einen teuren Pferdewagen zu mieten oder auf dem überfüllten Dachträger eines Lastwagens vollends nach Hause zu fahren, sind die pragmatischen Landesbewohner auf die Alternative verfallen, den Zugführer zu bestechen, damit der an einer vorher vereinbarten Stelle anhält (teuer) oder in der Nähe ihres Heims die Fahrt so verlangsamt, daß sie schnell abspringen können (billiger).

OBEN *Bei jedem Halt kann man Erfrischungen kaufen*

Aber der Zugführer ist nicht der einzige, der Geschäfte macht. Die Schaffner in den Wagen der Oberen Klasse sind nur allzugern bereit, einem ihren Sitzplatz zu verkaufen, und verbringen dann eben den Rest der Fahrt, alle viere von sich gestreckt, auf dem Fußboden. In Zeiten extremer Überfüllung, so meine zuverlässige Information, kann man sich sogar auf der Lokomotive einen Stehplatz kaufen.

Bis wir nach Penwegon und Pyu kommen, hat sich der ganze Zug in einen einzigen Speisewagen verwandelt. Bei jedem Halt springen fliegende Händler in den Zug. Der eine hat ein Sortiment von Coca-Cola in Flaschen, offenem Zuckerrohrsaft, „Sparkling Lemonade" (Perlende Limonade, ein scheußlich süßes Zitronengebräu) und Mandalay-Bier. Ein anderer bietet Kebab feil, wieder ein anderer geschmorte Vögel. Inzwischen tut sich der Mönch in meinem Abteil schon an den Hühnerfleischbrocken mit Gemüse und Reis gütlich, die ihm Mitreisende in der Hoffnung gestiftet haben, sich religiöse Verdienste zu erwerben, die ihnen den Weg zu einem besseren Leben danach ebnen. Sogar das schöne Mädchen mit dem „Porn" auf ihrem T-Shirt genehmigt sich einen Teller voll *Sarga-lay-gyaw*, einer Art Spatzenbraten, den sie mit Stumpf und Stiel verputzt. Wem nach anderen Delikatessen zumute ist – bitte, es gibt gebratene Grillen und Tauben und klebrigen Reis, der in Bambusrohren oder in Bananenblättern verpackt serviert wird.

Über die Köpfe meiner schwelgenden Reisegefährten hinweg sehe ich, daß wir an hohen, trockenliegenden Flußufern entlangfahren, die eine weite, unwirkliche Landschaft durchschneiden. Ein Karren überquert langsam den Horizont, ein einsames Gefährt, das mit Zuckerrohr beladen ist und von einem Paar Ochsen hoch erhobenen Hauptes gezogen wird. Ponys, Fahr-

ORDINARY CLASS
10317

radrikschas und mit Arbeitern brechend volle Lastwagen wirbeln den Staub der gewundenen Feldwege auf. Manchmal fällt der Blick dieser Leute auf mich. Dann lachen und winken sie dem seltsamen Fremden zu, der da auf dem Boden seines Wagens sitzt und die Beine hinausbaumeln läßt.

Bei Yeni verlangsamt der Zug seine Fahrt wieder so weit, daß an beiden Seiten der nächste summende Schwarm von Händlern hereinklettern kann, die Tabletts mit gebratenen Heuschrecken oder einen riesigen, verbeulten Teekessel jonglieren und grüne Stumpen im Mund stecken haben. Wer seine Waren losgeworden ist, springt irgendwo wieder ab oder schwingt sich einfach aufs Wagendach hinauf.

Inzwischen herrscht eine glühende Hitze. Die meisten birmesischen Fahrgäste schlafen fest: überall um mich sanfte Gesichter, geschminkte Gesichter, über und unter den Holzbänken. Die Wasserbüffel draußen haben sich im Schatten der Bäume untergestellt oder wälzen sich in den gewaltigen Suhlen, die sich an den Bewässerungskanälen bilden.

Je weiter wir nach Norden kommen, desto bergiger wird die immer noch trockene und ausgedörrte Landschaft, die nur von einigen Sonnenblumenfeldern hie und da mit einem Farbtupfer versehen wird. Wir fah-

VORIGE SEITE *Über den Telegrafendrähten ragen traumverloren die Türme des Königspalasts von Mandalay empor*
NEBENBILDER, *Szenen auf dem Weg nach Mandalay*

OBEN *Langsam vergeht der Nachmittag. Viel mehr als dösen kann man in dem überfüllten, heißen Zug nicht*

RECHTS *Wassermelonen-Verkäufer vor dem Bahnhof von Pyu*

GANZ RECHTS *Eine beeindruckende goldene Buddha-Statue in der alten Stadt Pagan*

ren an kleinen Städten vorbei, namenlosen Orten vor dem Hintergrund des fernen Schan-Hochlands, das sich zum Salween River hinzieht.

Am späten Nachmittag sieht es in der Normalklasse wie auf einem ägyptischen Kamelmarkt aus. Der Boden ist voller leerer Plastikflaschen, Schalen von Wassermelonen und Betelsaft. Ein alter Mann umklammert gar ein wild und leicht senil wirkendes Huhn, das mit seinen gefesselten Beinen zuckt und einen mit vor Bosheit und Verblüffung glasigen Augen anstarrt.

Als wir Thazi passieren, Hauptknotenpunkt für die Züge von und nach Myingyan und Taung-gyi, wird die erste Petroleumlampe angezündet, die bald die Luft mit ihrem Qualm erfüllt. Fischer stehen bis zur Hüfte im Fluß und werfen im goldenen Licht der untergehenden Sonne ihre Netze aus.

Der Wagenschaffner öffnet zur Feier unserer Abfahrt aus Thazi eine Flasche mit einheimischem Whisky oder *Ahyetphu*. Der Sicherheitsbeamte, der inzwischen seine Uniform gegen ein T-Shirt und einen *Longyi* getauscht hat, leistet ihm dabei Gesellschaft. Sie sprechen beide den hiesigen Dialekt.

EINE EINFACHE SPRACHE

Birmanisch ist eine seltsame, nasale Sprache, die meist in gedämpfter Tonlage und ohne irgendwelche Betonung gesprochen wird. Stellen Sie sich das Selbstgespräch irgendeines Einfaltspinsels vor, dann haben Sie eine ganz gute Annäherung daran. Nicht viele Burmesen sprechen Englisch. Aber wenn, dann mit einer Mischung aus Charme und Verbindlichkeit.

„Woher kommen Sie?" fragt der Schaffner und spendiert mir ein großes Glas sehr, sehr starken Schnaps und den größten Leckerbissen, den er besitzt – die Bäckchen eines mit Curry zubereiteten Fischkopfes. Als er hört, daß ich aus England komme, wird er sehr aufgeregt. „England Krieg. Myanmar sehr stark. Bang-bang. Myanmar gewinnt", sagt er und spielt dabei auf den 2. Weltkrieg an. In Wahrheit haben die Burmesen die Japaner geschlagen, von den Briten aber ihre Unabhängigkeit erlangt. Ich konnte nicht umhin, die Offenheit und Direktheit eines Volkes zu bewundern, das seit mehr als 40 Jahren immer wieder in Kriege verwickelt wird.

Aber nicht genug. Nachdem er gehustet und sich einen Stumpen angezündet hat, fügt der Schaffner als letzten Beweis birmanischer Überlegenheit hinzu: „Myanmar-Mädchen sehr schön. Erstklasse schön." Wir haben viele Zuhörer, die sich nun am Gespräch beteiligen, Ratschläge geben, mir Zigaretten anbieten und ihre Ansicht über Margaret Thatcher, die Fußballmannschaft von Liverpool und andere weltliche Dinge mehr kundtun.

Als wir Singaingmyo erreichen, ist unser Zugbegleiter betrunken, und der Sicherheitsbeamte in Zivil auch. Ich hocke auf einem verstellbaren Sitz in einem klimatisierten Wagen (obwohl ich nur eine Fahrkarte für die

Normalklasse habe) und habe inzwischen eine ganze Reihe von Geschenken bekommen – von einem Bambusrohr mit klebrigem Reis bis zu einer Landkarte und einem Maiskolben. Wenn die Fahrt noch länger dauerte, würde man mir wohl zu guter Letzt ein Schlafwagenabteil anbieten.

Eine halbe Stunde vor Mandalay bricht Hektik aus. Ich sehe einige Gestalten mit Taschen voller illegaler Zigaretten und geschmuggeltem Schnaps, die vom Dach oder aus den Türen auf den Damm springen. Ihre Komplizen greifen sich die Taschen und verschwinden in der Dunkelheit. Das ist Teil des Schwarzmarkts, der fast jeden Bereich der Wirtschaft Birmas beherrscht und dafür sorgt, daß den Einheimischen, insbesondere den Regierungsbeamten, ihr Lieblingswhisky (Johnnie Walker) und ihre Lieblingszigaretten (555) nie ausgehen.

Kaum ist der letzte verschwunden, erreichen wir schon die Randbezirke von Mandalay, der Stadt mit der berühmten Mahamuni-Pagode und der ca. 2500 Jahre alten, dick mit Blattgold belegten, 4 m hohen Buddha-Statue, der Stadt am großen Irawadi, über die einst Rudyard Kipling geschrieben hat. Der Schaffner lacht hemmungslos, der Sicherheitsbeamte schläft, und es ist 10.00 Uhr, noch eine Stunde bis zum Beginn der Ausgangssperre und acht Stunden, bis mein Zug nach Yangon zurückfährt.

PRAKTISCHE TIPS

- Der Mandalay-Express verkehrt zweimal täglich; er benötigt für die 621 km lange Strecke Rangun-Mandalay zwischen 12 und 18 Stunden. Die Fahrkarten muß man über Tourist Burma kaufen – am besten zwei, drei Tage im voraus und möglichst mit US-Dollars zu bezahlen. Der Nachtzug verfügt über Schlafwagen.
- Für die Einreise nach Myanmar ist ein Visum erforderlich, das Sie bei der birmanischen Botschaft oder einem Reiseveranstalter erhalten.
- Die beste Reisezeit sind die Monate November bis Februar, wenn das Klima noch kühl und die Landschaft grün ist. Von März bis Mai steigen die Temperaturen leicht über 40 °C.
- Über Individualreisen, die seit Oktober 1992 in bestimmten Landesteilen wieder möglich sind, informiert Sie Ihr Reisebüro oder die birmanische Botschaft Ihres Landes.

Durch die Malaiische Halbinsel – von Bangkok nach Singapur

BEN DAVIES

Gut 1600 km lang ist die Fahrt mit dem Bangkok-Singapur-Express. Sie geht von Thailand durch das grüne Herzland Malaysias nach Singapur, einem der pulsierendsten Wirtschaftszentren Asiens. Es ist eine Reise aus dem traditionellen Chaos Asiens in ein neues, schöpferisches Chaos, eine Reise durch drei Welten, die selbst Rudyard Kipling sich nicht hätte entgehen lassen wollen.

OBEN *In Bangkok gibt es über 400 Tempelklöster; hier eine Teilansicht des berühmten Wat Phra Kaeo (Tempel des Smaragdgrünen Buddha), der an den königlichen Palast angrenzt*

UNTEN *Leben neben den Schienen, Bangkok*

Genau um 15.15 Uhr ertönte die Trillerpfeife, wurde die grüne Fahne geschwenkt. Der Internationale Express ruckte an, stoppte jäh, fuhr wieder an, und die Fahrt in den Süden begann. In den Gängen brach Chaos aus: Kinder weinten, fliegende Händler versuchten ihre letzten Hühnerschlegel und Fantas loszuwerden, ein junges Mädchen drückte ein Baby an sich. Als der hinterste Wagen den Bahnsteig 5 und die alten fensterlosen Züge auf den Abstellgleisen des Bahnhofs Hualamphong hinter sich gelassen hatte, waren die Händler verschwunden. Eine Atmosphäre der Respektabilität, Sauberkeit und modernen Ordnung zog wieder in die Abteile ein.

Ein graues Bangkok umgab unsere Insel der Modernität – nicht die berühmten Tempel, sondern die Armenviertel, Müllkippen und Verkehrsstaus einer Stadt voller gespaltener Persönlichkeiten, ein Chaos von Geräuschen und Existenzen, die wenig miteinander gemein haben. Eine Handvoll Menschen winkte, einsame Gestalten vor Hütten aus Wellblech und Pappe. Andere legten ihre Wäsche auf der aschefarbenen Erde längs des Bahndamms zum Trocknen aus.

Vom Hualamphong-Bahnhof aus rattert der Internationale Express in westlicher Richtung durch die Stadt, vorbei an den trüben *Klongs* (Kanälen) und an der Residenz des Königs und riesigen Reklametafeln. Bis er endlich, nach einer Ewigkeit fast, die offene Landschaft erreicht, ein Land der Reisfelder, das sich wie ein mit den Verheißungen des Orients durchwirkter Teppich ausbreitet.

Natürlich sind Züge nicht das erste, was einem bei dem Gedanken an Bangkok einfällt. Genausowenig wie Tempel oder Mönche. Es sind die Bars und Bordelle, die Bangkok berühmt-berüchtigt gemacht und ihm auch den Namen „Stadt der Engel" eingebracht haben. Wer dergleichen im Internationalen Express nach Hat Yai und Butterworth zu finden hofft, wird leicht enttäuscht. Eine Bar und ein Restaurant, ja. Ein Bordell, nein.

Was einem in thailändischen Zügen vermutlich als erstes auffällt, das ist nicht die Dusche in der Toilette oder die Buddhastatue in der Lok, das sind die Menschen selbst, die Menschen mit ihrem kleinen Lächeln und ihrer ansteckenden Lebensfreude. Die Thai sorgen sich nicht um das Morgen. Sie glauben an das Heute, und das gibt ihnen eine Freiheit und Unbeschwertheit, von der ein *Farang*, ein Fremder, nur träumen kann.

Abgesehen von einem großen, beleibten Mönch, der sich nach der buddhistischen Regel des Alkohols, der Frauen – und vor Mittag auch jeder Speise – enthalten muß, scheinen die übrigen Thai in meinem Wagen auf ganz reizende Weise dem Himmel oder, falls sie Buddhisten sind, dem „Nirwana" nahe zu sein. Sie spielen Karten und schwatzen, trinken Whisky, essen Kebab und schlafen eng aneinandergelehnt, eine Ansammlung sanfter Gesichter und nach Lotusblüten und Jasmin duftender Kleider.

Die Ausländer dagegen sehen gehemmt und schmutzig aus. Das Spektrum der *Farang*, die bei mir im nichtklimatisierten Wagen 2. Klasse sitzen, reicht vom halbzivilisierten Hippie mit X-Beinen und dickem Wanst bis zu richtigen Wilden mit Ohren voller Ringe, durchbohrter Nase, kahl geschorenem Schädel und verblichenem T-Shirt mit dem Aufdruck „Gotcha! Hab' ich dich!"

Diese Spielart paßt gut zu dem Bild, das die Thai seit je von den westlichen Ausländern haben. Eine frühe Chronik, die *Thai Nya Phuum*, charakterisiert die *Farang* so: „Sie sind äußerst groß, behaart und von üblem Geruch." Wenn ich mir so einige meiner Mitreisenden anschaue, muß ich dem wohl oder übel zustimmen, zumindest in einigen Fällen.

Kurz nach Nakhon Pathom kommen drei Bahnbeamte durch den Zug gewandert. Der erste ist ein makellos gekleideter Schaffner mit blauen Flanellhosen, hellblauem Hemd und einer amtlich wirkenden Mütze. Er prüft meine Fahrkarte, nickt und reicht sie an den zweiten weiter, der in einer wichtig aussehenden Liste etwas abhakt und meine Karte sodann an den dritten weiterreicht, der prüft, ob die beiden ersten auch alles richtig gemacht haben.

Und mehr noch: Sie lächeln. Vielleicht weil sie, wie viele Thai, von Natur aus glücklich sind. Vielleicht aber

■ *Die wichtigsten Stationen zwischen Bangkok und Singapur sind Phetchaburi, Hua Hin, Hat Yai, Butterworth, Kuala Lumpur und Johor Baharu.*
Die thailändische Hauptstadt Bangkok ist eine chaotische Stadt der Tempel und Fabriken, mit einer unbeschreiblichen Mischung von Chaos und Gelassenheit. Sehenswert sind die glitzernden Türme des Königspalastes, die trüben Kanäle, die geschäftigen Märkte und Patpong, das berühmteste Rotlichtviertel der Welt.
Die alte Stadt Phetchaburi mit ihren Tempeln und Höhlen ist vor allem durch den weitläufigen Phra-Nakhon-Kiri-Palast bekannt; am schönsten ist er bei Sonnenuntergang.
Hua Hin, einst Hauptstadt des thailändischen Königreichs, ist ein beliebter Ausflugsort mit schönen Stränden, Fischerbooten und, in der näheren Umgebung, Wasserfällen, Tempeln und dem Nationalpark Kaeng Krachan.
Surat Thani hat, nach Phuket, die schönsten Strände Thailands. Von Surat Thani gibt es eine Fährverbindung zur paradiesischen Insel Ko Samui und weiter nach Ko Phangan und Ko Tao.
Hat Yai, die am schnellsten wachsende Stadt Südthailands, ist wegen ihres reichen Angebots an Schmuggelgut und Massagesalons sehr beliebt. Die Malaysier strömen zu Tausenden nach Hat Yai, um dort all das zu tun, was ihnen zu Hause verboten ist.
Pinang ist die älteste britische Siedlung im Gebiet der Malaiischen Halbinsel; die schöne alte Chinesenstadt George Town lohnt einen Besuch. In der Umgebung finden Sie einige gute Strände und internationale Hotels.
Die beliebte Sommerfrische Cameron Highlands mit ihren Bergen, Teepflanzungen und Schmetterlingen ist am besten von Tapah aus zu erreichen.
Die malaysische Hauptstadt Kuala Lumpur („Mündung des schlammigen Flusses") war einst für ihr Zinn berühmt und ist heute ein blühendes Wirtschaftszentrum mit vielen Hochhäusern und Hotels und einer Atmosphäre des Wohlstands und Reichtums.
Der moderne Stadtstaat Singapur ist ein Einkaufsparadies, eine saubere, unkomplizierte und die am meisten verwestlichte Stadt Asiens – das genaue Gegenteil Bangkoks.

auch, weil es so von ihnen verlangt wird. Zu ihren Dienstvorschriften, die in den meisten Bahnhöfen Thailands an die Wand gepinnt sind, gehören auch folgende Anweisungen: „Behalten Sie immer Ihr Lächeln, sprechen Sie klar, freundlich und höflich, seien Sie nett, charmant, sanftmütig und gefällig, versuchen Sie, nie nein zu sagen, und verlieren Sie nie die Beherrschung, damit Sie Ihren Job nicht verlieren – und denken Sie daran: der Kunde hat immer recht."

Von der kleinen Stadt Ban Pong, westlich von Bangkok, fährt der Internationale Express nach Süden, an Ratchaburi und Pak Tho vorbei, durch weites offenes Land mit Reisfeldern und fernen Hügeln. Hie und da sind neue Fabriken und Gebäude mit Eigentumswohnungen zu sehen, die ersten Anzeichen einer wachsenden Wirtschaftskraft, die Thailand eines Tages zu einer der blühendsten Nationen des Osten machen wird.

RECHTS *Mit einer Mischung aus Geduld und Ungeduld warten die Reisenden auf die Abfahrt des Zuges*

In Phetchaburi verlangsamt der Zug die Fahrt, läßt seine Sirene ertönen und kommt dann mit einem Ruck zum Stehen. Von einem kleinen Tempel auf dem Hügel dort hielt einst König Mongkhut – bei uns durch das Musical *The King and I* berühmt – nach unbekannten Sternen Ausschau. Er konnte eine aufsehenerregende Finsternis in der Mitte des 19. Jahrhunderts vorhersagen und starb, nachdem er in den nahen Sümpfen von Sam Roi Yot Zeuge des großen Ereignisses geworden war – aber nicht ohne vorher mit 35 verschiedenen Frauen 83 Kinder in die Welt gesetzt zu haben.

Bei Einbruch der Dämmerung verlassen wir Phetchaburi wieder. Schon weicht das glühende Licht des Tages den Schatten des späten Nachmittags, und unsere Lok, mit ihrer langen Wagenreihe hinter sich, tuckert im sanften Schein der untergehenden Sonne dahin.

Ich wandere zum Speisewagen in der Zugmitte. Seine weit offenen Fenster lassen das Licht und die Luft der herrlichen Landschaft herein. Die ganze Atmosphäre hier atmet Freude und Fröhlichkeit. Blau gekleidete Kellnerinnen sausen geschäftig durch den Gang, nehmen Bestellungen auf und balancieren riesige Tabletts voll dampfender gastronomischer Abnormitäten vor der Brust. Dazu gehören – laut der Speisekarte in Thai und Englisch – Seetangsuppe mit Garnelen, geräucherte Hühnerbrust mit Soße und in Butter gedünstetem Gemüse sowie, als absoluter Höhepunkt, gebratener Schweinsnacken. In einer Ecke, unter einem Poster mit einer halbnackten, Guinness trinkenden Frau, sitzen einige joviale Thai und lauschen der Rockmusik, die aus den Lautsprechern ertönt. An den Tischen um sie herum sitzen Arbeiter, die auf dem Weg nach Hause sind, Fischer, Geschäftsleute, Ausländer mit ihren ausgehaltenen thailändischen Freundinnen und zwei Polizisten, die Karten spielen und stattliche Mengen einheimischen Whiskys konsumieren.

Die Fahrgäste, denen der Weg zum Speisewagen zu anstrengend ist, müssen deswegen noch lange nicht aufs Essen verzichten. Für sie haben die Thai nämlich eines der eindruckvollsten „Bedienung am Platz"-Systeme ganz Südostasiens entwickelt. Man muß sich nur an eine der blau uniformierten Damen wenden, die ständig durch die Wagen kommen. Bei ihnen kann man alles bestellen, sei es nun gebratener Reis oder der berühmte gebratene Schweinsnacken, und bei Erhalt bezahlen.

In Thailand erledigen sogar die Schlafwagenschaffner ihre Arbeit mit Charme und Geschick und lächeln einen freundlich an, wenn sie frischgebügelte Bettwäsche aus einem Plastiksack ziehen, riesige Kissen zum Vorschein bringen und einen Sitz in Sekundenschnelle in ein Bett verwandeln, das allen Ansprüchen genügen kann. Das wird dann noch mit einer Halbliterflasche Trinkwasser ausgestattet und mit einem Vorhang verdeckt, der groß genug ist, um auch den schamhaftesten Schläfer vor den Augen seiner Mitreisenden zu verbergen.

Die meisten Thai klettern nun, da sie gegessen und sich gewaschen haben, ihre Leiter hinauf und ziehen sich in eine Welt behaglicher Schläfrigkeit zurück. Nur ein paar wilde Westler geben sich noch dem Kartenspiel und einer Flasche Mekong-Whisky hin, aber ihr Lachen und Reden verliert sich in der Nacht. Der Zug fährt weiter durch die Dunkelheit, die das thailändische Herzland fast völlig aufgesogen hat und uns nur ab und zu die zarte Silhouette eines jener Dörfer wahrnehmen läßt, die hier jährlich 20 Millionen Tonnen Reis produzieren.

Um zwei Uhr morgens wird der sanfte Rhythmus jäh unterbrochen, als in Surat Thani, lärmend und Türen schlagend, Scharen von Urlaubern aussteigen, die auf dem Weg zu ihrem Gelobten Land sind, der paradiesischen Insel Ko Samui, mit dem Schiff in drei Stunden zu erreichen. Einige Stunden später steigen an dem Eisenbahnknotenpunkt Thung Song vereinzelte Fahrgäste aus, die nach Trang wollen.

Als der Morgen dämmert, sind wir in Phatthalung, das unter wiegenden Palmen an der Spitze des Songkhla-Sees liegt (Thale Sap Songkhla). Dann fahren wir an kleinen Städten vorüber – winzige Flecken nur auf der Landkarte –, die einst Teil des großen Sriwijaya-Reichs waren, das bis zum 13. Jahrhundert ganz Sumatra und große Teile Südthailands beherrschte.

Die meisten thailändischen Mitreisenden sind schon auf und widmen sich einer anderen ihrer Lieblingsbeschäftigungen: sich zu waschen. Wie wichtig sie die Körperpflege nehmen, zeigt sich auch daran, daß die Toiletten hiesiger Züge, fast einzigartig in Asien, sogar über eine Dusche verfügen. Nachdem sie sich gewaschen und die Zähne geputzt haben, frühstücken sie: Curry, vielleicht ein bißchen gegrilltes Huhn oder Kebab, mit Chilli-Soße zum Eintunken. Ein paar Westler tauchen rotäugig und verquollen aus ihren Kojen auf, um sich Eier mit Toast und Butter zu bestellen. Die junge Thailänderin, die das Bett unter mir hat, strahlt vor Begeisterung über ihren Teller mit *Durionen*, die wie Aas mit Vanillesoße riechen und bei den Chinesen einen großen Ruf als Aphrodisiakum genießen.

„Pay nai", sagt sie und gebraucht dabei eine Wendung, die wörtlich zwar „Wohin gehen Sie?" bedeutet, aber die Formel darstellt, mit der fast jeder höfliche Thai ein Gespräch beginnt. Die junge Frau heißt Deng, arbeitet in Bangkok als Krankenschwester und besucht ihre Mutter in Hat Yai, die vor kurzem einen Verkehrsunfall hatte. Andere reisen noch bis Butterworth und Pinang, aber nur wenige fahren die ganze Strecke bis nach Singapur, das noch 24 Stunden entfernt ist.

Der Zug wird langsamer und hält dann in dem modernen und häßlichen Hat Yai, das vor allem für seine Schmuggelwaren, Massagesalons und allmonatlichen Stierkämpfe bekannt ist. Eine Schar kichernder Schulmädchen steigt aus und winkt lächelnd und lachend zum Abschied: „Choc dee! Viel Glück!". Fliegende Händler steigen ein, um gegrilltes Huhn und Bananen zu verkaufen. Einige Thai verstecken verdächtige Pakete unter den Sitzen, und wir fahren in Richtung Grenze weiter.

In Padang Besar, eine Stunde weiter südlich, müssen alle aussteigen und dabei ihr Gepäck mitnehmen. Schaffner gehen von Wagen zu Wagen, um sicherzustellen, daß niemand im Zug geblieben ist. Sogar die Fahrgäste der 1. Klasse müssen ihr Abteil verlassen.

Fünfzig Minuten später: Der Zug hat sich nicht von der Stelle gerührt. Vor zwei Hütten stehen die Ausländer Schlange und füllen Formulare und Erklärungen aus, die sowohl die Behörden des Einreiselands Malaysia als auch die Behörden des Ausreiselands befriedi-

OBEN *Weil kaum ein Wagen klimatisiert ist, improvisieren manche Reisenden ihre eigene Klimaanlage*

LINKS *Der ungewöhnliche chinesische Tempel in Pinang*

OBEN *Kuala Lumpur Station – eher ein Tempel oder eine Moschee als ein Bahnhofsgebäude*

GANZ RECHTS OBEN *Darsteller aus der chinesischen Oper in der Haw Par Villa in Singapur. Diese einstigen Tiger Balm Gardens („Tigerbalsamgärten") sind heute der größte chinesische Legenden- und Märchenpark der Welt*

GANZ RECHTS UNTEN *Das moderne Singapur*

gen sollen. „Hier braucht man länger, um durch den Zoll zu kommen, als in China oder Vietnam", murmelt ein zorniger Reisender, der einen riesigen Lederkoffer mit großen „Hilton Hotel"- und „Cathay Pacific First Class"-Aufklebern schleppt. Hier gibt es also zumindest keine Günstlingswirtschaft.

Aber schließlich finden die Zollbeamten doch ein Ende. Der Schaffner schwenkt seine kleine grüne Fahne. Eine schmutzige Alsthom-Diesellok der Reihe 4209 schleppt unsere sieben Wagen aus dem Bahnhof und macht sich auf den Weg nach Süden, vorbei an Alor Setar, Tokai und Gurun und durch die immer tropischere Landschaft Malaysias.

Ein anderes Land

In Butterworth muß alles aussteigen, denn der Zug endet hier. Ich kaufe mir eine Fahrkarte 2. Klasse, einfach, nach Kuala Lumpur, esse in dem nagelneuen, klimatisierten und nach Plastik aussehenden Bahnhofsrestaurant ein Madras-Curry und steige dann in den nächsten Zug. Er besteht aus einer grauen KTM-Bersih-Lok und sieben grauen Dingin-Wagen. Sie sind mit blauen, weißen und roten Streifen bemalt, was ihnen das Aussehen eines besseren Eiscreme-Verkaufswagens gibt. In jedem Wagen gibt es ein Videogerät, das Filme des speziellen Eisenbahn-Kanals zeigt.

Am frühen Nachmittag geht es weiter. Wir durchqueren eine üppige Tropenlandschaft voller Palmplantagen, Hügel und Häuser mit spitzen Wellblechdächern. Schon hat das seltsame, gutturale Malaiisch den sanften Singsang des tonalen Thai abgelöst. Die Gesichter meiner Mitreisenden sehen dunkler und indischer, länglicher und ernster aus. Bukit Mertajam, Taiping („Stadt des ewigen Friedens"), Ipoh, Tabarot und Kuala Kubu Baharu heißen die Städte, die wir jetzt durchfahren, während die fernen Cameron Highlands östlich von uns im weichen Licht der untergehenden Sonne baden.

Im Bahnhof von Kuala Lumpur hat man erst recht das Gefühl, in einem anderen Land zu sein: Mit dem Lächeln und dem heiteren Charme der Thai ist es nun vorbei. Das Gebäude ist schön, sauber und technisch-funktional. Mit seinen vielen Bögen, Türmen und Türmchen, Minaretten, Kuppeln und roten und gelben Plastikstühlen gleicht es allerdings eher einer Moschee als einem Bahnhof.

Auf dem Bahnhofsplatz hängen ein paar gelangweilte Malaysier herum, spielen Fußball und kicken und köpfen . Die Ansammlung von Hochhäusern hinter ihnen verkörpert die Vision malaiischer Macht und Größe, die Premierminister Datuk Seri Mahathir Mohamad so am Herzen liegt, aber bislang sowohl an der Ineffizienz der Malaysier als auch an dem angeborenen Geschäftssinn und Fleiß der Chinesen gescheitert ist.

Das letzte Stück nach Singapur

Ab Kuala Lumpur wird ein anderer Zug eingesetzt: eine neue Lok mit einigen prachtvollen Wagen 1. Klasse. Das Ganze trägt den recht distinguierten Namen „Nordstern-Nachtexpress". Es ist inzwischen Nacht geworden, aber immer noch drückend heiß. Man kann die wellige Landschaft mit ihren zahllosen Ölpalmen fast spüren, die draußen in der Dunkelheit vorüberziehen. Sie werden weiter im Süden durch Teeplantagen abgelöst, die sich bis zu dem großen Damm von Singapur ausdehnen.

Serdang, Seremban und Keluang – all diese Namen spricht man mit einem schläfrigen Näseln aus. Bei jeder Station steigen ein paar Leute aus und ein paar Leute ein, Fremde, deren Weg sich flüchtig kreuzt, die der dahineilende Zug für kurze Zeit zusammenführt.

Einige von ihnen trifft man dann in dem Speisewagen mit seinen billigen blauen Vorhängen, seinem grellbunten Teppich und seiner tristen Atmosphäre. Die meisten Fahrgäste trinken Coca-Cola oder essen Sandwiches, direkt aus der Cellophanverpackung. Viele tragen einen Sarong und einen schwarzen Hut oder haben, nach islamischer Sitte, ihr Gesicht verschleiert. Aber diese Leute zeigen kein freundliches Lächeln, und die Hitze ist drückend.

Ich gehe zum Schlafwagen 2. Klasse zurück. Dort drin stinkt es nach Schweiß und Urin. Durch den kleinen hölzernen Schacht, der zur Belüftung und zur Beleuchtung dient, sehe ich undeutliche Schatten vorüberziehen, dann plötzliche Ansammlungen von Lichtern. Das sanfte Schaukeln des Zuges wiegt mich weiter durch die Nacht und in den Schlaf hinein.

Ein Ruck weckt mich auf. Die ersten Sonnenstrahlen beleuchten eine üppige Landschaft, die noch die Schönheit des frühen Tages hat. Wir kommen nach Johor Baharu, Malaysias neuestem Wirtschaftszentrum mit modernen Wohnblocks – die *Boom town* der Region. Grenzbeamte steigen ein und kontrollieren unsere Pässe.

Unmittelbar vor uns liegt der Damm, der Malaysia mit Singapur verbindet. Es ist nur eine schmale Linie durch ein mit Schiffen übersätes, funkelnd-blaues Wasser. Aber sie führt uns von einer immer noch weitgehend ländlichen Welt in eine neue und fortschrittliche, eine HighTech-Welt. So fährt der North Star Night Express am Dienstagmorgen genau um 8.00 Uhr, aber mit einer Stunde Verspätung, in den Singapura-Bahnhof ein. Das graue, relativ alte Betongebäude gehört paradoxerweise den Malaysiern und steht in seltsamem Widerspruch zu der klinisch reinen Betoncity ringsum. „Kein Kaugummi, keine Abfälle, Rauchverbot in klimatisierten Räumen, keine langen Haare" – sind die Grundregeln der singapurischen Gesellschaft. Die Taxis vor dem Bahnhof sind sauber hintereinander aufgereiht, die Fußgänger sehr sauber gekleidet, in teuren Kleidern westlichen Stils. Da würde sich der alte Rudyard Kipling im Grabe umdrehen, überlege ich bei mir und kaufe schnell meine Rückfahrkarte nach Bangkok.

Praktische Tips

■ Der Internationale Express fährt jeweils nachmittags im Hualamphong-Bahnhof von Bangkok ab, erreicht Butterworth am Mittag und Kuala Lumpur am späten Abend des folgenden Tages und kommt am frühen Morgen des dritten Tages in Singapur an. Er benötigt für die 1650 km lange Strecke etwa 40 Stunden.

■ Der Zug verfügt über Schlafwagenplätze und Liegesitze, in der 1. wie in der 2. Klasse; aber Sie sollten in einem der Bahnhöfe oder bei einem dortigen Reisebüro frühzeitig einen Platz buchen.

■ In Butterworth und Kuala Lumpur müssen die Reisenden umsteigen; in Padang Besar ist Zollkontrolle.

■ Die beste Reisezeit sind die Monate November bis Februar, wenn das Land noch kühl und grün ist. Die heißesten Monate sind März, April und Mai; die Regenzeit dauert von Juni bis Oktober.

■ Im Herbst 1993 soll auf der Strecke Singapur-Bangkok-Singapur der Eastern & Oriental Express in Betrieb genommen werden, eine ausnehmend prächtige Version des Venedig-Simplon-Orient-Express. Informationen dazu erhalten Sie in Ihrem Reisebüro oder bei Venice Simplon-Orient-Express Ltd (vgl. S. 25).

■ Die Buchungen und Reiseplanung können viele größere Reiseveranstalter für Sie vornehmen.

Der Sunset Limited von New Orleans nach Los Angeles

OBEN *Ein zweistöckiger Superliner des Sunset Limited*

KEN WESTCOTT JONES

Der Sunset Limited ist einer der Elitezüge auf den Westrouten der Bahngesellschaft Amtrak. Er verbindet den Golf von Mexiko mit dem Pazifik und durchquert auf dem Netz der Southern Pacific den südlichsten Teil der USA. Die über 3200 km lange Reise beginnt in New Orleans und endet 43 Stunden später im Union-Bahnhof von Los Angeles. Der Name „Sunset" schmückt seit fast hundert Jahren den besten Zug dieser Strecke. Er spielt auf die großartigen Sonnenuntergänge an, die den Reisenden unterwegs erwarten. Der Limited liebt die Extreme: Er klettert auf 1500 m Höhe, befährt aber auch die tiefste Trasse der Welt – 60 m unter dem Meeresspiegel.

Abfahrt 14.15 in New Orleans: Der Sunset Limited mit seinen mehr als 6 m hohen Superliners ist die alles beherrschende Erscheinung in diesem modernen Verbundbahnhof im Herzen der „Halbmondstadt". Seine übliche Garnitur besteht aus sieben doppelstökkigen Superliners, mit einem einstöckigen Gepäckwagen und einem Postwagen direkt hinter den Amtrak-Dieselloks am Zuganfang. Die Loks, das sind entweder zwei SDP-40s-Maschinen oder eine P-30CH mit Booster (Hilfsantrieb). Der vorderste Superliner ist üblicherweise ein Prototyp – wahrscheinlich aus dem Jahre 1963 –, der damals von der Santa Fé Railway in

■ *Westlich von New Orleans durchquert der Sunset das sumpfige, waldreiche Bayou-Land von Louisiana sowie eines der fruchtbarsten Reisegebiete der Welt. Es reicht bis Houston, Texas, und erzeugt den berühmten amerikanischen Langkornreis.*
Nach vielen Quadratkilometern flachem Weideland steigt die Strecke ab Sanderson überraschend steil zum Scheitelpunkt in den Texanischen Rockies hinauf. Bei Paisano Summit (1606 m) liegt diese Trasse höher als die Montana-Route durch die North Rockies. Von Paisano reicht der Blick weit nach Süden, in das abgelegene Gebiet des Big Bend, und nach Osten bis zum Mount Livermore (2555 m), dem König der texanischen Berge.
El Paso am Rio Grande liegt zwischen der mexikanischen Sierra Madre und den Franklin Mountains, den Westausläufern der Rokkies, die noch innerhalb der Stadtgrenzen beginnen. Auf 1139 m Höhe gelegen, ist El Paso der sonnenreichste Ort ganz Nordamerikas – mit durchschnittlich 340 Sonnentagen pro Jahr.
Gleich hinter El Paso beginnt New Mexico und die Wüste, die sich bis nach Arizona hinein ausdehnt. Wenn der Sunset an Arizonas Salton Sea entlangfährt (dem Gegenstück zum Toten Meer), befindet er sich 67 m unter dem Meeresspiegel und damit auf der tiefstgelegenen Eisenbahntrasse der Erde.
Aber vor dem Ende der Reise ist noch die San Jacinto Range zu überwinden, das höchste Gebirgshindernis der ganzen Strecke. Im Norden erhebt sich der 3505 m hohe San Gorgonio.
Die Trasse der Southern Pacific schlängelt sich mitten durch das Gebirge, quert den San-Gorgonio-Paß bei Beaumont Summit, fast 1500 m über dem Pazifik, und führt dann steil bergab in die Union Station, im Herzen von Los Angeles.

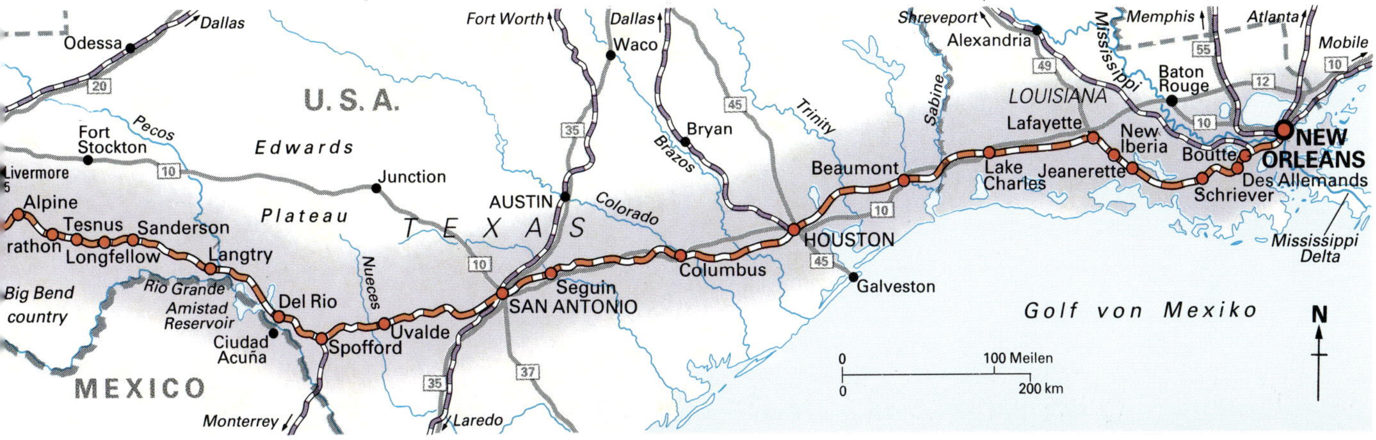

Dienst genommen wurde. Er dient dem Personal als Schlafwagen, denn die Schaffner, Köche, Kellner und Barmixer des Sunset machen die ganze Fahrt mit (die Maschinisten und Zugführer dagegen wechseln an bestimmten Bezirksgrenzen, so daß sie im Zug keinen Schlafplatz benötigen).

Die folgenden drei, etwas höheren Wagen wurden zwischen 1978 und 1980 von Pullman Standard gebaut. Es sind Coaches, d.h. Wagen der 2. oder Standard-Klasse; sie haben im oberen Stock Liegesitze, im unteren Waschräume, kleine Salons und ähnliche Einrichtungen; eine geschwungene, mit Teppich ausgelegte Treppe verbindet die beiden Etagen. Dann kommt der Aussichtswagen, ein prächtiges Gefährt mit riesigen, bis ins Dach reichenden Fenstern – ein Nachfahre der Vista-Dome-Wagen mit ihren Glaskuppeln, die 1945 von der Burlington Railroad eingeführt wurden. Die schwenkbaren Sessel ermöglichen dem Reisenden eine Rundumsicht. Nach Einbruch der Dunkelheit werden hier Videos – sogar richtige Kinofilme – gezeigt. Im unteren Stock gibt es ein Büffet und einen Freizeitraum, inklusive Musikanlage.

Der Superliner hinter diesem „Sightseer" ist der Speisewagen. Er hat Panoramafenster und je eine Reihe viersitziger Tische beiderseits des Ganges. Hier können

OBEN *New Orleans ist die Heimat des Jazz und der Startort des Sunset Limited*

OBEN *Staubbedeckt fährt der Sunset Limited in Jefferson ein*

RECHTS *Die gleißenden Hochhäuser künden von wirtschaflicher Potenz: Houston ist die fünftgrößte Stadt der USA; sein Hafen hat den drittgrößten Umschlag der Vereinigten Staaten*

etwa 60 Personen speisen, und noch ein paar mehr an den zusätzlichen Tischen in der leicht erhöhten Zone am Wagenende. Die Küche befindet sich im unteren Stock, elektrische Lifts bringen die Speisen nach oben. Den Schluß bildet der Schlafwagen – ab New Orleans normalerweise nur einer, ein zweiter wird in San Antonio angehängt. Er verfügt auf der oberen Etage über fünf De-luxe-Bedrooms, mit jeweils zwei Betten und einem Waschraum mit Dusche und WC. Tagsüber werden die Betten dieser geräumigen Abteile in ein Sofa und einen Sessel verwandelt, dazu gibt es einen Klapptisch mit einem eingravierten Schach- bzw. Damebrett. Neben dem oberen Treppenende liegen die Schlafräume der Touristenklasse, sechs für je zwei Personen. Sie haben bequeme Betten, aber wenig Platz, so daß man das große Gepäck unten verstauen muß. Diese preisgünstigen Abteile haben keine eigene Toilette. Im unteren Stock des Schlafwagens gibt es einen Waschraum und extra Schlafräume für Behinderte sowie ein Familienschlafzimmer, das die ganze Breite des Wagens einnimmt, auf beiden Seiten Fenster hat und mit Leichtigkeit zwei Erwachsene und zwei Kinder aufnimmt.

Wie alle Hauptstrecken der Vereinigten Staaten, so leidet auch der Sunset Limited unter einem chronischen Mangel an rollendem Material. Vor ein paar Jahren zog sich Pullman aus dem Geschäft zurück, aber nun baut Bombardier in Montréal ganz ähnliche, luxuriöse Schlaf- und Reisewagen. Wenn alles nach Plan geht, sollte dieses Problem bis Ende 1994 gelöst sein.

Noch ist der Sunset Limited der einzige im Westen der USA verbliebene Zug, der nur dreimal die Woche verkehrt. Er zieht aber inzwischen auch den Osten, bis Miami, ein und soll, sobald das zusätzliche Material da ist, täglich Dienst tun. Das wird die Buchungssituation verbessern (vor allem bei Schlafwagen), die bislang fast das ganze Jahr über sehr angespannt ist.

Der altehrwürdige Ruf „Alles einsteigen!“, der einst vor jeder Abfahrt eines amerikanischen Zuges erklang, ist heute nicht mehr zu hören. Einige Sekunden vor der fahrplanmäßigen Abfahrtszeit nehmen die Schaffner die Einstiegstreppchen in die Wagen. Dann schließen sich die riesigen Türen, und der Zug setzt sich langsam und leise in Bewegung.

Der mächtige Mississippi

Mit verhaltenem Tempo fährt der Sunset Limited durch die Außenbezirke von New Orleans und die Rampe der ungewöhnlichen Huey-Long-Brücke hinauf, die den gewaltigen Mississippi überspannt. Sie ist nach Huey P. Long benannt, dem berühmt-berüchtigten Gouverneur von Louisiana, der von seiner Wahl im Jahre 1928 bis zu seiner Ermordung 1935 im Mittelpunkt heftiger Kontroversen stand. Trotz des erbitterten Streits, der diesen schwierigen Mann und seine Regierungszeit umgab, hat diese Brücke, für deren Finanzierung er einst sorgte, seinen Namen behalten.

Samt ihren Auffahrten ist die Brücke 8 km lang. Sie erhebt sich hoch über den Strom, um den großen Schiffen nach Baton Rouge die Durchfahrt zu erlauben.
Bis zu ihrer Fertigstellung wurden Güter und Personen mit Fähren über den Mississippi gesetzt, und der Sunset Limited begann seine Reise in einem Bahnhof am Stromufer, etwa 18 km westlich von New Orleans.
Nach der Brücke steuert der Zug in einem weiten Rechtsbogen die *Bayou*-Region von Louisiana an, eine fremdartige Welt aus schlammigen Flußarmen (Bajous) und Alligatorensümpfen, Wäldern und Fischerdörfern, die meist von französischstämmigen *Cajuns* bewohnt werden.
Viele von ihnen sprechen heute noch Cajun-Französisch, und das Bürgerliche Gesetzbuch Louisianas basiert auf dem Code Napoléon. Zu den ersten Franzosen, die New Orleans gründeten, stießen später französische Flüchtlinge, die von britischen Siedlern, vor allem Schotten, aus dem ostkanadischen Akadien verdrängt worden waren (heute New Brunswick und Nova Scotia sowie Maine, USA).
Ohne Halt fährt der Sunset durch viele kleine Bahnhöfe mit französischen Ortsnamen – wie Boutte, Des Allemands, Bayou Sale und Jeanerette – und stoppt dann in Lafayette.
Es ist nach dem berühmten französischen Marquis benannt, der die Amerikaner in ihrem Unabhängigkeitskampf unterstützte. Für die 233 km bis dahin benötigt der Zug drei Stunden, einschließlich der beiden Langsamfahrten und eventuellen Stopps in Schriever und New Iberia; der letzte Name erinnert daran, daß Louisiana einmal zu Spanien gehörte. Lafayette beherbergt die teils französischsprachige Universität von Südwest-Louisiana. Die Reisenden, die auf dieser Strecke in der 2. Klasse zusteigen, sind mit großer Wahrscheinlichkeit Cajuns, und wenn sich diese bärtigen Männer im karierten Hemd über den Gang unterhalten, kann man sich auf einiges an lärmendem *Patois* gefaßt machen.

AUSBLICK AUF TEXAS

Hinter Lafayette verändert sich die Landschaft, tauchen ausgedehnte Reisfelder auf, die uns bis zu den Außenbezirken von Houston begleiten werden. In diesen Feldern werden auch Krebse gezüchtet. In Lake Charles wird dagegen Schwefel produziert. Dort hält der Zug ein paar Minuten, als gerade das Abendessen beginnt. Die texanische Grenze liegt ein paar Meilen weiter westlich, am Sabine River. Von dort hat der Sunset nicht weniger als 1480 km *Lone-Star*-Land vor sich – ein eindrucksvoller Beleg für die legendäre „Größe" von Texas, der durch den Hinweis zu ergänzen wäre, daß es bis Oklahoma im Norden (die Grenze verläuft zum Teil längs des Red River) gut 700 km sind.

Was man vom Speisewagenfenster aus sieht, ist Reis und noch mal Reis. Seien Sie also nicht überrascht, wenn Sie – gemäß der Amtrak-Praxis, möglichst auch lokal- oder regionaltypische Gerichte anzubieten – Reis mit Krebsschwänzen in Sauce auf der preisgünstigen Speisekarte finden. Die Reisenden 1. Klasse (d.h. alle mit einem Schlafwagenplatz) müssen das nicht extra bezahlen, da ihr Fahrpreis alle Mahlzeiten einschließt.

Etwa um 20 Uhr hält der Zug in Beaumont, wo die Reisfelder von Erdölraffinerien und Bohranlagen unterbrochen werden. Hier nahm 1901, mit der Erschließung des Spindletop-Ölfelds, die texanische Erdölindustrie ihren Anfang. Beaumont liegt 453 km westlich von New Orleans. Die Durchschnittsgeschwindigkeit auf dieser meist einspurigen Strecke dürfte etwa 80 km/h betragen. Bei diesem Tempo laufen die Superliners sehr, sehr ruhig, selbst auf den holprigen Abschnitten. Da in dem feuchten *Bayou*- und Reisland die Trassen nur schwer instand zu halten sind, zählen diese Abschnitte nicht zu den besten Amerikas – und selbst diese besten schneiden ja schlecht ab, wenn man sie mit den westeuropäischen oder japanischen Bahnen vergleicht.

Hier im tiefen Süden gibt es keine lange Dämmerung. Daher wird es kurz hinter Beaumont immer schon dunkel sein, gleichgültig, zu welcher Jahreszeit Sie reisen. Die recht langsame Nonstopfahrt nach Houston (132 km in 2½ Stunden, was genug Spielraum gibt, um eventuelle Verspätungen aufzuholen) kann man bei einem Video im Salon des Aussichtswagens, lesend oder bei ein, zwei Drinks in den Zugbars verbringen. Im Ruheraum können Sie Musik hören. Einige Reisende gehen früh schlafen, denn ihre Betten sind schon während des Abendessens zurechtgemacht worden. In den De-luxe-Abteilen ist das untere Bett herrlich breit und bequem.

Quälend langsam und mit klingelnden Glocken und dröhnendem Horn fährt der Sunset um halb elf Uhr abends durch den Güterbahnhof und ein gleißendes Lichtermeer in Houston ein. Er ist immer pünktlich, oder sogar überpünktlich, es sei denn, er hätte *en route* eine ernstliche Panne gehabt. Der Amtrak-Bahnhof liegt an der Washington Avenue, nicht weit vom Zentrum dieser großen Stadt. Mit einer Fläche von 130 km^2 ist Houston die fünftgrößte Stadt der USA, zudem ein wichtiges Öl- und Raumfahrtzentrum sowie die „Reishauptstadt der Welt". Seine Kliniken und medizinische Forschung sind zu Recht berühmt.

Trotz ihrer Größe und Bedeutung ist die Stadt schlecht an den Personenfernverkehr angebunden. Es gibt nur den Sunset, für den Ost-West-Verkehr, und den Texas Eagle nach Dallas und Chicago. In Planung ist jedoch ein texanisches Hochgeschwindigkeitsnetz, das die Form eines Dreiecks haben soll. Dessen Seitenlinien werden die neu zu bauenden Strecken Houston-Dallas und Dallas-San Antonio sein, die Grundlinie aber die erheblich zu verbessernde Amtrak-Route der Southern Pacific von Houston nach San Antonio. Man kann nur hoffen, daß dieser Plan auch Wirklichkeit wird, denn leider werden in den USA viele solche Vorhaben durch die Auto- und Luftfahrtlobby zu Fall gebracht.

Solange der Zug gewartet wird und neu eintreffende Reisende abgefertigt werden, bummeln wir über die niedrigen Bahnsteige. Dann fährt der Sunset, nur langsam Geschwindigkeit aufnehmend, wieder in die Nacht hinaus. Die Strecke von Houston bis San Antonio ist sehr eintönig. Außer flachem Land und endlosen Viehherden gibt es hier selbst bei Tage nicht viel zu sehen. Wir fahren ohne Zwischenaufenthalt durch und treffen um 3.10 Uhr in San Antonio ein – 338 km in üppigen 4¼ Stunden. Nur der größte Tiefschläfer würde jetzt, beim Anhängen des zweiten Schlafwagens, nicht geweckt werden. Dieser Superliner stammt von dem Texas Eagle, der hier vor etwa vier Stunden seine 2100 km lange Reise von Chicago her beendet hat.

OBEN *Vom bequemen Aussichtswagen aus sieht man die Landschaft vorüberziehen*

GANZ RECHTS *Das berühmteste Wahrzeichen von San Antonio ist die alte Missionsstation „The Alamo". 1836, während des texanischen Unabhängigkeitskrieges, wurden hier Davy Crokkett und seine texanischen Freiwilligen von den Mexikanern getötet*

STAUBBEDECKTE EBENEN

San Antonio bekommt eine ganze Menge Sonne ab. Hier kann es acht Monate im Jahr sehr heiß werden – so heiß, daß ein altes Sprichwort sagt: „Selbst der Teu-

fel nimmt einen Fächer mit, wenn er nach San Antonio geht." Es liegt an der Grenze zweier Klimazonen. Hier endet das feuchtheiße Osttexas, beginnt der noch heißere, aber trockene Westen. Aber als ich einmal im Januar hierher kam, habe ich doch Eis auf dem Wasser des Paseo del Rio gesehen, eines künstlichen Gewässers zur Verschönerung San Antonios; das Thermometer stand damals auf −11°.

Der schwerer gewordene Sunset fährt weiter durch die Nacht und durch trockenes, gewelltes Land. Als der Morgen dämmert, erreicht er Del Rio, eine kleine Stadt am Rio Grande. Auf der anderen, mexikanischen Seite liegt Ciudad Acuña und ein Stück stromauf der Amistad Dam (Freundschaftsdamm), der den Grande zu einem riesigen, 80 km langen See aufstaut.

Weiter stromauf liegt die Einmündung des Pecos, der einst die Grenze der Zivilisation darstellte. Eine sehr hohe Brücke trägt hier den Zug über den Fluß. Danach führt die Strecke wieder durch wildes Terrain; im Süden grüßen die kahlen Berge des Anacacco-Landes.

Etwa 1300 km westlich von New Orleans (bzw. 370 km westlich von San Antonio) saust der Sunset pfeilgrad und ohne sein Tempo auch nur zu drosseln durch eine winzige Siedlung und eine Station, an der nie mehr jemand einsteigt und nur noch selten ein Güterzug hält. Der Ort heißt Langtry. Hier lebte der berüchtigte Richter Roy Bean, ein Mann, der sich selbst „Das Gesetz westlich des Pecos" nannte. In seinen ersten Jahren sah er einmal in San Antonio einen Auftritt der Schauspielerin und Sängerin Lilly Langtry, der späteren Mätresse König Edwards VII. Er verliebte sich in sie, schrieb ihr glühende Briefe und taufte seine schmuddelige kleine Siedlung namens Vinegaroon (einst ein Wohnlager für die Bautrupps der Southern Pacific Railroad) in Langtry um. Nach jahrelangen, intensiven Überredungsversuchen des Richters willigte die Künstlerin ein, ihn mit ihrem privaten, an den Sunset Limited an- und in Langtry abzuhängenden Eisenbahnwagen zu besuchen. Aber zwei Tage bevor sie in dem heißen, staubigen Ort eintraf, verstarb Richter Bean an einem Herzanfall.

Es gibt in Langtry, in einem großen, aus Holz gebauten Salon, ein „Judge Roy Bean Museum". Als ich bei einer früheren Gelegenheit hier durchkam und der Sunset mit einer Staubwolke durch den Bahnhof donnerte, sah ich aus den mexikanischen Bergen einen Jäger in die Stadt hereinreiten. Seine Packpferde waren mit Pumafellen beladen.

Wenn Sie auf Langtry einen Blick werfen möchten, sollten Sie etwa um acht Uhr, wenn im Speisewagen das Frühstück serviert wird, auf der Südseite des Zuges sorgfältig Ausschau halten. Dann kommt auch kurz der Rio Grande in Sicht, bevor er nach Süden abbiegt, während der Zug weiter nach Westen braust.

In Sanderson wird Station gemacht, um die Zugführer zu wechseln. Das ist ein einsames Fleckchen Erde, mit nichts als Bergen und kargem Land ringsum, genau 482 km westlich von San Antonio und genau 482 km östlich von El Paso, wo Texas schließlich zu Ende geht. Wer geglaubt hat, Texas sei im wesentlichen ein flaches Land, wird von der nun beginnenden starken Steigung überrascht sein. Sie führt, nach kurzen Halts in Emerson und Longfellow (beide nach amerikani-

OBEN *Ein Gleis, das sich in der Ferne verliert, und die kaum wahrnehmbaren Telegrafenmasten, links unter dem Horizont, sind die einzigen Spuren menschlichen Lebens hier*

UNTEN *Der berühmte Rio Grande bildet heute die Grenze zwischen Texas und México*

schen Dichtern benannt), weiter nach Tesnus. Rückwärts gelesen heißt dieser Fleck auf der Landkarte „Sunset". Das hat den berühmten Transkontinentalzug aber noch nie bewogen, hier zu halten. Er hält nicht einmal in Marathon, einer kleinen Stadt am Fuße der Glass Mountains und des Elephant Mountain. Über 50 km schlängelt sich die Strecke von da an bergauf, quert einen Paß zwischen gut 2000 m hohen Bergen und hält dann in Alpine. Nun ist er fast am Scheitel der Texas Rockies, 1500 m über dem Meeresspiegel. Von hier geht es aber doch noch ein paar Meter bergan, bis Paisano Summit erreicht ist. In der Nähe von Valentine, einer winzigen Station ca. 1600 km westlich von New Orleans, sieht man im Nordosten Mount Livermore (2555 m). Von dort geht es bis El Paso nur noch bergab, vorbei an Sierra Blanca, wo die für den Güterverkehr reservierte Texas & Pacific Railroad von rechts einmündet. Es ist eine ausgedörrte Landschaft, mit zerklüfteten Bergen und tiefen Schluchten – genau, wie man sich den goldenen Südwesten vorstellt.

Grenzstadt

Kurz nach dem Mittagessen fährt der Sunset langsam durch die Außenbezirke von El Paso, einer 400 000-Einwohner-Stadt am Rio Grande, der nicht nur die Grenze zu México, sondern auch zum Bundesstaat New Mexico bildet. Etwa eine halbe Stunde hält der Zug an dieser wichtigen Bezirksgrenzstation, Zeit genug, um sich in der Umgebung des Bahnhofs die Beine zu vertreten. El Paso war eine wichtige Station der Butterfield-Postkutsche auf der 28tägigen Fahrt vom Mississippi nach Kalifornien. In all ihren Dienstjahren wurde diese Kutsche kein einziges Mal überfallen, und all ihre Fahrgäste und Goldbarren gelangten wohlbehalten an ihren Bestimmungsort. Fort Bliss, das auch dem Schutz der Postkutsche diente, ist heute ein riesiger Stützpunkt der US-Armee und der wichtigste Wirtschaftsfaktor der Region.

Am anderen Ufer des Rio Grande liegt Ciudad Juárez, eine der größeren Städte Mexikos und von El Paso mit dem Bus oder einem Taxi zu erreichen. Von dort gibt es eine Zugverbindung nach Süden, in das 354 km entfernte Chihuahua und weiter nach Ciudad de México. Kurz hinter El Paso folgt die Trasse dem Rio Grande. Am Ufer dort gibt es hohe Drahtzäune zum Schutz vor illegalen Einwanderern aus México. Sie sind aber weitgehend nutzlos. Viele Illegale überwinden das Hindernis, und wir sahen sie zu Hunderten durch den Fluß herüberwaten. „Wetbacks" (Naßrücken) heißen sie.

Den Spitznamen versteht man schnell, wenn man sieht, wie sie sich zum amerikanischen Ufer durchkämpfen – fast bis zum Hals im Wasser.

Wir sind nun in New Mexico. Nur einen Katzensprung von El Paso entfernt, wartet es mit vielen Attraktionen auf, die den Texanern in Texas verboten sind, wie etwa das Glücksspiel und der öffentliche Genuß von Spirituosen. Vom Zug aus sieht man zahllose Kneipen, Bars und Clubs und eine große Pferderennbahn. Aber als sie hinter uns liegen, wird die Landschaft leer und die Aussicht weit. Bis Deming sind es noch 145 km. Dort, zwischen den Florida- und Cookbergen, erreicht die Strecke ihren tiefsten Punkt bei der Überquerung der kontinentalen Wasserscheide. Ob der Zug in Deming hält, ist ungewiß; Amtrak hält diese Station für ungenügend frequentiert und hat damit gedroht, sie ganz zu streichen.

Nach knapp 100 km Halbwüste, Fels und glühender Sonne kommen wir nach Lordsburg, einer berühmten Station der Butterfield Stagecoach und Schauplatz vieler Westernfilme. Laut Fahrplan kommt man um 16.47 Uhr Mountain Time (Ortszeit) hier an. Aber mit der Uhrzeit ist es in dieser Gegend so eine Sache, manchmal wird die Sommerzeit berücksichtigt, manchmal nicht. Bis nach Benson, unserem nächsten Halt, sind es zwei Stunden; dort befinden wir uns aber schon in Arizona. Links vom Zug bereitet sich dann die Sonne auf den zweiten ihrer fast unglaublich theatralischen Untergänge vor, denen der Sunset Limited seinen Namen verdankt. Alles hängt natürlich von der Jahreszeit ab, aber wie auch immer: Wenn der Zug Tucson erreicht, ist die Sonne jedenfalls untergegangen.

„Tjuson" spricht man den Namen dieses Winterferienorts aus, der immer mehr Touristen anzieht und die University of Arizona beherbergt. Wegen seiner geringen Höhe und wüstenartigen Umgebung wird es hier im Sommer sehr heiß (mittägliche Temperaturen von Juni bis September: 40–44 °C); die unglaublich trokkene Luft macht die Hitze aber einigermaßen erträglich. Old Tucson sieht aus wie die waschechte Altstadt von „Tjuson", ist aber eine Hollywoodstaffage von 1940, die nach den Dreharbeiten der Gemeinde übereignet wurde. Hier werden täglich Pistolenduelle, *Shoot-outs*, inszeniert! Beiderseits der Stadt sind Riesenkakteen zusehen. Sie stehen unter Naturschutz und gehören zum Saguaro-National-

UNTEN *Ein aus vielen Westernfilmen vertrautes Bild: eine Dampflok in Tucson mit ihrem hohen Schornstein, der glänzenden Messingglocke und dem Kuhfänger*

park, der bis an den Stadtrand reicht. Tucson ist die zweitgrößte Stadt des Bundesstaates Arizona, der erst 1912 gegründet wurde. Nach weiteren 193 km Wüste erreicht der Sunset etwa eine halbe Stunde vor Mitternacht das riesige Lichtermeer von Phoenix und Scottsdale. Über 800000 Menschen leben in dieser Wachstumszone – achtmal soviel wie 1950; das ist mehr als die Hälfte der Bevölkerung Arizonas. Sehr viele von ihnen sind über 60: Sie kommen des trockenen Klimas wegen und flüchten vor der Sommerhitze in ihre klimatisierten Wohnungen.

Nun sind es nur noch 684 km zum Pazifik, acht Zugstunden, da die Uhr noch mal um eine Stunde zurückgestellt wird. Natürlich ist es den größten Teil der Fahrt über dunkel. Aber wir halten in Yuma, einem Ort an der mexikanischen Grenze, der sich mit dem nahegelegenen Gila Bend die Ehre teilt, der heißeste Fleck der ganzen USA zu sein, wenn man einmal vom kalifornischen Death Valley (Tal des Todes) absieht.

Die Landschaft ist fast zur Wüste geworden, mit nur wenigen Büschen und seltsamen Bäumen hie und da. Schon seit Texas sind wir ständig bergab gefahren, aber nun geht es noch einmal ein Stück hinunter, bis wir, am Ufer des Saltonsees, die Rekordtiefe von 67 m unter dem Meeresspiegel erreichen. Etwa um halb vier Uhr morgens hält der Zug in Indio, einer Station, die den exklusiven Ferienort Palm Springs bedient. Es ist zumindest kühl zu dieser nächtlichen Stunde.

Bis Los Angeles haben wir noch 209 km, 3¼ Stunden sieht der Fahrplan dafür vor. Aber nun fahren wir noch einmal steil bergauf, um das letzte große Hindernis, die San Jacinto Mountains, zu überwinden. Unser Weg führt über den San-Gorgonio-Paß, der fast 1500 m über dem Meeresspiegel liegt.

EIN LICHTERMEER

Danach geht es dann mit einem Schlag und endgültig bergab. Wenn es der berüchtigte Smog von Los Angeles erlaubt, eröffnet sich dem Reisenden, der in der Dämmerung oder des Nachts durch den San Timoteo Canyon fährt, eine unglaubliche Aussicht auf ein 260 km² großes Meer aus Millionen funkelnder Lichter. Wir passieren Colton mit den riesigen Güterbahnhöfen der Southern Pacific und halten in Pomona, California. Die Stadt ist zwar sehr von Los Angeles abhängig, bewahrt sich aber eine gewisse Eigenständigkeit und veranstaltet alljährlich die LA County Fair (Bezirksmesse).

Der Sunset Limited fährt am 1740 m hohen Mount Wilson vorbei, der für sein Observatorium und Stellarteleskop berühmt ist. Dann mischt sich die Strecke unter die Autobahnen und schlängelt sich auf die pulsierende Endstation zu: Los Angeles Union Station, an der Alameda Street. Sie wurde im spanisch-mexikanischen Kolonialstil gebaut und 1940 fertiggestellt – als letzter jener palastartigen Terminals, die einst in den USA Furore machten.

Es ist 7.00 Uhr morgens, wenn der Sunset pünktlich ist – und das ist er eigentlich immer. Zu dieser Stunde bekommt man im Zug nur Kaffee und Obstsäfte. Für ein richtiges Frühstück muß man in eine der Bahnhofcafeterias gehen, bevor man sich ins Verkehrsgewühl der drittgrößten Stadt der USA stürzt.

GANZ RECHTS *Riesenkakteen im Saguaro National Monument*

UNTEN *Mitten in der Wüste von Arizona erhebt sich das moderne, pulsierende Phoenix*

Praktische Tips

■ Der Sunset Limited fährt dreimal wöchentlich in New Orleans bzw. in Los Angeles ab. Er benötigt für die 3272 km lange Strecke in westlicher Richtung 42 Stunden und 45 Minuten, in östlicher Richtung 42 Stunden.

■ Reservierungen sind obligatorisch; der Sunset ist den größten Teil des Jahres weitgehend ausgebucht. Weil die Fahrt durch den „Sun belt“ (Sonnengürtel) der USA geht, ist in den Monaten Juni bis September mit extremer Hitze zu rechnen (der Zug ist allerdings vollklimatisiert). Selbst mitten im Winter steigen die Mittagstemperaturen normalerweise bis auf 16 °C. Die angenehmste Reisezeit sind die Monate März bis Mai sowie Oktober und November.

■ Mit dem Amtrak USA Rail-Pass kann man 45 Tage lang auf dem ganzen Netz unbegrenzt reisen.

■ Der Sunset Limited steht unter der Regie der Amtrak USA, America's National Railroad Passenger Corporation. In den USA erhalten Sie telephonische Informationen und Reservierungen unter der Nummer „1800 USA RAIL“ (gebührenfrei). In Deutschland, der Schweiz und Österreich wenden Sie sich wegen Sunset-Fahrten bitte an Ihr Reisebüro oder an Amtrak, Karlsplatz 3, D-80335 München.

Der Adirondack von New York nach Montréal

Paul Atterbury

Ein Vogel, der von New York geradewegs nach Montréal flöge, würde am Hudson entlang nach Norden ziehen und dann dem Westufer des Champlain-Sees folgen, der die Adirondacks und die Green Mountains trennt. Die Eisenbahn, die beide Städte verbindet, hält sich ziemlich genau an diese Linie, obwohl sie zu verschiedenen Zeiten und von etlichen unabhängigen, ja konkurrierenden Gesellschaften gebaut wurde. Der Adirondack von Amtrak befährt diese Strecke einmal täglich in beiden Richtungen. Bei der gemütlichen Fahrt kann der Reisende die abwechslungsreiche Landschaft des Hudson-Tals, das felsige Seeufer und die Wälder, Wiesen und Felder zwischendrin in aller Ruhe betrachten und sich dabei für die scharfe Kontrolle an der kanadischen Grenze wappnen.

OBEN *Eine Zugnummer, die ins Auge springt*

GANZ RECHTS *Der Adirondack steht abfahrtbereit in der düsteren New Yorker Penn Station*

Die Szene ist uns aus aberhundert Hollywoodfilmen vertraut: Der schicke Zugführer mit der eleganten, überraschend gut sitzenden Uniform steht gelassen auf dem Bahnsteig, während die letzten Fahrgäste zu den wartenden Wagen hasten. „Alles einsteigen!“ ruft er gedehnt. Und während die langgezogenen Silben in dem düsteren Bahnhof verhallen, steigt er in sein Dienstabteil, nimmt der Zug langsam Fahrt auf, und weit vorn ertönt der klagende Pfiff der Lokomotive.

Die Wirklichkeit, die ich an einem kalten Morgen des Jahres 1992 in der New Yorker Penn Station erlebe, sieht immer noch ganz ähnlich aus, und genau das ist das Problem bei Bahnreisen in Nordamerika. Wir sind in unseren Erwartungen so vom Kino konditioniert, daß uns die Romantik übermannt, schon lange bevor wir uns auch nur eine Fahrkarte kaufen. Natürlich wird sie ständig durch die Wirklichkeit in Frage gestellt: Die Fahrgäste sind eindeutig aus den 1990ern und haben nur selten die Eleganz jener Prototypen der Leinwand; auch der Zugführer nicht. Die Bahnhofshalle ist zur verwirrenden, überfüllten Einkaufspassage geworden, die Züge sind in den Untergrund verbannt. Ein Computer gibt die Fahrkarten aus, und die Person, die ihn bedient, verordnet uns „einen schönen Tag“. Das späte 20. Jahrhundert ist allgegenwärtig. Und dennoch übersteht dieser Traum vom Reisen irgendwie alle Angriffe der Moderne und bleibt fest in der Kinovergangenheit verwurzelt. Die silbern glänzenden Züge, die mit Signalhörnern, Glocken und Kuhfängern geschmückten Dieselloks und die Zugführer, die allesamt arbeitslose oder pensionierte Schauspieler sein könnten, halten diese Illusion am Leben.

Die Amtrak wurde am 1. Mai 1971 als American National Railroad Passenger Corporation gegründet und betreibt seither einen Großteil der Personenzüge der USA. Sie hat sich – ihrem modernen Image und raffinierten Marketing zum Trotz – wenig Mühe gegeben, diese Romantik herunterzuspielen. Die Fahrpläne sind voll mit so wundervollen Zugnamen wie Yankee Clipper, Lake Shore Limited, Silver Meteor, California Zephyr, Texas Eagle, Empire Builder, Desert Wind und Broadway Limited, die ganz bewußt an die große Zeit der Bahnreisen erinnern.

Ich hatte einen Platz im Adirondack von New York nach Montréal gebucht, Abfahrt: 10.45 Uhr. Auf die Minute genau glitt er aus dem Bahnhof und begann die langsame, recht deprimierende Erkundung all der Tunnels, alten Fabrikgelände und heruntergekommenen Hafenviertel, die zu jeder Ausfahrt eines Zuges aus New York gehören. Bei der gemächlichen Fahrt blieb mir genügend Zeit, die Graffiti längs der Strecke zu studieren, unter denen auch ein paar stilvolle Porträts waren. Nachdem der Zugführer mit einer John-Wayne-Stimme seine Durchsagen gemacht hatte, be-

■ Die Route des Adirondack ist auch historisch interessant. Sie gibt einen Einblick in die große Zeit des Bahnbaus.
Albany, 225 km nördlich von New York am Hudson gelegen, war schon in den Anfangstagen des nordamerikanischen Eisenbahnbaus dabei.
Die 1826 gegründete Mohawk & Hudson Railroad schickte 1831 mit einer DeWitt-Clinton-Lok den ersten Zug auf die Strecke Albany-Schenectady. Als dann neue Linien in allen Richtungen vorangetrieben wurden, entwickelte sich Albany zum wichtigen Knotenpunkt vieler unabhängiger, oft konkurrierender Bahnen. 1851 wurde die Hudson River Railroad eröffnet, d. h. die Adirondack-Route von New York nach Albany, am östlichen Hudsonufer entlang.
Die Trasse nördlich von Schenectady hat eine kompliziertere Geschichte.
Der Abschnitt zwischen Schenectady und Plattsburgh wurde etappenweise und von mehreren kleinen Gesellschaften gebaut, die häufig durch eine Kombination von Gelände- und Finanzproblemen besiegt wurden. Die Strecke von Schenectady bis zu dem alten Kurort Saratoga Springs, 34 km weiter nördlich, wurde 1832 von einer dieser Gesellschaften fertiggestellt und dann von anderen in 16 Jahren Bauzeit bis Whitehall nach Norden verlängert.
1868 wurde die Anschlußstrecke nach Plattsburgh begonnen. Das war der teuerste und schwierigste Teil, denn hier mußte man sich durch die felsigen Ausläufer der Adirondacks am Ufer des Champlain-Sees graben.
Nach einigen Firmenzusammenbrüchen und Neuorganisationen wurden all diese kleinen Gesellschaften 1873 in der New York & Canada Railroad vereinigt, die dann in ca. zweijähriger Bauzeit die Strecke bis Montréal weiterführte.
Diese und andere Gesellschaften gingen zu gegebener Zeit in der großen Delaware & Hudson auf, in deren Hand die Route dann bis zur Ankunft der Amtrak blieb.

gann er mit der Fahrkartenkontrolle. Es war eine gute Darbietung. Er spielte seine Rolle perfekt und setzte Maßstäbe, die für seine Kollegen unerreichbar waren. Wundervoll sah er aus mit seiner neuen, steifen Uniform und den distinguierten grauen Haaren, deren jedes exakt an seinem Platz lag. Mit schleppenden, aber schlagfertigen Antworten klärte er alle auftauchenden Fragen. Die Fahrgäste waren vergleichsweise ein kunterbunter Haufen: ältere und mittelalte Paare in formloser Freizeitkleidung, Gruppen von Studenten, ein paar Familien und vereinzelt auch ein paar todschicke Frauen aus gehobenen Berufen, die für das traditionelle Flair der eleganten Bahnreise sorgten. Sie alle waren bald mit Lesen oder Essen beschäftigt, oder beidem zugleich, und überließen sich dann dem leichten Schlaf der Bahnreisenden. Die Gespräche waren ungezwungen, wurden ebenso leicht beendet wie eröffnet, und das war das beherrschende Muster während der nächsten Stunden. Der Zug war nie mehr als zur Hälfte besetzt. Da jeder von uns den vielen freien Raum so gut wie möglich nutzte, standen weder der enge Kontakt noch die überraschend intimen Gespräche auf dem Programm, die für Fernreisen in überfüllten Zügen charakteristisch sind.

Modernes Reisen

Der halb leere Zug bot sich zu einer kleinen Erkundung geradezu an. Er war, typisch für Amtrak, nicht prächtig, aber bequem und gut ausgestattet, mit Klimaanlage, Liegesitzen, Trinkwasserbrunnen und viel Raum fürs Gepäck. Den Kopf des Zuges bildete eine der großen, eckigen Dieselloks, die Amtrak speziell für ihre Personenzüge entwickelt hat. Sie ließ in regelmäßigen Abständen jenen Heulton erklingen, den man von amerikanischen Zügen erwartet. Amtrak hat bei ihrer Gründung ein ganzes Sortiment unterschiedlicher Lokomotiven und rollenden Materials von verschiedenen Eisenbahngesellschaften geerbt, aber in den folgenden 20 Jahren ihren eigenen Stil entwickelt. Die silbergrauen, blau, weiß und rot gestreiften Amtrak-Dieselloks mit ihren klobigen, soliden Formen, die eher an Güterloks erinnern, haben ihre berühmten Film-Ahnen mit den weichen, runden Linien abgelöst. Die Lok zog ein halbes Dutzend jener modernen Wa-

RECHTS *Die beste Reisezeit für New England ist vielleicht der Herbst, wenn die Bäume in Rot und Gold erglühen*

UNTEN *Die spektakuläre Bear Mountain Bridge (Bärenbergbrücke) über den Hudson*

gen, die ursprünglich für die Metroliners des Nordost-Korridors entworfen wurden und die mit ihrer charakteristischen abgerundeten Form kleiner wirken, als sie tatsächlich sind. Sie trugen, mit einer Ausnahme, alle die Aufschrift „Coach“ an der Außenseite. Die Ausnahme hatte die Bezeichnung „Café“, was sie auch genau zur Hälfte war, zur anderen aber „Custom“ oder 1. Klasse. Der Custom-Teil war durch einen Vorhang abgetrennt, der aber dem neugierigen Beobachter nicht seine großzügigeren Sitze und leichte *de-luxe*-Atmosphäre verbarg, zu der auch die kostenlosen Zeitungen und Getränke wie Tee, Kaffee und Saft gehörten. Es gab auch einen Raucherwagen, am Zugende.

Das Café blieb die ganze Fahrt über geöffnet. Dank der amerikanischen Angewohnheit, ständig eine Kleinigkeit zu futtern, anstatt sich an die Essenszeiten zu halten, war es stets gut besucht. Die Speisekarte bot eine große Auswahl amerikanischer Nationalkost. Ich beschied mich mit einem „smoked cheese and ham sandwich“, der erwartungsgemäß sehr generös ausfiel: zwei große Scheiben Roggenbrot mit acht Scheiben Schinken und ebensovielen Scheiben Räucherkäse.

Bald liegen die Tunnels von Manhattan hinter uns, die alle zu Beginn dieses Jahrhunderts unter enormen Kosten gebaut wurden, und der Zug wandte sich nun längs des Hudson nach Norden. Während der nächsten 225 km, d.h. bis nach Albany hinauf, hält er sich eng an dessen Ostufer. Der Hudson ist seit dem 17. Jahrhundert ein wichtiger Handelsweg Amerikas. Er war einer der ersten Flüsse, die von den frühen Siedlern erforscht wurden, und entwickelte sich bald zu einer der Hauptadern des Personen- und Frachtverkehrs. Später wurde er durch ein Netz von Kanälen mit Buffalo und dem Eriesee im Westen und dem Sankt-Lorenz-Strom im Norden verbunden. Auch nach dem Bau der Eisenbahnen florierte die Flußschiffahrt noch lange. Der Hudson hat seine Bedeutung als kommerzielle Wasserstraße eigentlich erst in den letzten Jahrzehnten eingebüßt.

Vom Zugfenster erscheint das westliche Hudsonufer als eine lückenlose Folge steiler, düsterer Felsen, die hie und da von palastartigen Herrensitzen und prächtigen Sommerhäusern gekrönt werden. Einer dieser Herrensitze beherbergt die Militärakademie West Point. Ein anderer, ebenso bemerkenswert, wurde von den Vanderbilts gebaut. Cornelius Vanderbilt machte mit Eisenbahnen ein Vermögen, ihm gehörte ab den 1850ern eine ganze Zahl von Bahngesellschaften. Am stärksten war er aber an der New York Central beteiligt, die damals ihr Schienennetz vom Hudson nach Westen ausdehnte. Sein Sohn William übernahm die Central ganz. Unter seiner Führung wurde sie zu einem der größten Unternehmen der amerikanischen Oststaaten.

Die Geschichte der amerikanischen Eisenbahnen kennt viele berühmte Bahngesell-

wirklicht wird. Das amerikanische Sternenbanner flattert aber selbst vor der einfachsten Hütte!
Die mittelständischen Vororte weichen rasch glanzvolleren Szenerien. In Yonkers, wo „es die wahre Liebe gibt", wie Ella Fitzgerald sagt, dominieren die Tennisplätze und Yachtclubs, und bei Croton-Harmon liegt das städtische Einzugsgebiet schon hinter uns. Der Zug hatte inzwischen schon einige Verspätung, aber das ließ den Zugführer kalt. „Some days we eat the bear, some days the bear eats us. Kommt Zeit, kommt Rat" war alles, was er einem nörgelnden Fahrgast zu sagen hatte. Der Fahrplan ist in der Tat mit einer gewissen Großzügigkeit gestaltet und besitzt die eingebaute Flexibilität, die bei Fernreisen auf einspurigen Strecken mit nur wenigen Ausweichstellen unverzichtbar ist. Bei meiner Rückreise tags darauf hatte der Zug irgendwo 1½ Stunden Verspätung, war dann aber, durch irgendein Wunder der Fahrplanakrobatik, auf die Minute genau in New York.

Wälder und Wasserfälle

Nun folgt der Zug jeder Windung des Flusses und fährt manchmal durch Felsschluchten mit rauschenden Wasserfällen, manchmal durch Waldungen und manchmal auf einem Damm mitten durchs Wasser. Hinter Poughkeepsie und Rhinecliff wird die Szenerie dramatischer. Man sieht weit im Westen die Catskill Mountains und entdeckt zahlreiche Anklänge an jenes Landschaftsbild, das für die romantischen Maler der berühmten Hudson River School eine so starke Anziehung besaß, die im frühen 19. Jahrhundert den Fluß und all die Naturwunder ringsum verherrlichten.
Nach einer Pause in Hudson – dessen dekorativer Bahnhof aus dem Jahre 1875 sich, wie viele andere heute, durch das völlige Fehlen von Bahnsteigen auszeichnet – fuhren wir längs des Hudsonufers nach Albany-Rensselaer weiter. Dort wurde das Zugpersonal gewechselt. Als wir den John-Wayne-Zugführer zum letztenmal sahen, wanderte er hoch erhobenen Haup-

schaften. Viele ihrer Namen sind noch heute an den Wänden der Güterwagen zu sehen: Canadian Pacific, Delaware & Hudson, Erie Lackawanna, Burlington Northern, Norfolk Southern, Union Pacific und, vor allem, Santa Fé – d.h. die „Atcheson, Topeka und Santa Fé" aus dem Song von Johnny Mercer, den das Dorsey-Orchester unsterblich gemacht hat.
Wir fahren an einer Reihe von Brücken vorüber, die sich weit und hoch über den Fluß spannen und deren stählerne Tragwerke, die meist auf Betonpfeilern ruhen, Spinnennetzen ähneln. Sie haben eine aggressive und – durch ihre Höhe – erregende Eleganz. Die meisten sind Straßenbrücken, aber zumindest eine von ihnen besitzt diese eigentümliche Qualität amerikanischer Eisenbahnviadukte. Es ist eine Bockbrücke, deren dünne, hoch in der Luft schwebende Verstrebungen viel zu körperlos aussehen, um das Gewicht eines Zuges zu tragen.
Sieht man von den Herrensitzen ab, dann ist das mit Schindeln verkleidete Haus, in all seinen Formen, eines der typischen Merkmale dieser Landschaft: als baufällige Hütte tief im Wald, der schon ein paar Bretter fehlen und die Farbe abblättert; als altes Bauernhaus, ganz funktional und in Ehren ergraut oder liebevoll restauriert; als funkelnagelneue Vorortvilla, komplett mit Balkonen und Veranden; oder als prächtiger Palast im Kolonialstil, mit einer Säulenhalle als Vorbau. Die Amerikaner orientieren sich in ihrem Lebensstil anscheinend immer noch an ihrer kolonialen Vergangenheit. Die Hütte im Wald ist Teil des amerikanischen Traums, auch wenn das Thoreausche Ideal der Ursprünglichkeit nur in einer durch Gartengrills, Swimming Pools und Klimaanlagen gemilderten Form ver-

UNTEN *Beim Halt in Hudson steigen weitere Reisende zu*

UNTEN *Die Adirondack Mountains sind ein beliebtes Feriengebiet, vor allem die Gegend um Lake Placid*

GANZ RECHTS *Die City von Montréal ist eine schöne Mischung aus moderner und historischer Architektur*

tes in den Sonnenuntergang hinein. Albany ist eine Industriestadt, die schon bessere Tage gesehen hat. Sie war früher ein wichtiger Eisenbahnknotenpunkt, und ihre Entwicklung war eng mit dem zunehmenden bzw. zurückgehenden Warenverkehr auf dem Hudson verbunden.

Der Zug quert hier den Fluß und folgt dann der alten Mohawk & Hudson-Route nach Schenectady, die heute durch ein Land der Wälder und Fabriken führt. Weil die meisten Reisenden, die in New York eingestiegen waren, sich in Albany oder Schenectady verabschiedeten, blieben für den dramatischen Schlußabschnitt (354 km bzw. sieben Stunden auf beschwerlicher einspuriger Strecke) nur die echten Reisefans übrig. Bei Schenectady fährt man über den Mohawk und läßt die Industriegebiete zurück.

Angler und Handelsschiffe

Bei den alten Kurorten Saratoga Springs und Glenns Falls-Fort Edward fährt der Zug durch ausgedehntes sumpfiges Waldland, das hie und da einen Blick auf ferne Hügel gewährt. Man sieht abgelegene Farmen und kleine, zwischen Bäumen verborgene Siedlungen aus Holzhäusern. An den Bahnhöfen versammeln sich Familien, um den Kindern den Zug zu zeigen, bevor er sich mit einem klagenden Pfiff wieder in die Wälder davonmacht. Südlich von Whitehall wird die Landschaft offener, und dann folgen wir dem Champlain-Kanal, einer großartigen Wasserstraße mit hohen Brükken und leuchtend bunten Schleusen. Sie wurde gebaut, um den Hudson – via Champlain-See – mit dem Sankt-Lorenz-Strom zu verbinden und so eine direkte

Route für den Güterverkehr zwischen New York und Canada zu schaffen. Heute wird der Kanal zumeist von Anglern und Freizeitkapitänen genutzt; die vielen Schiffahrtszeichen längs der Route zeigen aber, daß er für die Berufsschiffahrt noch immer von Bedeutung ist. Der Zug kurvt durch die Hügel am Westufer des Kanals, und ringsum breitet sich eine schroffe, felsige Landschaft aus. Nachdem wir die Südspitze des Champlain-Sees nördlich von Whitehall überquert haben, wenden wir uns nach Norden, um dann die nächsten 160 km praktisch unmittelbar am Seeufer dahinzufahren.

Das ist der beste Teil der Reise. Der See ist riesig und wunderschön. Über die breite Wasserfläche hinweg sieht man am östlichen Horizont die Green Mountains. Unmittelbar im Westen liegen die mächtigen Adirondacks, die sich zwar häufig unserem Blick entziehen, aber dennoch allgegenwärtig sind. Ihre Kraft ist selbst noch in ihren felsenreichen Ausläufern zu spüren, durch die sich der Zug jetzt schlängelt. Diese Reise, mit den Halts in kleinen Seegemeinden wie Ticonderoga, Port Henry und Westport, kann man zu jeder Jahreszeit machen. Am schönsten ist sie wahrscheinlich im Frühjahr und Herbst. Sie kann aber im Winter genauso prächtig sein, wenn der See zugefroren ist und die Gebirgsflüsse erstarren oder sich mit aufgetürmten Eisschollen bedecken. Dann stehen einsame Angler an ihren Eislöchern, ziehen Wintervögel langsamen Flügelschlags über den stillen See – isolierte Gestalten in einer Landschaft mit einer unendlichen Vielfalt delikater Farben. Die Strecke gewinnt jetzt ständig an Höhe, verläuft bei Plattsburgh oft hoch auf einem Felsband und gewährt einen weiten Blick über den See, bis nach Burlington am fernen Ostufer. Die Seegemeinden haben kleine, dekorative Bahnhöfe. Gleich hinter Plattsburgh verabschiedet sich der Zug vom See, um nun durch Wälder, Wiesen und Felder zu promenieren und sich auf einem weniger spektakulären Weg Rouses Point und der Grenze zu nähern. Ein Grenzübertritt ist bei Bahnreisen immer eine aufregende Sache, so auch dieser. Der Zug hielt so lange, wie es den kanadischen Zollbeamten erforderlich schien, um alle Ausweise zu kontrollieren und einige prüfende Fragen zu stellen. Währenddessen versammelte sich das ganze Zugpersonal, inklusive Zugführer, im Café-Wagen. Jeder hatte seinen Plastiktopf mit Essen dabei, das nur noch im Mikrowellenherd aufgewärmt werden mußte. Nachdem sie gegessen hatten, saßen sie herum und schwatzten und warteten, daß die Zollbeamten zu einem Ende kämen. Bei der Rückreise waren die Zöllner sogar noch hartnäckiger, wobei die Amerikaner diesmal die führende Rolle übernahmen. „Wo sind Sie geboren?" fragten uns die pistolenschweren Beamten einen nach dem anderen, während die Spürhündin Sascha, die ihre Arbeit schon getan hatte, am Wagenfenster saß und hinausschaute.

Als die Kanadier endlich zufriedengestellt waren, nahm der Zugführer sein Sprechfunkgerät, um dem Mann in der Lok sein „Zug 69, alles klar! OK to highball!" durchzugeben, und schon waren wir wieder unterwegs. Noch 80 km. Die Landschaft sieht jetzt völlig verändert aus: flaches Ackerland, das bis zum Horizont reicht und nur von ein paar Höfen und Getreidesilos belebt wird. Aber bald kommen wir in die ersten Vororte mit ihren kleinen Reihenhäusern, die alle ihren Swimming Pool im Garten haben, und ihren zahllosen Bahnübergängen, die der Zug im Schrittempo und mit heulender Sirene passiert.

Plötzlich liegt der Sankt-Lorenz-Strom vor uns. Der Zug quert ihn auf einer langen Eisenbrücke – so langsam, daß wir in aller Ruhe die Schleusen, Kais und Schiffe betrachten können. Dann fährt er in den Hauptbahnhof Montréal PQ ein, dessen nüchterne neue Betonhalle, wie anderswo auch, unter einem Hochhaus begraben ist. Mit einem letzten Aufheulen der Lokomotive endete unsere Reise. Wir waren nun in einem anderen Land, in dem alle Schilder französische Inschriften trugen.

Praktische Tips

- Der Adirondack verkehrt ganzjährig und befährt die 615 km lange Strecke New York-Montréal einmal täglich, in beiden Richtungen; er benötigt dafür zehn Stunden.
- Für beide Klassen, Coach und Custom, sind Platzreservierungen obligatorisch. Die schönste Aussicht auf den Hudson haben Sie, wenn Sie auf der linken Wagenseite sitzen.
- An der Grenze zwischen Canada und den USA gibt es strenge Kontrollen, aber keine Möglichkeit, Geld zu wechseln.
- Frühjahr und Herbst sind die besten Jahreszeiten für diese Reise – die Züge können dann allerdings auch recht voll sein. Mit etwas Glück können Sie im Winter den Blick auf verschneite Berggipfel und den zugefrorenen Champlain-See genießen und irgendwo unterwegs anhalten, um Ski zu fahren.
- Der Adirondack gehört zur Amtrak USA, America's National Railroad Passenger Corporation. Platzreservierungen und Informationen in den USA gebührenfrei unter der Telephonnummer „1800 USA RAIL" oder bei einem Reisebüro, ansonsten bei einem Reisebüro Ihres Landes.

Quer durch Kanada – von den Großen Seen zum Pazifik

Robin Neillands

Mit ihren 4467 km ist die berühmte Canadian-Tour von Toronto ins schöne Vancouver eine der längsten Bahnfahrten der Welt. Diese komfortable Reise über den Kanadischen Schild, die Prärien und die Rocky Mountains zum Pazifik führt durch eine der vielfältigsten und schönsten Landschaften der Erde. Der Canadian hält in so attraktiven Städten wie Winnipeg und Edmonton und so hübschen Erdenwinkeln wie Jasper am Ostrand der Rockies oder dem von Bergen umgebenen Kamloops, aber auch in kleinen Orten, wo sich seit Eröffnung der Bahnlinie vor hundert Jahren kaum etwas verändert hat.

RECHTS *Der Schaffner des Canadian trägt eine kleine goldene Dienstmarke*

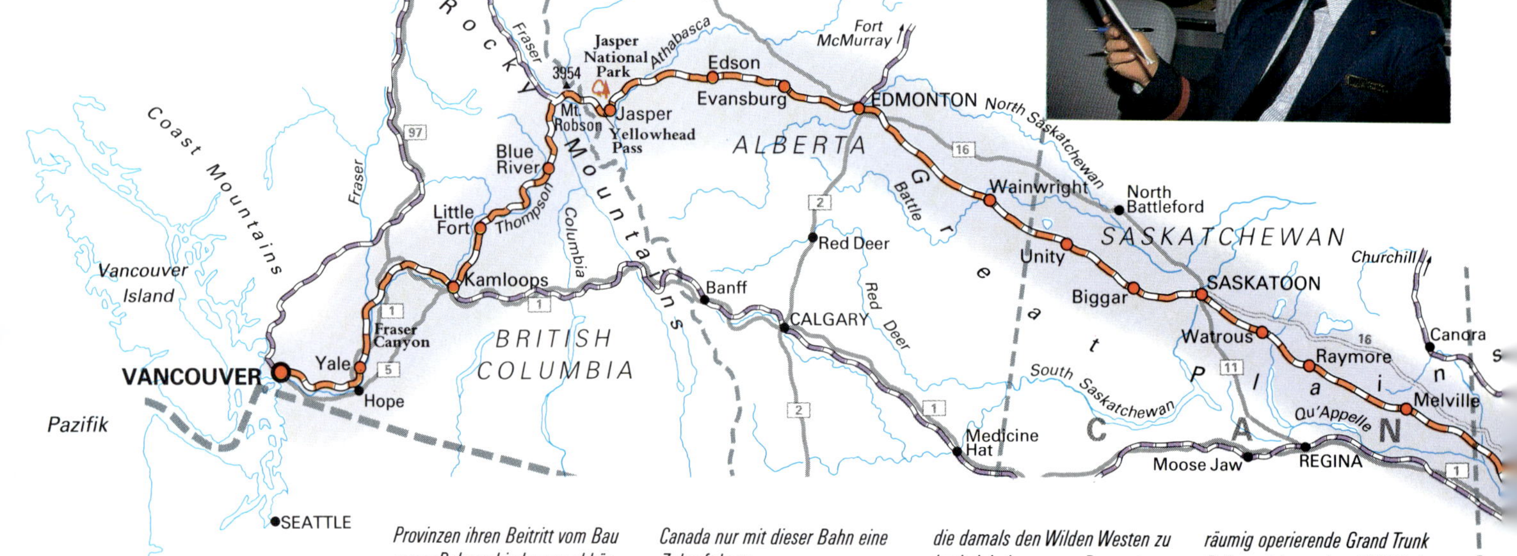

■ *Ohne seine Eisenbahnen und die Männer, die sie bauten, gäbe es den heutigen Bundesstaat Canada wahrscheinlich nicht. Erst die Bahnen verhalfen dem jungen Land zur Einheit. Als 1867 der British North America Act das moderne Canada schuf, machten die Provinzen ihren Beitritt vom Bau neuer Bahnverbindungen abhängig: Ohne Eisenbahn keine Konföderation. Der Haken dabei war die mehr als 4000 km lange Strecke durch die wilde Prärie und über das gewaltige Hindernis der Rocky Mountains. Die Regierung von Canada war sich dieser Schwierigkeiten sehr wohl bewußt. Sie wußte aber auch, daß Canada nur mit dieser Bahn eine Zukunft hatte.*

Die 1881 gegründete Canadian Pacific Railway Company (CPR) schaffte es binnen 4½ Jahren, diese Bahn durch die Prärien und über (oder durch) die Rocky Mountains zu bauen. Die CPR bekam von der Regierung nicht nur Geld, sondern auch Land. Das verkaufte sie an die Einwanderer, die damals den Wilden Westen zu besiedeln begannen. Der erste Zug verließ Montréal am 28. Juni 1886.

Die treibende Kraft hinter der CPR war ein Amerikaner namens William Cornelius Van Horne, der erste und bedeutendste kanadische Eisenbahnpionier. Er fand zahlreiche hervorragende Nachfolger, etwa Charles Hays, der die weiträumig operierende Grand Trunk Railway leitete, aber 1912 beim Untergang der unglückseligen SS Titanic ums Leben kam.

Anfang der 1920er war das wild wuchernde Eisenbahnnetz Canadas im Besitz von mehr als 200 privaten und praktisch bankrotten Bahngesellschaften. Sie wurden 1923 alle von der Regierung übernommen und zu der Canadian Na-

Mehr als 30 Dienstjahre hatte der Canadian absolviert, als er Ende der 1980er ausrangiert wurde. Aber nun ist er wieder da, zwar von Grund auf modernisiert und renoviert, aber dennoch ganz der alte. Er repräsentiert jenen Typus Superexpreßzug aus rostfreiem Stahl, der in den 1950ern gebaut wurde und diese Transcanada-Tour fast ein Jahrzehnt lang so populär gemacht hat, bis das Flugzeug über die großen Bahnen der westlichen Welt triumphierte.

Als ich vor 30 Jahren erstmals mit dem Canadian unterwegs war, reiste ich Coach Class, 2. Klasse, in Gesellschaft von Holzfällern, Trappern und Cowboys. Während der ganzen Fahrt war ich kaum eine Sekunde nüchtern. Das war für sich allein schon eine Leistung, denn das kanadische Alkoholgesetz war damals von wahrhaft byzantinischer Kompliziertheit – und an jedem Sonntag war das ganze Land knochentrocken.

Das hat sich glücklicherweise alles geändert, genau wie meine Wenigkeit. Kanada ist inzwischen nicht mehr nur schön, sondern auch sehr lebendig. Das Essen ist abwechslungsreich und oft sehr gut und der Wein von Inniskillin ausgesprochen trinkbar. Diesmal würde ich ganz luxuriös „Silver and Blue" reisen und meine Tour stilgerecht mit einer Übernachtung im Royal York Hotel in Toronto beginnen, einem jener berühmten Bahnhotels, die für Bahnreisende gebaut wurden, als es noch keine Schlafwagen gab. Noch ein morgendlicher Einkaufsbummel in der Bond Street – und dann wurde es Zeit für den Zug.

Als ich in der Union Station in Toronto eintraf, hatte ich ein heftiges *Déjà-vu*-Erlebnis: Der Zug sah wirklich haargenau so aus, wie ich ihn in Erinnerung hatte. Die VIA Rail hat 200 Millionen Dollar für die Verschönerung ihrer Edelstahlwagen ausgegeben: Aber die Wagenkästen waren so gut in Schuß, daß man sie so beließ, wie sie in den 1950ern und 1960ern gewesen waren. Abgesehen von den Investitionen in die Loks – bei General Motors in London, Ontario, gebaute Dieselelektroloks – und die Zentralheizung, die früher mit Dampf betrieben wurde, aber in kritischen Jahreszeiten wie im Februar meist ausfiel, ist das ganze Geld in die Innenausstattung gegangen. Bequeme Sessel, poliertes Messing, elegantes Glas – man hat keine Kosten gescheut, um den Canadian zu einem der komfortabelsten Züge zu machen, die heute weltweit im Einsatz sind, zu einem Zug, der dem Simplon Orient-Express ebenbürtig ist.

Der Trick bei der Sache ist schon immer gewesen, daß man in einen der Aussichts- oder Kuppelwagen kommt. Heute besitzt der Canadian immerhin drei davon. Ich steckte mir meinen Claim im Park Car ab. Dort hat man eine Bar, ständig frischen Kaffee und Zugang zur Bullet Lounge mit ihren Panoramafenstern (ein Café und eine Aussichtskuppel hat auch der Skyline Car). Zum Park Car gehört die Mural Lounge, ein Salon mit Wandgemälden, deren erste Version von berühmten Künstlern der „Gruppe der sieben" stammte. Ich erinnere mich nicht an die Namen – das scheint

UNTEN *Ein Skyline Car mit Aussichtskuppel wurde angehängt*

tional Railway (CN) vereint, der großen Rivalin der CPR. Die CPR und die CN sind heute für die Güterbahnen zuständig. Der gesamte Personenfernverkehr, einschließlich der transkontinentalen Züge und des Canadian, wurde aber von der VIA Rail übernommen.

aber das Los aller berühmten Künstler Canadas zu sein. Jedenfalls werden ihre Gemälde heute im Kunstmuseum in Ottawa aufbewahrt. Die neue Ausmalung ist auch sehr reizvoll; als ich sie näher betrachten wollte, machte der Zug aber einen Ruck und fuhr ab.
Weil die Vororte von Toronto auch nicht aufregender sind als die anderer Großstädte, schien mir das der Moment, um mir die Mitreisenden anzusehen und ein paar Bekanntschaften zu schließen. In meinem Zug gab es eine Anzahl Kanadier, die ihr Land einmal aus einem anderen Blickwinkel sehen wollten, sowie einige Europäer und Japaner. Sie alle wirkten recht wohlhabend und freuten sich ganz offensichtlich auf die Reise.
Die Leute in der 2. Klasse waren noch kosmopolitischer und auch jünger, aber weniger verwegen als die vor 30 Jahren. Ich erinnere mich, ich war damals drei Tage mit einem Holzfäller zusammen, der sich bei Tisch einen Spaß daraus machte, das Brot mit seiner neumodischen Kettensäge aufzuschneiden. Eins führte zum anderen – aber als er sich über die Einrichtung hermachte, warf man ihn aus dem Zug.
Diese Fahrt durch Kanada hat bei den Beteiligten immer einen gewissen Kameradschaftsgeist genährt. Das sollte auch diesmal nicht anders sein. So entwickelte sich in unserem Abteil binnen weniger Stunden eine rollende Party, die während der folgenden drei Tage immer wieder eine Fortsetzung fand.
Der Zug fuhr nun durch das sehr schöne Wald-und-Seen-Gebiet nördlich von Toronto. Bei jeder Biegung der Strecke bot sich uns eine neue Aussicht auf einen neuen Fluß oder See, an deren Ufern weiß getünchte

GANZ LINKS *Getreidesilos unterbrechen die Eintönigkeit der flachen Prärielandschaft*

UNTEN LINKS *Die komfortable „Bullet Lounge" direkt unter der Aussichtskanzel*

LINKS *Auch Güterzüge verkehren auf dieser Strecke. Dieser Weizenzug wirkt genauso endlos wie die Prärie*

FOLGENDE SEITE *Der Canadian schlängelt sich mitten durch die malerischen Rocky Mountains*

Wochenendhäuschen oder einzelne kleine Dörfer lagen. Das war der Beginn einer sehr langen Etappe über den Kanadischen Schild, jenes präkambrische Grundgebirge, das einen so großen Teil Mittelkanadas bedeckt. Es ist eine wilde, herrliche Landschaft. Die Seen und Flüsse sind mit Biberdämmen übersät, und der Zug hält hie und da in kleinen Stationen, um Angler und Trapper aussteigen zu lassen. Im Westen, an der Georgian Bay und am Nordufer des Huron- und des Oberen Sees, liegen riesige Sumpfgebiete, die damals die Eisenbahnbauer auf eine harte Probe stellten. Ganze Abschnitte frisch gebauter Gleise wurden von den *Muskegs*, diesen fast grundlosen Mooren, über Nacht verschlungen, bis man schließlich ein Fundament aus Pfählen 45 m tief in den Morast trieb und die Schienen dann auf großen „Holzflößen" verlegte.

Bergbauland

Etwa neun Stunden nördlich von Toronto liegt Sudbury, die Bergwerksstadt mit der größten Nickelmagnetkieslagerstätte der Erde. Die Stadt samt Umgebung wird von einem 380 m hohen, von der Bahn gut sichtbaren Schornstein namens Superstack beherrscht. Er soll die schwefelhaltigen Abgase der Nickelhütte beseitigen, oder besser verteilen, die früher wie Regen auf die Gegend niedergingen. Der hatte so verheerende Auswirkungen, daß die amerikanischen Astronauten zu ihrem Mondlandetraining nach Sudbury kamen, weil die Gegend so wunderbar öde war – wie eine Mondlandschaft. Die Ökologen werden erfreut sein zu hören, daß die Schwefelemissionen dank Superstack nicht mehr rings um Sudbury niedergehen. Nun kommen sie in Skandinavien herunter.

Gleich nördlich von Sudbury liegt der Eisenbahnknotenpunkt Caproel. Als wir über dessen Weichen ratterten, war ich zum Moonlight Dinner unterwegs, der letzten von drei Abendessenszeiten im Zug. Das Essen ist gut: kanadischer Lachs, gute Steaks oder ein vegetarisches Menü, und dazu ein Glas oder zwei von diesem ausgezeichneten Inniskilliner Wein.

Die Kanadier gingen, wie üblich, früh schlafen. Ich tat es ihnen gleich. Schließlich waren wir noch immer dabei, wie schon den größten Teil des Tages, den Kanadischen Schild zu überqueren, und ich nahm an, daß wir ihn bei Tagesanbruch wohl hinter uns gelassen hätten und schon durch die Prärien fahren würden. Der präkambrische Schild ist sicher eine vielfältige und schöne Landschaft, aber auch sehr ausgedehnt.

Sioux Lookout (Beobachtungsposten) ist kein so aufregender Ort, wie sein Name suggeriert. Aber der plötzliche Abschied von der Fels-und-Wald-Landschaft des Kanadischen Schilds, der sich hier vollzieht, ist äußerst dramatisch. Eben war man noch in den Wäldern – und schon fährt man durch die erste Prärie, mit deren Durchquerung dann der größte Teil des Tages vergehen wird. Zuerst beleben noch kleine, weiß gestrichene Farmhäuser das Bild, die sich aber allmählich verlieren und entfernen. Wenn man erst einmal in Manitoba ist, der nächsten Provinz im Westen, befindet man sich mitten drin in den Prärien.

Ich mag diese Great Plains. Manche sagen, sie seien langweilig und erzeugten eine Niedergeschlagenheit, einen Wüstenkoller, da sie dem Auge nichts böten als ein endloses, immer gleiches Nichts. Das trifft aber auf die Great Plains von Manitoba und Saskatchewan absolut nicht zu. Natürlich sind sie flach. Aber das Licht dort hat etwas an sich, was die Aussicht wunderbar klar und ständig neu und anders macht. Ein sanfter

VIA

Wind läuft über die wellige Landschaft und läßt die riesigen Getreidefelder, die sich meilenweit um die kleinen Farmen ausdehnen, hin und her wogen. Und die Farben findet man im Rot und Ocker der Scheunen und Getreidesilos, deren Umrisse sich in der kristallenen Luft scharf abzeichnen.

WO DER WESTEN BEGINNT

Es gab genug Möglichkeiten, sich zu zerstreuen. In der Bar wurde gesungen, und zwei Städte waren in Augenschein zu nehmen: zuerst Winnipeg, die Hauptstadt von Manitoba, und dann, später am Abend, Saskatoon. In Winnipeg, sagt man, beginne der Westen. Die Stadt liegt am Zusammenfluß zweier großer Flüsse, des Red River und des Assiniboine. Hier gibt es auch eines dieser alten Eisenbahnhotels. Es heißt Fort Gary und wurde nach dem Fort benannt, das die Hudson Bay Company für den Handel mit den Plains-Indianern, für die Versorgung der Einwanderer und den Pelzhandel baute. Der Zug machte hier eine Pause von 20 Minuten; so ein Halt heißt im kanadischen Eisenbahnjargon „dwell time". Ich nutzte meine „Verweilzeit", um mir auf dem Bahnsteig die Beine zu vertreten, einige Bücher zu kaufen und schnell einige Leute zu betrachten, die im Stil des 19. Jahrhunderts gekleidet waren, in leichten Einspännern vor dem Bahnhof saßen und warteten. Es waren Hutterer, Angehörige einer religiösen Gemeinschaft, die sich mit den Amischen Mennoniten in Pennsylvania vergleichen läßt. Sie pflügen ihr Land noch mit Pferden, fahren eher Karren und Einspänner als Autos und tragen lange Röcke und Schuten, dunkle Anzüge und breitrandige Hüte – ein seltsamer Anblick in einem so jungen und modernen Land wie Kanada.

Am zweiten Tag rumpelten wir durch die Provinz Manitoba und nach Saskatchewan hinein. Das Land ist zum Teil so flach, daß es wie gebügelt wirkt. Nach Einbruch der Nacht kamen wir nach Saskatoon. Die Stadt wurde um 1882 von Temperenzlern als alkoholfreie Zone gegründet, aber die Ankunft der Eisenbahn machte all ihre guten Absichten zunichte. Der Bahnpionier Cornelius Van Horne hat einmal gesagt, die Eisenbahn werde mit „Dynamit und Whisky" gebaut, womit er nicht unrecht hatte. Saskatoon ist eine hübsche Stadt am South Saskatchewan River. Zu ihren Sehenswürdigkeiten zählt ein sehr gutes Museum zur Geschichte des Wilden Westens, das Western Development Museum. Es ist in einer weiten Halle untergebracht, samt einer Western Railway Station von ca. 1910 in Originalgröße.

Aber schon ging die Fahrt weiter, genau wie unsere wilde Drei-Tage-Party. Der Effekt der Bahnreise-Kameraderie war nicht zu übersehen: Man vertraute wildfremden Mitreisenden Dinge an, die man den Leuten zu Hause sorgfältig verschwiegen hätte. Auch die Japaner waren entspannt, streiften in Unterhosen durch den Gang, machten stundenlang Videoaufnahmen.

Fort also, durch diese weite Landschaft mit ihren Wiesen und Kornfeldern, ihren kleinen Haltstationen, in denen wir immer wieder ein paar Fahrgäste abluden. Und weiter, über noch eine Provinzgrenze und in jenen Teil Kanadas hinein, den ich am liebsten habe: die Provinz Alberta, ein grünes, gewelltes Land, das mit Farmen und großen Viehherden übersät ist.

Denn auch in Kanada gibt es Ranches und Cowboys und – Indianer. Die Sioux wohnen im Süden, längs der Grenze zu den USA. In Alberta gehören die meisten Indianer zum Blood-Stamm und damit zur Konföderation der Schwarzfußindianer. Im Norden liegt das Land der Cree, und im Westen, in den Ausläufern der Rockies, das der Stoney-Indianer, die noch immer als Jäger und Trapper leben, so wie schon seit Hunderten von Jahren. Die kanadischen Indianer sind von den eindringenden Weißen fair behandelt worden. Sie hat-

GANZ OBEN *Aussicht in Winnipeg*

OBEN *In der Bordküche wird das Essen vorbereitet – nicht immer verderben viele Köche den Brei*

FOLGENDE SEITEN *Vancouver an Kanadas Westküste (mit dem Stanley-Park auf der Halbinsel) und einer der berühmten Totempfähle*

ten nie unter den Kriegen, Entbehrungen und Täuschungsmanövern zu leiden, die ihre Brüder südlich der Grenze dezimiert haben. Was aber nicht heißt, daß die Ureinwohner Kanadas über den Verlust ihres Landes und über ihr erzwungenes Vagabundenleben entzückt wären.

Wir überquerten den North Saskatchewan auf unserem Weg nach Edmonton, der Hauptstadt Albertas. Dort legte ich einen zweitägigen Zwischenaufenthalt ein. Edmonton ist eine Ölstadt, und Alberta deckt einen großen Teil des kanadischen Energiebedarfs. Ich wollte mir vor allem die Beine vertreten und die West Edmonton Mall besuchen. Dieses riesige Einkaufszentrum ist wirklich ein Erlebnis. Hier gibt es 4000 Läden und Kioske, ein Schwimmbad, Pinguine und eine Eisbahn, Kinos, Restaurants und Jazzbands und eine Unterwasserreise durch ein Haifischaquarium.

Auf den Spuren der Geschichte

Nach der Übernachtung in Edmonton wurde ich dem Canadian vorübergehend untreu und fuhr mit einem Personenzug nach Jasper, einem Kurort am Fuße der Rocky Mountains. Der Zug folgt dem Athabasca River, setzt an jeder Haltstation ein paar Angler und Kanuten ab und fährt dann geradewegs ins Zentrum von Jasper hinein. Wenn er neben der Hauptstraße dahinzockelt, treten die Einwohner der Stadt vor ihre Türen und begrüßen ihn, so wie sie einst die Postkutsche begrüßten.

Jasper ist eine hübsche Stadt mitten in den Bergen des Jasper National Park – ein Paradies für Skifahrer, Angler und Wandererer, je nach Jahreszeit. Ich kam hierher, um in der berühmten Jasper Park Lodge eine Nacht zu verbringen. Dieses Eisenbahnhotel ist bei den Reisenden wegen seiner zahmen Rehe und radfahrenden Kellner berühmt. Man wird in Bungalows untergebracht. Die Rehe kommen zur Veranda und schauen zum Fenster herein. Wer einen Sandwich oder etwas zu trinken möchte, ruft den Zimmerdienst an. Schon Minuten später kommt ein Kellner dahergeradelt, ein Tablett mit dem Gewünschten balancierend. Es geschieht nur selten, daß er das Tablett fallen läßt oder etwas verschüttet.

Der Canadian trifft am späten Nachmittag in Jasper ein und hat eine Stunde Verweilzeit, damit die Reisenden einkaufen und die alte Dampflok mit dem Kuhfänger inspizieren können, die neben dem Bahnhof steht. Dann bricht man auf, um die letzte Nacht im Zug und den abenteuerlichsten Teil der Reise zu genießen: die Fahrt durch die Rockies nach Vancouver.

Die Route führt nun geradewegs in die wilde Bergwelt. Wir postieren uns an den Fenstern oder oben in den Kuppelwagen. Eine Welle der Erregung läuft durch den Zug, als zuerst eine Braunbärin gesichtet wird, die mit ihrem Jungen neben dem Gleis durchs Gras trottet, und dann ein Elch, der unterhalb des Bahndamms in einem hübschen Galopp neben uns herläuft und endlich im großen Bogen im Wald verschwindet. Zwischendrin und während man zum Yellowhead Pass hochfährt, hat man herrliche Ausblicke auf silberne Seen und großartige Berggipfel, auf den massigen Mount Fitzwilliam etwa, 2910 m, und den 2376 m hohen Gipfel des Mount Rockingham hoch über dem Yellowhead-See. Aber hier gibt es ja Gipfel, Gletscher und Seen zuhauf, Ausblicke, die alle die reinsten Filmfresser sind.

Ein paar Kilometer westlich von Jasper teilt sich die Strecke. Die eine Linie geht nach Norden, nach Prince Rupert und Prince George an der Pazifikküste. Die andere, die wir nahmen, führt zuerst nach Süden und dann nach Westen, zur Bergwerkstadt Kamloops. Widerwillig verließen wir unsere Aussichtsposten, um zu Abend zu essen. Ich ging zum ersten Schub, um die Berge bei Sonnenuntergang sehen zu können, und legte mich dann früh ins Bett. Um 5 Uhr morgens war ich wieder im Aussichtswagen und bereit für die Durchquerung des Fraser Canyon, eine wirklich furchteinflößende Etappe.

Im Fraser Canyon waren Cornelius Van Hornes „Whisky und Dynamit" ständig im Einsatz. Denn in dieser Schlucht gab es damals weder Weg noch Steg, nur den Fluß. Die vielen tausend Chinesen, die Van Horne für den Bau der Linie anheuerte, mußten mit Seilen vom Rand des Canyons hinuntergelassen werden und die Strecke direkt in die steilen Felswände hauen und sprengen. Ganze Scharen von ihnen, wahrscheinlich Hunderte, verloren dabei ihr Leben. Selbst vom Zugfenster aus ist diese Schlucht noch furchterregend. Ihre jäh zum Fraser und seinen Stromschnellen abfallenden Wände sind wie eine letzte Trutzburg der Natur. Aber dann verlassen wir den Canyon und fahren an den großen Flößen vorbei, die zu den Sägemühlen und zum strahlenden Vancouver hinabschwimmen, einer der angenehmsten und schönsten Städte der gesamten Pazifikküste.

Praktische Tips

- Der Canadian fährt die Strecke Toronto-Vancouver dreimal wöchentlich, in beiden Richtungen. Die Fahrtzeit für die 4467 km lange Distanz beträgt 69 Stunden. Reiseunterbrechungen sind möglich.
- Der Zug hat zwei Wagenklassen: „Silver and Blue" (nur für Fahrgäste, die eine Schlafgelegenheit buchen) und „Coach"; beide geben zu den Aussichts- oder Kuppelwagen Zutritt. Neben Schlafwagenabteilen für eine oder mehrere Personen gibt es Liegewagen bzw. Wagen mit Liegesitzen. Eine frühe Buchung ist sehr zu empfehlen, vor allem für die Durchquerung der Rocky Mountains.
- Die Reise ist zu jeder Jahreszeit ein ungetrübtes Vergnügen, außer vielleicht im tiefsten Winter. Im Juli und August sind die Weizenfelder von Manitoba und Saskatchewan eine einzige goldene Pracht; Ende September/Anfang Oktober bezaubert Sie der Kanadische Schild mit seinen herbstlichen Farben.
- Der Canadian gehört zur VIA Rail Canada, deren Büros Sie innerhalb Kanadas in jedem Hauptstrecken-Bahnhof oder über die Gelben Seiten finden.
- Im Ausland erreichen Sie Generalvertretungen der VIA Rail über Ihr Reisebüro, ein Kanadisches Verkehrsbüro oder direkt: VIA Rail Canada, 2 Place Ville Marie, Montréal, PQ H3B 2C9, Canada,Tel. 514 871 60 00,Fax 514 871 66 58.

Der Chihuahua-Pacífico durch Mexikos Kupferschlucht

Mona King

Die Reise mit dem Nuevo Chihuahua-Pacífico von Los Mochis nach Chihuahua ist eine der ganz großen Attraktionen Nordwestmexikos. Die 655 km lange Strecke führt von den tropischen Niederungen der Pazifikküste durch die mächtige Sierra Madre Occidental und die Barranca del Cobre zum Hochplateau im Landesinneren. Es ist ein landschaftlich überaus schönes Gebiet mit schroffen Gipfeln, gewaltigen Cañons, weiten Kiefernwäldern und tiefen Flüssen. Diese auch kulturell sehr interessante Region ist die Heimat der Tarahumara-Indianer, die in der Abgeschiedenheit der wilden, zerklüfteten Sierras noch immer in Höhlenwohnungen leben.

RECHTS *Noch vor dem Morgengrauen steigen wir in Los Mochis in den Chihuahua-Pacífico*

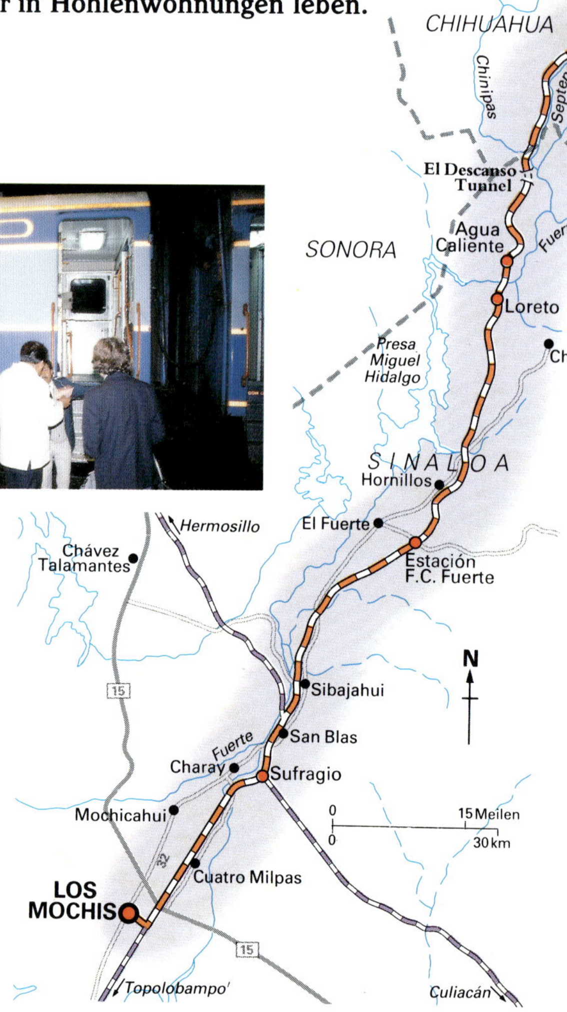

GANZ RECHTS *Blühende Wüstenkakteen sind nur eine der vielen interessanten Pflanzenarten, die man bei dieser wunderbaren Bahnreise ins Herzland von México zu Gesicht bekommt*

Es war ein heißer, wolkenloser Tag, als wir in Los Mochis ankamen. Auf den saftigen grünen Weiden graste friedlich das Vieh, unsere Route war von tropischer Vegetation und Blumen gesäumt. Es war Mitte März, die Szenerie wirkte sehr heiter.

Los Mochis, der Start- bzw. Zielort des Chihuahua-Pacífico, hat auch eine Busstation von großer regionaler Bedeutung. Bei einem kurzen Bummel durch den Terminal sahen wir viele Läden und malerische Obststände – und viele, viele Busse.

Mexikaner mit Cowboyhüten, tiefhängenden Gürteln und eng sitzenden Hosen gaben dem Hotelrestaurant einen Schuß Lokalkolorit und Leben. Noch lebendiger ging es in der fast stockdunklen Bar zu, wo ständig Gruppen lebhafter Touristen eintrafen und der Tequila in Strömen floß, der Fernseher dröhnte und fiebrige Erwartung in der Luft lag. Gleich würde die Kapelle zu spielen anfangen. Aber wir mußten leider für heute Schluß machen.

Wir fuhren am nächsten Morgen zu unmenschlich frü-

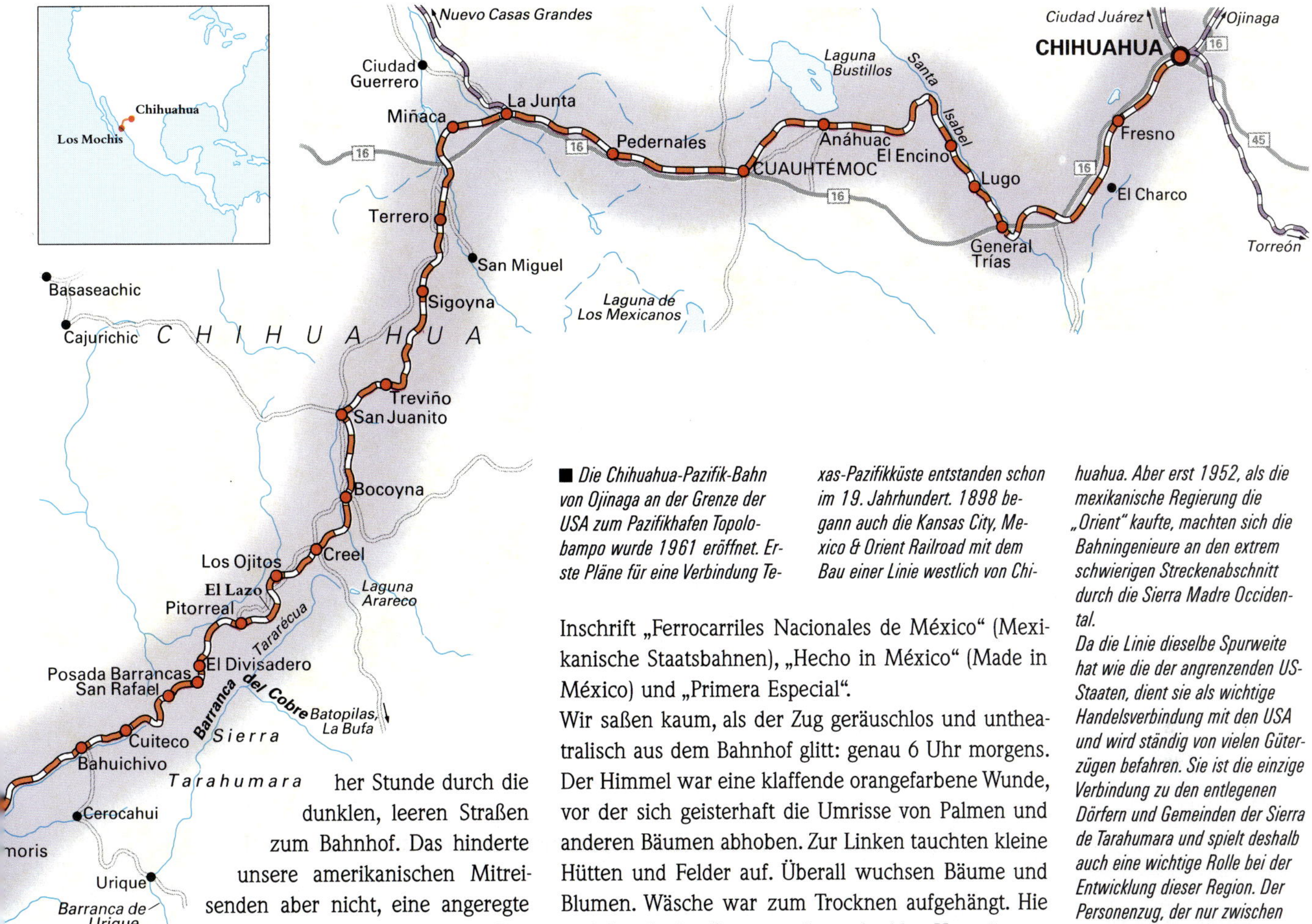

■ Die Chihuahua-Pazifik-Bahn von Ojinaga an der Grenze der USA zum Pazifikhafen Topolobampo wurde 1961 eröffnet. Erste Pläne für eine Verbindung Texas-Pazifikküste entstanden schon im 19. Jahrhundert. 1898 begann auch die Kansas City, Mexico & Orient Railroad mit dem Bau einer Linie westlich von Chihuahua. Aber erst 1952, als die mexikanische Regierung die „Orient" kaufte, machten sich die Bahningenieure an den extrem schwierigen Streckenabschnitt durch die Sierra Madre Occidental.

Da die Linie dieselbe Spurweite hat wie die der angrenzenden US-Staaten, dient sie als wichtige Handelsverbindung mit den USA und wird ständig von vielen Güterzügen befahren. Sie ist die einzige Verbindung zu den entlegenen Dörfern und Gemeinden der Sierra de Tarahumara und spielt deshalb auch eine wichtige Rolle bei der Entwicklung dieser Region. Der Personenzug, der nur zwischen Los Mochis und Chihuahua verkehrt, ist eine große Touristenattraktion, die Besucher aus aller Welt anzieht.

Die Strecke führt durch höchst unterschiedliche Landschaften und Klimazonen. Sie steigt von den üppigen Weidegebieten um Los Mochis gemächlich in die Berge hinauf. An der Grenze zwischen den Bundesstaaten Sinaloa und Chihuahua tritt sie in eine andere Zeitzone ein. Der malerische Höhepunkt ist die Barranca del Cobre, die Kupferschlucht. Mit ihren zerklüfteten Bergen, gähnenden Schluchten, tiefen Flüssen und weiten Koniferenwäldern ist sie die aufregendste Szenerie dieser Linie, die deshalb oft Kupferschlucht-Bahn genannt wird. Der letzte Abschnitt quert die Hochebene von Chihuahua und wird von schönen Äckern, Obstplantagen und Viehweiden gesäumt.

Die wichtigsten Stationen sind: die kleine Kolonialstadt El Fuerte; Bahuichivo, für Ausflüge nach Cerocahui und zur Barranca de Urique; El Divisadero, mit herrlicher Aussicht über drei Schluchten; Creel, Holzfällerstadt, ausgezeichneter Ausgangspunkt zur Erkundung der Sierra de Tarahumara; und Cuauhtémoc, für einen Besuch der Mennonitenkolonie.

her Stunde durch die dunklen, leeren Straßen zum Bahnhof. Das hinderte unsere amerikanischen Mitreisenden aber nicht, eine angeregte Unterhaltung in Gang zu bringen. Das Gebäude war fast leer, bis auf die paar Gestalten, die mit uns zum Bahnsteig eilten. Dort wartete schon der Zug in all seiner Pracht: vier blaue Wagen mit einer Diesellok vorn und der stolzen

Inschrift „Ferrocarriles Nacionales de México" (Mexikanische Staatsbahnen), „Hecho in México" (Made in México) und „Primera Especial".

Wir saßen kaum, als der Zug geräuschlos und untheatralisch aus dem Bahnhof glitt: genau 6 Uhr morgens. Der Himmel war eine klaffende orangefarbene Wunde, vor der sich geisterhaft die Umrisse von Palmen und anderen Bäumen abhoben. Zur Linken tauchten kleine Hütten und Felder auf. Überall wuchsen Bäume und Blumen. Wäsche war zum Trocknen aufgehängt. Hie und da sah eine Frau aus einem dunklen Hauseingang zu uns herüber, während im Hof die Hühner, Schweine und Hunde nach etwas Freßbarem pickten, wühlten und schnüffelten. Ein einsamer Reiter streifte durch die Felder. Das warme, gelbglühende Morgenlicht, das sich über die Landschaft ergoß, verlieh der Szene einen Hauch von Romantik und weckte Träume von einem freien Leben in der weiten Natur – bis sich die eine oder andere riesige Satellitenschüssel störend ins Bild drängte. Als bald darauf die Sonne über die Hügel lugte, nahm die Landschaft mit einmal ein völlig anderes Gesicht an. Es war Zeit, sich die unmittelbare Umgebung etwas näher anzusehen.

In unserem Wagen, am Zugende, saßen vor allem Mexikaner, ruhige, höfliche und sehr zurückhaltende Leute. Die Männer waren meist westlich gekleidet und trugen Panamahüte. Die Frauen reisten oft mit Kindern, die sich im allgemeinen sehr gut benahmen. Viele Einheimische schliefen; sie fuhren offenbar nicht wegen der schönen Landschaft mit. Die Touristen waren vorwiegend Amerikaner und saßen meist weiter vorn im Zug. Die Wagen haben sehr bequeme, verstellbare Sitze mit Tabletts für die Mahlzeiten, ähnlich wie in einem Flugzeug; in unserem Großraumabteil waren 18 Sitzreihen. Die Fenster bieten eine gute Sicht und haben Jalousien. Es gibt auch eine Heizung bzw. Klimaanlage und, am Ende jedes Wagens, eine Toilette.

Wir lernten bald den Schaffner kennen, einen Sr. Guil-

1002

lermo Cano, der häufig vorbeikam, um auf all die Sehenswürdigkeiten der Strecke aufmerksam zu machen. Er wies auch darauf hin, daß man auf der rechten Wagenseite meist die beste Aussicht habe, und stellte uns drei technische Bahnbedienstete vor, die kurz hinter uns saßen. Sie waren so nett und ließen uns, wann immer wir wollten, auf das hintere Wagenende hinaus, zu dem man aus Sicherheitsgründen sonst keinen Zutritt hat. So erhielten wir das Privileg, die warme Brise zu spüren und die umgebende Landschaft aus unmittelbarer Nähe zu betrachten. Die meisten Wagen dieser Bahn stammen aus dem Jahre 1988. Einige sind geringfügig älter und umgebaut worden. Es gibt auch einen Güter- und Personenzug namens „Mixto" (gemischter Zug). Er fährt eine Stunde nach dem Primera Especial ab und hält an jeder Station, allerdings, so die Warnung, ohne jeden zuverlässigen Fahrplan. Wie wir später feststellten, verkehren auch viele Güterzüge auf dieser Strecke.

Der erste Halt war um 6.50 Uhr in Sufragio, Schnittpunkt unserer Strecke mit der Nord-Süd-Magistrale von Nogales nach Guadalajara. Bald danach fuhren wir durch Felder mit riesigen Säulenkakteen (Saguaros), zwischen denen Pferde und Esel frei herumliefen. Allmählich kamen Hügel und Berge in Sicht.

Davon lenkte uns nun die Verteilung der Kartons ab, die unser zweites Frühstück enthielten: Schinkensandwiches, Nudeln, Marmelade und Orangensaft. Es gab auch kaltes Bier, Coca-Cola und andere alkoholfreie Getränke.

An den nächsten beiden *Estaciones*, El Fuerte und Loreto, stiegen viele Einheimische aus und viele ein. Wir bekamen einen neuen, interessanten Platznachbarn: einen sehr großen, schneidig ausstaffierten Mexikaner mit einem riesigen schwarzen Hut, schwarzer Hose und schwarzer Weste, hochhackigen Stiefeln und silberbeschlagenem Gürtel. Der Himmel war blau und wolkenlos. Wir sahen seltsam geformte Felsen, dicht bewaldete Gipfel, lodernde gelbe Blütenmeeere, flaumigweiße Kapokbäume. Dann überquerte der Chihuahua mit durchdringendem Pfiff die El-Fuerte-Brücke (Spannweite 500 m), und wir starrten zum Río El Fuerte tief unter uns hinab.

Bei dem 15 minütigen Halt kurz darauf konnten wir uns ein wenig die Beine vertreten. Auf dem Bahnsteig, neben einem seltsamen kleinen Altar, verkauften lächelnde Mädchen Sträuße purpurroter Bougainvillea. Einer unserer Techniker stand auf dem Gleis und war mit Rangierarbeiten beschäftigt, um die Strecke für einen Güterzug freizumachen. Der fuhr auch bald mit einer Ladung Ziegen an uns vorbei. Wir stiegen dann weiter sanft bergan, bis wir plötzlich in den El-Descanso-Tunnel eintauchten – mit 1829 m der längste der ganzen Strecke – und drei Minuten danach in die Bergwelt der Barranca del Cobre hineinfuhren. Wenig später querten wir die Chinipas-Brücke (105 m) und genossen den wunderbaren Blick auf das blaßblaue Wasser des Flusses tief unter uns.

Ein gebirgiges Land

Nun wurde die Szenerie noch dramatischer. Der Zug kurvte durch zahlreiche Tunnels und über gewaltige Cañons, deren jähe Felswände von den zerklüfteten Berggipfeln bis zum Bett der Flüsse tief drunten hinabzustürzen schienen. Hoch oben an den bewaldeten Hängen leuchteten rosa Pfirsichblüten. Unten in den Tälern sah man kleine, isolierte Siedlungen. Kurz nach Témoris führt die Strecke in riesigen Kurven und Schleifen weiter bergauf und bietet dabei einen eindrucksvollen Blick auf drei Gleisebenen gleichzeitig – und einen Wasserfall als Dreingabe. Diese berühmten „Schleifen von Témoris" vermitteln einen guten Eindruck vom Einfallsreichtum der Bahnkonstrukteure. Nach einer neuen Folge kurzer Tunnels sahen wir das verblüffende Felsprofil eines „Kardinals" und durchquerten dann ein Gebiet, das für die sieben unterschiedlichen Kiefernarten bekannt ist, die hier, und wohl nur hier, wachsen. Die Vegetation veränderte sich nun merklich, und wir fuhren weiter durch ein Gebiet schöner Koniferenwälder, rosa und weißer Blumenwiesen und kleiner Flüsse. Nach dem Halt in Bahuichivo wurde die Luft frischer, tauchten erste Anzeichen von Siedlungen auf: kleine Häuser mit Wellblechdächern und immensen Satellitenschüsseln. Wir hatten das Gefühl, daß uns ein kleiner Imbiß vor dem nächsten Halt nicht schaden könnte. Da es im Zug keinen Speisewagen gab, bestellten wir uns ein Lunchpaket. Es enthielt leider wieder Schinkensandwiches, dafür aber eine Avokado und einen Apfel statt Nudeln und Marmelade.

Kurz nach Mittag erreichten wir San Rafael, eine wichtige Haltstation, an der das Zugpersonal gewechselt wird. Während nebenan Güterzüge rangierten, stürzten sich Scharen fliegender Händler auf den Chihuahua und boten mit viel Geschrei ihre Waren feil, die von *Tacos* (mit Fleisch gefüllte, gebratene Tortillas), Schokolade und Getränken bis zu handgearbeiteten Körben und anderen Souvenirs reichten. Ein Großteil der Fahrgäste hatte sich über das Bahnhofsgelände verteilt und genoß die 20minütige Unterbrechung, als der Zug plötzlich und ohne Vorwarnung abfuhr. „Jetzt aber los!" rief der hünenhafte Mexikaner mit dem schwarzen Sombrero, als wir den Bahnsteig entlang und dem Zug hinterherrannten. Er mit seinen langen Beinen erreichte ihn auch mühelos, wir aber schafften

OBEN *Tarahumara-Kinder spähen aus der Tür ihres mit verwitterten Schindeln gedeckten Hauses*

GANZ LINKS *Ein Zug donnert über die Chinipas-Brücke*

LINKS UNTEN *Bei den Schleifen von Témoris quert die Strecke schwungvoll den Fluß*

OBEN *Etwa 310 m tief stürzt der weiß gischtende Basaseachic-Wasserfall in die Schlucht*

RECHTS OBEN *Ein alltägliches Schauspiel im Bahnhof von El Divisadero: Wenn sich hier die Züge aus beiden Richtungen begegnen, wird der Bahnsteig zum Marktplatz, dann bieten die Frauen aus der Umgebung ihre Waren feil*

MITTE *Detail der schönen Kathedrale von Chihuahua, zu deren Bau fast hundert Jahre benötigt wurden*

es kaum hineinzuklettern und waren ziemlich außer Atem – als der Zug nach wenigen Metern wieder anhielt, um dann noch einige Zeit bis zu seiner endgültigen Abfahrt verstreichen zu lassen.

Als kurz darauf Señor Cano vorbeikam und Posada Barrancas, unseren ersten Zwischenstop, ankündigte, merkten wir, daß wir gar nicht aussteigen wollten. Die angenehme Fahrt durch diese wunderschöne Landschaft hatte uns in eine Euphorie versetzt, die wir am liebsten bis in alle Ewigkeit hätten andauern lassen wollen. Aber auf dem Bahnsteig von Posada Barrancas wartete schon Raquel, um uns zum Hotel hinabzubegleiten. Im Garten dort saßen Tarahumara-Frauen mit farbenprächtigen Kopftüchern und Blusen und weiten Röcken und flochten gemächlich winzige Körbchen aus Kiefernnadeln. Ein Baby lugte aus dem *Rebozo* (Schultertuch) seiner Mutter.

Nach dem Mittagessen machten wir einen Ausflug zum Rand der Barranca bei El Divisadero und genossen die weite Aussicht auf die drei großen Cañons des Urique, Tararécua und Cobre (Kupferfluß). Sie zählen zu den Höhepunkten dieser Reise. Die Barranca del Cobre erinnert an den Grand Canyon von Arizona, hat aber aufgrund ihrer bewaldeten Abhänge einen ganz eigenen Charakter. Sie ist großartig, überwältigend, unvergeßlich. Unser Führer zeigte uns in der Entfernung einige Hütten und Höhlen, in denen Tarahumara leben. Weiter die Straße aufwärts, an der Estación El Divisadero, gibt es einen lebhaften kleinen Markt, wo die Indianer mexikanische Spezialitäten kochen und Töpfe und Puppen, Körbe und Violinen verkaufen. Von einer Blockhütte in der Nähe des Hotels führte ein steiler Pfad zu einer großen Höhle hinab, in der eine Tarahumara-Familie mit drei Kindern wohnte. Sie waren scheu, unterhielten sich aber auf spanisch ein wenig mit uns, während rund herum Schweine mit langhaarigem Fell den Boden beschnüffelten. Am nächsten Morgen ritten wir durch einige Tarahumara-Siedlungen zu einem anderen schönen Aussichtspunkt am Rand der Barrancas.

Dann war es Zeit weiterzufahren. Als die Vorauslokomotive eintraf, bekamen wir erneut Reisefieber, und das erst recht, als kurz danach und beeindruckend pünktlich der Zug selber kam. Sechs Minuten später waren wir in El Divisadero. Der 20minütige Aufenthalt reichte gerade, um den Abhang hinunterzustürmen, einen schnellen Blick auf den Cañon zu werfen und ein bißchen auf dem Markt zu stöbern, den wir schon am Vortage besucht hatten. Der Gegenzug von Chihuahua fuhr ein, und alles hatte nun seine Ordnung.

Bald fuhren wir wieder durch ausgedehnte Kiefernwälder, an felsigen Hügeln und grünen Tälern vorbei. An jeder Biegung der sanft ansteigenden Strecke öffneten sich neue Ausblicke weit übers Land. El Lazo (Lasso) wartet mit einer dramatischen Einlage auf. Hier überquert sich die Strecke im weiten Bogen selbst und beschreibt so eine vollständige Schleife. Kurz danach erreichten wir Los Ojitos. Es liegt zwischen bizarren Felsformationen in 2400 m Höhe und ist der höchste Punkt der ganzen Linie. Von da an ging es nur noch bergab, bis wir um 15.15 Uhr in Creel einfuhren. Die kleine Stadt lebt von der Holzwirtschaft und sieht wie ein Westernschauplatz aus. Hier wollten wir unsere Reise zum zweitenmal unterbrechen.

Creel liegt inmitten weiter, offener Ebenen. In seiner Umgebung finden sich merkwürdige Felsformationen mit allerlei phantasievollen Namen, wie Elefant, Löwe oder Pilz. Nahe bei der Stadt liegen auch der tiefblaue Arareco-See und etliche Tarahumara-Höhlen, in denen wir Frauen sahen, die am offenen Feuer kochten. Von Creel läßt sich die Sierra de Tarahumara, die Heimat der Tarahumara-Indianer, hervorragend erkunden. Sie sind als ausgezeichnete Langstreckenläufer bekannt und führen von alters her ein nomadisches Leben. Im Frühjahr bestellen sie ihre Felder auf der Hochebene. Bei Einbruch des Winters ziehen sie in die Cañons zu

ihren Höhlenwohnungen hinab. Die Tarahumaras fertigen auch Holzschnitzereien, Musikinstrumente, Körbe und andere Dinge an, die dann in ganz Creel verkauft werden. Sie sind scheu und bescheiden, verhalten sich zu Fremden aber im allgemeinen freundlich.

Ein anderer unvergeßlicher Ausflug führte uns durch ehrfurchtgebietende Landschaften in die Batopilas-Schlucht hinab und zu dem alten Bergwerksgebiet La Bufa. Wir trafen ein paar einsame Tarahumaras, unter anderem ein Trio, das uns am

Straßenrand mit seiner Musik unterhielt. Sehr lohnend war auch der Besuch des Basaseachic, des höchsten Wasserfalls in ganz Mexiko. Seine Wasser stürzen sich vor dem überwältigenden Hintergrund der wilden, zerklüfteten Bergwelt in ein smaragdgrünes Bekken tief drunten in der Schlucht. Es ist ein Naturwunder fernab jeder menschlichen Behausung.

Am folgenden Nachmittag ging es weiter, vorbei an riesigen Holzstapeln, seltsamen Felsen und Kiefernwäldern. Der nächste Halt war La Junta, ein wichtiger Eisenbahnknotenpunkt mit noch mehr Händlern und voller Betriebsamkeit. Dann fuhren wir durch gepflegtes Ackerland, Weiden mit grasendem Vieh und Obstgärten nach Cuauhtémoc, wo wir zur nächsten Übernachtung ausstiegen. Im Restaurant herrschte ein ständiges Kommen und Gehen westernmäßig gekleideter Mexikaner, die über ein Mobiltelefon, das der Manager herumreichte, Geschäfte abschlossen. Einen interessanten Kontrast zu diesen Vertretern der Moderne bildeten die großen, bleichen Mennoniten in ihren blauen Latzhosen. Ihre Frauen tragen Kopftücher oder breitrandige Hüte, lange Röcke und weiße Kniestrümpfe. Sie gehören einer religiösen Sekte an, die sich 1922 in diesem Gebiet ansiedelte, und leben von der Landwirtschaft. Sie produzieren Äpfel, Käse, Hafer und Rauchfleisch. Wir besichtigten eine Bücherei, eine Käserei und eine Schule der Mennoniten draußen auf dem Land. Die Kinder wurden in Hoch- und Plattdeutsch, aber nicht in Spanisch unterrichtet.

Als wir zum Bahnhof kamen, um die letzte Etappe der Reise anzutreten, hieß es, der Zug verspäte sich um eine Stunde. Der Warteraum war abgeschlossen: „In Cuauhtémoc steigt nie jemand in den Zug – hier steigt man aus, aber nicht ein!" Aber der Bahnhofsvorsteher war so freundlich und schloß für uns auf. So warteten wir denn in aller Behaglichkeit, während es draußen dunkel und kalt wurde. Der Hauptgrund für diese Verspätungen ist die Einspurigkeit der Strecke. So geht viel Zeit verloren, weil die Güterzüge unterwegs immer wieder auf die leider viel zu seltenen Abstellgleise verschoben werden müssen.

Schließlich, mit ein paar traurigen Pfiffen und anderthalb Stunden Verspätung, tauchte unser Zug dann doch auf. Er war schon gut besetzt, mit der üblichen Mischung aus Einheimischen und US-Touristen. Eigentlich sollte auch Señor Cano dabei sein, aber er war leider durch „Probleme in La Junta" bzw. durch deren Lösung aufgehalten worden.

Wir krochen im Schneckentempo dahin. Es war dunkel draußen, kaum ein Licht war zu sehen. Daß jetzt aber der goldene Vollmond unseren Weg erhellte, war ein guter Abschluß für eine Reise, die im Schein der aufgehenden Sonne begonnen hatte.

Bald nach dem kurzen Halt in Anáhuac erspähten wir in der Ferne die funkelnden Lichter von Chihuahua. Der Zug durchfuhr eine weite Kurve und steuerte dann schwungvoll seinem nahen Ziel entgegen. Um 22.30 Uhr kamen wir in Chihuahua an, ein bißchen verspätet zwar, aber gesund und wohlbehalten.

Ein klein wenig Traurigkeit mischte sich in unsere Freude, denn das war nun wirklich und wahrhaftig das Ende unserer Fahrt. Wenn man mit modernen Eisenbahnen reist, braust man oft mit hoher Geschwindigkeit durch die Landschaft und verliert dadurch jede Beziehung zu seiner Umgebung. Bei der Reise mit dem Chihuahua-Pacífico aber hat man genau die entgegengesetzte Empfindung, und das ist auch das Besondere daran. Das geruhsame Fahrttempo und die einspurige Linie geben einem nicht nur das Gefühl, mitten ins Herz der Landschaft zu reisen, sondern ein Teil von ihr zu sein. Für uns war das ein einzigartiges Erlebnis gewesen, ein Blick in eine andere Welt. Ob wir sie ein zweites Mal machen würden? Aber ja, sicher.

Praktische Tips

- Der Primera Especial verkehrt einmal täglich zwischen Los Mochis und Chihuahua, jeweils in beiden Richtungen. Laut Fahrplan benötigt er für die 655 km lange Strecke etwa 14 Stunden. Um die malerischsten Abschnitte auch wirklich bei Tageslicht zu durchfahren, sollten Sie Ihre Reise in Los Mochis beginnen. Planen Sie einige längere Zwischenaufenthalte ein, am besten in El Divisadero und Creel. (Die Bahn erhebt einen Zuschlag von 15% für zwei Fahrtunterbrechungen.)
- Als Reisezeiten eignen sich vor allem die Monate Februar und März sowie September bis November. Die Sommer sind heiß und regnerisch, und im Winter kann es in den höheren Lagen sehr kalt sein.
- Es gibt nur eine Wagenklasse; Platzreservierungen sind in Los Mochis oder Chihuahua möglich, aber gebührenpflichtig. Ausführlichere Informationen erhalten Sie bei: Chief Regional Passenger Dept, Ferrocarriles Nacionales de México, PO Box 46, Chihuahua (Chih), México, Tel. (14) 122284 oder 157756. Beim Mexikanischen Verkehrsbüro Ihres Landes bekommen Sie eine Liste einschlägiger Reiseveranstalter.

Die Central del Perú, die höchste Bahn der Erde

ANTHONY LAMBERT

Der Ehrenplatz im Pantheon der großen Eisenbahnen gebührt nach Meinung vieler Reisender der Ferrocarril Central del Perú. Ob sie, wie manche sagen, den Titel „schönste Eisenbahn der Welt“ verdient, sei dahingestellt. Sie ist jedenfalls die höchste Personenbahn der Erde und erreicht am Scheitelpunkt (4784 m) fast Montblanc-Höhe. Die Himalajabahnen sind nur halb so hoch, und die Jungfraubahn, mit der höchsten Station Europas, liegt noch gut 1300 m unter der Central.

Diese Gebirgsbahn verdankt ihren Ruhm nicht ihrer Höhe allein. Denn die Züge, die von Lima auf der Central in die Anden hochklettern und dann an der Ostseite der *Cordillera* nach Huancayo hinabfahren, durchqueren faszinierende Landschaften von rauher, erhabener Schönheit. Wenn die Strecke sich in endlosen Schleifen und Spitzkehren immer höher und in

RECHTS UNTEN *Der farbenprächtige Markt von Huancayo*

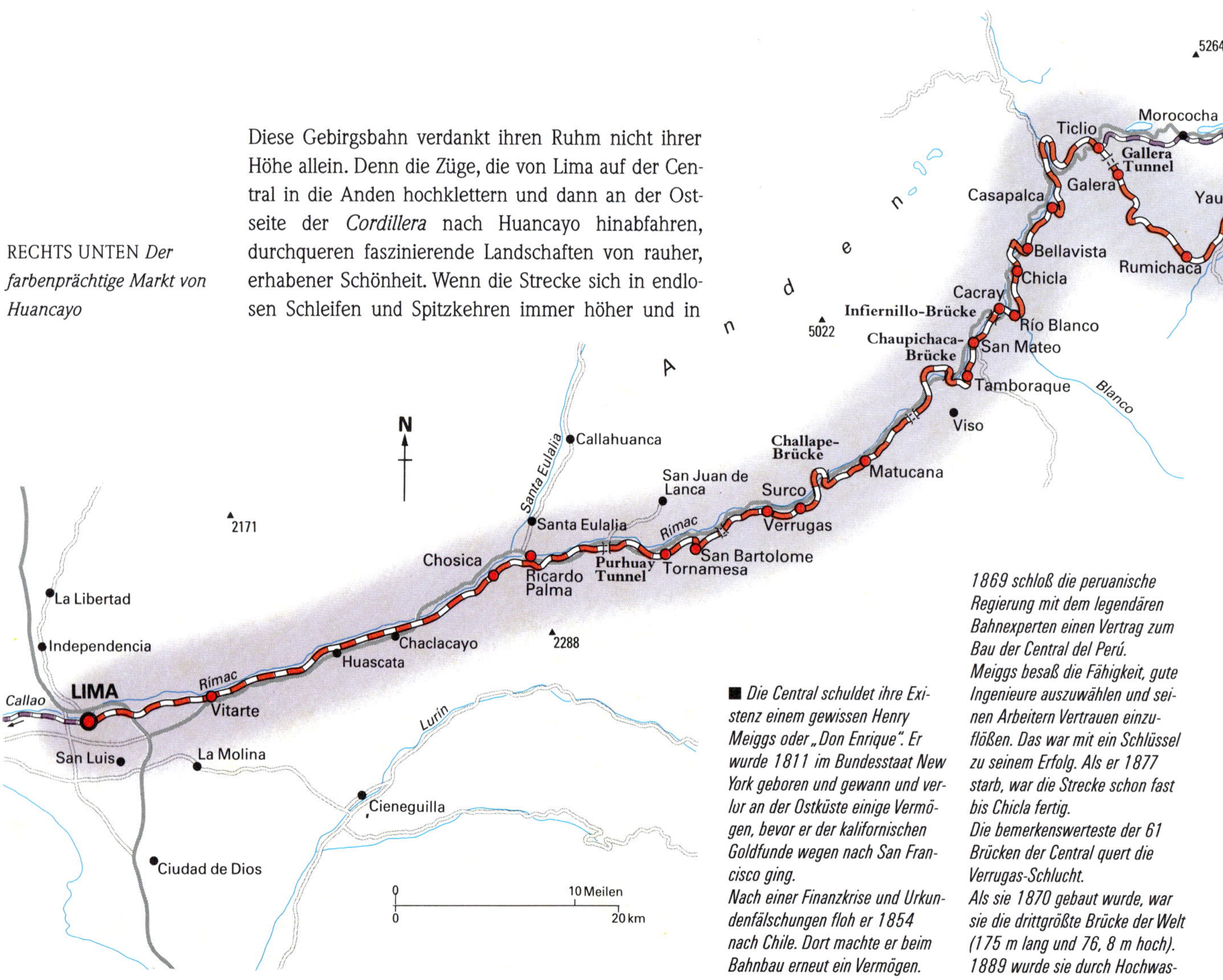

■ *Die Central schuldet ihre Existenz einem gewissen Henry Meiggs oder „Don Enrique“. Er wurde 1811 im Bundesstaat New York geboren und gewann und verlor an der Ostküste einige Vermögen, bevor er der kalifornischen Goldfunde wegen nach San Francisco ging.*
Nach einer Finanzkrise und Urkundenfälschungen floh er 1854 nach Chile. Dort machte er beim Bahnbau erneut ein Vermögen.
1869 schloß die peruanische Regierung mit dem legendären Bahnexperten einen Vertrag zum Bau der Central del Perú.
Meiggs besaß die Fähigkeit, gute Ingenieure auszuwählen und seinen Arbeitern Vertrauen einzuflößen. Das war mit ein Schlüssel zu seinem Erfolg. Als er 1877 starb, war die Strecke schon fast bis Chicla fertig.
Die bemerkenswerteste der 61 Brücken der Central quert die Verrugas-Schlucht.
Als sie 1870 gebaut wurde, war sie die drittgrößte Brücke der Welt (175 m lang und 76, 8 m hoch). 1889 wurde sie durch Hochwas-

immer höhergelegene Täler schraubt, kann der Reisende nicht umhin, den Mut jener viktorianischen Ingenieure zu bewundern, die es wagten, diese spektakuläre Normalspurbahn (1435 mm) zu bauen.

Lima ist kein Ort zum Verweilen. Seine schwerbewaffneten Soldaten und regelmäßigen Stromausfälle erinnern an die politische Instabilität des Landes. Die Kolonialgebäude, die von den Spaniern in den drei Jahrhunderten nach der Gründung Limas durch Pizarro (1535) gebaut wurden, sind fast alle durch nichtssagende moderne Bauten ersetzt. Aber Desamparados, der einzige Bahnhof der Stadt, wurde im Neokolonialstil erbaut. Er liegt hinter dem Präsidentenpalast, hat eine verspielt-erhabene Fassade mit einer kunstvollen Uhr und einem „Oxford-Glockenspiel" und ist erdbebensicher.

Im Idealfall sollte man die Fahrkarten im voraus kaufen. Auch sollte ein feiner Nieselregen der frühmorgendlichen Szene eine graue Blässe verleihen. Der Küstennebel *Garua*, der von April bis September Lima einhüllt, weicht klarem, sonnigem Wetter, sobald der Zug die Ausläufer der Cordillera erreicht. Wer die Stadt dagegen bei strahlender Sonne verläßt, hat wenig Aussicht, die Berge im Sonnenschein zu erleben. Noch ein Paradox: Um während der Reise meist in Fahrtrichtung schauen zu können, muß man sich mit dem Rükken zur Lok setzen.

Wie in vielen Ländern, so besteht auch hier die Menge, die sich auf dem Bahnsteig drängt, nur zu einem geringen Teil aus den Reisenden selbst. Die fünf orange und gelb gestrichenen Wagen sind von fliegenden Händlern, weinenden Verwandten und abschiednehmenden Freunden und natürlich von den vielen Einheimischen belagert, die das große Ereignis genießen: die einzige tägliche Zugabfahrt.

OBEN *Das Logo dieses verwitterten Holzwagens macht deutlich, welche Rolle diese Bahn für den Bergbau spielt*

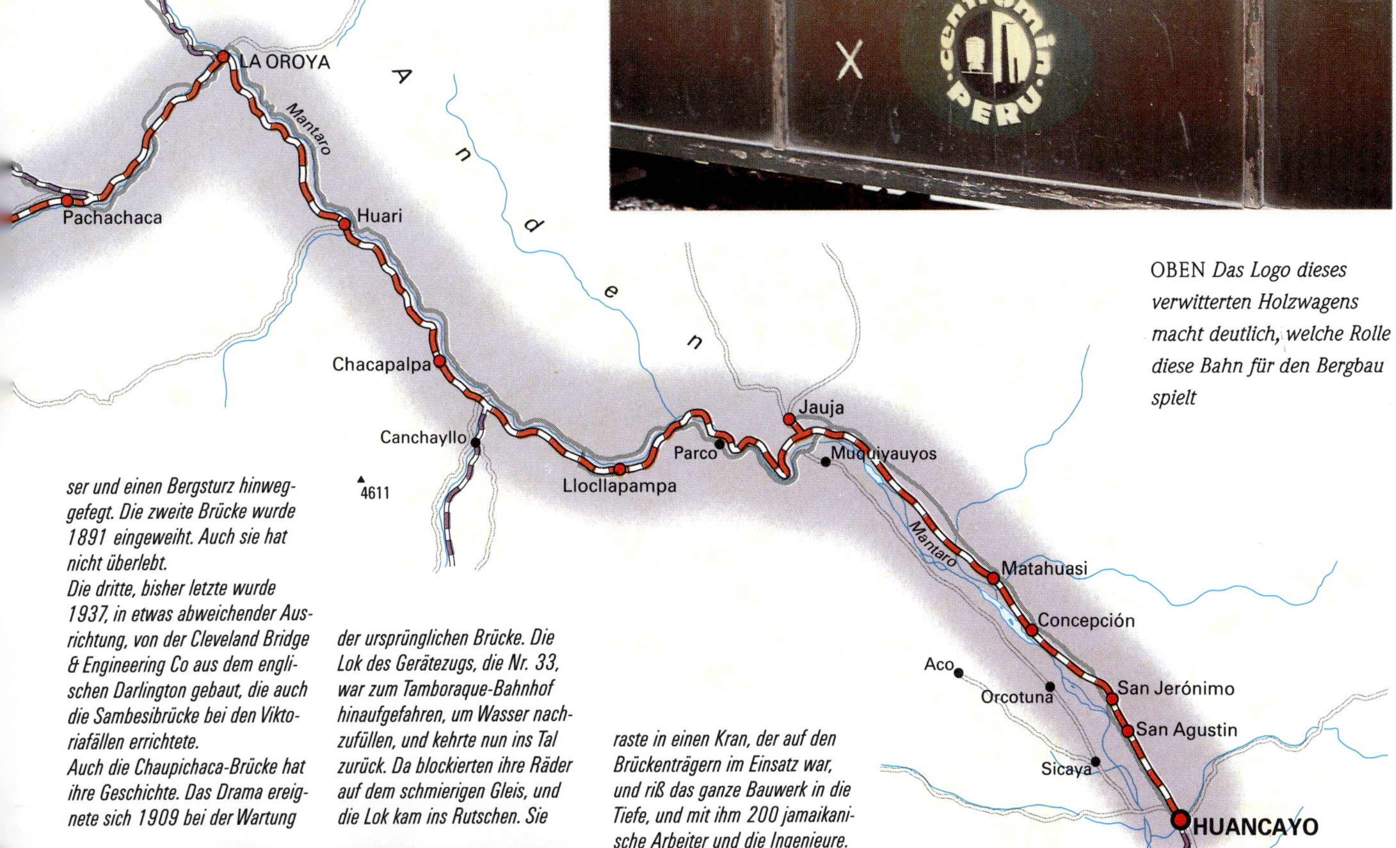

ser und einen Bergsturz hinweggefegt. Die zweite Brücke wurde 1891 eingeweiht. Auch sie hat nicht überlebt.
Die dritte, bisher letzte wurde 1937, in etwas abweichender Ausrichtung, von der Cleveland Bridge & Engineering Co aus dem englischen Darlington gebaut, die auch die Sambesibrücke bei den Viktoriafällen errichtete.
Auch die Chaupichaca-Brücke hat ihre Geschichte. Das Drama ereignete sich 1909 bei der Wartung der ursprünglichen Brücke. Die Lok des Gerätezugs, die Nr. 33, war zum Tamboraque-Bahnhof hinaufgefahren, um Wasser nachzufüllen, und kehrte nun ins Tal zurück. Da blockierten ihre Räder auf dem schmierigen Gleis, und die Lok kam ins Rutschen. Sie raste in einen Kran, der auf den Brückenträgern im Einsatz war, und riß das ganze Bauwerk in die Tiefe, und mit ihm 200 jamaikanische Arbeiter und die Ingenieure. Diese Lok kann man noch heute in der Schlucht liegen sehen, mit ihren Rädern in der Luft und den verbogenen Trägern ringsum.

Als um 7.40 Uhr das Zeichen zur Abfahrt kommt, beschleunigt sich das gutturale Dröhnen der amerikanischen Diesellok. Unter ständigem Tuten verläßt der Zug das Stadtzentrum, um die Hölle der *Barrios* zu durchqueren: Diese Slums mit ihren elenden Hütten ziehen sich kilometerweit an der Strecke dahin. Sie sind ein trister Beleg für die soziale Ungerechtigkeit, die in Perú herrscht, und für das explosive Wachstum Limas, dessen Einwohnerzahl in nur 70 Jahren von 200000 auf über 6 Millionen gestiegen ist. Das eklige Rinnsal in dem Flußbett, das den Zug über 155 km nach Nordosten und bis nach Ticlio begleitet, ist der Rimac. Der Name bedeutet in der Sprache der Quechua „sprechendes Wasser". Hier gibt der Fluß nicht den geringsten Laut von sich. Aber weiter östlich kommt er so richtig ins Reden, denn dort weist er auf einer Strecke von 128 km ein Gefälle von 3658 m auf und wird während der Regenzeit stellenweise zu einem wütenden, weiß schäumenden Hexenkessel.

OBEN *Für viele ist die Bahn eine Art Lebensgrundlage. Diese Kinder verkaufen im Bahnhof von La Oroya Zigaretten und Süßigkeiten*

RECHTS *Der Zug kurvt an kleinen Siedlungen vorbei, die mitten in der Ödnis liegen*

Wie der Zug so gemächlich das Rimac-Tal hinauffährt, reißt immer wieder der *Garua* auf und gibt einen blauen Himmel frei. Das geschieht manchmal so plötzlich, daß alle sprachlos sind, die mit dem Andenklima nicht vertraut sind. Auf den ersten 40 km, bis zum Halt in Chosica, ist die Fahrt leicht und mühelos, obwohl es nicht einen Zentimeter bergab geht. Dank seines angenehmen Klimas wurde Chosica zu einem Zufluchtsort für die reicheren Familien von Lima, die sich hier, weit genug von der Hauptstadt entfernt, ihre Residenzen bauten.

Bei der Abfahrt aus Chosica weist das Geräusch der Dieselmotoren auf die zunehmende Steigung hin. Die wirklich strapaziösen Steigungen kommen aber erst noch! Der Talboden belebt sich, als kleine Bauernhöfe mit grünen Feldern auftauchen, die sich von den bleichen Brauntönen der Berghänge abheben. Der Purhuay-Tunnel ist der erste der 65 (insgesamt 9 km langen) Tunnels dieser Strecke. Der nächste Abschnitt mußte nach einem extremen Hochwasser des Rimac (1925) völlig neu gebaut werden. Dahinter liegt Tornamesa und die erste der elf Kehren dieser Bahn. Von hier bis Huancayo hat man mit dem Rücken zur Lok meist die günstigste Position, mit Blick in Fahrtrichtung.

Tornamesa ist die einzige Einfachkehre der Central; die übrigen zehn sind Doppelkehren und meist mit Drehscheiben versehen, die aber seit dem Ende der Dampfzeit in den 1960ern kaum noch Dienst taten. Während die Diesellok am Zug vorüberzieht, bieten Händler die Früchte feil, die hier in Hülle und Fülle wachsen — Guaven, Papayas, Avocados und Maracujas. Das Dröhnen der auf Hochtouren arbeitenden Dieselmotoren kündigt den Beginn der eigentlichen Bergfahrt an. Von hier bis in den Tunnel des Mount Meiggs, wo die Strecke die kontinentale Wasserscheide erreicht, liegt die Steigung nur selten unter 1:25/30.

BERGFAHRT

Die engen Kurven bis San Bartolomé, wo die Bahn den Rimac quert, vergrößern den Rollwiderstand des Zuges so sehr, daß die Dampfloks hier manchmal einfach abgewürgt wurden. Der Talboden bleibt so weit unter uns zurück, daß die Strecke tief drunten wie eine kunstvolle Modelleisenbahn wirkt. Die Dörfer bestehen aus einstöckigen Häusern, deren Wellblechdächer sich mit sonnengebleichten Pastellrots und Pastellgrüns schmücken.

Kakteen und Büschelgras lösen nun die Obstbäume ab. Die Talhänge werden zunehmend steiler, bis für das Gleis an senkrechten Felswänden nur noch ein schmales Felsband übrigbleibt. Nun liegt Tornamesa direkt unter uns: eine Liliputanersiedlung inmitten massiger brauner Berge. Man denkt besser nicht über die Wirkung nach, die ein Steinschlag auf solchen Streckenabschnitten hätte!

Etwa 16 km hinter San Bartolomé spannt sich der längste und höchste Viadukt der Central über die Ver-

rugas-Schlucht. Die jetzige Brücke ist die dritte an dieser Stelle. Sie heißt Puente Carrión, zu Ehren von Dr. Daniel Carrión, der sein Leben verlor, als er sich in einem Selbstversuch das Blut eines Arbeiters injizierte, der an einem mysteriösen Fieber erkrankt war. Das Verrugas-Fieber, das er erforschen wollte, forderte unter den chilenischen Banharbeitern einen fürchterlichen Tribut. Sie waren der Arbeit in großen Höhen körperlich nicht gewachsen und bildeten einen Großteil der Armee von schätzungsweise 7000 Mann, die beim Bau dieser Strecke durch Krankheiten oder Unfälle starben.

Die Carrión-Brücke ist einer der wenigen Viadukte dieser Bahn mit einem Schutzgeländer. Die meisten sind völlig ungeschützt und geben dem Reisenden das Gefühl, in der Luft zu schweben, wenn er hundert Meter oder mehr in die Tiefe blickt.

Hinter der kleinen Station Surco warten zwei 180°-Kurven sowie eine Folge von kurzen Tunnels, Durchstichen und Kliffen und eine so kurvenreiche Strecke, daß man bald gar nicht mehr weiß, in welche Richtung man eigentlich fährt. Nun quert der Zug die von französischen Ingenieuren entworfene und gebaute Challape-Brücke und erreicht dann Matucana, 90 km von Lima und 2390 m über dem Meeresspiegel. Im Matucana-Tal gibt es gute Viehweiden. Von dieser Station schickte man einst mit Milchkannen beladene Flachwagen zu nächtlichen Abfahrten nach Lima auf die Strecke – per Schwerkraft. Es kam dabei aber zu so vielen tödlichen Unfällen, daß der Service eingestellt wurde.

Außerhalb des Tales wird das Land sehr viel unwirtlicher. Man sieht hier und da noch Reste der Terrassenfelder, die man zu Inkazeiten an den Hängen anlegte – ein kühner Versuch, dem Boden einen Lebensunterhalt abzuringen. Eine enge Schlucht führt den Zug zur ersten Doppelkehre bei Viso. Dann beginnt einer der schwierigsten Abschnitte, wo Anfang der 1930er ein ganzer Berggipfel auf die Strecke herabkrachte und sie für Wochen blockierte. Bisher sind alle Versuche gescheitert, dem Hangrutsch durch Schutzwälder zu wehren.

Wer will, kann einen Blick auf die schaurigen Trümmer der ersten Chaupichaca-Brücke tief in der Schlucht werfen, wenn der Zug direkt aus einem Tunnel auf die jetzige, dauerhaftere Konstruktion hinausfährt.

Beim Bahnhof Tamboraque beginnt die nächste Zickzackstrecke und dann gleich noch eine Serie von Tunnels, scharfen Kurven und schwindelerregenden Felsstürzen. Mit der Diesellok vorne dran ist es schon laut genug, aber zur Zeit der Dampfloks muß hier ein ohrenbetäubender Lärm geherrscht haben, jedenfalls für die auf der Maschine. In den Tunnels war der Lärmpegel am höchsten. Viele Lokführer und Heizer hatten Gehörschäden.

Ein Blinzeln im falschen Moment – und schon haben Sie die Infiernillo-Brücke vor der doppelten Spitzkehre von Cacray verpaßt. Der Zug schießt nämlich aus dem Tunnel direkt auf diese Brücke hinaus und verschwindet an deren Ende sofort wieder im nächsten Loch. Bei Cacray gibt es kaum noch Bäume, denn außer zähem Gras hält sich auf diesem Fels und Geröll fast nichts. Neben der oberen Kehre von Cacray befindet sich der alte *Camino Real*, der „Königsweg". Auf diesem Pfad, der für ein Maultier fast zu schmal ist, brachte man einst das Gold und Silber aus den Minen des weiter nördlich gelegenen Cerro de Pasco nach Lima hinab. Die Versorgung der Bergwerke über diesen Camino war aber so schwierig und teuer, daß die Profite darunter litten. Und für den Abtransport anderer Erze, wie Blei und Kupfer, war er wirtschaftlich uninteressant. Das waren die Hauptgründe für den Bau der Central. Ironischerweise wurde sie nicht durch Gold oder Silber, sondern durch Vogelkot finanziert, d.h. mit den riesigen Gewinnen, die man damals mit dem Verkauf von Guano machte, der vor der Küste von Perú abgebaut und als Dünger nach Europa verschifft wurde.

Hochgebirgsfahrt

Rio Blanco liegt 120 km nordöstlich von Lima, 3506 m hoch. Es war das übliche Ausflugsziel für die Besatzungen ausländischer Kriegsschiffe, die Callao, den Hafen von Lima, besuchten. Hier kommt es vor, daß einige Reisende unter der Höhenkrankheit zu leiden beginnen. Aber die meisten spüren, sofern sie größere Anstrengungen vermeiden, höchstens eine leichte Kurzatmigkeit. In diesem Zug fährt aber immer jemand mit, der für Notfälle ein Sauerstoffgerät bereithält.

Nach 6 km gelangt der Zug nach Chicla, am Fuß einer 2,4 km langen Zickzackstrecke. Ab 1878 war hier 14

OBEN *Das Stationsschild von Galera kündigt den höchsten Punkt der Strecke an*

RECHTS OBEN *Halt auf der verschneiten Überholspur bei Meiggs*

GANZ RECHTS OBEN *Ab La Oroya bestimmt fruchtbares Acker- und Weideland das Bild*

GANZ RECHTS UNTEN *Trotz des strömenden Regens gibt es auf dem Bahnmarkt von Huancayo ein großes Angebot an frischem Obst und Gemüse*

Jahre lang das Gleisende. Damals kämpfte Peru im Salpeterkrieg erfolglos gegen Chile und ruinierte sich dabei so sehr, daß es die Bahn nicht weiterbauen konnte. Danach machten amerikanische und britische Gläubiger mit Perú einen Deal: Schuldenerlaß gegen die Einräumung großzügiger Rechte und Konzessionen, u. a. die Kontrolle der peruanischen Bahnen. Die Linie wurde fortgesetzt und der wichtigste Zielort, La Oroya, 1893 erreicht.

Cerro de Pasco ist das eigentliche Bergwerkszentrum. Aber schon zwischen der nächsten Station, Bellavista, und La Oroya tauchen die ersten Gruben auf. In den Kurven und Kehren sieht man lange Schlangen bergab fahrender Erzzüge. Obwohl die unmittelbare Umgebung der Minen durch Erz- und Abraumhalden verschandelt ist, bieten die Berge immer noch einen hinreißenden Anblick. Auf den Gipfeln und in den geschützten Rinnen liegt Schnee, ein herrlicher Kontrast zu dem graubraunen Fels.

In der Zinkstadt Casapalco gabelt sich der *Camino Real.* Hier wird auch das Personal gewechselt. Dann schlängelt sich der Zug auf schmalem Felsband zu einer einsamen Doppelspitzkehre. Sie ist nach einem Mann benannt, dessen Name für immer mit der Central verbunden sein wird: Henry Meiggs. Er sicherte sich 1869 den Auftrag zum Bau dieser Linie – im festen Vertrauen auf seine Devise: „Wo ein Lama hinkommt, da bringe ich eine Eisenbahn hin." Die Schleife bei Meiggs trägt ihren Namen zu Recht, ist sie doch von eben den Bergen eingeschlossen, die er bezwingen mußte. Welch gewaltige Leistung das war, zeigt der Blick von der Schleife auf Casapalca hinab. Von dort oben ist es nur noch eine kleine Ansammlung stecknadelkopfgroßer Dächer.

Nach der Fahrt durch weitere acht Tunnels und an einem schwindelerregenden Abgrund entlang kommen wir nach Ticlio, dem höchsten Eisenbahnknotenpunkt der Welt (4758 m). Wer immer mit seinem Leben unzufrieden ist, wäre schnell kuriert, wenn er hier an diesem öden, gestaltlosen Ort leben müßte, um den Knotenpunkt und den Eingang des Galera-Tunnels zu überwachen! Der Kamm der *Cordillera* hat dem Auge wenig zu bieten. Zwar ragt Mount Meiggs hoch über die winzige Häusergruppe an dem Knotenpunkt empor, aber die letzten Bäume liegen schon fast 1000 m unter uns.

In Ticlio zweigt die Erzbahn zum Bergwerkszentrum Morococha ab. Die Hauptlinie durchquert hier den längsten Tunnel der Central. Er führt auf die Atlantikseite der Cordillera. Der Galera-Tunnel ist 1177 m lang und wurde im Januar 1870 begonnen. Genau zur selben Zeit fing Meiggs an, das Lima-Ende zu bauen. Der Höhenunterschied von 914 m zwischen Ticlio und dem Scheitelpunkt im Tunnel stellt die Lokomotiven auf eine harte Probe. Früher waren die Gleise oft durch gefrierendes Wasser vereist, das aus einer unterirdischen Ader über dem Tunnelgewölbe tropfte. Dampfloks mit schweren Güterzügen rutschten manchmal so stark, daß sie nicht weiterkamen und zu einem erneuten Anlauf zurückstoßen mußten.

Die Talfahrt auf der Ostseite, nach La Oroya hinab, wird weniger dramatisch. Bei Galera fahren wir wieder ins Tageslicht hinaus. Einige Reisende fotografieren das Stationsschild an der Giebelwand des Bahnhofs. Die Höhe an diesem Punkt: 4781 m über dem Meeresspiegel!

Auf der Atlantikseite gibt es nur eine kurze Zickzackstrecke, denn die Steigungen sind hier wesentlich sanfter. Unterhalb der Spitzkehre von Rumichaca weitet sich das Tal, aber anziehend wird die Landschaft erst ab La Oroya.

Die Szenerie vor La Oroya, der größten Stadt an dieser Strecke und Abzweigung nach Cerro de Pasco, ist durch die Schwerindustrie verunstaltet. Aber ohne sie gäbe es wohl keine Eisenbahn, denn die hiesige Schmelzhütte hat einen Großteil dessen verhüttet, was in den Minen der Umgebung und von Cerro de Pasco gefördert wurde.

Eine andere Welt

Der 125 km lange Abschnitt La Oroya-Huancayo, der 1908 fertig wurde, hat einen ganz anderen Charakter. Er folgt dem Mantaro und führt bis Jauja durch ein Schaf- und Rinderzuchtgebiet.

In den kleinen Stationen unterwegs steigen Indianerinnen mit breitrandigen schwarzen Hüten und riesigen Traglasten aus. Die gängigen Baumaterialien sind nun Adobe- und Tonziegel statt Holz und Wellblech, und die *Ranchos* sind größer als in den Westanden. Eukalyptuswäldchen schützen die Höfe und Felder gegen den Wind.

In dem breiten Tal hinter Jauja wird vor allem Getreide angebaut. Während wir zwischen sanften Hügeln hindurch zu dem indianischen Marktstädtchen Huancayo rauschen, wird die Luft klarer, werden die Farben brillanter. Die Welt der Berge mit ihren dunkleren Tönen und ihren vielen Schattenzonen liegt schon weit hinter uns.

Nach der Abgeschlossenheit und Ruhe der Bahnreise ist für manche das Chaos im Bahnhof von Huancayo wie ein Schock.

Die halbe Stadt ist zur Begrüßung des Zuges gekommen. Es gibt mindestens zehnmal so viele Gepäckträger wie Reisende, und jeder von ihnen kennt selbstverständlich ein sehr gutes Hotel.

Zu jedem Stadtbesuch gehört ein Bummel über den Markt. Hier ist alles zu haben, Nützliches und Nutzloses.

Die angebotenen Textilien sind herrlich, wie zu erwarten; neben Stapeln von reizvollen Holzlöffeln liegen aber auch geschmacklose Plastikfiguren, die die Großen der Welt parodieren.

Unterdessen wartet im Lokomotivschuppen des Bahnhofs von Huancayo eine der 1D-Andenloks, die Beyer Peacock im englischen Manchester für diese Strecke baute. Die Nr. 206 ist noch einsatzbereit. Vielleicht kann man, wenn die politische Krise Perus endlich gelöst ist, in den Schluchten der Central wieder einmal das wilde Echo der Dampfpfeife hören.

Praktische Tips

- Von April bis Oktober verkehrt die Central Lima-Huancayo täglich, in den Monaten November bis März nur montags, mittwochs und samstags. Sie legt die 335 km lange Strecke in acht bis neun Stunden zurück.
- Der Zug hat Wagen 1. und 2. Klasse, mit einem Imbiß-Service. Platzreservierungen sind zu empfehlen.
- Die beste Reisezeit sind die Monate Mai bis September. Gegenwärtig sollten Sie sich vor einer Reise bei einer peruanischen Vertretung (Verkehrsbüro, Botschaft, Konsulat) über die Situation im Lande informieren.
- Reisearrangements erledigt Ihr Reisebüro für Sie.

Im Rápido von Santiago de Chile nach Süden

Christopher Sainsbury

Zwischen dem Pazifik und den Anden eingequetscht, hat Chile von Perú im Norden bis Kap Hoorn im Süden die gewaltige Länge von 4200 km. Dabei mißt es an seiner breitesten Stelle nur 180 km. Die Reise mit dem Rápido von der Hauptstadt Santiago de Chile nach Puerto Montt im Süden ist fast 1100 km lang. Sie führt zwischen den Anden und dem Küstengebirge durch das chilenische Längstal, dessen Landschaft sich ebenso schnell ändert wie sein Klima. Die einzigen Konstanten dieser Reise sind die herrliche Aussicht auf die schneebedeckten Anden und der Luxus dieses Zuges, durch den man sich in die große Zeit des Bahnreisens zurückversetzt fühlt.

OBEN *Über dem Signalmast flattert stolz die chilenische Fahne*

UNTEN *Die schiefen Fenster und die abblätternde Farbe gehören der Vergangenheit an. Heute ist der Rápido ein glanzvoller, moderner und komfortabler Zug*

GANZ RECHTS *Die malerischen Huasos, die chilenischen Cowboys, sind auf den örtlichen Rodeos noch immer ein häufiger Anblick*

Der Anflug auf den internationalen Flughafen von Santiago ist ein atemberaubendes Erlebnis. Ganz plötzlich weichen die endlosen braunen Ebenen Argentiniens den schneebedeckten Ketten der Anden, die von dem 6960 m hohen Aconcagua beherrscht werden. Er ist der höchste Berg der südlichen Hemisphäre und zieht die Bergsteiger aus aller Welt magnetisch an.

Santiago entspricht ganz und gar nicht dem Bild, das sich die meisten Menschen von einer südamerikanischen Großstadt machen. Im Sommer kann es hier zwar fürchterlich heiß werden, es ist aber immer eine überraschend saubere Stadt. Vom Bahnhof braucht man zu Fuß nur wenige Minuten bis zum Quinta-Nationalpark. Er ist ein 40 Hektar großes Seen- und Grüngelände, dessen einheimische und exotische Bäume und lauschige, schattige Winkel zu Picknick und Siesta einladen. Er beherbergt auch das Eisenbahnmuseum von Santiago. Hier verbringen die Bahnfans einige glückliche Stunden, bevor sie gegen Abend mit dem Rápido nach dem klimatisch angenehmeren Puerto Montt und der Seenkette Los Lagos aufbrechen. Nehmen Sie sich ausreichend Zeit, um die kleine Laden- und Cafézone neben dem Bahnhof zu erkunden. Dort können Sie Mineralwasser und einen Imbiß für unterwegs kaufen und an den Ständen mit Lapislazuli-Schmuck und Skulpturen aus Holz oder Stein, Lederarbeiten und Cowboyhüten entlangbummeln. Der Bahnhof wurde 1897 eröffnet. Er wurde nach den Plänen des Chilenen B. Camus, aber mit Fertigteilen errichtet, die Le Creusot in Frankreich herstellte.

Bis Temuco wird der Zug von einer sechsachsigen Gleichstrom-Lok der Reihe 32 gezogen, die Anfang der 1960er von einem italienischen Konsortium gebaut wurde. Die Schlafwagen, zwischen 1929 und 1935 in Deutschland hergestellt, sind mit schönem Hartholzfurnier und polierten Messingbeschlägen ausgestattet. Sie haben ein Großraumabteil mit Schlafplätzen in zwei Etagen und vier Zweibettabteile. In jedem Wagen gibt es eine gut funktionierende, heiße Dusche und, für Südamerika ungewöhnlich, immer Seife und Toilettenpapier. Die zumeist in Japan gebauten Salonwagen haben bequeme, verstellbare Sitze mit sehr viel Beinfreiheit. Dank Doppelscheiben, Heizung und Klimaanlage ist es in den Wagen immer angenehm, trotz manchmal extremer Außentemperaturen. Die Zugbegleiter teilen bei Bedarf aber auch warme Decken aus.

Bei jeder Station bricht Chaos aus. Dann stür-

■ *Chile ist wegen seiner enormen Längenausdehnung – es reicht von der ariden Atacama-Wüste im Norden bis zur Antarktika – landschaftlich, klimatisch und kulturell äußerst heterogen. Es hat aber die ideale Form für ein Bahnsystem, das hier aus einer einfachen Nord-Süd-Magistrale und deren Abzweigungen besteht. Einige davon führen in die Hochanden, die meisten aber zur Küste. Aufgrund der geringen Breite Chiles (maximal 180 km) sind die riesigen Naturschätze des Landesinneren nie weit von einem Tiefwasserhafen entfernt.*
Das Getreide der Region um Talca wird auf einer Nebenlinie längs des Río Maule in den kleinen Hafen von Constitución befördert. Auch das Holz der Hügel am Río Bío-Bío erreicht seinen Exporthafen Concepción auf einer flußnahen Nebenbahn.
Der erste Abschnitt der Magistrale Santiago-Puerto Montt wurde 1857 eröffnet und 1859 bis Rancagua weitergeführt. Von San Fernando in Richtung Süden ist die Strecke einspurig, ab Cabrero sind die Schienen nicht mehr verschweißt. 1893 erreichte die Strecke Temuco, aber erst zwei Jahrzehnte später den Endpunkt Puerto Montt.
Das Eisenbahnmuseum von Santiago besitzt einige wirklich bedeutende Lokomotiven, unter anderem eine Kitson-Meyer, die einst auf der Transandino-Bahn zwischen Chile und Argentinien eingesetzt wurde. Diese Linie durchquerte als erste die Anden und hatte den höchsten Tunnel der Welt (3200 m über dem Meeresspiegel). Sie benötigte eine Bauzeit von 40 Jahren und stellt eine der grandiosesten Ingenieursleistungen des gesamten südamerikanischen Bahnnetzes dar.
In einem Lokschuppen in Temuco steht eine Anzahl Dampfloks, die in Chile, Deutschland, Japan und den USA gebaut wurden. Einige von ihnen werden zur Zeit von der Chilenischen Eisenbahnschutz-Gesellschaft ACCPF renoviert. Unter ihrer Regie fährt einmal monatlich ein Sonderzug von Temuco nach Lonquimay. Die malerische Reise führt bis auf eine Höhe von 900 m und durch den längsten Tunnel Südamerikas und endet schließlich in einem von schneebedeckten Bergen, Vulkanen und Araukarienwäldern umgebenen Hochtal.

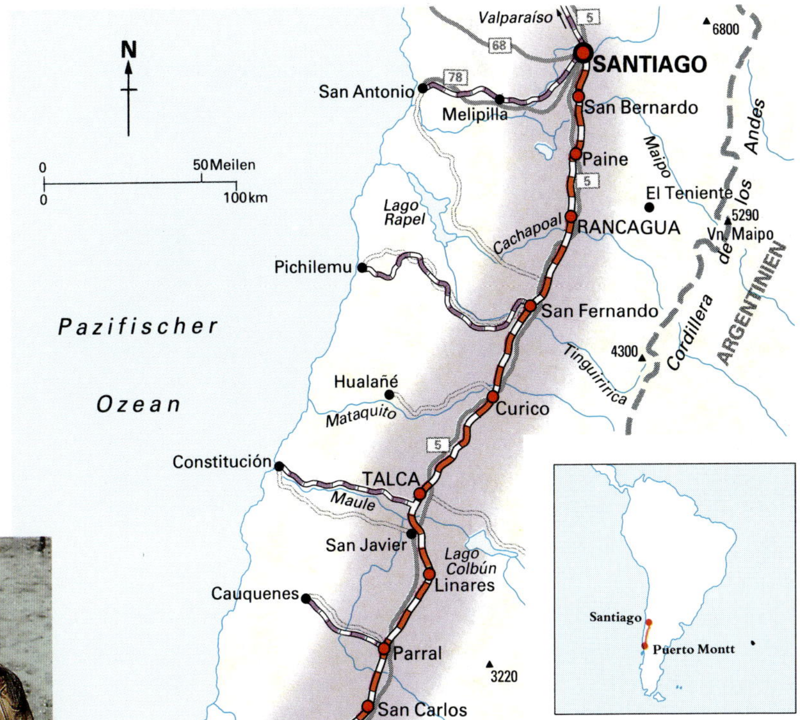
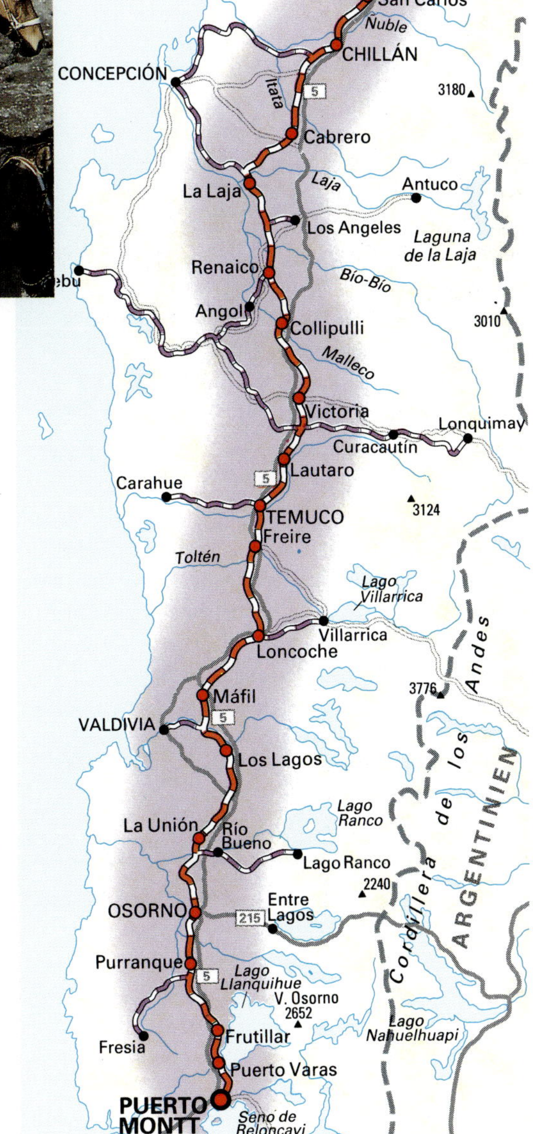

men Scharen von Einheimischen die *Económica*-Wagen. Sie sind mit kleinen Kindern und allen möglichen Bündeln beladen und schleppen Körbe voll selbstgemachter Sandwiches, die sie an Mitreisende verkaufen wollen. Diese „Sparklasse" ist der ideale Ort, um Land und Leute in all ihrer Vielfalt kennenzulernen. Die Chilenen sind freundliche, rücksichtsvolle Zeitgenossen, und so eine volksnahe Reise auf den billigsten Plätzen ist eine ebenso sichere wie unterhaltsame Angelegenheit.

Der Rápido rollt aus dem Bahnhof und fährt durch die staubigen Vororte von Santiago. Nun sollte man in die Videobar gehen und dem *Maestro* beim Mixen eines Pisco Sour, des tpisch chilenischen *Aperitivo*, zusehen. Die Zubereitung dieses schäumenden Cocktails ist immer ein Ritual. Aber die Barmixer setzen noch eins drauf und machen daraus ein theatralisches Ereignis, ohne allerdings je ihr ganz persönliches Rezept preiszugeben. Hier bietet sich auch die Möglichkeit zum entspannten Thekengespräch – ob nun mit einem Chilenen, der mit diesem Zug schon in seiner Kindheit gefahren ist, oder mit anderen Ausländern, die einen an ihren südamerikanischen Abenteuern teilhaben lassen. Diese gesellige Atmosphäre hat zu dem fast legendären Ruf des Rápido beigetragen. Chile besitzt eine der modernsten Busflotten der Welt und einen sehr guten Inlandflugdienst. Aber so ein einsamer, schweigsa-

damms bilden. Leider gibt es nur noch wenige Beispiele der frühen spanischen Architektur. Die meisten dieser alten Gebäude fielen den Erdbeben zum Opfer oder wurden bei den häufigen Feuersbrünsten ein Raub der Flammen. Dank seines Reichtums an traditionellen, lokaltypischen Baumaterialien und seiner klimatischen Vielfalt hat das Land aber ein ganzes Spektrum sehr unterschiedlicher regionaler Baustile. Das typische Merkmal der Häuser in diesem Abschnitt des Längstales sind die fensterlosen Wände, die einen offenen Innenhof umschließen, in dem oft ein Brunnen sprudelt und schattenspendende Palmen und Büsche wachsen.

Nun werden die Weinberge von Maisfeldern abgelöst. Wir nähern uns Rancagua, der ersten großen Station unserer Reise. Es ist ein blühendes, modernes Wirtschaftszentrum, steht aber auf altem Picunchaland.

OBEN *Chile hat die ideale Geographie für ein Bahnnetz in Form einer einzigen Hauptlinie mit vielen Abzweigungen, auf der Personen, Erze und andere Frachten landab und landauf transportiert werden, so wie diese Bienenstöcke zum Beispiel*

RECHTS *Im Eisenbahnmuseum warten alte Dampfloks auf ihre Restaurierung. Sie mußten modernen, leistungsfähigeren Elektro- und Dieselloks Platz machen*

mer Flug ist doch nichts im Vergleich zu einer fast immer erlebnisreichen und abenteuerlichen Bahnfernreise durch Chile.

Der hervorragende Service hier ist typisch chilenisch. Ein Großteil des makellos gekleideten Personals hat sein gesamtes bisheriges Arbeitsleben bei der Bahn verbracht, selbst eine 40jährige Bahnzugehörigkeit ist nichts Ungewöhnliches. Bald kommt ein Kellner mit eleganter weißer Weste und schwarzer Fliege durch, um die Bestellungen fürs Abendessen aufzunehmen. Ihnen wird er das Tagesgericht vorschlagen (*Menú* oder *Colaciones*). Die Einheimischen dagegen scheinen ausschließlich von Sandwiches zu leben, für die Chile ja berühmt ist: Steak, Huhn, Lamm, Schinken oder eine heiße Wurst und alle möglichen Gemüse oder gebackener Käse, und das Ganze zwischen zwei Baguettehälften oder getoasteten Brotscheiben.

Wie überall im Lande ist auch im Rápido eine Auswahl der besten chilenischen Weine zu haben. Aber es gibt wohl keinen geeigneteren Moment für einen guten Schluck als diesen jetzt, da wir den Río Maipo überqueren, der sich mitten durch Chiles berühmtestes Weinbaugebiet schlängelt.

In der Mitte des 19. Jahrhunderts baute Silvestre Ochagavia in Chile erstmals französische Weine an. Sie eigneten sich so gut für den Boden und das Klima der Region um Santiago, daß viele andere reiche Industrielle seinem Beispiel folgten. Ihre Namen zieren noch heute die Etiketten der besten Tropfen hier. Einige jener Männer wurden aber auch durch ihre schönen neoklassischen Villen berühmt, die einen so reizvollen Kontrast zu den *Haciendas* längs des Bahn-

Hier, am Fuße der Anden, schürften einst die Picuncha-Indianer Gold. Sie mußten zuerst den Inkas und dann den Spaniern Tribut entrichten. Heute bezieht die Stadt ihren Reichtum vor allem aus El Teniente, dem größten (Tiefbau-)Kupferbergwerk der Welt. In Chile noch immer unvergessen ist das blutige Massaker, das die Spanier hier während des chilenischen Unabhängigkeitskrieges anrichteten. Dabei brachten sie fast alle Einwohner der Stadt um.

Während wir zu Abend essen, machen die Schlafwagenschaffner unsere Betten. Wir haben also Zeit für einen süßen Vaina (der zweitpopulärste Cocktail in Chile) oder einen Manzanillawein, der als sehr verdauungsfördernd geschätzt wird. Wer unter Schlaflosigkeit leidet, kann die Nacht vor dem Videogerät verbringen. Bald werden sich die Schlafwagen in einen langen Tunnel aus Samtvorhängen verwandeln. Trotzdem wird der immer wachsame Schaffner Ihr Bett mit Leichtigkeit und zielsicher wiederfinden. Der kleine Zuschlag für den unteren Schlafplatz ist gut angelegtes Geld, vor allem im Sommer, wenn man das Fenster öffnen kann, um frische, kühle Luft hereinzulassen.

Mit ein bißchen Glück wacht man früh genug auf, um

über der sich ständig ändernden Landschaft die Sonne aufgehen zu sehen. In den endlosen Plantagen zwischen San Fernando und Talca reifen alljährlich unzählige Tonnen Obst heran. Die Firmennamen auf den riesigen modernen Lagerhäusern findet man in den Supermarktregalen der ganzen Welt wieder. Dagegen wird in den kleinen Dörfern, die sich dort in den Andenausläufern verstecken, ein wirklich einzigartiges Produkt hergestellt – winzige, farbenprächtige Puppen und Tiere, Hüte und Blumen, die sehr fein aus *Crin* oder Pferdehaaren gewoben werden.

In Talca war der Freiheitsheld Bernardo O'Higgins zu Hause. Er war der uneheliche Sohn eines Iren, der Perú und Chile regierte, wurde Soldat und Staatsmann und war eine schillernde Persönlichkeit, die auf mehr Straßenschildern und in mehr Porträts verewigt wurde als irgendeine andere Gestalt der gesamten bisherigen Geschichte Chiles.

Während der Zug weiter nach Süden fährt, verengt sich die Ebene. Die Küsten-Cordilleras erheben sich bis zu 1200 m über das Hügelland an ihrem Fuße, wo der Großteil des hiesigen Getreides produziert wird. Längs der Bahnstrecke türmen sich zahllose Baumstämme, und die kahlen Hügel des Nordens machen Kiefern- und Eukalyptuswäldern Platz. Ein Großteil des hier geschlagenen Holzes wird zu Spänen verarbeitet und von der pulsierenden Hafenstadt Concepción aus exportiert. Concepción liegt an der Mündung des Bío-Bío, des berühmtesten Flusses von Chile. Er hat bei der internationalen Gemeinde der Wildwasserenthusiasten einen großen Namen. Der gewaltige Strom entspringt an der chilenisch-argentinischen Grenze hoch oben in den Anden und spielte als Südgrenze des spanischen Einflußgebiets in Chile einst eine wichtige Rolle.

Die riesigen Wälder, die sich von hier bis Puerto Montt erstrecken, waren einmal die Heimat der Mapuche-Indianer. Diese friedlichen Nomaden wehrten sich erbittert, zäh und erfolgreich gegen die spanische Herrschaft. Sie wurden aber von ihrem Land verdrängt, als Chile seine Unabhängigkeit erlangte. Von ihrem traditionellen Siedlungsgebiet sind ihnen heute nur noch einige Reservate oder *Reducciones* geblieben. Die fast völlige Verschmelzung der Mapuches mit den Europäern, die den Süden hier besiedelten, brachte einen Menschenschlag hervor, der sich in seinen körperlichen Merkmalen von den übrigen Chilenen deutlich unterscheidet.

Dank ihrer bergigen Nationalparks und inaktiven Vulkane ist diese Region eines der schönsten Gebiete Chiles. Ein Großteil ihrer Araukarienwälder hat auch den Kahlschlag überlebt, der das übrige Südchile in ein einziges Ackerland verwandelte. Die Andentanne, wie die Araukarie außerhalb Chiles oft genannt wird, ist die älteste Baumart der Welt. Ihre ausgedehnten Wälder waren einst das am dichtesten besiedelte Gebiet des Mapuchereichs. Die Araukariensamen sind ein traditionelles Nahrungsmittel der Indianer. Inzwischen wurde dieser Baum unter Naturschutz gestellt.

Eines der kühnsten Technikdenkmäler des Landes ist der 1890 in Dienst genommene, 408 m lange Malleco-Viadukt bei Collipulli. Er wurde von dem Chilenen Victor Lastarria entworfen, sein stählernes Tragewerk aber bei Le Creusot in Frankreich vorfabriziert. Wenn man vom Zugfenster auf den Río Malleco hinabblickt, der 90 m unter der Brücke dahinströmt, kann einem recht flau im Magen werden! Anderthalb Stunden später macht der Rápido in Temuco einen längeren Halt – eine ausgezeichnete Gelegenheit für ein gemütliches Frühstück. Bald geht auch die elektrifizierte Strecke zu Ende – sie ist die längste ganz Amerikas –, und damit wird ein Lokwechsel fällig. Nun geht es mit einer dieselelektrischen Lokomotive der Reihe 18 weiter, die 1961 von ALCO in den USA gebaut wurde.

Südlich des Bío-Bío haben viele Städte, Flüsse und Seen Namen indianischer Herkunft. Man kann sie oft an den beiden Endsilben „-co" und „-hue" erkennen („Wasser" und „Ort" in der Mapuchesprache). Temuco liegt am Nordende des Seengebiets „Los Lagos", das

UNTEN *Zusteigende Passagiere auf dem Bahnsteig von Frutillar*

GANZ UNTEN *Schuppengleiche Schindeln schmükken die Kirche von Frutillar*

mehr Sommerurlauber anzieht als jede andere Region Chiles. Je weiter man nach Süden kommt, desto geringer wird der Abstand zwischen Anden und Küstengebirge, bis sie beide vom Zug aus gut zu sehen sind. Kondore schrauben sich anmutig in den Himmel über den Andenskihängen, die in Sichtweite des Pazifiks liegen.

Der Zug schlängelt sich nun zwischen immer kleiner und üppiger werdenden Feldern dahin. Durch langjährige Erfahrung und aufgrund der schönen Regelmäßigkeit, mit der es in den endlosen Kurven dieses Abschnitts zu Zusammenstößen kommt, scheint das Personal des Rápido einen siebten Sinn entwickelt zu haben. So springt etwa der Barmixer urplötzlich auf und hält die Flaschen in seinem Regal fest, bevor die ah-

RECHTS *Der malerische Vulkan von Villarica, im Vordergund der stille Pucon-See*

UNTEN *Mit einer Diesellok der Reihe 16 quert der Rápido den Malleco-Viadukt – eine Aufnahme aus der Zeit vor der Elektrifizierung dieser Strecke*

GANZ RECHTS UNTEN *Ein Berg aus Holzspänen in Puerto Montt*

nungslosen Reisenden auch nur auf die Idee kommen, daß der Zug gleich entgleisen oder mit irgend etwas kollidieren könnte.

Los Lagos

Dank häufiger Niederschläge und fruchtbarer Böden war dieser Landesteil früher von einem fast undurchdringlichen temperierten Regenwald bedeckt. Heute ist er, dank fleißiger Siedler, der bedeutendste Milchproduzent Chiles. Die ersten Pioniere hier kamen aus Deutschland; ihr Einfluß ist noch überall zu spüren. Die ziegelgedeckten Steinhäuser des Nordens sind nun praktisch ganz verschwunden. Holz ist das im Seengebiet vorherrschende Baumaterial, und der Stil der Kirchen und älteren Bauernhäuser hier erinnert an Bayern.

Die einst großen Wälder sind alle gerodet, bis auf die in den unzugänglichsten Gebieten im Süden. Von den riesigen Hartholzbäumen zeugen nur noch die Stümpfe, die man überall in den smaragdgrünen Feldern sieht. Auf dem unbebauten Land längs der Bahnstrecke hat sich stellenweise eine der einheimischen Bambusarten breitgemacht, in den Mischwäldern aus immergrünen und sommergrünen Eichen wuchern die Epiphyten und Lianen. Das leuchtende Rot gewaltiger Fuchsienbäume zuckt am Wagenfenster vorbei, und aus den Feldern erheben sich kreischende

Schwärme von goldenen Ibissen und Kiebitzen. Vielleicht rumpeln auch ein paar Ochsenkarren vorüber. Sie werden oft von einem *Huaso*, einem chilenischen Cowboy, begleitet.

Zu den malerischsten Schauspielen dieser Gegend zählen die örtlichen Rodeos. Dazu kommen die Huasos aus einem Umkreis von vielen Kilometern zusammen – alle mit leuchtend bunten, schön gewobenen Ponchos, breitrandigen Hüten, ledernen Reithosen, hochhackigen Stiefeln und riesigen klirrenden Sporen angetan.

Das Mittagessen, *Almuerzo*, ist für die meisten Chilenen die wichtigste und größte Mahlzeit. Am späten Nachmittag kommen dann die *Onces*, die aus kaltem Braten, Käse und den köstlichen Kuchen und Gebäken bestehen können, die dank des deutschen Einflusses im Süden Chiles so beliebt sind und sogar ihren deutschen Namen behalten haben. Das Ganze spült man mit einigen Tassen Tee oder mit *Mate* hinunter, einem starken Gebräu aus den gerösteten Blättern des argentinischen Matestrauches, das mit einem Metallröhrchen getrunken wird. Wenn die Reise ihrem Ende zugeht, wird auch das Zugpersonal seine *Onces* genießen und sich dabei wahrscheinlich dem beliebtesten Zeitvertreib der Chilenen widmen, dem Kartenspiel.

Nur ein paar Meilen südöstlich von Temuco beginnt eine Seenkette, die bis Puerto Montt reicht. Sie speist unzählige Flüsse, die der Zug auch überquert. Nicht zufällig ist dies eines der berühmtesten Forellen- und Lachsgebiete der Erde. Große Teile der Anden längs der Grenze zu Argentinien wurden zu Nationalparks erklärt. Die gewaltigen internationalen Investitionen in Seebäder, Kurorte und Skizentren haben neues Leben in diese Region gebracht, in der es vor nicht allzu langer Zeit nichts als ein paar verschlafene Bauerndörfer gab.

Nachdem wir Osorno und das Herzland der deutschen Kolonisation durchfahren haben, halten wir kurz in Frutillar. Der Ort ist nach einer einheimischen Pflanze benannt, *Fragaria chilensis*, aus der die ersten kommerziell angebauten Erdbeeren hervorgingen. Aus Südchile stammt auch *Solanum tuberosum*, die Kartoffel, die schon in den Handelsbeziehungen der Mapuches und Inkas eine wichtige Rolle spielte und dann den Weg auf die Tische und Teller der ganzen Welt gefunden hat.

Die letzten Kilometer sind ein würdiger Abschluß dieser Fahrt. Während der Rápido am Llanquihue-See entlangzieht, genießen wir die atemberaubende Aussicht auf den perfekten, mit ewigem Eis und Schnee bedeckten Kegel des Osorno-Vulkans. Dann erreichen wir die vorletzte Station dieser Reise, die malerische Stadt Puerto Varas, wo Spanisch für viele noch immer nur die Zweitsprache ist.

Auf dem Bahndamm wuchert das Gras so hoch, daß die Schienen fast darunter verschwinden. Der Rápido kriecht durch scharfe Kurven zum Meer hinab. Wir fahren an einem mächtigen Alercebaum vorüber. Er hat den Spitznamen „Präsidentensessel". Denn zu seinen Füßen saß einst, am Beginn dieses Jahrhunderts, Pedro Montt, um die Bahnbauarbeiten zu beobachten. In den letzten zehn Stunden ist unser Durchschnittstempo auf 32 km/h gesunken; zu Montts Zeiten erreichten die Loks das Fünffache dieser Geschwindigkeit.

Hinter der nächsten Kurve erwartet uns das überwältigende Panorama der Reloncavi-Bucht. Ihr Saum aus Bergen und Vulkanen erstreckt sich bis zum Horizont. Die zahllosen Inseln dieses Meerbusens verschmelzen so miteinander, daß er nur wie ein weiterer See wirkt. Der Zug schlängelt sich langsam zur Küste, nach Puerto Montt hinab, dessen umtriebiger Hafen von einem orangefarbenen Berg aus Holzspänen beherrscht wird, und kommt schließlich im südlichsten Hauptstreckenbahnhof der Welt zum Stehen.

Praktische Tips

- Der Rápido befährt die 1086 km lange Strecke Santiago-Puerto Montt einmal täglich, in beiden Richtungen, und benötigt dafür ungefähr 23 Stunden.

- Die beste Reisezeit sind die Monate Dezember bis Februar. Dann herrscht Sommer in Chile – aber auch eine rege Nachfrage nach den Schlafwagenplätzen des Rápido. Es gibt vier Klassen (Salon, Primera, Segunda, Económica – Salon-, 1., 2. und Spar-Klasse), alle mit Heizung und Klimaanlage.

- Die Linie wird von der Staatlichen Bahngesellschaft Empresa de los Ferrocarriles del Estado (EFE) betrieben. Die Fahrkarten kauft man am besten in Chile selbst, einen Tag vor Reiseantritt, und zwar: im Bahnhof von Santiago bzw. Puerto Montt; im Hotel „El Libertador", Alameda 853, Santiago; oder an der Metrostation „Escuela Militar" in Santiago.

Die Transsibirische Eisenbahn von Moskau nach Irkutsk

Richard Sale und Tony Oliver

Bei Laien wie bei Eisenbahnfans gilt die Transsib als die großartigste Eisenbahn der Erde. Sie ist auch die längste durchgehende Bahn der Welt, denn die 9440 km lange Strecke Moskau-Wladiwostok wird ohne Zug-, Wagen- oder Spurwechsel durchfahren. Acht Tage und sieben Nächte dauert die Reise, mit einer Zeitverschiebung von acht Stunden. Sie führt durch das europäische Rußland und über den Ural, die traditionelle „Grenze" zwischen Europa und Asien. Dann durchquert der Zug die weite Steppe, nähert sich dem Grenzgebirge zur Mongolei und rollt durch die Wildnis Südsibiriens zum Pazifik. Weil die Städte unterwegs, den geänderten politischen Verhältnissen sei's gedankt, besucherfreundlicher geworden sind, lohnt sich eine Fahrt mit der Transsib heute mehr denn je.

GANZ RECHTS *Eine der robusten Loks der Transsib, der längsten durchgehenden Bahn der Welt*

Wir lehnten uns zurück und harrten der Dinge, die da kommen sollten. Mit deutlicher, aber falscher Aussprache hatten wir soeben unser Essen bestellt und fürchteten nun, nach einem erneuten Blick in den Sprachführer, „zweimal Waschen und Legen mit Salat als Beilage" zu bekommen.

Wir waren tags zuvor auf dem Moskauer Flughafen angekommen und hatten eine Taxifahrt ins Stadtzentrum geboten bekommen, die in ihrer Wildheit wirklich bemerkenswert war. Im Hotel mußten wir unsere Reisegutscheine in Fahrkarten umwandeln lassen. Bei jedem Stadium dieses langwierigen Verfahrens wurde jede unserer Angaben umständlich und handschriftlich in riesige Hauptbücher eingetragen, die alle dieselbe blaugrüne Farbe hatten. Die Frage, was wohl mit diesen Büchern geschehen würde, verfolgte uns bis in den Schlaf. Die Nacht war heiß und stickig. Nach dem Frühstück gingen wir gemächlich nach unten, um unsere Fahrkarten abzuholen, die am Abend zuvor trotz — oder vielleicht wegen — all dieser Schreiberei nicht mehr fertig geworden waren. Jetzt lagen sie zwar bereit, dafür sollte aber der Zug eine Stunde früher abfahren, als man uns zu Hause gesagt hatte. Außerdem hatten wir schon eine Stunde vor der Abfahrt im Jaroslavski-Bahnhof zu sein. So blieb uns kaum genug Zeit für den Roten Platz und den Kreml.

Man hat es nicht leicht in der Moskauer Metro, wenn einem die kyrillischen Stationsnamen schwer von der Zunge gehen. Dank einiger Gestik und genialer Raterei kamen wir doch an unser Ziel. Die Metro ist beein-

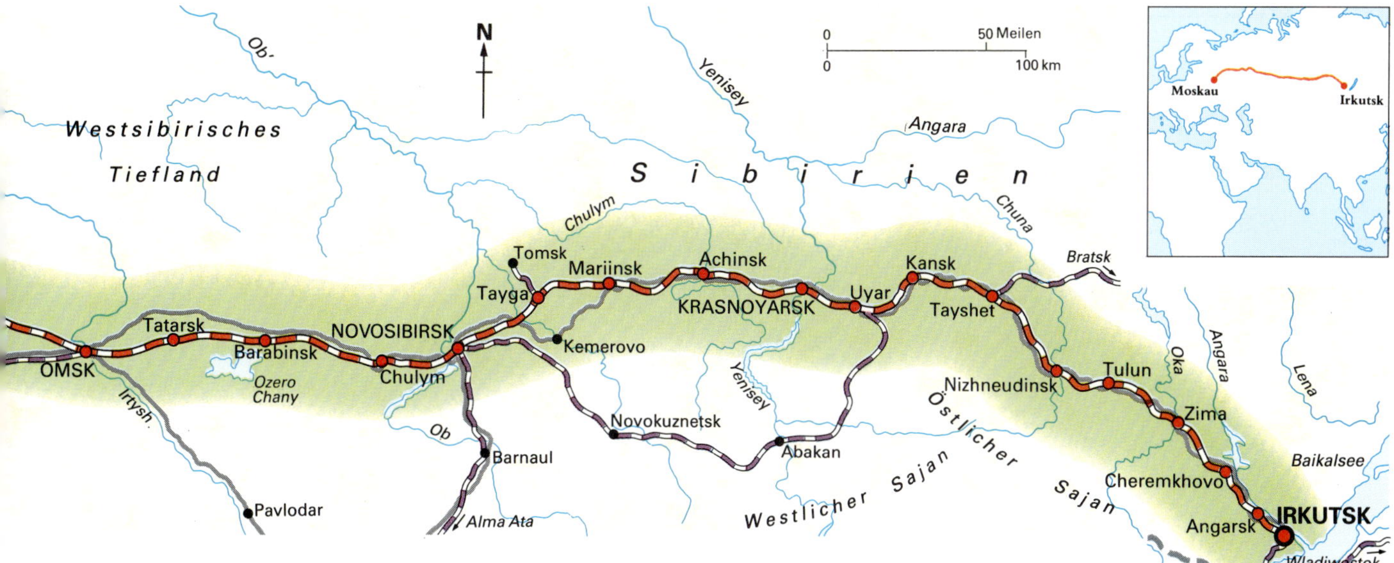

druckend: Sie hat Fahrstühle, die 60 m oder mehr in die Tiefe sausen, und zwar doppelt so schnell wie die unsrigen, und luxuriöse, marmorverkleidete Bahnsteige mit Leuchtern aus geschliffenem Glas. Die Bahnsteige sind meist überfüllt, werden aber alle paar Minuten durch einen der schnellen, sauberen Züge leergefegt.

Von der Metro bis zur Basilius-Kathedrale am Südende des Roten Platzes sind es nur wenige Minuten. Keine Photographie könnte die Eleganz und Schönheit dieser Kirche wiedergeben. Sie wirkt klein auf den ersten Blick, aber nur weil sie so kompakt ist. Dieser falsche Eindruck weicht übrigens bald dem Erstaunen über ihr kompliziertes, vielkuppeliges Dach.

Die Kathedrale besteht nämlich aus neun verschiedenen Kapellen, deren acht äußere mit Türmen und Kuppeln gekrönt sind. Man könnte sie Zwiebeltürme nennen, aber das würde diesem bunten Konglomerat von Spiral-, Ananas- und Zickzackformen nicht gerecht. Die Kirche wurde, Mitte des 16. Jahrhunderts, von Iwan dem Schrecklichen erbaut. Benannt ist sie nach dem hl. Basilius, einem Wandermönch, der einige Jahre vor Baubeginn starb. Bis vor kurzem war sie für Besucher geschlossen. Nun kann man das renovierte Kircheninnere besichtigen; es hält aber einem Vergleich mit der Außenansicht nicht stand.

Auf dem Weg zum Lenin-Mausoleum mußten wir am Richtplatz (Lobnoje Mesto) vorbei. Der Name erinnert daran, daß hier einst öffentliche Hinrichtungen stattfanden. Es heißt, Iwan der Schreckliche habe sich hinter der Kremlmauer eine Tribüne errichten lassen, um dabei besser zusehen zu können. Das Mausoleum wirkt massiv und gedrungen. Die Botschaft der einfallslo-

■ Auch im europäischen Rußland baute man im zweiten und dritten Viertel des 19. Jahrhunderts Eisenbahnen, genau wie in den Staaten Westeuropas. An eine Strecke in den Osten dachte man damals nicht. Sibirien war ein abweisendes Land und fast menschenleer. Für seine traditionellen Reichtümer – Pelze – genügten die üblichen Transportmittel, wie Boote und Pferde. Spätestens 1880 sah die Sache aber anders aus. Die Bahn reichte bis Jekaterinburg. In Sibirien hatte man reiche Bodenschätze entdeckt. Vor allem: Es gab Probleme im Osten; Rußland hatte Chinas Amur- und Ostsibirienprovinzen annektiert; die Japaner interessierten sich für den Pazifikhafen Wladiwostok, der für den Fernosthandel wichtig war.

Zar Alexander III. ließ das Terrain sondieren. 1891 begann der Bau dieser fast 9500 km langen Eisenbahnstrecke durch eine der ursprünglichsten und menschenfeindlichsten Regionen der Erde. Mancherorts waren die Winter so lang und streng, daß man nur während vier Monaten im Jahr bauen konnte. Der Dauerfrostboden stellte die Baukolonnen vor schier unlösbare Probleme. Am Amur wurden Arbeiter von Tigern gefressen. Man mußte weite Umwege machen, um teure Tunnelbauten zu vermeiden. Es gab nicht genug Arbeitskräfte, man schaffte Sträflinge heran. Die Arbeits- und Lebensbedingungen waren so brutal, daß man bald keine Freiwilligen mehr bekam; man nahm Zwangsrekrutierungen vor. 1916, ein Vierteljahrhundert nach Baubeginn, wurde die Transsib schließlich eröffnet.

Der Rossija fährt von Moskau durch das europäische Rußland mit seinen Äckern, Birken- und Kiefernwäldern, überquert den Ural (Ural'skiy Khrebet), ein Mittelgebirge mit schönen Wäldern und Flußtälern, und erreicht dann die Steppen Asiens. In Sibirien durchquert er die Taiga. Dieses herrliche Waldgebiet des Sibirischen Tieflandes setzt sich auch hinter dem Baikalsee (Ozero Baykal) fort und wird im transbaikalischen Gebirgsland Südsibiriens immer abwechslungsreicher. Schließlich geht die Reise durch das Ussuriland, das letzte Rückzugsgebiet des Sibirischen Tigers, bevor sie dann in Wladiwostok endet.

sen Architektur lautet: Unvergänglichkeit. Genau das sollte ja nach Meinung ihrer Erbauer auch ihrem politischen System beschieden sein. Was hält wohl die Zukunft für Lenins Mausoleum und seinen Leichnam bereit, nachdem der Sowjetkommunismus so in Mißkredit geraten ist?

Da wir unter den ersten Kremlbesuchern dieses Tages waren, hatten wir dessen Herrlichkeiten manchmal ganz für uns – den Glockenturm Iwan Weliki und die Große Kanone, den Terem-Palast und die drei Kathedralen. Besichtigungen berühmter Sehenswürdigkeiten sind oft mit Enttäuschungen verbunden. Aber da wir hier ohne vorgefaßte Meinungen ankamen, waren wir von der Schönheit des Platzes und seiner Bauwerke überwältigt. Wir konnten uns nur schwer davon losreißen, aber wir mußten ja vor der Abfahrt des Zuges noch zu Mittag essen. Nun kam also das Bestellte – kein „Waschen und Legen mit Beilage"!

Der Jaroslavski-Bahnhof ist keine große Architektur. Er ist dennoch interessant – ein massives Gebäude mit einem Dach, das die Dekorationsbauten aus mehreren Filmen gleichzeitig zu kopieren scheint. Halb Rußland, so sieht es zumindest aus, ist hier auf der Durchreise, und die meisten stehen uns im Weg. Wir haben keine Ahnung, wo es hingeht, und beherrschen die kyrillische Schrift noch nicht genug, um die Fahrpläne zu lesen. Wir versuchen es bei einigen Fahrkartenschaltern und ernten meist nur ein Schulterzucken. Aber dann schickt man uns mit einer Serie von Handzeichen nach „rechts draußen". Wir hatten gelesen, der Zug fahre am Bahnsteig 2 ab. Nach dem vielen Gras auf dem Gleis zu urteilen, kann da aber seit Jahren nichts

mehr durchgekommen sein. Auf einer riesigen Tafel ist für 14.00 Uhr ein Zug angezeigt und dazu ein kyrillischer Bestimmungsort, den wir nach langem Blättern im Wörterbuch als Wladiwostok identifizieren. Der dazugehörige Bahnsteig bleibt ungenannt. So warten wir eben weiter und genieren uns ein wenig wegen unseren westlichen Kleidern und Rucksäcken. Weshalb wir wohl eine Stunde früher am Bahnhof sein sollten? Vielleicht, um uns in irgendeine Schlange einzureihen. Wir kaufen uns ein Eis gegen die Sonnenhitze und beginnen mit drei polnischen Studenten in schlechtem Französisch ein Gespräch. Sie bestätigen unsere Interpretation der Anzeigetafel (die gute Nachricht), können aber nicht sagen, was wir, eventuell, tun sollten (die nicht so gute Nachricht). Wir sind leicht beunruhigt. Aber nun löst sich alles in Wohlgefallen auf: Die Anzeigetafel blättert die fehlende Nummer ein, und an dem entsprechenden Bahnsteig fährt ein Zug ein. Da ist der Wagen, der zu unserem Ticket gehört, und auch das Abteil. Jetzt haben wir ein Zuhause – für die nächsten paar Tage.

EIN HEIM IN DER FREMDE

Unser Zuhause mißt 2 × 1,5 m und wird durch zwei Sitz-/Schlafgelegenheiten und einen Klapptisch weitgehend ausgefüllt; die Gepäckablage befindet sich im Gang. Eine junge freundliche Tatjana mit dunklen Haaren ist unsere *Provodnitsa* (Wagenbegleiterin) – eine von zweien, wie wir feststellen werden. Sie nimmt unsere Fahrkarten entgegen, prüft unsere Wäschegutscheine und holt dann für jeden von uns ein Paar Betttücher, eine Wolldecke, einen Kopfkissenbezug (aber kein Kopfkissen) und ein winziges Handtuch. Letzteres ist für die – überschwenglich Badezimmer genannte – Toilette bestimmt. Das Waschwasser kommt aus einem rostigen Rohrende, das aus einer Stahlplatte über einem kleinen Becken ragt. Der Toilettensitz ist aus rostfreiem Stahl und die „Spülung" eine Klappe, die sich zum Gleis hin öffnet, sobald man ein Pedal betätigt.

Wir haben all das noch gar nicht richtig in Augenschein genommen, da setzt sich unser Rossija (Rußland) in Bewegung. Er wird von einer tschechoslowakischen E-Lok von Škoda gezogen (auf dem fernöstlichen Streckenabschnitt werden russische Dieselloks eingesetzt). An den offenen Fenstern bricht Abschiedsstimmung aus, es wird gewunken und geweint. Dann schließt Tatjana sorgfältig die Fenster, der Klimaanlage

GANZ LINKS *Die Basilius-Kathedrale in Moskau ist eine architektonische Kostbarkeit, die sich nicht in Worte fassen läßt. Unbedingt ansehen!*

LINKS UNTEN *Unter den Wagenfenstern prangt das Zuglaufschild des „Rossija": Moskau – Wladiwostok (man beachte die Vorhänge hinter den Scheiben!)*

UNTEN *Die einzige Dusche während der ganzen Reise – mit Wasser aus dem Tank des Zugwagens*

wegen, und heizt den Kohlesamowar am Wagenende an. Es gehört zu den angenehmsten Seiten dieser Reise, daß man sich aus dem Samowar jederzeit heißes Wasser holen kann, um sich einen Tee oder Kaffee aufzubrühen – man kann sich aber auch, gegen eine kleine Gebühr, von der *Provodnitsa* einen Tee machen lassen.

Nachdem wir die Moskauer Vororte mit ihren abweisenden Wohnblocks und grauen Grünflächen durchquert haben, gelangen wir in eine angenehme, waldige Landschaft, die mit Moskowiter Datschas übersät ist, kleinen Holzhütten in unterschiedlichen Stadien des Verfalls. Leider verpassen wir den ersten Kilometeranzeiger. Den hätten wir uns beim letzten, dem mit der Aufschrift „9000 +", gern ins Gedächtnis zurückgerufen. Die Anzeiger stehen an der Südseite des Gleises, aber manchmal so nah dran, daß sie nur schwer zu sehen, geschweige denn zu entziffern sind.

Hinter den Wäldern liegt Zagorsk. Es war einst das Zentrum der russisch-orthodoxen Kirche und wird noch heute von den blau und golden leuchtenden Zwiebeltürmen der Kathedrale am Nordrand der Stadt beherrscht – ein beeindruckender Anblick. Aber der Zug hält sich hier nicht auf. Wir fahren an dem bald auftauchenden 100-km-Anzeiger vorbei nach Aleksandrov weiter, wo wir kurz haltmachen.

Dann ziehen endlose Felder vorbei, die nur ab und an durch Hängebirken- und Schwarzkiefernbestände unterbrochen werden. Vor uns liegt die Wolga, der mit 3600 km Länge größte Fluß Europas. Er hat für die russische Seele in etwa dieselbe Bedeutung wie einst der Nil für die Psyche der Alten Ägypter. Wir queren ihn auf einer Balkenbrücke, die aussieht, als ob sie dem größten Kinder-Stahlbaukasten der Welt entsprungen wäre. Die gewaltige Wolga ist mit Lastkähnen dicht besetzt – der ideale Hintergrund für die etwas magere Stadt Jaroslavl. Es wäre sicher schön, hier kurz anzuhalten, aber der Rossija rollt unerbittlich weiter, wie ein richtiger Kilometerfresser. In Danilov haben wir 15 Minuten Aufenthalt, Zeit genug, um die Bahnhofskioske zu inspizieren und uns über die Blicke Gedanken zu machen, die wir dabei ernten; Zeit auch, um bei einer Frau, die mit einem Pappkarton auf dem Bahnsteig steht, ein Eis zu kaufen (mit zehn Rubeln das preiswerteste Eis der ganzen Reise).

Im Speisewagen sagt uns ein handschriftlicher Hinweis, daß unser Kellner Sascha heißt. Hier lernen wir auch Steve und Alistair kennen, zwei britische Studenten, die ein Jahr in Rußland verbringen, um ihre Sprachkenntnisse zu verbessern. Diesem glücklichen Umstand ist es zu verdanken, daß wir diesmal die Speisekarte verstehen. Wir bestellen unter dem wachsamen Lächeln eines Mannes, dessen Goldzähne ein Vermögen wert sein müssen. Sascha bringt die Suppe, auf der eine Mischung aus seltsamen weißen Brocken und gelben Fettaugen schwimmt. Als wir in der Tiefe zu fischen beginnen, fördern wir einen Löffel voll kleiner Knochen mit Haut und ein paar merkwürdige Röhren zutage. Wir denken ein bißchen zu lange über die Herkunft dieser und anderer Bröckchen nach, die auf dem Grund der Schüssel lauern, verlieren darüber den Appetit und wechseln das Thema. Alistair und Steve sind schon seit zehn Monaten unterwegs und berichten von den lächerlich niedrigen russischen Preisen.

Steve schwärmt vom Kaukasus, Alistair von Zentralasien, wo er Taschkent, Samarkand und Buchara besucht hat. Sie sind beide von den Menschen und dem Lebensrhythmus hier angetan, finden aber die Armut und die Tendenz zur Reglementierung des Denkens nur schwer erträglich.

Zum Huhn serviert Sascha Kartoffeln, die in einer öligen Pfanne kurz gewendet wurden, und Gemüsebrei, der vorwiegend aus Sauerkraut besteht. Es gibt ein kräftiges Schwarzbrot, das mit (kaum genießbarem) russischem Bier oder (ausgezeichneter) russischer Cola hinunterzuspülen ist. Als es ans Zahlen geht, nimmt Sascha seinen Abakus zu Hilfe und addiert mühelos und mit geschickten Fingern die verschiedenen Posten. Es macht, für uns vier zusammen, nur ein paar Dollar. Als wir in unseren Wagen zurückkehren, geht gerade die Sonne unter. Wir sind schon so weit östlich von Moskau, daß wir uns in einer anderen Zeitzone befinden und eine Stunde Sonnenzeit verloren haben. Wir schalten die Lampen ein (sie funktionieren nur nachts), machen uns Kopfkissen aus unseren Jacketts und beginnen uns auf die schaukelnden, schlingernden Betten einzustellen, was ein mühsames Unterfangen ist. Und dazu ertönt das endlose Rattatt, Rattatt der kurzen Schienen. Irgendwann schimmert dann das Morgenlicht unter dem Rollo hindurch und kündigt einen neuen Tag an, der genauso wolkenlos, sonnig und klar ist wie der vergangene. Draußen zieht ein Birkenwald vorbei, dessen Boden über und über mit purpurroten Lupinen bedeckt ist.

Im Gang spielt das Radio. Am Abend zuvor hat es auch in unserem Abteil gespielt, aber da fanden wir den Knopf zum Abschalten. Jetzt, zur vollen Stunde, spielt es immer wieder die Anfangstakte von „Mitter-

OBEN *Die berühmten blauen und goldenen Kuppeln der Dreifaltigkeitskirche in Sagorsk (Zagorsk)*

GANZ LINKS *Geduldiges Warten während eines Rangiervorgangs*

nacht in Moskau", um dann zu einem Potpourri aus russischer Folklore zurückzukehren, in das ab und an ein paar westliche Poptitel eingeschoben werden. Gott sei Dank hat Tatjana oft Mitleid mit uns (oder sich selbst) und stellt es ab. Der Koch kommt mit einer Schultertrage aus Aluminium. Sie ist mit etlichen Töpfen beladen, deren jeder ein unappetitliches Frühstück enthält. Wir begnügen uns mit zwei Kartons *Smeetana*, einem Sauerrahm, der wie verdorbener Joghurt schmeckt und sich morgens gut als Rachenputzer eignet. Er hat den Vorzug, daß man nie weiß, ob er schlecht geworden ist oder nicht, weil er immer so abartig schmeckt.

Zeitzonen

Weil der Rossija während der ganzen Reise die Moskauer Zeit beibehält, haben alle Bahnhöfe der Strecke eine Uhr mit Moskauer Zeit, was ein bißchen verwirrend ist, wenn sie allzusehr von der Körper- oder Sonnenuhr abweicht. Jetzt gereicht es uns zum Vorteil. Wir fahren über den Kama nach Perm hinein – mitten am Morgen, wie es uns vorkommt, aber nach Ortszeit gerade recht zum Mittagessen. Im Bahnhof warten russische Frauen in ihrer tristen „Uniform" – dickes Kopftuch, langer Rock, lange Wollsocken – und verkaufen Gemüse und Brot. Eine alte Frau bietet uns Gläser mit undefinierbarem Eingelegtem an. Wir lehnen ab und begnügen uns mit weniger abenteuerlicher Kost: Gurken und Tomaten. Hinter Perm erreicht der Zug die Ausläufer des Ural und fährt durch eine Landschaft, die mit jedem Kilometer malerischer wird. Niedrige Hügel mit Birken- und Kiefernwäldern wechseln sich mit üppigen Tälern ab. Nach Kungur folgt er dann dem Fluß Sylva, in dem ganze Familien schwimmen und herumspritzen. Dahinter erheben sich kleine Klippen aus bröckeligem weißem Gestein. Dieser kleine Teil Rußlands scheint mit sich selbst in Frieden zu leben, und sei es auch nur heute.

Später kehren die gewohnteren Ansichten russischen Lebens zurück: Ein alter Lastwagen wirbelt Staubwolken auf, als er zwei noch ältere Motorräder mit Beiwagen überholt. Auf kleinen Gemüsefeldern bücken sich alte Frauen mit knorrigen Gesichtern und knotigen Händen über ihre langstieligen Hacken. Sie tragen Kleider, die alle zu einem gleichen Braun ausgeblichen sind, und schwere wollene Kopftücher. Ein alter Mann mit einer Kuh im Schlepptau geht an einer alten Frau vorbei, die vier Ziegen hütet. Da holt ein Mann aus einem altmodischen Brunnen Wasser. Dort, in einem Hof, bastelt ein anderer an dem Motor eines Autos herum, dessen Karosserie mehr Rost als Farbe aufweist. Auf dem Feld daneben weiden ein paar Kühe, Schafe und Ziegen, alles in allem nicht mehr als 20. In einem kleinen Bahnhof schleppen zwei Männer ein riesiges, unförmiges Etwas, das in einem Musselinsack verpackt ist. Wir passieren eine Ansammlung baufälliger Holzschuppen und eine Betonruine, ein Holzlager mit entrindeten, von Wind und Wetter geglätteten Baumstämmen und ein Städtchen mit einer Art Slumdorf aus Garagen.

Bei Kilometer 1777 markiert ein Obelisk an der Südseite des Gleises die offizielle Grenze zwischen Europa und Asien. Die Hügel des Urals scheinen mir ein wenig zu klein geraten, um zwei Kontinente voneinander zu scheiden, und der Obelisk viel zu unauffällig, um eine so bedeutende Aufgabe zu erfüllen. Wir wissen, daß er dort steht, und zählen die Kilometeranzeiger bis dahin. Aber wir verpassen einen und sausen deshalb an dem Obelisken vorbei, ohne ihn auf den Film bannen zu können. Mehr Fotoglück haben wir in Jekaterinburg, dem früheren Swerdlowsk. Hierher hatte man

RECHTS *Die Mahlzeiten in der Transsib sind gastronomisch alles andere als aufregend. Das Menü ist einfach, die Speisen sind schlicht – aber frisch zubereitet, gesund und nicht teuer*

Anfang 1918 die Zarenfamilie verbannt, um jedem Befreiungsversuch vorzubeugen. Swerdlow, ein prominenter Kommunist in Jekaterinburg, erklärte die Gegenwart der Zarenfamilie zu einer Bedrohung für die Stadt und ordnete am 16. Juli 1918 deren Ermordung an. Sie wurden auf brutale Weise umgebracht, die Leichname auf unschöne Art beseitigt; trotzdem wurde die Stadt später nach Swerdlow umbenannt. Aber die Zeiten ändern sich. Inzwischen hat Boris Jelzin, der hier geboren wurde, den Abriß des Hauses verfügt, in dem die Morde stattfanden, und dort ein schlichtes Holzkreuz aufstellen lassen. Und die Stadt hat wieder ihren alten Namen angenommen.

Wir steigen ein und gehen zum Speisewagen durch. Da es kein Raucherabteil gibt, versammeln sich die Nikotinsüchtigen an den Wagenenden. Dort öffnen sich zwei Türen auf den Abgrund zwischen den Wagen, der mit einem kühnen Schritt zu überwinden ist. Das macht unsere Reise gefährlich. Im Speisewagen bietet Sascha uns dasselbe Menü an wie am Tag zuvor. Wir verzichten auf die Suppe, bestellen lieber den schmackhaften Krümelkäse, einen Salat mit Sauerrahm und – noch einmal – Huhn. Als Sascha unser Huhn bringt, bleibt er plötzlich stehen und zerstampft ein Etwas, das unter dem Ofen hervorkroch.

LINKS *Eines der vielen hölzernen Bahnhofsgebäude an der Strecke, ganz allein auf weiter Flur*

UNTEN *Bahnsteighändlerin mit ihrem kleinen Sortiment selbst angebauten und eingelegten Gemüses*

Jetzt kommen auch Leute aus unserem Wagen hereingeschneit. Im Abteil 2, genau neben uns, reist ein russisches Ehepaar. Er ist ein Riese, sie eine verblühte Frau in einem verblichenen Kleid. Sie verläßt kaum ihr Abteil, beobachtet uns aber durch die Scheibe, wenn wir auf der Suche nach Eis oder Tomaten die Bahnsteige entlanggehen. Im nächsten Abteil sind zwei Deutsche *en route* nach Japan. Sie hatten schon vier Zugreisetage hinter sich, Berlin-Warschau-Moskau, als sie in den Rossija stiegen. Einer der beiden erzählt, daß sie 11 Tage im Zug verbracht hätten, wenn sie erst einmal in Chaborowsk wären (von dort aus würden sie dann fliegen). Er schüttelt lustlos den Kopf. In den Abteilen 4 und 5 gibt es noch zwei schweigende russische Paare, und dann kommen die englischen Studenten. Im letzten Abteil sitzt ein alleinreisender Australier, der am Baikalsee Vögel beobachten will, und ein junger russischer Sport-Physiotherapeut, der ein hübsches Sortiment Schwarzmarktuhren hat und günstig Rubel gegen Dollar tauscht. Der Russe verabschiedet sich in Omsk und wird durch einen weiteren Sascha ersetzt, der aber aus Nordsibirien stammt, Navigationsoffizier ist und uns mit Geschichten vom Leben bei der russischen Handelsmarine ergötzt.

Draußen driftet die Steppe des Westsibirischen Tieflands vorbei. Hie und da ist sogar ein Reiter zu sehen, der eine Herde von Pferden bewacht. Das eigentliche Sibirien erreichen wir aber erst bei Kilometer 2078. Es kündigt sich nur durch einen unheilverheißenden leichten Regen an. Tjumen, die älteste Stadt Sibiriens und einst ein Zentrum für Verbannte und Sträflinge, ist dunkel und naß. Tausende von ihnen erlagen der Kälte und den entsetzlichen Lebensbedingungen. Sie würden die Stadt an diesem Abend wiedererkannt haben. Es fällt uns schwer zu schlafen, und in Omsk haben wir einen langen, geräuschvollen Halt. Wir erwachen wie gerädert; aber die Stimmung steigt, als wir den nächsten Anzeiger sehen: Kilometer 3000 liegt hinter uns! Die Birken leuchten in der tiefstehenden Morgensonne. Als wir einen Sumpf passieren, scheuchen wir große Wolken weißer Schmetterlinge auf. Wir steigen in Barabinsk aus und kaufen uns zum Frühstück frische, warme Kartoffelkuchen und Räucherfisch (beides in Blätter aus einem alten Hauptbuch eingeschlagen — ob die wohl immer so enden?). Als wir ins Abteil zurückkehren, bearbeitet Tatjana gerade unseren kleinen Teppich mit dem Staubsauger.

Es ist immer noch dunkel und feucht, und die Fahrt nach Nowosibirsk zieht sich ein wenig. Wir queren den Ob, ebenfalls auf einer Balkenbrücke. Unter uns ziehen Schlepper Verbände von Frachtschiffen, die wie schwimmende Städte aussehen. Nowosibirsk ist groß und modern und sein Bahnhof schon etwas freundlicher. Die Bahnsteighändler verkaufen heiße, gekochte Kartoffeln und Bohnen, Fleisch, Gemüsepasteten und Getränke.

DER RAND DER TAIGA

Nach Nowosibirsk beginnt die Taiga, das weite Nadelwaldgebiet südlich der arktischen Tundra Sibiriens. Ihr verdankt auch die nächste Stadt ihren Namen. Der Bahnhof von Tayga gehörte einst zu den schönsten der Strecke. Weil die alten Holzgebäude aber praktischeren Betonbauten weichen mußten, sieht er nun genauso aus wie alle anderen. Oder sogar noch häßlicher, jedenfalls bei diesem ewigen Nieselregen. Wir spielen Backgammon, schwatzen, trinken Tee und besuchen die beiden Deutschen und den Australier, um uns von unseren Reisen zu erzählen. Die Stationen kommen und gehen, und die Dunkelheit bricht herein.

GANZ RECHTS *Junge Pioniere paradieren vor der eleganten alten Museumskirche in Irkutsk*

RECHTS *Ein typisches altes Holzhaus in Irkutsk, mit schönen Schnitzereien an den Fenstern*

Krasnojarsk erreichen wir um 2.30 Uhr Sonnen-(oder besser Mond-)Zeit. Die Bahnhofsuhr zeigt noch 22.30 Uhr. Es hat aufgehört zu regnen, und die Lichter der Stadt funkeln in der Dunkelheit. Auf dem Bahnhof ist es sehr kalt, es riecht nach frischem Sägemehl, und ein alter Mann verkauft Laibe schweren Schwarzbrots. Wir schlafen jetzt besser als in der vorhergehenden Nacht. Es fällt uns jetzt irgendwie leichter, das ständige Schaukeln und Schlingern und Lärmen zu ignorieren. Tajšt, der erste Halt an diesem Morgen, ist enttäuschend, Nižneudinsk dafür die bisher schönste Station. An ein paar blauen Hütten sind Nüsse, Zedernsamen, Zwieback und Kuchen im Angebot – in schwimmendem Fett gebackene, gedeckte „Kuchen", die wie indische *Samosas* aussehen und auch genauso gut sind. Eine alte Frau verkauft selbstgemachte Limonade, die so frisch wie die Morgenluft schmeckt. Weil der Zug in der Nacht zehn Minuten gutgemacht hat, gönnen wir uns einen langen Halt im warmen Sonnenschein. Der Regen ist davongezogen, und das Leben ist schön. Auch die Landschaft gefällt uns wieder besser. Sie ist nicht so offen wie die Steppe, bietet aber zwischen ihren Birkenwäldchen immer wieder weite Ausblicke. In der Entfernung sehen wir die hohen Ketten des Sajangebirges (Vostočny Sajan), die Grenze zwischen Sibirien und der Mongolei. Die nahen Wiesen sind ein einziges Blumenmeer aus kräftigem Orange, lavendelähnlichen Blaus und flächigem Gelb. Da und dort liegen Bauernhöfe und Dörfer, Holzhäuser mit Einfriedungen aus Holz. Ziegen mit langen, gebogenen Hörnern stehen knietief in blumenübersäten Weiden. Kinder spielen. Zwei Steppenadler kreisen am Himmel, und zwischen den Bäumen jagen sich drei Falken. Es ist ein herrlichesLand.

Der Zug fährt jetzt langsamer. Das paßt auch eher zu dem Lebensrhythmus hier. Wir rattern an Holzlagern vorbei, wo die dunkelstämmigen Kiefern und weißrindigen Hängebirken ihre Tage beenden. In Zima bilden die Bahnsteighändler einen richtigen Supermarkt. Sascha spendiert uns *Pelmen*, mit Kartoffelbrei und Kräutern gefüllte Teigtaschen, ein typischer russischer Imbiß. Für ein paar Rubel bekommt man eine ganze Tasche voll Pelmen, und wir lassen sie uns in der warmen Sonne schmecken. Kleine Jungen umlagern uns und betteln um Kaugummi. Als wir uns Irkutsk und der Mongolei nähern, macht die Taiga der weiten Steppe Platz. Ein schöner, schwarzweiß gefärbter Milan folgt eine Zeitlang dem Zug und schwenkt dann in Richtung auf die weit entfernte Bergkette ab. Wir erreichen den Angara. Nun ist es nicht mehr weit bis Irkutsk. Dort steigen wir aus.

Irkutsk war einmal das „Paris Sibiriens", was sich aber der heutige Besucher nur schwer vorstellen kann. Noch stehen ein paar der älteren Häuser. Von ihren Holzschnitzereien blättert jedoch die Farbe ab. Sie sind dabei, endgültig zu verfallen. Dennoch besitzt die Stadt einen Charme, der den Betonwüsten im Westen abgeht. Als ob es das zu unterstreichen gälte, flitzt ein Schwarm von zwitschernden Mauerseglern über unseren Köpfen dahin, als der Rossija zum Baikalsee aufbricht. Er ist der größte See der Erde und beherbergt die einzige Süßwasserrobbenart der Erde – wie lange noch?

Praktische Tips

- Es geht täglich eine Transsibirische Bahn in Moskau ab, das ganze Jahr über. Alle Züge fahren bis Chabarowsk, aber nur zwei pro Woche bis Wladiwostok. Die 9440 km lange Fahrt bis Wladiwostok dauert acht Tage und sieben Nächte.
- Die Züge führen nur Liegewagen: Die Sitze werden des Nachts in Betten umgewandelt. Für Nicht-Russen gibt es zwei Klassen: die 1. Klasse mit zwei, die 2. mit vier Schlafgelegenheiten pro Abteil. Bettwäsche und Handtücher werden gestellt, aber während der Reise nicht gewechselt. Es gibt ständig heißes Wasser, man sollte sich eine Tasse und einen Vorrat an Tee oder Kaffee etc. mitnehmen. Die Mahlzeiten im Speisewagen sind einfach, aber preiswert; Sie können auch bei jedem Halt problemlos Essen kaufen.
- Viele ziehen für diese Reise den Winter vor. Verschneit ist die Landschaft natürlich hinreißend, sie ist aber auch im späten Frühjahr und Frühsommer wunderschön, wenn die Birkenwälder blühen und das ganze Land mit Blumen übersät ist.
- Die Einschränkungen des Reiseverkehrs nach und in Rußland werden weiter gelokkert. Buchungen können Sie weiterhin über Intourist, aber auch bei Ihrem Reisebüro vornehmen.

Durch die Mongolischen Steppen von Peking nach Sibirien

KIM NAYLOR

Die erste Etappe der Transmongolischen Eisenbahn geht von Peking (Beijing) nach Ulan Bator, der Hauptstadt der Mongolei. Sie ist Teil einer Marathonstrecke, die von „Ulaanbaatar" erst in den Norden und nach Ulan Ude in der sibirischen Taiga führt, sich dann, wie die Transsibirische Bahn, nach Westen wendet und über das Südufer des Baikalsees Irkutsk erreicht und schließlich, nachdem sie die Weiten Rußlands durchquert hat, in Moskau endet. 5½ Tage dauert diese Fahrt durch fünf Zeitzonen und über 9001 km, die in etwa dem 55. Breitengrad folgt.

RECHTS *Dieses Mongolenmädchen zeigt die unverkennbaren Merkmale ihrer stolzen Rasse – eines Nomadenvolkes mit glorreicher Vergangenheit*

GANZ RECHTS *China ist eines der letzten Dampflok-Dorados der Erde*

UNTEN *Zuglaufschild und Wappen des chinesischen Zuges nach Erlian*

„Strecke 3, 1136 km kürzer als Nr. 19 [die Transmandschurische Bahn Peking-Moskau], aber vorzuziehen." Mit seiner präzisen, schnörkellosen Ausdrucksweise reduzierte Mr. Lee die Romantik des Bahnreisens auf nüchterne Zahlen. Als Bahnhofsinspektor hatte er ganz China bereist. Die Bahn war sein Leben, und er nahm die Welt durch die Bahn wahr, genauer gesagt durch deren Streknummern: Nennen Sie irgendeinen Ort, er wird Ihnen die Zugverbindung dorthin sagen. Oder, was ja noch interessanter ist: Nennen Sie eine Nummer, und er wird Ihnen alles über die Orte an dieser Strecke erzählen. Als ob man eine Datenbank abfragen würde! „Das ist mein Index", sagte Mr. Lee, wobei er seinen Fahrplan streichelte, und klopfte sich dann mit dem Zeigefinger an die Stirn, „zur Enzyklopädie Chinas." Ich saß im Speisewagen. Der drahtige Mr. Lee mit seinem tadellosen, übergroßen braunen Anzug und dem spitzen, weißen Tüchlein in der Brusttasche leistete mir Gesellschaft. Unsere „Soft Class" schien voll zu sein, vor allem mit Rot- und Auslandschinesen. Eine Mischung aus Europäern, Amerikanern und einigen Mongolen und Russen bildete den Rest der Gesellschaft. Es war 9.30 Uhr. Wir saßen als eine der letzten am Frühstückstisch; die Kellner waren abgespannt, die Tischtücher voll Sojasoßenflecken. Aber Mr. Lee war eine Respektsperson: Nicht lange, da brachte man uns schon eine Kanne Tee und zwei große Schüsseln mit Nudeln und sogar ein Papiertischtuch, um die Hinterlassenschaften unserer Vorgänger zu verdecken; der Versuch, das Fenster von den Spuren fettiger Stirnen, Nasen und Finger zu befreien, schlug allerdings fehl und führte nur dazu, daß die Scheiben vollends verschmiert wurden.

Wir hatten langsam die Weizenebenen westlich von

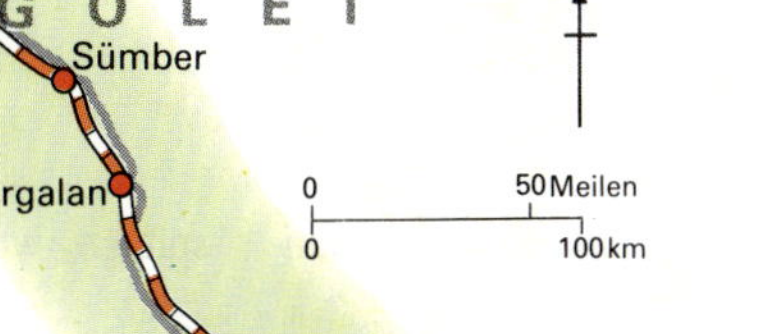
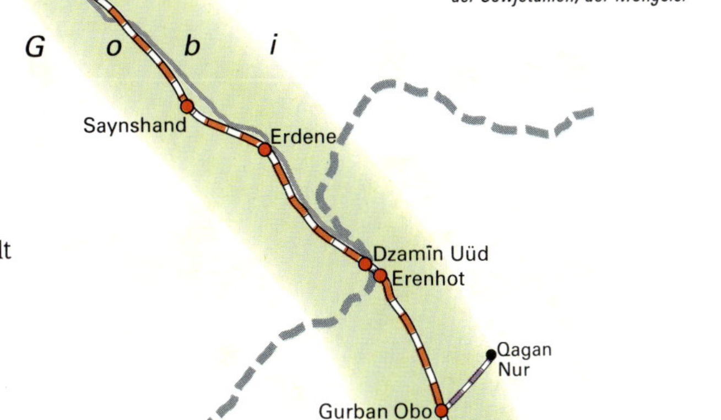

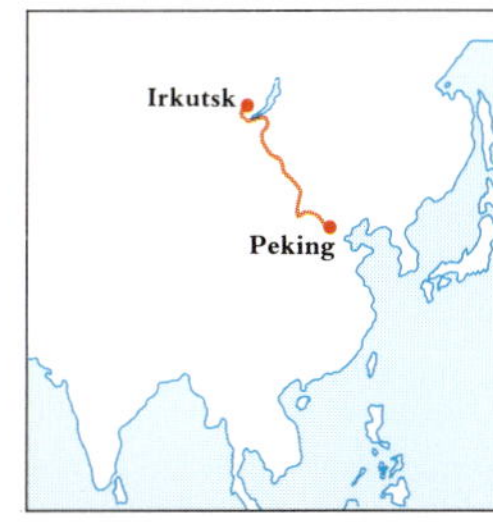

■ *Die Transmongolische Bahn folgt der alten Route der Teekarawanen, die in Beijing begann, den Osten der Mongolei durchquerte und bis Moskau führte. Auch die Kuriere der Zaren benutzten diese Route. Dank häufiger Pferdewechsel an den zahlreichen Poststationen schafften sie die Strecke in 40 Tagen. Die Bahnstrecke ist ein Ableger der Transsibirischen Bahn. Der erste Abschnitt entstand 1940 zwischen Zaudinskiy (9 km von Ulan Ude) und Naushki, 248 km weiter südlich an der russisch-mongolischen Grenze. Die 409 km lange Strecke nach Ulan Bator wurde erst 1949 fertig. Am 1. Januar 1956 wurde dann der 1570 km lange Abschnitt durch die Wüste Gobi und nach Peking eröffnet, der durch Arbeiter aus der Sowjetunion, der Mongolei und China gebaut wurde. Die Hälfte der 2236 Streckenkilometer der Transmongolischen Bahn liegt in der Äußeren Mongolei oder Mongolischen Volksrepublik. Dieselloks haben die Dampfloks abgelöst, die man früher auf dieser Strecke einsetzte; einige dieser alten Arbeitspferde sind noch auf Bahnhöfen unterwegs zu sehen. In Datong, einem der Orte an der Strecke, wurden die letzten Dampfloks der Welt gebaut. Noch vor wenigen Jahren wurden die Hochöfen der Fabriken von Datong mit der einheimischen Steinkohle beschickt und bis 1988 jährlich etwa 240 Lokomotiven gebaut. Die 104 t schwere 1D1-Lok der Reihe JS (Höchstgeschwindigkeit 85 km/h) wurde noch bis Mitte der 1980er gebaut. Die Produktion der größeren, aber etwas langsameren 1E1-Lok der Reihe QJ endete im Dezember 1988 mit der Ablieferung der QJ 7207; es war die letzte Dampflok überhaupt. Heute produziert Datong Ersatzteile für Loks in aller Welt (Fabrikbesichtigungen zweimal wöchentlich).*

Beijing (Peking) durchquert und näherten uns nun dem Gebirge, das jahrhundertelang die seßhaften, zivilisierten Chinesen von den nomadischen, barbarischen Mongolen schied. Weil diese Berge allein aber kein unüberwindliches Hindernis waren, bauten die Chinesen die Große Mauer, um so einen endgültigen Trennungsstrich zwischen ihrer Welt und der Wildnis zu ziehen.

Die Chinesische Mauer

Die Große Mauer schlängelt sich über Berg und Tal und durch Ebenen und Wüsten. Sie gleicht einem Glücksdrachen, wie die Chinesen gern sagen, dessen Schwanz ins Gelbe Meer taucht und dessen Kopf in der Gelben Wüste (Gobi) ruht. Der erste Teil der Mauer wurde unter der Ch'indynastie im 3. Jahrhundert v. Chr. gebaut. Er sollte ein Schutzwall gegen die nomadischen Hsiung-nu (Hunnen) sein, die die Steppen im Norden bevölkerten und, wie ein damaliger Minister seinem Kaiser berichtete, „von Fleisch und Käse leben, sich in Felle kleiden und weder Haus noch Hof haben. Sie streifen wie Vögel und Tiere durch die Wildnis. Sie bleiben nur, wo sie reichlich Gras und Wasser finden, und ziehen wieder weiter, wenn es zu mangeln beginnt." Die Chinesen verachteten dieses Volk, empfanden es aber als ständige Bedrohung.

Als dann statt der Hunnen westliche Turkvölker wie die Uiguren, Kitanen und Tanguten die Steppen bewohnten, bauten die Chinesen ihre Mauer aus, um diese neuen Barbaren draußen zu halten. Mit begrenztem Erfolg. Die Kitanen – davon leitet sich „Cathay" ab, Marco Polos Name für China – durchbrachen den Verteidigungswall, siedelten sich 938 in der Nähe von Beijing an und gründeten dort den Liao-Staat. Noch wichtiger war, daß in den 1220ern der Mongole Dschingis-Khan China eroberte; sein Enkel Kublai-Khan verlegte 1279 die mongolische Hauptstadt von Karakorum, nördlich des Changaigebirges, nach Beijing und gründete die chinesische Yüandynastie.

Knapp ein Jahrhundert später wurden die Yüan von den Ming über die Mauer und durch die Gobi gejagt, zurück in ihr altes Karakorum. Die Ming gründeten 1368 ihre eigene Dynastie in China. Da sie in ständiger Furcht vor der Rückkehr der Mongolen lebten, bauten sie die Mauer zu einem Bauwerk von spektakulären Ausmaßen aus. Sie ist etwa 6400 km lang, in den nördlichen Abschnitten 6–9 m hoch und mehr als 5 m breit und erforderte zu ihrer Verteidigung 1 Million Soldaten.

Gut 60 km nordwestlich von Beijing und hinter der Stadt Nankouzhen führt der Juyongguanpaß durch das Jundugebirge (Jundushan). Er beherrscht eine der Hauptrouten von China ins Landesinnere und besaß daher enorme strategische Bedeutung. Für die Ming war der Paß – mit dem Berg Badaling am nördlichen Zugang – die Schlüsselposition zur Verteidigung der ganzen Mauer. Für die Touristen von heute ist dieser Abschnitt von Beijing aus am leichtesten zu erreichen, und so strömen sie denn auch täglich zu Tausenden hierher, um das große Werk zu bestaunen. Der Zug legt in Qinglongqiao einen kurzen Halt ein. Von dort aus kann man die Mauer sehen (es ist eine südliche oder innere Schleife der älteren Mauer). Dann macht der Zug kehrt, um bald danach in einem Tunnel unter der Befestigungsanlage hindurch zum Badaling zu fahren.

Ich hatte Fotografien der Großen Mauer gesehen, die vom Juyongguan und Badaling aus aufgenommen worden waren und sie als eine graue Linie zeigten, die sich schier endlos durch ein weites grünes Bergland schlängelte. Ich hatte gelesen, die Chinesische Mauer sei das einzige Objekt von Menschenhand, das vom Mond aus sichtbar sei. „Man muß sie selbst gesehen haben", war mir gesagt worden, „um sich eine Vorstellung zu machen."

Als ich das Weltwunder zum erstenmal erblickte, war ich im Speisewagen. Durch die fettverschmierte Scheibe sah es etwas verschwommen aus, eher wie ein impressionistisches Gemälde, wie es da in einer Entfernung von gut einem Kilometer einen graubraunen, mit Büschen bestandenen Berghang hinaufkroch. Es sei schade, bemerkte ich, daß wir es uns nicht genauer ansehen könnten. „Ich bin ein Bahnmensch", erwiderte Mr. Lee, „und genieße das Verführerische alles Flüchtigen."

Dann ging es weiter nach Nordwesten, hinab in ebeneres Land und nach Zhangjiakou (120 km nach Badaling), einer 2000 Jahre alten Stadt am äußeren Abschnitt der Großen Mauer. Zhangjiakou war das Ausfallstor für die Handelsstraße Peking-Moskau. Die Mongolen nannten es Kalgan, d.h. „Paß" oder „Tor". Heute ist es eine Industriestadt mit einer Million Einwohnern.

Über eine Distanz von 178 km folgt der Zug nun der äußeren oder nördlichen Mauer und gelangt von der Provinz Hebei in die Provinz Shanxi und nach Datong,

UNTEN *Halt im Bahnhof von Quinglongqiao, in der Nähe eines der relativ leicht zugänglichen Abschnitte der Großen Mauer*

einer staubigen Stadt mit Kohlebergwerken. Sie hatte einst eine strategisch wichtige Position an der Innenseite des nördlichen Abschnitts und war Schauplatz vieler Kämpfe. Dazu gehört auch die berühmte Belagerung des nahen Baiden im Jahre 200 v. Chr., bei der die Hunnen die Han einkesselten und in sieben Tagen und sieben Nächten viele von ihnen töteten, aber die Schlacht verloren, weil die Frau ihres Anführers sie an die Han verriet.

Bevor Mr. Lee in Datong ausstieg, um seinen Dienstpflichten nachzugehen, hatte er mir noch Geschichtsunterricht gegeben und die lokalen Sehenswürdigkeiten genannt, zu denen auch die erstaunlichen Yunganghöhlen zählen, die 16 km weiter westlich den Fuß der Wuzhouberge durchlöchern. Hier schuf die nördliche Weidynastie, die 386–534 n. Chr. von der Hauptstadt Pingcheng (Datong) aus China beherrschte, ihre berühmten Buddhas mit dem charakteristischen Lächeln. Mehr als 51 000 dieser Figuren – die größte ist 17 m hoch – wurden damals aus den Wänden dieser Höhlen herausgehauen.

Jenseits der Stadt und der Mauer beginnt die Mongolei. Sie zerfällt in die Innere und die Äußere Mongolei: die „Autonome Region Innere Monogolei" (Nei Mongol Zizhiqu), die zu China gehört und schwerlich als autonom zu betrachten ist, vor allem weil heute nur noch 10% ihrer 20 Millionen Einwohner Mongolen sind und der Rest größtenteils Chinesen; und die unabhängige Mongolische Volksrepublik, die 1921 der zweite kommunistische Staat der Erde wurde und einen Großteil des 20. Jahrhunderts zur UdSSR gehört hat.

LINKS *Mahlzeit im Transmongolischen Express*

Etwas weniger als zwei Stunden benötigt der Zug für die 127 km lange Strecke von Datong bis nach Jining im Norden – hier ist die Westabzweigung nach Hohhot, der Haupstadt der Inneren Mongolei – und dann noch vier Stunden und zehn Minuten bis Erenhot, an der Grenze zwischen Innerer und Äußerer Mongolei. Als wir gemächlich in Erenhot einfuhren, war es schon dunkel. Aus allen Lautsprechern schallte Mozartmusik, der Lokal- und Universalfavorit dieses Tages. Flotte, kleine Soldaten standen sauber aufgereiht am Bahnsteig, alle neun Meter einer, und paßten auf, „daß sich niemand davonmachte". Wer würde sich schon in finsterer Nacht in die Leere der Mongolei „davonmachen"?

Weil die chinesischen Bahnen Normalspur haben und die russischen und die der Mongolischen Volksrepublik eine Spurweite von 1524 mm, müssen die Drehgestelle gewechselt werden, bevor wir weiterfahren können. Dazu schiebt man den Zug in die Umspuranlage und hebt die Wagen einen nach dem anderen an, um die Standardgestelle gegen die breiteren auszutauschen. Das Umspuren ist ein Prozeß, der Stunden beansprucht, und so werden die Fahrgäste gebeten, sich solange in das Bahnhofsgebäude zu begeben. Ein Schild über dem Geldwechselschalter gibt uns den guten Rat: „Was ist schon Zeit? Gehen Sie nach dem Geldwechseln in die Bar."

Die Visakontrolle findet in den Wagen statt: Man „meldet sich ab" aus China, fährt mit dem Zug die 10 Kilometer nach Dzamïn Üüd jenseits der Grenze, um sich in der Mongolischen Volksrepublik „anzumelden". Etwa um Mitternacht hatten wir alle Formalitäten hinter uns und konnten die Reise fortsetzen.

Wir fuhren dann den Rest der Nacht durch die Wüste Gobi, die im übrigen eher aus trockenem Buschland als aus Sanddünen besteht, und erreichten bei Tagesanbruch den Rand der Steppe. Die Sonne stieg schnell empor, und als wir um 9 Uhr in den rosa und weiß gestrichenen Bahnhof von Choir kamen, erstrahlte der Himmel schon in kräftigem, durchsichtigem Blau.

Zu unserem ersten Kontakt mit der mongolischen Kultur kam es in dem mongolischen Speisewagen, der den chinesischen an der Grenze abgelöst hatte. Die Kellnerinnen trugen alle den reizvollen *Del*, ein traditionelles Kleid, das an der Hüfte mit einer Schärpe zusammengefaßt wird und ebenso Männer- wie Frauenkleidung ist; die Getränkeflaschen hatten alle ein mongolisches Etikett, und statt der Nudeln gab es nun große Brocken Fleisch. Es war, als ob man von einer Fluglinie zur andern wechselt: Im Grunde bleibt alles gleich, nur die kosmetischen Details nationaler Identität ändern sich.

Draußen tauchte ein Reiter auf und galoppierte auf gleicher Höhe neben uns her. Nach ein paar Minuten ritt er langsamer, winkte und lachte fröhlich und wendete sein Pferd in Richtung auf ein *Gher* (so der mongolische Name für eine Jurte). Es war nichts als ein

RECHTS *Das behagliche Innere eines mongolischen Gher, zu dem auch ein poliertes, eisernes Bettgestell gehört*

einsamer weißer Fleck inmitten einer weiten, welligen Landschaft. Plötzlich kam mir unsere Bahnreise absurd vor. Was er wohl über uns dachte, die wir, eingezwängt in eine lange Metallröhre, auf diesem Trampelpfad durch ein Land von so atemberaubenden Ausmaßen zockelten?

Mit einer Stunde Verspätung erreichten wir um 14.20 Uhr die Hauptstadt der Mongolischen Volksrepublik, Ulan Bator oder Ulaanbaatar („Roter Held"), die in vorkommunistischen Zeiten Urga hieß. Hier stieg ich aus: Ich wollte mehr sehen als das, was sich mir vom Zug aus bot, wollte das Land erleben, seinen Boden spüren, seine Luft atmen.

Um abseits der Transmongolischen Eisenbahn zu reisen, braucht man ein Pferd, ein Allradfahrzeug oder ein Flugzeug. Vom Boden oder von der Luft aus spürt man auch die grenzenlose Weite dieses Landes. Die Äußere Mongolei hat eine Fläche von mehr als 1.5 Millionen km^2 und ist damit gut viermal so groß wie Deutschland, fast zwanzigmal so groß wie Österreich und fast vierzigmal so groß wie die Schweiz. Und da liegt es dann, wie ein vergessener leerer Raum im Herzen Asiens, zwischen den beiden Riesen China und Rußland eingezwängt.

Einst aber war die Mongolei der Mittelpunkt der Welt. Der Aufstieg Dschingis-Khans, der von 1206 bis zu seinem Tod im Jahre 1227 die mongolischen Stämme anführte, traf die übrige Menschheit wie ein Blitz aus heiterem Himmel. Wie eine Ausgeburt der Hölle brachen er und seine Reiterhorden aus der Steppe hervor und versetzten die Welt in Angst und Schrecken. Im Februar 1220 machten sie Buchara dem Erdboden gleich – „sie kamen, stürmten, mordeten, legten Feuer, plünderten und gingen", schrieb ein Zeuge des Geschehens. Wenig später fiel das uneinnehmbare Samarkand. Sie schlachteten die gesamte Einwohnerschaft von Herat ab, die in die Hunderttausende ging, und beim Fall Bagdads veranstalteten sie ein solches Massaker, daß das Blut der Erschlagenen einen Strom bildete, der so groß wie der Nil war. In einem Brief an den Papst beschrieb der georgische König Rassadan die Mongolen als „grausame Menschen, teuflisch anzusehen, so gefräßig wie Wölfe und so tapfer wie Löwen". Kein Wunder, daß man sie „Tartaren" nannte – nach Tartaros, wie die Unterwelt in der griechischen Mythologie heißt. Noch 1238, als Dschingis-Khan schon lange tot war, löste das Gerücht von einem Mongoleneinfall in weit entfernten Regionen einigen Schrecken aus. Es führte dazu, daß sich die skandinavischen Kaufleute nicht mehr aus ihren Häfen heraustrauten und es folglich in dem englischen Ostküstenhafen Yarmouth ein Überangebot an Heringen gab.

Und das, weil die mongolischen Reiterheere in so rasendem Tempo über die halbe Welt hinweggebraust waren und sich ein Reich geschaffen hatten, das schließlich von Sibirien, dem Gelben Meer und Borneo im Osten bis nach Polen, zur Adria und nach Ägypten reichte. Nie zuvor und nie wieder seither gebot irgend jemand über einen so großen Teil der Erde.

Die Blüte eines Weltreichs

Die Mongolen waren Nomaden. Sie eroberten, aber sie bauten nicht und haben in ihrem Reich kaum Spuren hinterlassen. Aber ihre 1235 fertiggestellte Steppenhauptstadt Karakorum war ein Knotenpunkt der asiatischen Karawanenstraßen und galt als eine prächtige Stadt. Sie zog die bedeutendsten Künstler und Philosophen der Erde an. Wilhelm von Rubruk, ein Gesandter des französischen Königs Ludwig IX., reiste 1253 nach Karakorum und berichtete von dessen Reichtum und Überfluß. Das Nonplusultra dort war der prachtvolle silberne Brunnen, den der Silberschmied Wilhelm von Paris gefertigt hatte: Durch verschiedene Röhren im Brunneninneren flossen Stutenmilch, Wein, Honigbier und Reismet und spritzten dann aus den Speirohren kunstvoll getriebener Löwen-

und Schlangenköpfe in die Becken darunter. Ganz oben aber stand ein siberner Engel mit einer Trompete, die ein im Sockel des Brunnens verborgener Mann mittels eines Blasrohrs ertönen ließ.

Als die chinesischen Ming im späten 14. Jahrhundert die Yüandynastie stürzten, zerstörten sie auch Karakorum. Das Mongolenreich ging unwiderruflich seinem Ende entgegen; der Wirbelsturm, der einmal die Welt verheert hatte, war verweht. Die Ruinen von Karakorum wurden zum Steinbruch, als im 16. Jahrhundert nahebei die buddhistische Klosteranlage von Erdene Dzuu („Viele hundert Schätze") gebaut wurde. Sie wurde zwar 1937 von den Kommunisten verwüstet, ist aber noch immer ein beeindruckendes Zeugnis der starken lamaistischen Tradition der Mongolei. Von Karakorum jedoch, das Marco Polo zufolge einen Umfang von 5 km besaß, blieb nichts übrig. Sein Standort konnte erst 1889 von Archäologen ausfindig gemacht werden.

Etwa einen halben Tagesritt von Karakorum freundete ich mich mit einem alten Nomadenpaar an. Die beiden wohnten in einem traditionellen weißen *Gher* aus Filz, das sie aber bald abbauen wollten, um mit ihren Herden zu neuen Weideplätzen zu ziehen. (Die Mongolei hat ca. 23 Millionen Stück Vieh, vorwiegend Schafe und Ziegen, aber auch Pferde und Kamele.) Namdag und ihr Mann waren in den Sechzigern. Als Mutter von zehn Kindern (und Groß- oder Urgroßmutter von über 65 Enkeln und Großenkeln) hatte sie das Mutterkreuz erhalten, in Anerkennung ihres Beitrags zum Bevölkerungswachstum der Mongolei: Die Volksrepublik hat kaum 2 Millionen Einwohner (ethnisch zu 87% Mongolen). Daß sie zu über 70% jünger als 35 sind, verdankt sie der jahrzehntelangen staatlichen Offensive zur Steigerung der Geburtenrate.

OBEN *Eine ausrangierte und restaurierte russische Dampflokomotive in Ulan Bator – man beachte die schmale Spur*

Ein paar von Namdags Kindern, deren *Ghers* in einem Umkreis von gut 30 km verstreut lagen, kamen am Tag meines Besuchs von jenseits des Horizonts angeritten. Man hieß mich willkommen und gab mir den Ehrenplatz zur Rechten des Gastgebers, neben dem Ofen, der den Mittelpunkt ihres Heims bildet. Dann begann die Party: Wir aßen große Stücke Käse und das frisch geschlachtete Lamm und tranken *Airaq*, vergorene Stutenmilch.

Wir blieben trotzdem einigermaßen nüchtern. Meine Gastgeber sprachen mit sanfter, freundlicher und gedämpfter Stimme und wurden nur lauter, wenn sie lachten. Ihre Gastfreundschaft war warmherzig und großzügig. Waren das wirklich die Nachfahren jener „grausamen Menschen", die die Welt verheert hatten?

Was von ihrer großen Vergangenheit übrig ist, sind die Erzählungen. Die Berichte von ungezügelter Grausamkeit und kitschigen silbernen Brunnen sind so weit von der heutigen Wirklichkeit entfernt, daß sie der Mongolei eine mythische Qualität verleihen. Nicht zufällig ist die berühmteste Darstellung der Mongolen ein Produkt von Halluzinationen: Als Samuel Taylor Coleridge sein Gedicht „Vision in a Dream" (Eine Traumvision. Fragment) verfaßte, in dem er seine großartige Version von Kublai-Khans Xanadu mit seinem „prunkvollen Freudenpalast" gab, war er so vom Opium berauscht, daß er hinterher keine Ahnung hatte, was er da eigentlich geschrieben hatte.

OBEN *Wenn die Nomaden der Mongolei bei der Suche nach frischem Weideland kreuz und quer durch die Ebenen ziehen, führen sie immer ihre traditionellen weißen Filz-Ghers mit sich*

RECHTS *Dieses riesige Monument in Ulan Bator wurde als ein Symbol der sowjetisch-mongolischen Zusammenarbeit gebaut*

Ich kehrte zur Bahnlinie zurück, die mir in geheimnisvollen Ländern immer als eine Art Ariadnefaden dient, und nahm den Abendzug, der mich nach Norden, nach Rußland bringen sollte. Die Transmongolische-Transsibirische Bahn ist ein russischer Zug, der an sechs Abenden in der Woche von Ulan Bator nach Moskau abfährt. Es würde Morgen werden, bis wir Darhan und Sühbaatar in der nördlichen Mongolei (etwa 5½ bzw. 7 Stunden entfernt) und das russische Naushki erreichten. In der leeren Landschaft hinter Ulan Bator nahm der Zug Geschwindigkeit auf; ein kräftiges Rot färbte den klaren Himmel.

In den hochgelegenen Steppen, sagt man, begegnen sich Erde und Himmel. Die Mongolei wirkt leicht und frisch im Vergleich zu ihren schwerfälligen Nachbarn China und Rußland, die von ihren Sehenswürdigkeiten, ihrer Kultur, Geschichte, Politik und Industrie, Bevölkerung und Glorie niedergedrückt werden.

Flüchtige Begegnung

Auf einem Bett meines Abteils saß ein ungewöhnlich massiger Russe. Der Anzug platzte ihm fast aus den Nähten, und das Hemd klaffte zwischen den Knöpfen und ließ behaartes, rosagraues Fleisch herausquellen; sein Gesicht bestand aus einer Reihe wabbeliger Wülste und tiefer Furchen und war so schlaff und hängend, daß er das traurige Aussehen eines Bluthunds hatte. Ich bekam einen Anfall heftigster Klaustrophie, als ich mir vorstellte, diese lange Reise in diesem kleinen Raum mit diesem riesigen Mann zu machen.

Wir nickten einander grüßend zu. Er wischte sich mit pummeliger Hand die glänzenden Schweißperlen von der Stirn, langte schwer atmend in seine Plastikreisetasche hinab und holte einen braunen Papierbeutel mit einer Flasche Wodka hervor. Er schenkte zwei Gläser gut voll, gab mir eines – wohl eine symbolische Entschädigung dafür, daß er weit mehr Platz in diesem Abteil beanspruchte, als ihm zustand – und hob das seine.

Mit einem fröhlichen Lächeln, das sein ganzes Gesicht liftete und zwei Reihen krummer Zähne entblößte, sagte er dann mit starkem russischem Akzent: „Bottoms up to God, King and Country" und leerte sein Glas mit einem einzigen Zug: „Auf Gott, den König und unser Land".

Am Tage sorgt die vorüberziehende Landschaft, die sich und ihre Menschen, ihre Flora und Fauna, Geschichte und Kultur wie einen Dokumentarfilm vorführt, für die Kurzweil des Reisenden. Wenn aber die Dunkelheit hereinbricht, muß er sich seine Unterhaltung im Zug suchen. Mit dem Wodka hatte Boris auch einen stillen Mongolen aus einem anderen Abteil dazu verführt, ihm Gesellschaft zu leisten. Wir waren ein merkwürdiges Trio – durch die Zufälligkeiten der Bahnreise zusammengebracht und durch eine Flasche Wodka in Freundschaft verbunden.

Wir unterhielten uns auf Englisch und in Zeichensprache, und landeten irgendwie beim Thema Nationalität. Plötzlich entdeckten wir eine Gemeinsamkeit unserer Völker: Sie hatten alle drei irgendwann über riesige Reiche geherrscht. Aber der Ernst der Diskussion verflog unter dem Einfluß des Wodkas. Wir gaben einander Spitznamen: Ich, der Brite, wurde „Viktor" (nach Queen Victoria); der Mongole, dessen Name sowieso unaussprechlich war, wurde „Dschingis"; und Boris, der mit keinem der Sowjetführer in Verbindung gebracht werden wollte, hieß der „Bär", nach dem Symbol für das zaristische Rußland.

Bis Mitternacht hatten wir uns ein „Monopoly"-ähnliches Spiel ausgedacht und dazu auf ein Papiertuch ein Spielfeld mit Kästchen für all die Länder gezeichnet, die unseren Reichen auf dem Höhepunkt ihrer Macht gehört hatten.

Das Mongolenreich von Dschingis und das Sowjetimperium des Bären, die im Abstand von sieben Jahrhunderten entstanden waren, überschnitten sich natürlich ganz erheblich.

Aber schließlich einigte man sich über die respektiven Territorien, und der Bär, als der gewiefteste Politiker unter uns, konnte sich auch mit seinen Argumenten in bezug auf Kuba und andere noch zweifelhaftere sowjetische Satelliten durchsetzen und sie vereinnahmen.

Und so saßen wir drei Reichsgründer im leeren Speisewagen und beugten uns über die Welt, während unser Zug durch die nächtliche Steppe in Richtung Sibirien fuhr.

Mit Zahnstochern als Spielgeld und Zuckerstückchen als Würfeln begannen wir um die Weltherrschaft zu kämpfen.

Zwischen den verschiedenen Runden unseres „Weltreich"-Spiels, wie wir es nannten, lehrte Boris mich das kyrillische Alphabet. Bei einem Halt setzte ich meine neu erworbenen Kenntnisse spielerisch in die Praxis um und buchstabierte den Namen der Station: WOKSAL, was für mich wie VAUXHALL klang. Später erfuhr ich, daß der Zar im 19. Jahrhundert einige russische Ingenieure nach England geschickt hatte, damit sie sich über den Eisenbahnbau informierten. Sie wurden von ihren britischen Kollegen in Vauxhall begrüßt, damals ein wichtiger Bahnhof Londons. Nachdem ihre Mission erfüllt war, kehrten sie nach Hause zurück und machten sich an den Aufbau des russischen Bahnnetzes. Und da sie glaubten, „Vauxhall" heiße „Bahnhof", wurde „Vauxhall" zum russischen Wort für „Bahnhof".

Als ich wieder in England war, rief ich bei der Vauxhall Station an (heute kaum mehr als eine U-Bahnhaltestelle der Victoria Line), um diese Geschichte zu überprüfen:

„Könnten Sie mir sagen, ob eine russische Delegation . . .?"

„Hatten wir irgend welche Russen hier?" rief der Mann am anderen Ende des Telephons einem Kollegen zu. „Tut mir leid, Chef, von Russen ist hier nichts bekannt", kam die Antwort durch den Hörer.

„Nein, das war zur Zeit des russischen Zaren . . ."

„Ich bin neu hier, Chef, das muß vor meiner Zeit gewesen sein."

Wie der Zug, so fuhren auch die meisten Fahrgäste bis nach Moskau. In Omsk war Dschingis schon Weltherrscher:

Das Glück der Zuckerwürfel war ihm hold gewesen, und er hatte mit einem Wurf dem Bären und mir insgesamt 79 Zahnstocher und damit Moskau und London abgenommen.

Wir Verlierer versprachen Dschingis ein feudales Abendessen gleich nach der Ankunft in Moskau. Als wir aber dort ankamen, vergaßen wir diese Zugphantasien.

Nachdem wir so lange in einer künstlichen Welt gewesen waren, wurden wir abrupt mit den Realitäten des Lebens konfrontiert. Jeder von uns hatte andere Menschen zu besuchen, andere Dinge zu tun, andere Ziele anzusteuern.

Unsere Freundschaft war stark, aber vergänglich gewesen, genau wie unsere Eindrücke von der Landschaft draußen.

Die Menschen, die man im Zug kennenlernt, trifft man vermutlich kein zweites Mal; die Orte, die man im Vorbeifahren sieht, wird man wahrscheinlich nie besuchen.

Diese Flüchtigkeit der Begegnungen ist letztlich das Wesen einer Bahnreise – ja, ihr eigentlicher Reiz oder das „Verführerische" an ihr, wie Mr. Lee wahrscheinlich sagen würde.

Praktische Tips

■ Die Transmongolische Bahn Nr. 3 fährt einmal wöchentlich von Peking (Beijing) und durch die Mongolei nach Moskau. Von Ulan Bator (Ulaanbaatar) aus gibt es wöchentlich sechs russische Züge nach Moskau. Die Fahrtzeit für die 1570 km von Peking nach Ulan Bator beträgt 1 ½ Tage und für die 9052 km von Peking bis Moskau 5 ½ Tage.

■ An der Grenze zwischen China und der Mongolischen Volksrepublik findet im Zug eine Paß- und Visakontrolle statt.

■ Der Zug hat zwei Wagenklassen: „Soft" und „Hard Class". Reisende aus Westeuropa und den USA nehmen meist die „Weiche Klasse", die über Zwei- oder Vierbettabteile verfügt. Der Speisewagen befindet sich hinter den Wagen der Soft Class. An jedem Wagenende steht ein Samowar (*Batschok*) mit heißem Wasser für Tee und Kaffee.

■ Die Transmongolische Bahn wird von den Chinese National Railways (CNR) betrieben. Fahrkarten sind in den staatlichen Touristenbüros in Peking, Ulan Bator und Moskau erhältlich. Um ganz sicherzugehen, sollten Sie jedoch bei einem auf China-, Mongolei- und Rußlandreisen spezialisierten Reisebüro Ihres Landes buchen.

Der japanische Superexpress nach Tokio

DAVE SCOTT

Die weltberühmte Tokaido Sanyo Shinkansen verbindet die japanische Hauptstadt Tokio mit Fukuoka auf Kyushu, der südlichsten der vier großen Inseln Japans. Sie ist die schnellste und pünktlichste Bahnverbindung der Erde. Mit dem Hikari-Express, der nur in wenigen Bahnhöfen hält, dauert diese 1069 km lange Reise exakt 5 Stunden und 47 Minuten. Das erklärt auch den Spitznamen „Hikari", der Blitz, Licht oder Rakete bedeutet. Die Fahrt geht von den gemäßigten Breiten Zentraljapans bis in den subtropischen Südosten. Sie führt durch die dicht bevölkerten Ebenen von Hondo (Honshu), vorbei am malerischen Fuji-Hakone-Izu-Nationalpark und an der Küste des Pazifiks und des Binnenmeeres Setonaikai entlang.

RECHTS *Es ist sicher kein Zufall, daß die Uniform des Shinkansen-Controllers eher der eines Piloten gleicht als der eines traditionellen Zugführers*

GANZ RECHTS *Dieser Triebkopf des superschnellen Shinkansen mit seiner abgerundeten Nase spricht Bände – ein Zug wie eine Rakete!*

Vom Central Fukuoka zum Hakata-Bahnhof nahm ich die U-Bahn. Die Lautsprecher der Haltestelle gaben Vogelgezwitscher von sich. An den Bahnsteigkanten waren Beschlagnägel zu erhabenen Mustern gefügt: Brailleschrift, Fußinformationen für Blinde. Die Bahn fuhr ein: geräumig, abgasfrei und neu, wie Fukuoka. Ein Shinkansen hat 16 Wagen, davon sind 3 Nichtraucher. Das auffälligste Merkmal neben den raketenartigen Triebwagenköpfen sind die Doppelstockwagen. Der Speisesaal mit seinen riesigen Panoramafenstern befindet sich oben, darunter die 1. Klasse („Green Car"), wo Einzel- oder Gruppenreisende Separatabteile mit hotelähnlichem Service buchen können. Diese Bahn besitzt zahlreiche Vorzüge, die das Reisen zum

Vergnügen machen, etwa einen hervorragenden gastronomischen Service. Es gibt außer dem Speisewagen auch einen mobilen Essens- und Getränkedienst, den eine junge Frau oder ein junger Mann versieht. Sie tauchen in regelmäßigen Abständen im Wageneingang auf, verbeugen sich höflich und gehen mit ihrem Imbißkarren langsam durch den Gang, um *Eki ben* (Lunchkartons), Bohnendessert und Eis, Bier und grünen Tee zu verkaufen. *Eki ben* bekommt man auch in jeder Shinkansen-Station, wo sie am frischesten sind und oft eine lokale Köstlichkeit enthalten. Ich kaufte mir mein

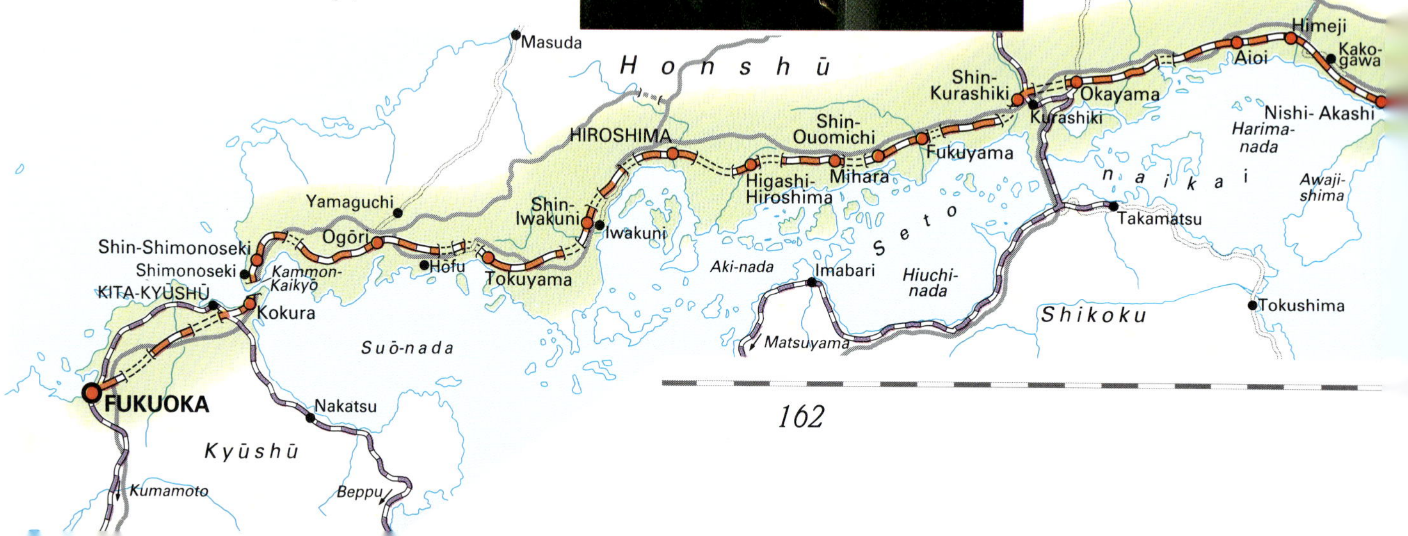

Lunchpaket im Hakata-Bahnhof, bevor ich in den Tokaido Sanyo Shinkansen nach Tokio stieg – Abfahrt 8.49 Uhr, voraussichtliche Ankunft 14.36 Uhr.

Die Shinkansen-Bahnsteige sind in 16 Abschnitte von je einer Wagenlänge aufgeteilt. Genau über den Stellen, wo sich nach dem Halt des Zuges die Wagentüren befinden werden, sind Schilder mit Nummern angebracht. Anhand der entsprechenden Fahrkartennummer findet der Reisende so problemlos seine Einstiegstür. Ich stellte mich, den Koffer in der einen Hand (in japanischen Zügen ist pro Person nur ein mittelgroßer Koffer erlaubt) und mein *Eki ben* in der anderen, unter meiner Nummer an, um auf den Zug zu warten. Das ist notwendig, weil der Shinkansen nur wenige Minuten Aufenthalt hat.

Diese Züge befördern zwischen Tokio und Hakata jährlich 1 ½ Millionen Fahrgäste und zwischen Tokio und Osaka 22 Millionen. An Werktagen werden sie vor allem von Geschäftsleuten und Angehörigen gehobener Berufe benutzt, am Wochenende und in den Ferien, gleich intensiv, von Touristen und Berufstätigen, die in der Stadt arbeiten und in ihr ländliches Heim zurückkehren.

Natürlich ist der Shinkansen auf Behinderte eingerichtet. Im Büffetwagen gibt es zwischen dem Eingang und den Toiletten einen Extraraum mit Liegesitzen. Wenn ein Rollstuhlfahrer einen normalen Sitzplatz

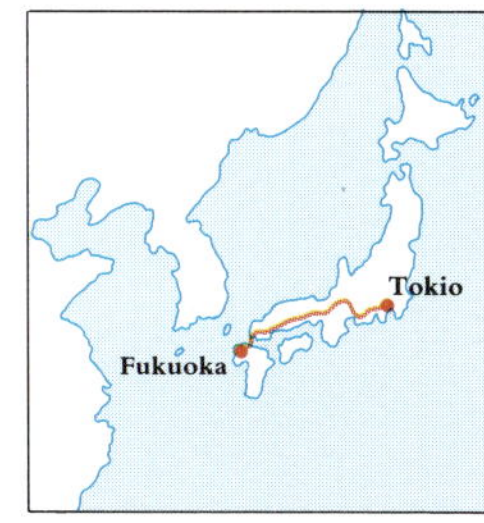

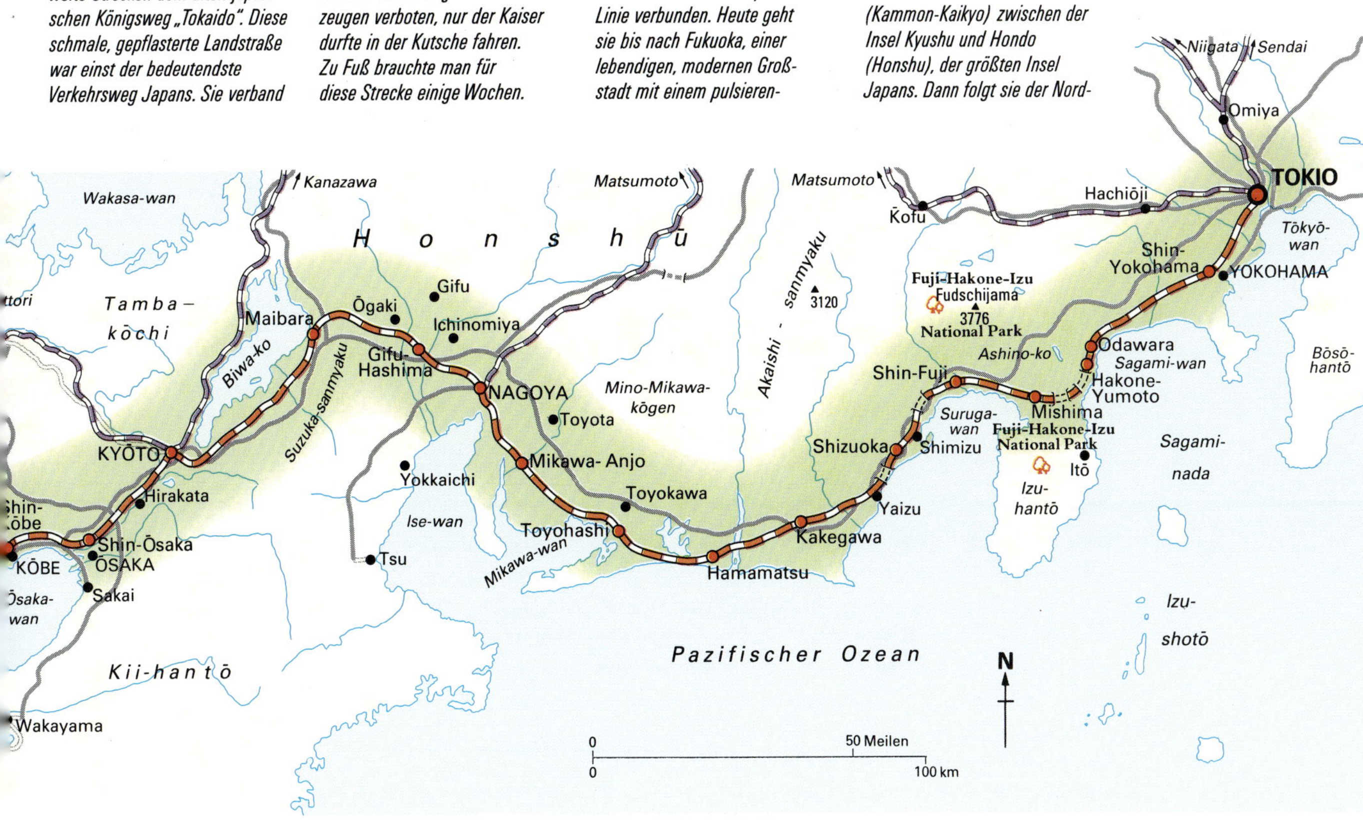

■ *Die Tokaido-Sanyo-Shinkansen-Linie zwischen Tokio und Osaka wurde 1. Oktober 1964 eröffnet, kurz vor den Olympischen Spielen von Tokio. Sie hatte eine Länge von 515 km und folgte über weite Strecken dem alten japanischen Königsweg „Tokaido". Diese schmale, gepflasterte Landstraße war einst der bedeutendste Verkehrsweg Japans. Sie verband Edo (das alte Tokio und Sitz der „Shogune", der Kronfeldherren) mit der alten kaiserlichen Residenzstadt Kyoto, die auch das kulturelle und religiöse Zentrum Japans war. Normalen Sterblichen war die Benutzung von Radfahrzeugen verboten, nur der Kaiser durfte in der Kutsche fahren. Zu Fuß brauchte man für diese Strecke einige Wochen. „Nozomi", der im März 1992 in Dienst gestellte, neueste Shinkansen, benötigt dafür weniger als 2½ Stunden. Die Tokaido-Linie wurde seit 1964 etappenweise ausgebaut und 1972 mit der Sanyo-Linie verbunden. Heute geht sie bis nach Fukuoka, einer lebendigen, modernen Großstadt mit einem pulsierenden Vergnügungsviertel voller Bars, Nachtclubs und Restaurants.*

Die West-Ost-Route beginnt im Hakata-Bahnhof in Fukuoka und quert bald darauf via Unterseetunnel die Kammon-Straße (Kammon-Kaikyo) zwischen der Insel Kyushu und Hondo (Honshu), der größten Insel Japans. Dann folgt sie der Nordküste des Binnenmeeres Setonaikai, um das waldreiche und gebirgige Innere Westhondos zu umgehen. Sie führt durch Hiroshima (das erste Ziel eines Atombombenangriffs), Osaka (eine bedeutende Hafen- und Handelsstadt) und Kyoto (die spirituelle Hauptstadt Japans) und quert dann die dicht besiedelten Ebenen in Richtung Süden und Pazifikküste. Der letzte Streckenabschnitt verläuft am südlichen, küstennahen Rand des Fuji-Hakone-Izu-Nationalparks, mit Blick auf den Fudschijama oder Fuji-san. Nach der Durchquerung der Vororte der japanischen Hauptstadt endet die Fahrt schließlich in Tokyo Station, dem größten und betriebsamsten Bahnhof der Welt.

möchte, kann sein Rollstuhl gefaltet und gleich neben einer Reihe verstaut werden, aus der der Sitz C entfernt wurde. Ich nahm zwischen einem dezent gekleideten Geschäftsmann und einer jungen Frau Platz. Sie trug Jeans und ein T-Shirt mit dem Slogan „Apple Closet Mode Selection" – sinnlose Kombinationen englischer Wörter sind in Japan ein gängiges Modeelement. Weiter hinten im Wagen sah ich einen *Gaijin* (Ausländer), der durch seine Größe und seinen buschigen Schnauzbart sofort als solcher zu erkennen war.

Wir fuhren ab, passierten den Bahnhof von Kokura an der Nordspitze von Kyushu, brausten in den Unterseetunnel an der Kammon-Straße und kamen in Shimonoseki, an der Westecke von Honshu, wieder ans Tageslicht. Für einen Moment kam das Meer in Sicht. Ein paar Tintenfischfänger lagen vor Anker. Man erkennt sie an den großen Decklampen, mit denen sie nachts die Tintenfische anlocken. Die Japaner essen für ihr Leben gern Tintenfisch: So gibt es in Tokio Geschäfte und Restaurants, die nur Tintenfisch bzw. Tintenfischgerichte anbieten.

OBEN *Mehr als 22 Millionen Fahrgäste jährlich befördert der Shinkansen auf der Strecke Tokio-Osaka – auch diese Schulkinder waren darunter*

Nun schoß der Zug durch eine schroffe Berglandschaft. Hier gibt es keine einzige Stadt. Nur einige Dörfer quetschen sich auf den paar flachen Stellen zwischen die Berge, die so steil aufragen, daß sie weder bebaubar noch für die Landwirtschaft terrassierbar sind. Laut der Geschwindigkeitsanzeige im Wagen sausten wir jetzt mit über 240 km/h dahin. Dennoch war die Fahrt sanft und geräuscharm. Wie ich später erfuhr, besteht das Shinkansen-Gleis aus geschweißten Stahlschienen, die auf Gummiunterlagen und einem Bett aus Spannbeton ruhen. Das und die Verwendung von je zwei zweiachsigen Drehgestellen mit Allachsantrieb sorgt für die enorme Laufruhe des Zuges.

Trotz der extremen Zuggeschwindigkeiten und des immensen Fahrgastaufkommens wurde in den 27 Jahren, seit diese Strecke in Betrieb ist, nicht ein Fahrgast verletzt oder gar getötet.

Die Shinkansen sind die schnellsten Züge dieser Linie. Für den Reisenden mit begrenzten Mitteln und genügend Zeit gibt es billigere und langsamere Züge, die häufiger halten. Ein guter Kompromiß sind die Schnellzüge, die auf den alten Hauptlinien fahren und für diese Strecke 14 Stunden und 50 Minuten benötigen. Sie verkehren häufig und halten in allen mittleren bis großen Bahnhöfen, die ihrerseits über leistungsfähige Nahverkehrszüge zur Erkundung der näheren Umgebung verfügen.

Über die Lautsprecheranlage informierte uns eine höfliche, weibliche Stimme, zuerst auf Japanisch, dann auf Englisch, daß wir in genau vier Minuten in Hiroshima ankommen würden, und wünschte uns dann noch „einen guten Tag". Nach der Durchsage erklang sanfte, beruhigende Musik. Selbst im Land des Zen ist Stille ein seltenes Gut.

KRIEG UND FRIEDEN

Hiroshima geht auf eine gleichnamige Burg zurück, die der Feudalherr Terumoto Mori 1589 baute. Die Region behielt ihre militärische Bedeutung bis ins 20. Jahrhundert. Im Zweiten Weltkrieg war Hiroshima ein Rüstungszentrum. Am 6. August 1945 wurde die Stadt um 8.15 Uhr durch den ersten Atombombenangriff der Welt vernichtet.

Es gab mehr als 200 000 Tote. Aber damit war der Schrecken nicht zu Ende: Noch heute sterben jährlich 6000 Menschen an den Spätfolgen. Daran erinnert der Friedenspark in Hiroshima mit einem Museum, einem Denkmal für die Atombombenopfer und anderen Gedenkstätten.

Nun fuhr der Zug parallel zur Nordküste des Setonaikai. Dieses Binnenmeer trennt Hondo von Shikoku, der kleinsten und am wenigsten entwickelten der vier Hauptinseln Japans.

Durchs Wagenfenster sah ich eine große Neonschrift, die verkündete: „Liebe ist das Bedürfnis, geliebt zu werden. John."

John Lennon oder Johannes der Täufer? wunderte ich mich da.

Als der Platz neben dem *Gaijin* frei wurde, setzte ich

mich zu ihm und fragte ihn nach seinem Woher und Wohin.

Er war Engländer, hieß Terry und lebte seit zehn Jahren in Fukuoka als Geschäftsmann. Er sprach fließend Umgangsjapanisch (was er vor allem vor dem Fernseher gelernt habe) und benutzte häufig Unterschichtsausdrücke.

Terry fuhr nach Osaka, um ballenweise Kimonostoff einzukaufen, auslaufende Ware, die er nach seinen Entwürfen in Tokio zuschneiden und zu Schals verarbeiten ließ.

Er beschäftigte sechs Hausfrauen, die diese Schals dann in den Kaufhäusern von Kyushu vorführten und verkauften. Während der regnerischen Sommermonate kehrte Terry nach England zurück, um bei Pferderennen zu wetten und beim Cricket und Wimbledon-Tennis zuzusehen.

Sein Leben muß für all die hart arbeitenden Japaner ein Rätsel sein, die im ganzen Jahr nur drei Wochen Urlaub – und nie mehr als sieben Tage auf einmal – nehmen.

Wir näherten uns Okayama, einer bedeutenden, wegen ihres kunstvollen Landschaftsgartens berühmten Stadt am Setonaikai. Mir fiel eine Meldung der *Japan Times* vom Vortage ein:

Der soziale Wandel in Japan erfaßt auch die traditionsreiche Welt der japanischen Banken. So beschloß etwa der Präsident der Sanyo Sogo Bank von Okayama, Kenji Yoshida, als er eines Tages gebratene Tomaten zum Frühstück aß, seine Bank „Tomato" zu taufen! Während der ersten 30 Tage unter dieser neuen Firma konnte die Bank mehr neue Deponenten gewinnen als im gesamten Jahr zuvor.

Eine Gruppe disziplinierter Schulkinder, die einen Ausflug zu den Zentempeln von Kyoto machten, stieg ein. Sie saßen kaum, da packten sie alle schon ihre *Eki ben* aus.

Ich folgte ihrem Beispiel. Mein schön verpackter und verschnürter Lunchkarton aus unbemaltem Spanholz hatte mehrere Fächer, die *Sushi*-Reis, gegrilltes Huhn, *Shiitaki* (Pilze), Räucherfisch, eingelegte Pflaumen und zwei Eßstäbchen enthielten. Als ich gegessen hatte, machte ich's wie die Kinder, verpackte und verschnürte die leere Schachtel und warf sie in den Abfallbehälter.

Zum guten Ende kaufte ich eine Plastikflasche mit heißem grünem Tee. Ihr Verschluß war eine Tasse, ihr Schnabel ein Teesieb. Das japanische Verpackungsdesign ist oft wirklich genial.

Wir fuhren durch Kobe. Es ist für das gute Fleisch seiner mit japanischem Malzbier gemästeten Rinder berühmt. Rinder sind in Japan normalerweise ein seltener Anblick – Schafe gibt es nur in Zoos –, aber in diesem Distrikt sind sie häufig zu sehen, alle mit einem Kanji (Ideogramm) als Brandzeichen.

Osaka, unser nächster Halt, gilt bei den Japanern als *Shominteki*, ein Ort, wo Äußerlichkeiten weniger zählen als das Innere, die Substanz (bei den Einwohnern Osakas gelten die Tokioter als saft- und kraftlos). Vom Zug wirkt die Stadt trostlos, chaotisch und überbevölkert – kein Touristenmagnet, aber der Mühe wert, wenn man echtes japanisches Stadtleben, und vor allem das Japan der Arbeiter, hautnah erleben will.

OBEN *Ein Schinto-Schrein in Osaka mit einem „Shimenawa", einem dicken Seil aus Reisstroh, das zum Erntedank aufgehängt wird*

Von Osaka ist es nur einen Katzensprung bis Kyoto, das jahrhundertelang, bis zum Ende des Edo-Shogunats 1868, die kaiserliche Familie beherbergte und noch heute die religiöse Hauptstadt Japans ist. Es ist eine schöne Stadt mit vielen Tempeln, kunstvollen Gärten und Shinto-Schreinen und hat eine Altstadt mit ruhigen Sträßchen, Werkstätten, Handwerksläden, traditionellen Häusern und Gaststätten. Leider ist das Gebiet um den Bahnhof gesichtslos modern, und so war ich froh, als wir zur nächsten Etappe, nach Nagoya, aufbrachen.

Geplante Zukunft

Es fing zu tröpfeln an. Bald waren die Wagenfenster so verregnet, daß wir die bewaldeten Hügel und flachen Reisfelder um den Biwa-See (Biwa-ko), an dem wir jetzt entlangfuhren, nur noch verzerrt wahrnahmen. Die Hügel liefen allmählich aus, und die Landschaft wurde ein graues Puzzle aus Reisfeldern und Stadtbrachen, Dörfern mit niedrigen Hausdächern und kleinen Städten. Straßen, Eisenbahnlinien und Hochspannungsleitungen zogen sich kreuz und quer durch die Ebene. Ich wandte mich meiner Platznachbarin zu, um etwas zu plaudern.

Die Männer in blauen Anzügen und weißen Hemden, die Sie in den Straßen jeder japanischen Großstadt sehen – alle identisch angezogen und nicht voneinander unterscheidbar –, sind sehr wahrscheinlich *Salarymen*, Angestellte von Großunternehmen und das Rückgrat der japanischen Wirtschaft. Es gibt auch *Salarywomen*, aber ihre männlichen Kollegen sind weit in der Überzahl. Ein Salaryman bzw. eine Salarywoman tritt im Alter von 18 bis 22 Jahren in ein Unternehmen ein. Beide Parteien gehen davon aus, daß er/sie

Shimbashi
DAI·ICHI HOTEL
SINCE 1938
ハートフル・ウェディング

DAI·ICHI HOTEL
第一ホテル
東京生命
東京生命
おかげさまで 創業90周年

VORIGE SEITE *Der Shinkansen fährt an einem grünen Nahverkehrszug vorüber, der im Zentrum Tokios hält*

RECHTS *Westlich von Tokio durchquert der Shinkansen die malerische Hakone-Region, ein beliebtes Feriengebiet der Japaner*

GANZ RECHTS *Fast verschwimmt er einem vor den Augen: So rast der Shinkansen am Fudschijama vorbei, einem inaktiven Vulkan, der seit Jahrhunderten als heiliger Berg Japans verehrt wird*

UNTEN *Geduldig Schlange stehende Pendler im Bahnhof von Tokio*

bis zur Pensionierung in diesem Unternehmen bleibt. Wer seinen Posten in so einem Unternehmen aufgibt, gilt als unzuverlässig, und ein arbeitsloser Ex-Companyman über 30 findet nur schwer eine neue Stelle.

Die junge Etsuko neben mir war ausgebildete Osteopathin, eine Spezialistin für Knochenkrankheiten. Bei ihrem ersten Bewerbungsgespräch, in einem Tokioter Krankenhaus, sagte man ihr die Gehaltsentwicklung bis zum 60. Lebensjahr, die Details ihrer Pension, ja die Höhe der Begräbniskostenerstattung.

Damals war sie 18 Jahre alt! Die Vorstellung, daß da ihr ganzes weiteres Leben im voraus verplant wurde, deprimierte sie so, daß sie die Stelle ausschlug. Sie hat sich selbständig gemacht und verkauft heute Computerprogramme.

Nagoya ist die fünftgrößte Stadt Japans. Sie wurde im Zweiten Weltkrieg völlig zerstört, dann nach den damals gerade modernen Stadtplanungstheorien neu aufgebaut und soll nun ein angenehmer, wenn auch nicht faszinierender Ort zum Leben sein.

Eine vielfältige Landschaft

Hinter Nagoya fuhren wir zuerst in südlicher Richtung, am Rand des gebirgigen Hakone-Nationalparks entlang, und dann nach Osten, längs der pazifischen Küstenebene.

Es ist ein intensiv bewirtschaftetes Land mit Tomaten-, Auberginen- und Zucchini-Kulturen, die unter hektargroßen häßlichblauen Plastikplanen wachsen. Da die Japaner bei Obst und Gemüse auf ein tadelloses Aussehen genausoviel Wert legen wie auf den Geschmack, müssen die kommerziellen Anbauer ihre Produkte vor den deformierenden Unbilden der Witterung schützen. Die Plastikabdeckung erfüllt diesen Zweck, macht aber die Landschaft nicht eben schöner.

Nun kamen wir nach Shizuoka, dem wichtigsten Teeanbaugebiet Japans, wo auf jedem Fleckchen Erde ein Teestrauch wächst.

Die beste Sorte geben die ersten Knospen, die im Frühjahr an den obersten Zweigen treiben. Sie werden mit der Hand gepflückt und zu einem Tee verarbeitet, der sehr teuer, aber der Traum jedes Kenners ist. Die zweite Qualität besteht aus den handgeschnittenen zweiten Knospen und oberen Blättern, die dritte aus den maschinell geernteten gröberen Blättern. Eis mit Grünem-Tee-Geschmack ist in Japan sehr beliebt.

Wir fuhren durch den Bahnhof von Mishima. Hier beginnt die weit in den Pazifik ragende Halbinsel Izu, die nur 100 km südlich von Tokio liegt und ein beliebtes Sommerurlaubsgebiet ist. In dem

alten Kurort Ito an der Nordostküste der Halbinsel war der englische Navigationsoffizier Will Adams zu Hause, der James Clavell zu seinem Roman *Shogun* inspirierte.

Der Zug sauste durch Fuji, Hakone und Odawara, wo nur die langsameren Züge halten, die Reisende zum Hakone-Nationalpark bringen.

Es ist ein reizvolles, sehr bergiges Gebiet, mit dem Ashino-ko-See in der Mitte und dem Fuji-san (3776 m) im Nordwesten.

Für die Japaner ist der „Fudschijama", der sich im stillen Ashino-ko spiegelt, der schönste Anblick der Welt. Vom Zugfenster war sein von Wolkenfetzen eingehüllter Gipfel zu sehen – ein bewegendes Bild, selbst für einen *Gaijin*.

Die offizielle Saison für die Besteigung des Fudschijama sind die Monate Juli und August, wenn das Wetter am besten ist.

Die meisten, die den Berg erklimmen, hoffen auf dem Gipfel den Sonnenaufgang zu erleben. Dazu müssen sie entweder nachts aufsteigen oder, wenn sie die Tour tagsüber machen, auf dem Gipfel übernachten.

Das ist eine mühsame Kletterei, und aus der Nähe besehen, wirkt der Fudschijama alles andere als schön. Er ist aus schwarzem, vulkanischem Gestein und bar jeder Vegetation. Wirklich erhebend ist nur die Aussicht, die er bietet. Die Japaner sagen: Den Fuji-San einmal zu besteigen ist weise, ihn ein zweites Mal zu besteigen aber närrisch.

Je weiter wir nach Osten kamen, desto dichter wurden die Neubausiedlungen, bis sich endlich das ganze Gebiet in eine einzige, wuchernde Stadtlandschaft verwandelte.

Wir befanden uns an den Rändern von Tokio, einer der größten und sicher auch dynamischsten Städte der Welt.

Auf den ersten Blick scheint sie eine Stadt ohne Eigenschaften zu sein. Bei näherem Hinsehen merkt man, daß es sich um eine komplexe Metropolis handelt.

Sie besteht aus einer ganzen Zahl miteinander verbundener Städte, den heutigen Distrikten, die sich alle ihre individuellen Viertel, ihre Eigenart und Vitalität bewahrt haben.

Nun fuhr unser Zug in Tokyo Station ein. Kaum war er zum Stehen gekommen, da öffneten sich schon die elektrischen Wagentüren.

Es war genau 14.36 Uhr.

PRAKTISCHE TIPS

■ Die Superexpress-Züge der Tokaido Sanyo Shinkansen zwischen Tokyo Station und Hakata Station in Fukuoka verkehren täglich im 15- oder 20-Minuten-Takt. Reservierungen sind in jedem Fall empfehlenswert, vor allem für Nichtraucherplätze.

■ Als Reisezeiten kommen in Japan vor allem die trockenwarmen Monate April und Mai in Frage sowie der Herbst (September und Oktober), der sich ebenfalls durch klare Himmel und angenehme Temperaturen auszeichnet. Man sollte bei seiner Reiseplanung auch daran denken, daß vom Spätmärz bis Mitte April in weiten Teilen Japans, von der Südspitze Hondos bis Hokkaido, die Kirschen blühen und überall im Land Kirschblütenfeste stattfinden.

■ Für ausländische Besucher ist ein japanischer Bahnpaß eine lohnende Investition. Er berechtigt zu Bahn-, Bus- oder Fährschiffahrten von beliebiger Länge und gilt für mindestens eine, höchstens drei Wochen; er ist aber nur außerhalb Japans erhältlich. Benutzer japanischer Fluglinien können über diese Gesellschaften einen Bahnpaß-Gutschein kaufen. Ansonsten wende man sich an die nächste Zweigstelle des Japanischen Verkehrsbüros. Einzelfahrkarten für die Tokaido Sanyo Shinkansen sind nur in Japan erhältlich, und zwar bei jedem größeren Reisebüro oder an den „Green window"-Schaltern der Bahnhöfe („Midori-no-madoguchi" auf Japanisch, „Grüne Fenster" auf Deutsch).

Alpentrip in Neuseeland

Roy Sinclair

Die Fahrt mit dem TranzAlpine-Express quer durch die neuseeländische Südinsel ist eine Reise zwischen zwei Meeren, zwei Welten. Sie beginnt in der sehr englischen Gartenstadt Christchurch und führt in knapp fünf Stunden zur malerischen Bergwerksstadt Greymouth an der Mündung des Grey River im Westen Neuseelands. Dazwischen liegen 233 km einspuriger Strecke (1067 mm) mit zahllosen Kurven, kühnen Brücken und 19 Tunnels, die sich von den fetten Weiden der Pazifikküste durch die neuseeländischen Alpen zu den üppigen Regenwäldern an der Tasmansee schlängelt. Der TranzAlpine erschließt auf engem Raum ein ganzes Spektrum malerischer Landschaften. Das ist der besondere Charme dieser exotischen Bahnreise.

RECHTS *Auf seinem Weg nach Westen nähert sich der TranzAlpine-Express über Cass Bank dem berühmten Arthur's Pass*

GANZ RECHTS *Lokführer Garry Martin im Führerstand des „Tranz"*

Ich bin der einzige Neuseeländer in diesem Wagen. Während die Ausläufer der neuseeländischen Alpen höher und höher werden, genieße ich mein Frühstück – es gibt *Devonshire teas* – und das Gespräch mit meinen neuen Freunden. Ein amerikanischer Tourist zeigt sich erfreut, hier in Neuseeland wieder den Ausdruck *as good as gold* (kreuzbrav) zu hören. „Ja", sagt er, „bei uns zu Hause habe ich das seit meiner Kindheit nicht mehr gehört!" Einige Engländer berichten vom großen Interesse vieler junger Briten, Australien und Neuseeland, die fernen Mitglieder des British Commenwealth, zu besuchen. Der TranzAlpine verspricht offenbar, seinem Ruf als freundlicher Zug gerecht zu werden.

Der „Tranz", wie er hier heißt, ist auch eine Erfolgsstory. Sein geistiger Vater ist ein gewisser John Bennett, seines Zeichens Westküstler und ehemaliger InterCity-Betriebsleiter, der jahrelang die Meinung vertreten hatte, eine Transalpenbahn würde viele Touristen anziehen. Und in der Tat hat der Tranz, der im November 1987 in Betrieb ging, in Neuseeland zu einer Renaissance der Bahnreise geführt.

Im Vergleich zu vielen weltberühmten Zügen wirkt der TranzAlpine fast bescheiden. Er besteht heute meist aus drei oder vier Wagen, die von einer dieselelektrischen Lok der Reihe Dc gezogen werden. Man hat seine stählernen Wagen aus der Vorkriegszeit renoviert und mit Panoramafenstern versehen und ein früheres Schaffnerabteil zu einer offenen Aussichtskanzel umgebaut. Zu bestimmten Jahreszeiten wird noch ein Gesellschaftswagen mit Büffet oder ein *Connoisseur Car* („Kennerwagen") mit einem großen Rückfenster angehängt.

Inneneinrichtung und Service sind eher für Touristen als für den normalen Bahnreisenden ausgelegt. Die Sitze, je vier um einen Tisch, sind in Nischen untergebracht und mit Schaffellen bedeckt. Das Büffet mit Schankerlaubnis bietet preiswerte Lunchpakete: *Canterbury Lamburgers*, ein Goldgräberlunch und, natürlich, die (früher berüchtigte) Eisenbahnpastete, die heute vor allem aus Nostalgiegründen sehr gefragt ist, aber trotzdem eine erstklassige und sättigende Mahlzeit abgibt. Direkt am Platz werden Devonshire teas serviert, Tee mit Buttergebäck, Konfitüre und Sahne.

Abfahrt um 7.40 Uhr in Christchurch. Der TranzAlpine läßt die schöne Stadt bald hinter sich, um die

Canterbury-Ebene zu durchqueren und über Kirwee, Darfield und Sheffield die letzte Haltstation vor den Bergen zu erreichen: Springfield. Das war einst eine wichtige Eisenbahnsiedlung mit Bahnhofsbüffet und einem Depot, in dem die prächtigen 2D2-Dampfloks der Reihe Kb gewartet wurden, ist heute aber eine verschlafene kleine Stadt, die nur als Dienstleistungsort für die Schafzüchter der Umgebung weiterexistiert. In Springfield ist auch Rosie zu Hause. Zweimal täglich, kurz vor 9 Uhr morgens und dann wieder am späten Nachmittag, spitzt die 17 Jahre alte schottische Schä-

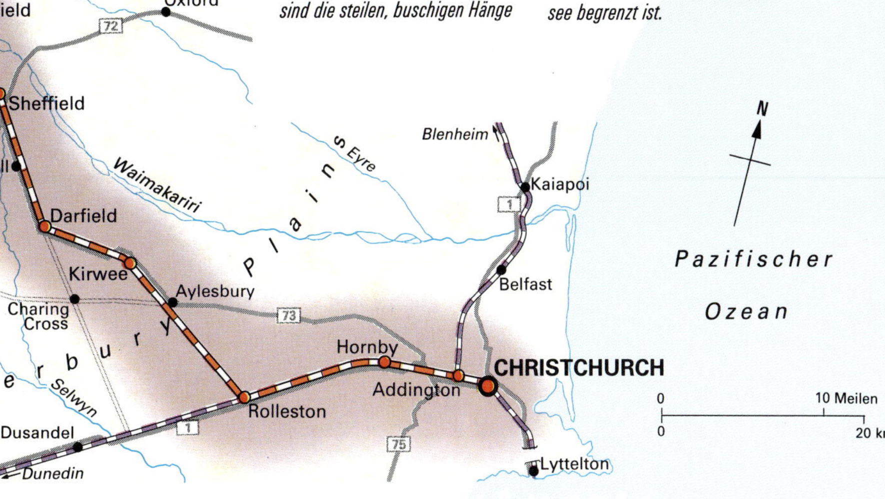

■ *Christchurch, der Ausgangspunkt dieser Reise, gilt als die „englischste" Stadt der Welt – außerhalb Englands. Sie verfügt über wunderbare Gärten, moderne städtische Einrichtungen, schöne Strände und einen Seehafen.*
Zwischen dem Pazifik und den neuseeländischen Alpen liegen die sanft ansteigenden Canterbury Plains. Die 44 km lange Strecke Christchurch-Springfield (383 m) hat nur einen Höhenunterschied von 5,4 m zu überwinden. Sie führt durch kleine Städte und satte Weiden, auf denen man einige der 60 Millionen Schafe Neuseelands sieht, meist auf der Flucht vor dem Zug.
Der Abschnitt zwischen Springfield und Arthur's Pass ist die malerischste Etappe. Einen Großteil der Landschaft dort, auch die eindrucksvolle Waimakariri-Schlucht, kann man überhaupt nur vom Zug aus sehen. Wenn der TranzAlpine alle 16 Tunnels und den Slovens-Creek-Viadukt hinter sich hat, gelangt er in weite Täler, die mit Büschelgras bestanden und von hohen Bergen umgeben sind.
Arthur's Pass (737 m) ist der höchste Punkt der Strecke. Es liegt im Herzen der hier bis zu 2400 m hohen Alpen und ist das Zentrum des Nationalparks Arthur's Pass. Bald danach fährt der TranzAlpine in den 8,9 km langen Otira-Tunnel ein.
Otira (378 m) ist eine faszinierende Eisenbahnsiedlung, die aber bessere Tage gesehen hat. Wer dort wohnt, liebt seine Stadt – oder er haßt sie. Die jährliche Niederschlagsmenge beträgt etwa 5000 mm (5000 l/m²). Der Name „Otira" stammt aus der Sprache der Maori, die im 14. Jahrhundert nach Neuseeland einwanderten, und bedeutet „außerhalb der Sonne". Im Januar sind die steilen, buschigen Hänge um Otira mit scharlachroten Ratablüten übersät (eine Eukalyptusart).
Von Otira senkt sich die Strecke allmählich nach Greymouth hinab. Die besonderen Sehenswürdigkeiten bis dahin sind der Taramakau-Fluß, der für seine Jade berühmt ist, und der Poerua- sowie der Brunner-See.
Greymouth ist ein wichtiges Wirtschaftszentrum der neuseeländischen Westküste. Die Stadt liegt auf einem schmalen Streifen Land, der von Hügeln aus Kalkstein, dem Grey River sowie der Tasmansee begrenzt ist.

OBEN *Aussicht auf die Waimakariri-Schlucht*

MITTE *„Tranz"-Perspektive vor den Neuseeländischen Alpen*

ferhündin Rosie die Ohren und beginnt in gespannter Erwartung stürmisch mit dem Schwanz zu wedeln. Kein Tag vergeht, an dem sie nicht den einfahrenden TranzAlpine-Express begrüßen würde. Kennengelernt hat sie die Eisenbahn vor vielen Jahren, als ihr Herrchen noch Betriebsdirektor im Bahnhof von Springfield war. Seit er pensioniert ist, geht Rosie allein zum Zug. Zur Belohnung bekommt sie jedesmal eine altbackene Rindfleischpastete.

Der TranzAlpine hält in Springfield, auch wenn niemand aus- oder einsteigt: für Rosie. Bob Ewing, unser Zugführer, hat seine Züge immer für sie hier halten lassen, solange er sich erinnern kann: „Sie ist schon zum Bahnhof gekommen, als wir noch mit den alten Zügen an die Westküste fuhren", meint er. „Für uns war Rosie etwas ganz Normales. Wir sahen sie jeden Tag und gaben ihr immer eine Pastete. Dann war eines Tages ein Journalist der *International Herald Tribune* im Tranz, und der erkundigte sich nach dem Hund. Ich sagte, das sei eben ein alter Köter, der den Zug begrüßt. Als der Mann wieder in Singapur war, schrieb er einen Artikel über Rosie. Jetzt, wo Rosie eine richtige Berühmtheit ist, traut sich keiner mehr, sie einen Köter zu heißen!"

Bei der nächsten Etappe hat man von der rechten Zugseite die beste Aussicht. Auf der 69 km langen Strecke Springfield-Arthur's Pass tastet sich der TranzAlpine am oberen Rand der Waimakariri-Schlucht entlang, fährt durch 16 Tunnels, quert 5 hohe Viadukte und kommt dann in ein weites Tal, das von braunen, mit Büschelgras, Geröll und (manchmal auch) mit Schnee bedeckten Bergen umgeben ist. Der Abstieg nach Arthur's Pass erfolgt durch das enge Bealey-Tal mit seinen steilen Buchenwaldhängen, die von schroffen Felsen gekrönt sind.

Für die Eisenbahnkonstrukteure waren die neuseeländischen Alpen, deren hoher Kamm das waldreiche Westland überragt, ein gewaltiges Hindernis. Die von einer staatlichen Gesellschaft gebaute Strecke von Christchurch nach Springfield war 1880 fertig. Den Abschnitt westlich von Springfield nahm dann die 1886 in London gegründete Midland Railway Company in Angriff. Aber noch bevor die ersten neun Kilometer fertig waren, gab sie auf und überließ es der Regierung, die – weitaus längere – restliche Strecke zu bauen. Auf der anderen Seite des Gebirges hatte die Gesellschaft offenbar mehr Glück, denn in Westland baute sie zwischen 1886 und 1894 etwa 104 Eisenbahnkilometer. Der Name der Gesellschaft ist in der „Midland Line" verewigt, der offiziellen Bezeichnung für die heutige transalpine Bahn.

Schön langsam läßt unser Lokführer den TranzAlpine-Express durch die Tunnels und über die Viadukte rollen. Schließlich seien die Leute ja um die halbe Welt gereist, um die zu sehen, erklärt er.

Im Gesellschaftswagen meint einer aus Bellingham, USA, für ihn sei es fast, als ob er durch die Rocky Mountains fahre. Seine Frau findet es unglaublich, daß es in dieser Höhe noch Viehweiden gibt. Bob Ewing, der Zugführer, rasselt die Namen und Daten der Brükken herunter. Die beeindruckendste von allen ist die 72 m hohe Konstruktion, die über den Staircase Creek führt, direkt an dessen Mündung in die Waimakariri-Schlucht. Durch die hohen Windschutzvorrichtungen des Viadukts fällt mein Blick auf den wasserblauen Waimakariri tief unter uns. Alle 16 Tunnels sind kurz, der längste ist kaum über 600 m. Die Lokführer, die sie einst mit ihren Dampfloks durchfuhren und dabei in ihrem Führerstand oft fast erstickten, fanden sie allerdings viel länger.

Der joviale Bob war früher Schaffner. Aber wie die meisten Bahnen der Erde haben auch die neuseeländischen Eisenbahnen keine Schaffner im traditionellen Sinne mehr, und aus den Güterzügen wurden die Dienstwagen ja ganz verbannt. An seiner neuen Rolle gefällt ihm, daß er nun Menschen aus aller Welt begegnet; er hat schon Leute aus Israel, Island oder von den Bermudas getroffen. Als Zugführer ist er auch Kontrolleur und Anekdotenerzähler. Er kennt sich gut in der lokalen Folklore aus, vor allem soweit es um die Handvoll Menschen geht, die an dieser abgelegenen Strecke leben und arbeiten. Bis vor kurzem war die Eisenbahn für sie die einzige Verbindung zur Außenwelt. Bald nach der Überquerung des Broken-River-Viadukts zeigt Bob uns drunten am anderen Flußufer einen Bauernhof und sagt: „Jedesmal wenn wir mit dem Triebwagen hochkamen, hielten wir Ausschau, ob da ein Geschirrtuch im Fenster hing. Das hieß nämlich, daß von dort einer in die Stadt (Christchurch) wollte und wir auf dem Rückweg anhalten sollten." Heute führt eine schmale Straße zu dem einsamen Gehöft, und niemand fordert den TranzAlpine mehr auf anzuhalten.

Pünktlich um 10.15 Uhr hält der Tranz in Arthur's Pass, mit 737 m über dem Meeresspiegel der höchste Punkt der Strecke. Von dem chaletähnlichen Bahnhofsgebäude ist es nur ein kurzer Spaziergang ins Städtchen. Wir sind mitten im „Nationalpark Arthur's Pass", der sich über knapp 100 000 ha Alpenwildnis erstreckt. Da steigen auch schon einige Reisende mit schweren Rucksäcken oder Fahrrädern aus. Ein paar von ihnen werden hier übernachten und am nächsten Tag mit dem Zug weiterfahren. Die anderen kehren am Nachmittag nach Christchurch zurück.

Arthur's Pass ist ein Treffpunkt der Eisenbahnfreunde. Hier war früher Endstation für die schnaubenden Dampfloks der Reihen Kb und Ja, *made in Neuseeland.* Elektroloks übernahmen ihre Züge bis Otira. Das war Musik für meine Ohren, wenn der gellende Schrei der Dampfpfeifen von den hohen Bergen widerhallte! Man hört ihn heute noch an manchen Wintertagen, wenn zwischen Christchurch und Arthur's Pass Sonderzüge mit Dampfloks verkehren.

Von Arthur's Pass nach Otira sind es nur 13 km – bei einem Höhenunterschied von 359 m. Einen Großteil der Strecke nimmt der 8,5 km lange Otiratunnel ein. Wenn die Güter- und Kohlezüge die 30‰-Steigung zwischen Otira und Arthur's Pass angehen, werden sie von bis zu vier Elektroloks unterstützt. Der leichtere TranzAlpine-Express ist der einzige Zug, der von einer dieselelektrischen Lok durch den Tunnel gezogen wird.

Die Strecke Greymouth-Otira wurde 1900 fertig und 1914 die von Christchurch nach Arthur's Pass. Die Verbindung zwischen den zwei Endbahnhöfen übernahmen Pferdekutschen, auf dem mühsamen Weg über den Arthur-Paß und durch die tückische Otiraschlucht. Die Arbeiten am Otiratunnel wurden 1908 von einer privaten Vertragsfirma begonnen und ab 1912 vom neuseeländischen Verkehrsministerium weitergeführt.

Am 20. Juli 1918 war es soweit: Als die Arbeiter von der Otiraseite eine Stange in ein Bohrloch ihrer Tunnelstirnwand stießen, stießen sie ins Leere. Nur noch wenige Meter trennten die zwei Bautrupps! Die beiden Stollen waren mit größter Präzision vorgetrieben worden: Ihre horizontale Abweichung betrug nur 3,75 cm, die vertikale 2,5 cm.

Man erzählt, daß die Tunnelbauer am 20. August 1918, einen Tag vor dem offiziellen Durchstich, ein Loch in die Stirnwand sprengten und dann ihre eigene kleine Feier abhielten – weil sie keine Lust hatten, daß irgend so ein hohes Tier vor ihnen durch das Loch marschierte. Danach machten sie die Öffnung wieder schön zu, damit für das große Ereignis am folgenden Tag alles bereit war.

Bei seiner offiziellen Eröffnung am 4. August 1923 war der Otiratunnel der längste Tunnel des Britischen Empire und der siebtlängste der Welt. Inzwischen gibt es aber in Neuseeland zwei etwas längere Eisenbahntunnels (Rimutaka und Kaimai).

Der Otira verbindet zwei grundverschiedene Landschaften. Was offiziell Westland und bei den Einheimischen „Westküste" heißt, besteht aus Buschland, Regenwäldern und Seen voller stattlicher Forellen. Aber nicht nur die Landschaften ändern sich, wenn man die Alpen überschreitet – auch die Menschen. Die Westküstler gelten als kühl und sachlich, aber auch als sehr gastfreundlich. Sie sind jedoch im Laufe der Jahre ihrer natürlichen Ressourcen – wie Holz, Gold und Kohle – beraubt worden. Selbst in unseren Tagen noch werden alljährlich über 500 000 t Westküstenkohle mit riesigen Spezialzügen nach Port Lyttelton in der Nähe von Christchurch transportiert und von dort nach Japan verschifft. Der TranzAlpine-Express bemüht sich, in einer Art Gegenbewegung wieder etwas nach Westland zurückzubringen: Touristen in diesem Fall.

Otira, der erste Halt nach dem Tunnel, ist eine oft triste, in ein enges Tal gezwängte Eisenbahnstadt. Seine verrosteten Schuppen, die einmal für die Wartung der Dampflokomotiven gebaut wurden, und seine heruntergekommenen Häuser mit ihren Gartentüren, die zum Bahndamm führen, erinnern an die Zeiten, als Otira noch von mehr Leben erfüllt war. Wenn ein Lokführer in jenen längst vergangenen Tagen eine leere Bierflasche auf einem Torpfosten stehen sah, dann wußte er, daß er von seiner Lok ein paar Schaufeln voll Kohle auf den Bahndamm zu werfen hatte – als Hausbrand. Aber noch gibt es Anzeichen von Leben hier. Man sieht oft Elektroloks, die darauf warten, den nächsten Kohlenzug auf seinem Weg nach Arthur's Pass hinauf zu unterstützen. Gelegentlich kommt sogar einer mit einer Reisetasche durch eine dieser Gartentüren, um mit dem Tranz in die Stadt zu fahren.

Um die Züge rentabel zu machen, sind in letzter Zeit viele Bahnhöfe längs der Midland Line stillgelegt worden. Als die Bahnbeamten aber Inchbonnie Station schließen wollten, die kurz hinter der Brücke über den Taramakau River liegt, stießen sie auf einen überraschend heftigen Widerstand. Die Leute von Inchbonnie waren erbost und zur Verteidigung ihres Bahnhofs bereit. Ein paar kleine Recherchen ergaben: Der Schotte Thomas Whillians Bruce, einer der ersten Siedler hier, hatte das Land für den Bau des Bahnhofs nur mit dem immerwährenden Vorbehalt abgetreten, daß der Zug bei Bedarf in Inchbonnie halte. Dagegen kamen die Bahnbeamten nicht an. Inchbonnie blieb. Hier steigen auch die Forellenangler aus, die zur berühmten Lake Brunner Lodge (offiziell als „Mitchells" bekannte Hütte) unterwegs sind.

Westland ist nur dünn besiedelt. Meile um Meile zieht die Landschaft an uns vorüber, ohne daß wir eine Menschenseele zu Gesicht bekämen. Nur hier und da ist ein Zaun, eine Fahrspur oder irgendein anderes Anzeichen dafür zu sehen, daß wir nicht die ersten hier sind.

Wir verlassen eben Moana, am Ufer des Brunner-Sees, als uns ein Westküstler unbedingt ein bißchen Anglerlatein auftischen möchte. Es geht um einen merkwürdigen Australier (oder war es ein Amerikaner?), der an

GANZ RECHTS *Die winzige Station Ruru, die auf der Westseite des Gebirges liegt, wurde um 1894 gebaut*

UNTEN *„Made in New Zealand", heute in Privatbesitz und restauriert: die Dampflok Ka 942 bei einer winterlichen Sonderfahrt nach Arthur's Pass*

diesem See fischen war: „Er hatte ein halbes Dutzend schöner Forellen gefangen und packte gerade seine Sachen ein, als er einen riesigen Aal auf sich zukommen sah. Im ersten Schreck nahm er einen langen Weidenzweig und stieß ihn dem Aal mit aller Kraft in den Rücken. Dann sah er zu, wie der Weidenzweig auf den See hinaus schwamm, bis er außer Sicht war. Als er ein paar Jahre später wieder am Lake Brunner war, um ein bißchen zu angeln, erlebte er den Schock seines Lebens, als er plötzlich einen Weidenbaum auf sich zuschwimmen sah!"

Unser nächster Halt ist Stillwater. Dort gabelt sich die Strecke. Der eine Zweig geht nach Norden, durch die Buller-Schlucht nach Westport und zu den Kohlebunkern von Ngakawau. Der andere folgt dem Grey River hinunter nach Greymouth. Wir sehen Züge mit riesigen Waggons aus Aluminium, denen jeweils zwei Lokomotiven der Reihe Dc vorgespannt sind. Sie sollen Exportkohle nach Lyttelton bringen. Die Kohle ist's, die die Midland Line am Leben hält.

Die letzten Kilometer längs des Grey River sind schnell zurückgelegt. Kurz nach Stillwater fährt der TranzAlpine-Express an den Ruinen des Brunner-Kohlebergwerks vorüber, dem Schauplatz des schlimmsten Bergwerksunglücks in Neuseeland. 1896 starben hier 67 Bergleute, als eine Explosion unter Tage die Schächte zerstörte. Eine Fußgängerbrücke führt über den Fluß und zu den alten Koksbunkern und den Erläuterungstafeln.

Unsere Ankunft in Greymouth, pünktlich um 12.25 Uhr, löst in uns fast so etwas wie ein Gefühl der Enttäuschung aus. Schon so mancher scharfzüngige Journalist hat Greymouth als „tote Hose" bezeichnet, touristisch gesehen, und damit den ganzen Zorn seiner Einwohner auf sich gezogen.

Aber vom Bahnhof sind es nur ein paar Gehminuten bis zum Ufer der wilden Tasmansee mit ihrer donnernden Brandung. Man blickt aufs Meer hinaus und weiß: Da vorn liegen mehr als 1500 km Ozean. Nächster Halt – die Ostküste Australiens.

Mit einer einheimischen Führerin unternehmen wir eine einstündige Busrundfahrt. Sarah ist eine zähe, aber ungenierte Westküstlerin. Sie erzählt uns alles, was wir über ihr kleines Greymouth wissen wollen, das schon oft durch den Grey River überschwemmt worden ist. Von einem Wellenbrecher aus beobachten wir, wie ein Fischerboot die Barre des Grey River überquert, die so viele Schiffstragödien gesehen hat. Dann besichtigen wir die beeindruckende neue Jadefabrik.

Später beginnen wir etwas unruhig zu werden, als nämlich die Abfahrtszeit unseres TranzAlpine-Express immer näher rückt – und schließlich verstreicht. Aber Sarah beruhigt uns. Der „Tranz" sei noch nie abgefahren, bevor ihr Bus zurück war. Es ist wirklich jammerschade, so früh wieder in den Zug einzusteigen! Ich hätte gern mehr von der Westküste gesehen: ihre alten Goldsucherpfade, ihre zwei Nationalparks und ihre malerischen Städte mit den berühmten Kneipen, die angeblich 24 Stunden am Tag geöffnet sind. Aber für einen Reisenden wie mich, der sich in Christchurch nur einen Tag freinehmen kann, ist ein Greymouth-Kurzausflug mit dem „Tranz" einfach ein Muß. Und habe ich denn nicht auch jemanden über eine Eisenbahnreise sagen gehört: „Nicht das Ziel, sondern der Weg muß sich lohnen!"?

Praktische Tips

- Der TranzAlpine-Express fährt einmal täglich (außer an Weihnachten) von Christchurch nach Greymouth und zurück. Die Fahrtzeit für die 233 km lange Strecke beträgt jeweils knapp fünf Stunden. Es werden Tagesausflüge nach Arthur's Pass oder nach Greymouth angeboten.

- Eine Reservierung ist zu empfehlen.

- In Greymouth können Tagesausflügler eine einstündige Stadtrundfahrt machen. Dort gibt es auch Anschlußmöglichkeiten für die Weiterfahrt zu den Gletschern im Süden von Westland und zum Paparoa-Nationalpark, nach Westport und Nelson.

- Diese Reise ist zu jeder Jahreszeit ein Genuß, besonders malerisch wird sie aber an einem klaren Wintertag. Im Winter sollte man warme Kleidung mitnehmen.

- Der TranzAlpine-Express wird von der staatlichen Eisenbahngesellschaft betrieben (New Zealand Government Rail). Fahrkarten sind in allen größeren Bahnhöfen und Reiseagenturen Neuseelands erhältlich oder bei Reisebüros Ihres Landes. Eine Überlegung wert ist der InterCity-Paß, der auch zu Fahrten mit vielen Anschlußbussen berechtigt. Reiseprospekte erhalten Sie in den Bahnhöfen und den Reisebüros dort oder beim Neuseeländischen Fremdenverkehrsbüro Ihres Landes.

Mit dem Indian-Pacific durch Australien

PAUL ATTERBURY

Der Indian-Pacific zwischen Perth und Sydney existiert erst seit 1970 und ist doch schon ein Klassiker geworden. Drei Tage und drei Nächte dauert die fast 4000 km lange Reise quer durch das unwirtliche, fast menschenleere Südaustralien mit seiner grandiosen Weite und Farbenpracht. Der Indian-Pacific ist eine Art autarker Spezial-Luxuszug, eine Loge auf Rädern für das großartige Schauspiel der Nullarbor Plain, der Flinders Ranges und der Blue Mountains. Bei dieser geruhsamen und komfortablen Fahrt zwischen dem Indischen Ozean und dem Pazifik entwickelt der Reisende ein ganz besonderes Zeit- und Raumgefühl, stellt sich die Erholung und Entspannung ganz von selbst ein.

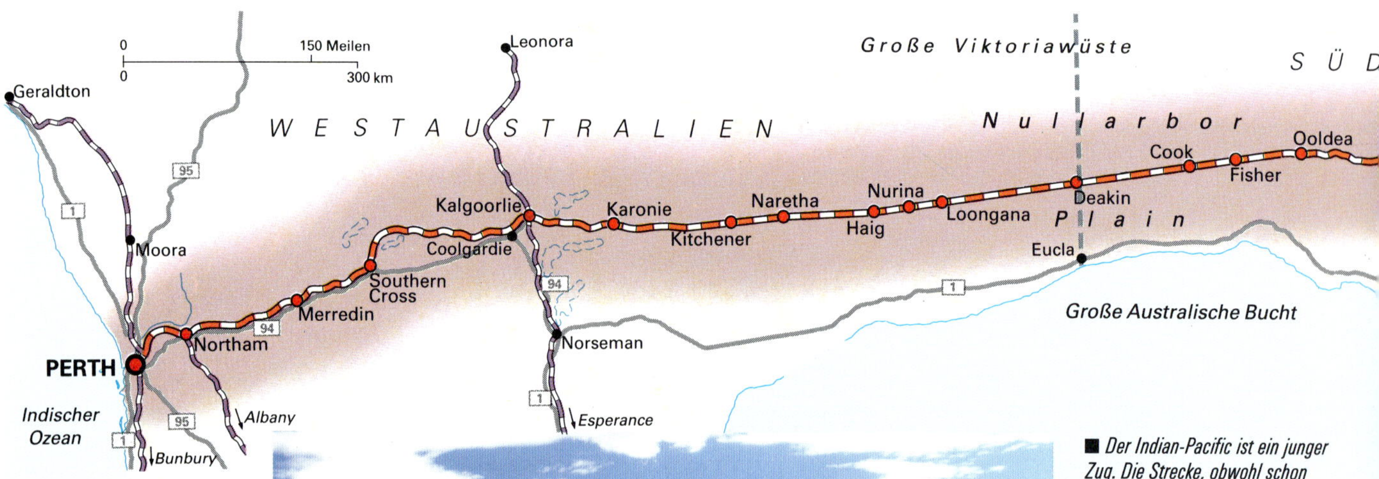

RECHTS *Die mächtige Diesellok des Indian-Pacific*

GANZ RECHTS *Perth, die Hauptstadt Westaustraliens und der Ausgangspunkt dieser ungewöhnlichen Reise*

■ *Der Indian-Pacific ist ein junger Zug. Die Strecke, obwohl schon 1850 begonnen, wurde erst 1969 fertig. Das australische Bahnnetz hat eine komplexe Geschichte. Seine Trassen wurden vorwiegend für den Erztransport von den Bergwerksgebieten zu den Seehäfen gebaut, meist mit unterschiedlichen Spurweiten. Die Indian-Pacific-Route führt durch viele Bergbaustädte im Süden Australiens. Die berühmteste ist Kalgoorlie, einst in einem epochemachenden Goldrausch entstanden, aber noch heute Zentrum der Goldgewinnung. Andere wichtige Städte sind Port*

Der Zug wurde langsamer, kroch dann eine Weile dahin und hielt schließlich. Die Wagentüren öffneten sich, und die Fahrgäste erschienen einer nach dem andern und kletterten vorsichtig die Stufen hinab. Einige blieben bei den Türen stehen, als ob sie nur im Schutz des Zuges sicher wären. Andere gingen umher, stiegen über die Schienen und wirbelten Staub von dem Schotter auf. Die Dieselmotoren dröhnten. Eine zitternde Hitzemauer umgab den heißen, vibrierenden Zug. Die riesige, kuppelförmige Leere um uns wurde nur durch die scharfe Linie des fernen Horizonts begrenzt, dessen harter, perfekter Kreis den blauen Himmel von der braungelben Erde schied. Und die parallelen Linien der Gleise, die von beiden Zugenden ins Unendliche strebten, teilten die Leere in zwei gleiche Hälften. Neben den Schienen schwangen sich die Telegraphendrähte in weiten Bögen dem Horizont entgegen. Und das war es dann auch. Sonst war absolut nichts zu sehen. Einige Reisende fotografierten den Zug und die lange Gleisgerade, bauten sich zum Erinnerungsbild auf – vor den Wagen oder in den Türen stehend – und stiegen dann einer nach dem anderen wieder ein. Die Türen schlossen sich. Mit einem Pfiff und aufheulenden Motoren fuhren wir ab.

Das war also Cook am Ostrand der Nullarbor-Ebene gewesen, eigentlich kein richtiger Ort, eher ein Name auf einer Karte. Und dies hier war „die längste gerade Bahnstrecke der Erde, 462 km ohne jede Kurve", einer der vielen Superlative und außergewöhnlichen Aspekte dieser Reise.

Die Fahrt mit dem Indian-Pacific quer durch Australien ist der Traum jedes Bahnreisefans. Sie ist ganz einfach eine der schönsten Reisen der Welt, wenn nicht die schönste überhaupt. Es gibt vielleicht luxuriösere Reisen und sicher malerischere. Dafür hat sie aber ihren ganz eigenen, unwiderstehlichen Charme.

Ich hatte einen Platz für die Fahrt in West-Ost-Richtung, von Perth nach Sydney, gebucht (was sich in puncto Reisegenuß als die optimale Route erwies). Der

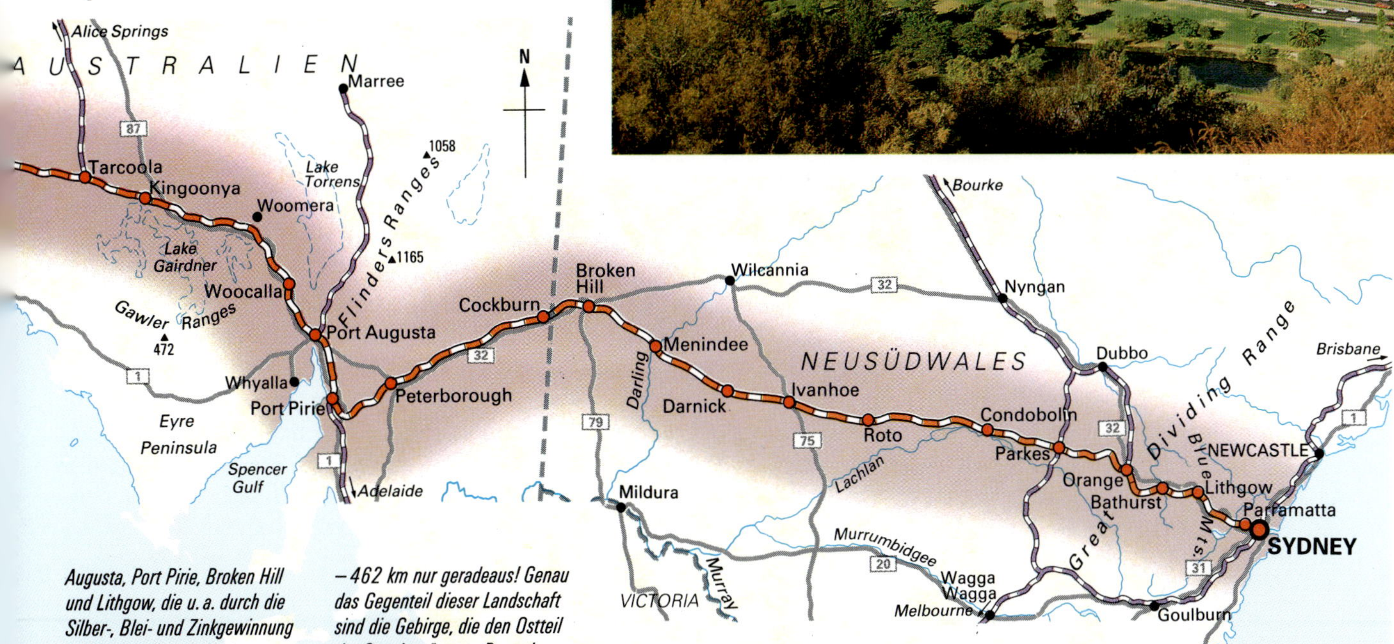

Augusta, Port Pirie, Broken Hill und Lithgow, die u. a. durch die Silber-, Blei- und Zinkgewinnung reich geworden sind.
Ein Großteil der Reise vergeht mit der Durchquerung der Nullarbor Plain, einer riesigen, verkarsteten Kalkebene, die nur spärlichen Buschbewuchs, aber unglaubliche Farben aufweist und so flach wie ein Ozean ist. In dieser wasserlosen Ebene gibt es die längste gerade Eisenbahnstrecke der Welt – 462 km nur geradeaus! Genau das Gegenteil dieser Landschaft sind die Gebirge, die den Ostteil der Strecke säumen. Bemerkenswert sind hier die Flinders und Gawlers Ranges, vor allem aber die Blue Mountains, die ebenso mit herrlichen Landschaften wie mit bahnbautechnischen Meisterleistungen aufwarten können.
Die Route des Indian-Pacific verläuft meist fern von jeder größeren Stadt, und die kleinen Siedlungen längs der Strecke existieren nur für die Erfordernisse der Bahn. So hat der Reisende reichlich Gelegenheit, sich ein Bild von dem harten Leben im Outback zu machen, dem Alltag all derer, die abseits der Küstengebiete wohnen und arbeiten. Diese Menschen, die irgendwo im australischen Busch in der Nähe der Bahnlinie leben, sind dermaßen isoliert, daß der Schienenstrang für sie buchstäblich der Lebensnerv ist.

OBEN *In der flirrenden Ferne verliert sich das Schienenband*

Bahnhof von Perth ist modern, ganz wie ein Großteil der Stadt. Man vermißt jene romantische Atmosphäre, die man sich für den Beginn einer so langen, abenteuerlichen Reise wünschen würde. Aber irgendwie schienen Romantik und Fernreise doch untrennbar zu sein. Jedenfalls konnte ich mich an diesem warmen Frühlingsabend sogar in der Betonwüste des Bahnhofs romantischer Anwandlungen nicht erwehren. Es war falsch, diese Reise allein anzutreten. Ich hätte diesen Zug besser mit einer verführerischen, geheimnisvollen Begleiterin bestiegen, mit der mich eine tiefe Liebe verband. Aber anscheinend war da in meinem Drehbuch etwas schiefgelaufen. Die Freundin, die mich zum Bahnhof gebracht hatte, gab mir einen Kuß, winkte, als sich die Türen schlossen, und ging dann zu ihrem Auto zurück.

Jetzt galt es erst einmal, den Zug näher in Augenschein zu nehmen. Der Indian-Pacific muß während seiner langen Fahrt fast autark sein, d. h. alles mitführen, was für das Glück und Wohlbefinden seiner Fahrgäste erforderlich ist. Darum liegt hier auch der Personal-Fahrgast-Schlüssel wesentlich höher als sonst. Als Europäer bin ich durch die Eisenbahntraditionen des 19. und frühen 20. Jahrhunderts geprägt, als Bahnfernreisen eine durch erheblichen Luxus erträglich gemachte Notwendigkeit waren. Die Australier haben keine derartigen Traditionen, weil bis 1969 kein Zug je ihren Kontinent durchquerte. Daher wurde der Indian-Pacific, der am 26. Februar 1970 seine erste Fahrt antrat, extra für Langstrecken-Vergnügungsreisen konzipiert. Er ist ein in jeder Hinsicht großer Zug. Er hat zahlreiche Wagen 1. und 2. Klasse, die auch als Schlafwagen dienen, sowie Speise-, Lounge- und Clubwagen und Küchen-, Gepäck- und Personalwagen und vieles andere mehr. Manchmal werden noch ein, zwei weitere Gepäckwagen und lange, niedrige Waggons für die Autos der Reisenden angehängt.

Es gibt, grob gesagt, zwei Arten der Unterbringung: Einzel- und Doppelabteile, etwas kokett „Roomettes" bzw. „Twinettes" genannt. Meine Roomette enthielt einen Deluxe-Sessel, der zu gegebener Zeit in ein Bett verwandelt wurde, ein ingeniöses, kleines Bad mit Waschbecken und WC, einen Stuhl, ein Radio und eine Menge Haken, Regalbretter und andere Kleinigkeiten, die den Raum in eine Art Zuhause verwandeln sollten. Eine Wand wurde fast ganz von einem Panoramafenster eingenommen – meine Privataussicht auf abertausend Quadratkilometer australischer Landschaft. Wer ein Abteil mit der richtigen Lage erhält, kann die Welt sogar vom Bett aus vorbeiziehen sehen. Die „Twinette" enthält dazu noch einen zweiten Luxus-Liegesitz.

All diese Roomettes gehen in alternierenden Winkeln vom Mittelgang ab. Wenn man durch den Wagen geht, und das passiert ja vielmals am Tag, verfällt man jedesmal in eine seltsame, zickzackartige Fortbewegungsart, die einem schon normalerweise nicht leicht wird, aber sehr schwerfällt, wenn man zu lange in der Zugbar war. Am Ende jedes Wagens befinden sich große, gut ausgestattete Duschräume, die immer reichlich heißes Wasser haben. Schließlich führte mich meine Erkundungsreise in den Speisewagen und in den Barwagen (mit einer elektrischen Orgel für das abendliche Liedersingen) sowie in den Lounge- oder Club-Car, wo man seinen Morgenkaffee oder Nachmittagstee trinken und Eis essen, mit seinen Mitreisenden plaudern und, ab und zu, Videos ansehen kann.

Bald nach unserer Abfahrt kam ein Steward durch, um die Essensplätze zu verteilen. Jede Mahlzeit wird hier in drei Schüben serviert, und wenn man für eine Runde eingetragen ist, kann man kaum wieder tauschen. Da selbst ein Tischwechsel erheblichen Aufruhr verursacht, bleibt man, wo man ist, und lernt so seine Tischgenossen ziemlich gut kennen. Die Wahl einer bestimmten Runde ist eine sehr persönliche Sache, denn jede scheint mit besonderen Problemen behaftet. Die erste ist zu früh, die zweite zu voll und die dritte zu spät. Wenn man aber zwei Zeitzonen durchquert und Sydney erreicht hat, ist man sich selbst um zwei Stunden voraus, hat die offizielle Essenszeit schon lange jede Bedeutung verloren. Die Tage gehen auf unmerkliche Weise ineinander über, und der Zug wird zum Zentrum der Welt. Das ist äußerst erholsam.

Die Mahlzeiten waren zwangsläufig ein wichtiger Teil des Tagesablaufs. Zuerst brachte der Steward den Morgentee. Dann kam das Frühstück, ein üppiges Mahl, zu dem *Rolled oats* (der australische Porridge), ein Steak, Tomaten und das sonstige Drum und Dran gehörten. Das Mittag- wie das Abendessen waren Großereignisse mit vier Gängen, von geschickten Kellnern schnell und umsichtig serviert, die, ohne einen Tropfen zu verschütten, neun volle Suppenteller durch den schlingernden Speisewagen balancierten.

DAS ZENTRUM

Die Bar war der gesellschaftliche Mittelpunkt des Zuges. Man konnte sie unmöglich betreten, ohne in irgendeine Unterhaltung hineingezogen zu werden. Die unendlich vielfältigen, manchmal oberflächlichen, manchmal überraschend intimen Gespräche waren in der Tat ein hervorragender Zeitvertreib. Dieser Zug bietet überhaupt ein reiches Unterhaltungsspektrum – die Gespräche, die Lektüre, ständig wechselnde Aussichten, Essen und Trinken sowie viel Platz und Zeit, um spazierenzugehen. Es herrscht eine behagliche, entspannte Atmosphäre, weil die Welt draußen aufgehört hat zu existieren. Aber der Zug gibt auch genug Raum für Privatheit: Man zieht sich einfach in sein Abteil zurück, wenn man allein sein will.

Zu den Souvenirs, die im Zug verkauft wurden, gehörten auch ausgezeichnete Landkarten in großem Maßstab. So fanden wir bald eine weitere erholsame Beschäftigung: unsere gewundene Route quer durch den Kontinent zu verfolgen. Aus dem Fenster zu sehen war immer ein faszinierender Zeitvertreib, der uns einen einzigartigen Einblick in die Landschaft, Geschichte und kulturelle Entwicklung Australiens gab. Ich kenne keine bessere Methode, um die Weite eines Landes und die Vielfalt seiner Landschaft zu begreifen, als es drei Tage lang vor dem Fenster vorüberziehen zu sehen.

In jedem Abteil lag eine kurze Beschreibung der Route und ihrer recht verwickelten Geschichte aus. Mag auch die Indian-Pacific neu sein, die australischen Eisenbahnen sind es nicht. Der erste Abschnitt der geplanten Strecke Sydney-Perth wurde 1850 fertiggestellt; es war das kleine Stück nach Parramatta (heute praktisch ein Vorort von Sydney). Aber bis sie Perth erreichte, sollten noch 120 Jahre vergehen. In den 1860ern wurde die Trasse bis nach Lithgow vorangetrieben, nachdem es gelungen war, das gewaltige Hindernis der Blue Mountains mit zickzackartigen Schiebe- und Ziehstrecken beiderseits des Gebirgskamms zu überwinden. Auf konventionelle Weise konnten die Züge diese Blauen Berge erst 1910 durchqueren. Andernorts wurden derweil andere Streckenabschnitte gebaut, vor allem um die Gold-, Silber-, Blei- und Zinkbergwerke mit den Häfen zu verbinden; der Personenverkehr war damals zweitrangig. Wegen ihrer weitgehend lokalen Perspektive bauten die Ingenieure Bahnen unterschiedlicher Spurweiten. Der letzte Abschnitt der transkontinentalen Strecke, das lange Stück von Port Augusta nach Kalgoorlie, wurde 1917 fertig. Nun war der Traum, ganz Australien mit der Bahn zu durchqueren, Wirklichkeit geworden. Aber es war noch eine mühsame und unpraktische Reise, weil der häufige Spurwechsel eine durchgehende Fahrt unmöglich machte. Diese chaotische Situation war erst 1969 überwunden, als man endlich die gesamte Strecke auf Normalspur umgenagelt hatte.

Heute besitzt die Reise mit dem Indian-Pacific geradezu legendäre Popularität. Sie ist für viele eine Art Pilgerfahrt und wird häufig nach der Pensionierung unternommen oder wenn einmal die Kinder aus dem Haus sind. Die Personenbeförderung war aber nicht der ausschlaggebende Grund für den Umbau dieser Strecke. Es gibt drei Indian-Pacifics wöchentlich, je-

UNTEN *Ein ruhiges Viertel in Port Augusta*

GANZ UNTEN *Ein Großteil der Blue Mountains in Neusüdwales ist heute Nationalpark*

VORIGE SEITE *Auf und ab durch saftiges, grünes Weideland geht die Fahrt*

OBEN *In den mächtigen Flinders Ranges wurden einige der ältesten Fossilien von Meereslebewesen entdeckt*

GANZ RECHTS *Das Ende dieser Reise – Sydney, mit seinem berühmten Opernhaus und der Hafenbrücke*

weils in beiden Richtungen, aber weit mehr Güterzüge. Weil die Strecke weitgehend einspurig ist, warteten wir oft und lange auf Ausweichgleisen, um die Güterzüge vorbeifahren zu lassen. Sie bestanden aus mehreren Lokomotiven und langen Reihen von Waggons mit Ölfässern, Röhren, Holz, Containern aus aller Welt und, was mir am bemerkenswertesten erschien, ganzen Lastzügen – samt ihren Truckern, die grinsend im Fahrerhaus saßen.

Wir fuhren um 21.00 in Perth ab. Als wir die Vororte hinter uns gelassen hatten, wurde es dunkel. Weil es kein Abendessen gab, verschwanden die meisten Fahrgäste in ihren Abteilen. Nur einige setzten sich in den Barwagen, um bei einem Schlaftrunk noch das eine oder andere Gespräch anzuknüpfen. Der erste Morgen im Zug brach an, als wir uns Kalgoorlie näherten. Hier erwartete uns ein besonderes Vergnügen. Noch vor dem Frühstück brachen alle, die Lust hatten, zu einer schnellen Kutschfahrt durch die verlassenen Straßen der alten Goldstadt auf. Einer der Höhepunkte der kleinen Tour war das Rotlichtviertel von Kalgoorlie. Die Mädchen gingen ihrem Gewerbe in einer Reihe von Hütten nach, die eher an Strandhäuschen erinnerten. Unser Kutscher wirkte viel wacher als die meisten seiner Fahrgäste. Er hielt uns einen fesselnden Vortrag über den Goldrausch, den Aufstieg und Niedergang Kalgoorlies, die Geisterstädte in der Umgebung und die heutige Situation der Goldminen. Nachdem wir uns so intellektuell gestärkt hatten, kehrten wir in den Zug zurück, um unsere erste Erfahrung mit dem kräftigen Frühstück des Indian-Pacific zu machen.

Den ganzen Tag über fuhren wir durch eine ständig leerer werdende Landschaft, ein reines Buschland, das sich bis zum Horizont ausdehnte. Es wurde nur ab und an durch ein Känguruh oder Emu belebt, bekam aber durch das dramatische Farbenspiel der untergehenden Sonne ein faszinierendes Aussehen. Zum Dinner waren wir schon mitten in der Nullarbor Plain,„Kein-Baum-Ebene", jener ehrfurchtgebietenden, verkarsteten Kalkebene, die unser Blickfeld, und Denken, noch einige Zeit beherrschen sollte. Ihre Weite und ihre Gleichförmigkeit sind beeindruckend, und sie hat jene zeitlose Intensität, die nur dem erfahrenen Wüstenreisenden vertraut ist. In diesem Stadium unserer Reise begann der Zug immer mehr einem Kreuzfahrtschiff zu ähneln, das einen endlosen Ozean pflügt. Jedes herkömmliche Zeit- und Raumgefühl wurde bedeutungslos. Die Mahlzeiten kamen und gingen, die munter fließenden Unterhaltungen erstarben und begannen erneut zu sprudeln, wir lasen unsere Bücher, duschten und spazierten durch den Zug, aber draußen vor den Fenstern blieb alles unverändert, bis auf das Licht, das von Minute zu Minute, von Stunde zu Stunde wechselte. Die Nacht kam und ging, und als der Tag anbrach, war alles genau wie zuvor.

Die staubige Fahrspur, die neben dem Gleis herlief, und die überall herumliegenden leeren Bierdosen oder ein aufgegebenes Auto hier und da waren die einzigen Zeichen von Leben. Ab und an führte die Spur in eine winzige Eisenbahnsiedlung mit einem Abstellgleis, ein paar rostigen Prellböcken und verfallenen Schuppen und einer Reihe von Bungalows mit Wellblechdächern. Diese Siedlungen sind heute bloß noch Namen auf der Landkarte: Kitchener, Haig und Fisher (der Abschnitt wurde 1917 gebaut), Naretha, Nurina und Loongana . . . Aber früher wohnten hier die Wartungsmannschaften, deren Leben von der Eisenbahn abhing.

Als wir am nächsten Tag die Nullarborebene endlich hinter uns ließen, begann sich etwas Abwechslung in die Landschaft zu stehlen. In Tarcoola sahen wir die Linie abzweigen, die nach Norden, nach Alice Springs führt. Sie wird vom *Ghan* befahren, auch er ein ungewöhnlicher australischer Zug, der ein paar-

mal die Woche von Adelaide in den Great Outback fährt, das Große Hinterland oder Landesinnere. Hügel und sumpfige Seen, sogar Bäume, kamen in Sicht. Wir passierten Woomera (ein Ort mit ruhmvoller Vergangenheit und glanzloser Gegenwart) und wandten uns dann nach Süden, nahmen Kurs auf Port Augusta. Im Osten beherrschten die Flinders Ranges den Horizont. Weiter ging es nach Süden, am Spencer Gulf entlang nach Port Pirie; von jenseits des Golfs grüßten die Gawler Ranges. In Pirie machten wir einen kleinen Rundgang durch den alten Seehafen, dem eine seltsame Wildwestatmosphäre anhaftet. Die große Zeit der Bergwerke ist hier längst vorbei. Ein Hauch von Nostalgie weht durch diese Szenerie vor dem dramatischen Hintergrund der Flinders Ranges.

Nun fuhren wir nach Nordosten und durch bergigeres Land in Richtung Broken Hill. Das Licht stahl sich davon, und als wir die berühmte Bergbaustadt erreichten, war es Mitternacht – unsere dritte Nacht. Am Morgen sah alles ganz anders aus. Wir hatten den Darling River überquert und gelangten nun in eine fruchtbarere und grünere Landschaft. Wir setzten uns zum Mittagessen, der letzten unserer vielen Zugmahlzeiten. An jedem Tisch wurde flaschenweise Wein bestellt – ein starkes Gemeinschaftsgefühl erfüllte all diese Zufallsbekannten, die sich anfänglich nur wenig zu sagen gehabt hatten. Die Strecke wurde steiler, und der Zug schlängelte sich bald durch eine wellige Landschaft, die mich sehr an England erinnerte. Überall sahen wir Blumen und blühende Obstbäume, saftige Wiesen und kleine Wäldchen, hübsche Dörfer mit alten Brücken, die rauschende Flüsse querten, und alte schindelverkleidete Bahnhöfe mit derben Sitzbänken. Ab und an zogen auch Bowling-Rasenplätze vorüber, auf denen alte Damen mit weißen Jacken und Hüten beieinander standen und wie Schulmädchen über das Spiel diskutierten. Oben kamen wir dann in die Blue Mountains, und bald danach ging es in malerischer Fahrt wieder bergab, durch Schluchten und bizarre Felsformationen, durch Tunnels und um Kurven, die so eng waren, daß wir beide Zugenden zugleich sahen, und das alles in einer Landschaft voller herrlicher Farben und plötzlicher wunderbarer Ausblicke über waldige Hügel. Welch großartiges Finale!

Das Ende der Reise vor Augen, fuhren wir nun schnell durch die ausgedehnten Vororte und den Industriegürtel von Sydney ins Herz der Stadt hinein. Quietschend und ratternd holperte der Indian-Pacific über die Weichen und kam dann, pünktlich und nach 68 Stunden einer unvergeßlichen Fahrt, zum Stehen.

Praktische Tips

- Der Indian-Pacific zwischen Perth und Sydney verkehrt dreimal wöchentlich, in beiden Richtungen. Die 3960 km lange Fahrt dauert 68 Stunden und schließt drei Übernachtungen im Zug ein.
- Es gibt Wagen 1. und 2. Klasse, einen Speisewagen, einen Lounge oder Club Car (Salon- oder Gesellschaftswagen) und einen Barwagen. Man reist in kombinierten Schlaf- und Sitzabteilen, die als Einzel- oder Doppelabteile ausgelegt und mit WC, Waschgelegenheit und sonstigen Notwendigkeiten ausgestattet sind.
- Platzreservierungen sind obligatorisch – und wegen der großen Beliebtheit des Zuges bis zu einem Jahr im voraus vorzunehmen.
- Die Reise ist zu allen Jahreszeiten interessant. Im Februar, im heißesten Sommermonat Australiens, kann die Außentemperatur aber bis auf 43° im Schatten steigen. Die beste Reisezeit ist wahrscheinlich der Oktober, wenn in Australien Frühling ist.
- Der Indian-Pacific gehört zur Rail Australia. Sie können diese Reise in jedem größeren australischen Bahnhof oder über ein Reisebüro buchen.

Der Marrakesch-Express nach Casablanca und Fès

Piers Letcher

Die wichtigste Eisenbahn Marokkos verbindet alle vier Königsstädte mit Casablanca, dem Wirtschaftszentrum des Landes. Von Marrakesch im Süden geht die Reise über Casablanca, Rabat und Meknès nach Fès. Sie führt durch wüstenartiges Buschland, am Atlantik entlang und in das landwirtschaftliche Herz Marokkos, wo Kaktusfelder mit Olivenhainen, Obstgärten und Orangenplantagen wetteifern. Marrakesch und Fès eignen sich gleichermaßen als Start- oder Zielpunkte dieser faszinierenden Fahrt.

RECHTS *Marokko ist voller farbenprächtiger Märkte*

GANZ RECHTS OBEN *Wartende Taxis vor dem Bahnhof von Marrakesch. Durch die Bahnhofstüren ist der Zug zu sehen*

GANZ RECHTS UNTEN *Ein mit glitzernden Trinkbechern behängter Wasserverkäufer in Marrakesch*

Als wir im ersten Morgenlicht auf dem Hoteldach frühstücken, ist der Djemaa el Fna menschenleer. Von hier oben hat man die beste Aussicht auf den Platz, wo wir nur Stunden zuvor unter Feuerschluckern, Schreibern, Zauberern, Schlangenbeschwörern, Märchenerzählern und Akrobaten spazierengingen und ein zahnloser Zahnarzt fröhlich ein Tablett voll ekliger Zähne, von denen ein paar vielleicht seine eigenen waren, den Passanten zur Auswahl bot. Die Obststände sind jetzt verwaist, und auch die Verkäufer von frischem Orangensaft haben geschlossen. Am dunstigen Horizont ist der 64 km entfernte Toubkal, mit 4165 m der höchste Berg Marokkos, eben noch zu erkennen.

Eine ganze Schar von *Petits-Taxis* (alle mit einem „Petit-Taxi"-Schild) schlägt sich um unsere Gunst, als wir das Hotel verlassen. Einer von uns verhandelt erbittert mit dem Fahrer, während der andere aufs Gepäck aufpaßt. Nach einer kurzen, aber haarsträubenden Fahrt sind wir am Bahnhof von Marrakesch. Wir erholen uns bei einem Pfefferminztee und haben noch ein paar Minuten bis zur Abfahrt.

Der Express, der auf uns wartet, prangt in frischem Orange und Gelb und stellt einen großen Fortschritt gegenüber dem *Rapide* dar, mit dem wir von Casablanca gekommen sind. Dieser angebliche Schnellzug fuhr schon in Casablanca mit Verspätung ab und verspätete sich mit jedem Halt ein bißchen mehr. Seine Sitze schienen mit Betonbrocken gepolstert, und zwischen den Doppelscheiben der wenigen Fenster, die nicht blind vor Dreck waren, hatten sich Wassermassen angesammelt, die im Fahrtrhythmus zu ungewöhnlichen Mustern von stehenden Wellen erstarrten. Drei betrunkene Polen mit riesigen Ostblockrucksäcken glichen mit ihrer Lautstärke aus, was dem *Rapide* an Geschwindigkeit fehlte.

Dieser Zug jedoch ist wunderbar. Er ist klimatisiert, komfortabel, leise und schnell und bietet eine prächtige Aussicht auf die Wüste. Mustapha, ein junger, revolutionärer Berber, gibt uns die Ehre. Pathetisch und langatmig trägt er uns die Probleme des Landes vor, erklärt, warum die Berber so viel besser und ehrlicher seien als die Araber (im nächsten Zug hören

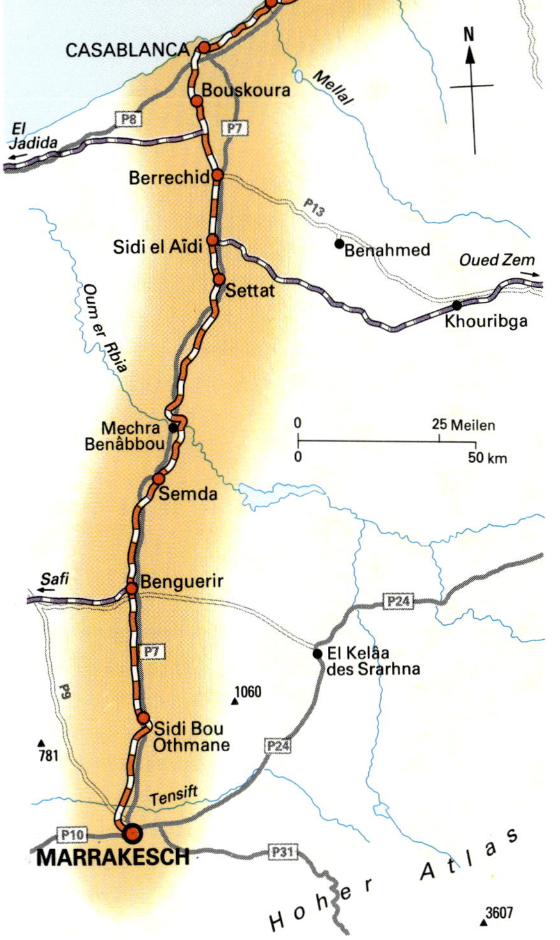

wir die umgekehrte Version, von arabischer Seite), und will in meinem Notizbuch die Titel verbotener und regimekritischer Schriften verewigen. Aber ich habe mein Erlebnis, das ich tags zuvor in Casablanca hatte, nicht vergessen und lehne entschieden ab. Ich stand vor dem Bahnhof und fotografierte, als ich aus dem Augenwinkel sah, wie zwei Sicherheitsbeamte auf mich zukamen. Dummerweise zeigte ich ihnen meinen Presseausweis. Sofort rannte einer der beiden damit los, um seinen Boß zu holen („He, Boß! Ich hab' da einen Journalisten an Land gezogen!"). Es war nur eine Sache von Minuten, bis die grüne Minna

■ *Die Geschichte der marokkanischen Eisenbahn nahm 1912 ihren Anfang, als Frankreich das Land unter seine Kontrolle brachte und ein Netz von Militärstrecken zu bauen begann. 1915 wurde die Hauptlinie (von Marrakesch via Casablanca, Rabat, Fès nach Oujda an der algerischen Grenze) der Allgemeinheit geöffnet, die militärische Schmal- aber erst 1934 durch Normalspur abgelöst. Der südliche Endbahnhof Marrakesch ist eine wunderbare Wüstenstadt am Fuße des malerischen Hohen Atlas. Die Stadt hat weit mehr Berber- als arabische Atmosphäre. Im Zentrum, auf dem einzigartigen Djemaa el Fna, versammeln sich die Straßenzahnärzte, Märchenerzähler, Schlangenbeschwörer, Akrobaten und Feuerschlucker, bieten die besten Freiluftköche des Landes ihre Köstlichkeiten an.*
Casablanca? Vergessen Sie Ricks Café, Humphrey Bogart und Ingrid Bergman! Das Casablanca von heute, mit seinen bald vier Millionen Einwohnern, hat dem Touristen nicht viel zu bieten. Die zentrumsnächste Bahnstation ist „Casablanca Port", aber die meisten Züge fahren von „Casablanca Voyageurs" ab.
Rabat ist die jüngste und kosmopolitischste der vier bisherigen Hauptstädte Marokkos, vielleicht auch die besucherfreundlichste. Hier residiert der König; er hat die Prostituierten aus der Stadt verbannt. „Rabat Ville" ist Ihre Bahnstation.
Meknès ist Provinz, birgt aber in seinem Südteil die wundervollen, nicht restaurierten Ruinen der Königsstadt Mulai Ismails, die 1755 von eben dem Erdbeben teilweise zerstört wurde, das auch Lissabon verwüstete. Die bemerkenswerten Ruinen von Volubilis, dem letzten Vorposten des Römischen Reiches, sind mit dem Taxi zu erreichen.
Fès ist eine erregende, außergewöhnliche Stadt. In der pulsierenden Medina von Fès El Bali finden Sie jede Art von Heimindustrie und Kleinhandel. Sie ist eine Welt für sich, ein Stück Mittelalter, das der Gegenwart kaum Konzessionen macht.

OBEN *An der Schnellzuglok prangt der fünfzackige marokkanische Stern*

RECHTS *Bei Meknès säumen Hecken aus ledrigen Kakteen die Strecke*

eintraf, und mir wurde ganz anders, als ich durch deren vergittertes Rückfenster den Bahnhof immer kleiner werden sah.

Nach stundenlangem Verhör kam ich mir beinahe selbst schon schuldig vor. Ich wurde von einem Beamten zum anderen gereicht. Aber ob in Uniform oder Zivil, sie wußten alle nicht, was sie mit mir anfangen sollten oder warum ich eigentlich da war. Vielleicht erwarteten sie ein kleines (oder großes) Bestechungsgeld. Schließlich wurde ich in das Büro des Häuptlings gebracht – üppige Teppiche, auf dem Tisch kunstvoll gearbeitete silberne Teekannen, in den tiefen Sesseln sein Hofstaat. Nachdem er meine Kamera eingehend inspiziert hatte („Hübsch, sehr hübsch"), flehte er mich an, mich kein zweites Mal verhaften zu lassen, und gab mir den Laufpaß. Ich habe nie erfahren, weshalb man mich festgenommen hatte („Alles okay, es liegt nichts gegen Sie vor"). Die Taxifahrt von der Wache zum Bahnhof zurück war überraschend lang und teuer.

Ich lege keinen Wert darauf, belastendes Material dabei zu haben, wie etwa Mustaphas Liste verbotener, regimekritischer Schriften, und bin nun sehr viel vorsichtiger mit der Kamera und präsentiere niemandem meinen Presseausweis.

Wieder unterwegs

Unser neuer Zug heißt „Tour Hassan" (Hassan-Turm). Er pendelt zwischen zwei der drei noch erhaltenen Almohaden-Minaretts aus dem 12. Jahrhundert: der Koutoubia in Marrakesch und dem Hassan-Turm in Rabat. (Nummer drei ist die Giralda in Sevilla, seit dem 15. Jahrhundert Glockenturm der Kathedrale und durch ihre ständige Verwendung als Werbesymbol der Expo '92 weltbekannt).

Kurz hinter Berrechid („Fragen Sie nie jemanden, ob er aus Berrechid kommt," lacht Mustapha, „dort gibt es eine riesige Psychiatrische") wird der Zug langsamer. Das Abteil beginnt sich aufzuheizen. Wir brauchen einige Zeit, um darauf zu kommen, daß die Klimaanlage ausgefallen ist. Bei geschlossenem Fenster wird es in so einem Abteil in heißen Ländern sehr schnell ungemütlich. Nach etwa einer halben Stunde fahren wir weiter. Statt sich die Mühe zu machen, die Anlage in Ordnung zu bringen, geht ein Techniker durch den Zug und schließt mit einem Spezialschlüssel die Fenster auf.

Wie in den meisten Zügen, so gibt es auch hier einen ambulanten Getränkeverkauf; viele haben außerdem noch einen Büffetwagen. Alkohol ist in Marokko nur in den teuren Hotels und in ein, zwei Bars mit spezieller Schankerlaubnis zu haben. Trinken Sie nur Mineralwasser und achten Sie darauf, daß die Flasche noch original verschlossen ist, denn es gibt hier ein kleines, aber gefährliches Angebot hygienisch fragwürdiger Nachfüllungen.

Marokko ist, mehr als viele andere Staaten, ein Land der Kontraste. Hier tut sich ein riesiges Generationenproblem zwischen den Jungen, von denen die Hälfte in Frankreich oder Spanien gewesen ist, und den Älteren auf, die sich immer noch in die traditionelle *Djellaba* kleiden und ihre *Babouches* tragen, fest auf den Kopf gedrückte Scheitelkäppchen. (Eine Djellaba ist als Fahrradkleidung denkbar ungeeignet, aber dennoch überall im Einsatz.) In Orten wie Fès bekommt man kaum eine Frau zu Gesicht, und wenn, dann in einen *Chador* gehüllt, aus dem manchmal nur zwei dunkle Augen hervorlugen. In Rabat oder Casablanca aber

sind westlich gekleidete Marokkanerinnen zu sehen, die ganz im Einklang mit sich und der Welt zu leben scheinen.

Als Besucher sollte man sich sehr zurückhaltend kleiden. Shorts und bloße Arme sind abseits der Touristenstrände völlig inakzeptabel. Alleinreisende Frauen müssen sich auf eine recht nervenaufreibende Tour gefaßt machen.

Mustapha, ganz schick mit Hemd und Krawatte, das Jackett über die Schulter geworfen, steigt in Casablanca aus, und ich bleibe weit vom Abteilfenster weg, weil ich fürchte, von irgendwelchen Beamten der *Sûreté* wiedererkannt zu werden.

Dann steigt Ahmed zu, ein Bahnarbeiter, der uns erzählt, daß die Elektrolok ihren Geist aufgegeben habe und wir die letzten 30 km von einer Diesellok gezogen worden seien. Eine Viertelstunde hinter Casablanca halten wir für eine Ewigkeit auf einem Abstellgleis, während das Personal eine andere E-Lok aufzutreiben versucht. Sie haben Glück – und wir auch, denn so können wir den Luxus der Klimaanlage noch während der ganzen letzten halben Stunde bis Rabat genießen. Wir haben einen schönen Blick auf den knapp einen halben Kilometer entfernten Atlantik und die vielen eleganten Villen und Wohnsiedlungen, die von einer starken kommerziellen und diplomatischen Präsenz an diesem fruchtbaren Küstenstreifen zeugen.

mag, aussteigen und an den Wagen entlang, auf losem Schotter und im Dunkeln, zum Bahnsteig „Rabat Ville" (Stadt) durchgehen. Die Wagen am Schluß des Zuges bleiben im Tunnel und gehen dann nach „Rabat Agdal", dem Vorortbahnhof, oder, noch schlimmer, nach Casablanca.

Auf den beiden Fensterplätzen sitzt ein Paar, das für mich das Nonplusultra der Dekadenz darstellt. Der Gatte steckt in einem verknitterten Straßenanzug, hat seine Louis-Vuitton-Schuhe abgestreift und die weißbesockten Füße auf den Sitz neben der Gattin gelegt. Sie trägt ein unglaublich weites, weißes Kleid und fischt mit pummligen Fingern in einem enormen Papierbeutel nach klebrigem Lokum, wischt sich ab und zu mit dem Handrükken das Kinn und putzt sich dann mit einem ganzen Haufen parfümierter, pastellfarbener Taschentücher ab. Neben den beiden sitzen zwei magere Studenten in Jeans und sauberen, weißen Shirts und eine alleinreisende Spanierin, die das ganze Abteil zum Verstummen bringt, als sie auf die Frage eines der Studenten nach ihrem Wohin mit „Kairo" antwortet. Wir stellen uns die lange, schwierige Reise über die geschlossenen Grenzen Algeriens, Tunesiens und Libyens vor, an deren Ende sie, vielleicht Jahre später, in irgend-

LINKS *Vor dem gewaltigen Messingportal des Königspalastes in Fès wirkt jeder gewöhnliche Sterbliche wie ein Zwerg*

UNTEN *Zeit für einen Tee und ein Gespräch*

Der Zug endet in Rabat. Es sieht so aus, als ob wir die ersten zwei der drei Anschlußzüge dieses Tages verpaßt hätten. Ahmed versichert uns, daß in Kürze ein Express ankomme, und behält natürlich recht, denn bald darauf fährt der Zug ein, der in „Casablanca Port" (Hafen) auf dem Nebengleis gewartet hatte. Wenn wir dort umgestiegen wären, hätten wir – läßt man einmal eine fatale Begegnung mit der Sûreté außer acht – Fensterplätze bekommen. Nun können wir von Glück sagen, daß wir in einem Abteil die letzten beiden Sitze erwischen; wer nach uns einsteigt, muß mit einem Stehplatz im Gang vorliebnehmen.

Wer aus der anderen Richtung, aus Fès, nach Rabat fährt, muß aufpassen, daß er an der richtigen Stelle aussteigt. Gleich hinter Salé wird ein breiter Fluß überquert (der Bou Regreg). Spätestens dann sollte man ein paar Wagen nach vorn gehen, insbesondere wenn man in der 1. oder 2. Klasse reist. Alle außer den kürzesten Zügen halten kurz danach in einem Tunnel. Und dort muß man, so unglaublich das auch klingen

RECHTS *Fès ist das Kultur- und Handelszentrum Marokkos und die am besten erhaltene mittelalterliche Stadt der moslemischen Welt*

einem Ort wie Tobruk herauskommt. Sie aber vertieft sich wieder in ihre *El Païs*.

Und dann ist da noch Mohammed, ein nach Rabat versetzter Lehrer aus Fès, der die Hitze nicht verträgt, selbst hier im klimatisierten Abteil nicht. Er schwitzt am ganzen Körper, fächelt sich vergeblich mit einer Zeitung Luft zu und unterzieht uns einem Kreuzverhör. Er gibt schlau zu verstehen, daß er uns, wenn wir Glück hätten, morgen die Medina und die Basare zeigen, heute abend noch ein Hotel besorgen und zu einem guten Restaurant führen würde, und vielleicht, wer weiß, wären wir ja auch interessiert, seine Töchter kennenzulernen . . .

So etwas passiert einem in Marokko andauernd (okay, das mit den Töchtern war etwas übertrieben), wo ein großer Teil der Bevölkerung ständig darauf aus ist, sich noch etwas nebenher zu verdienen, die einen mehr, die anderen weniger. Aber wir tun Mohammed unrecht: Er hält Wort und besorgt uns in Fès ein besseres, billigeres Hotel als das, das wir im Auge hatten, und führt uns tags darauf auch durch die *Souks*. Dabei zeigt er uns nicht nur die Kunsthandwerksläden seiner nächsten Verwandten (wie uns das in Marrakesch passiert ist), sondern rast, während wir wieder auf den Zug nach Rabat warten, sogar mit seinem Moped zu unserem Hotel zurück, um die Brille zu holen, die mein Begleiter dort vergessen hatte. Für uns war das eine heilsame Erfahrung. Sie lehrte uns, nicht gleich jedem hier mit Mißtrauen zu begegnen. (Trotzdem, wenn Sie planen, nach Einbruch der Dämmerung in einer marokkanischen Stadt anzukommen, sind Sie gut beraten, sich schon im voraus ein Hotelzimmer reservieren zu lassen und am Bahnhof ein Taxi zu nehmen.)

OBEN *Zum Trocknen ausgelegte, gefärbte Häute in der Nähe von Fès*

GANZ RECHTS *Bou Jeland, das berühmte Tor der alten Stadtmauer von Fès el Bali*

Die Landschaft zwischen Rabat und Sidi Kacem ist so trocken wie die davor. Die Dörfer leuchten in Sandrot, Ocker und Sonnenuntergangsorange, und magere Schafe und Ziegen weiden spärliches Büschelgras ab. Kinder winken uns zu, und das eine oder andere streckt gar, in einem Anflug von übertriebenem Optimismus, bettelnd die Hände aus. Die kleinen Felder und Hinterhöfe sind von Kakteen eingezäunt, Schafhirten stehen wie angewurzelt mitten in der Einöde und starren den vorbeifahrenden Zug an.

Von Sidi Kacem führt eine noch nicht elektrifizierte Nebenlinie nach Tanger (208 km). Aber es gibt wirklich keinen Grund, diese Stadt zu besuchen. Ihre Prostituierten haben Weltniveau, und von Tangers berühmt-berüchtigter Dekadenz der 1930er und 1940er ist nicht viel übriggeblieben.

Hier steigt ein Kontingent ermatteter Touristen ein, die gerade aus Tanger kommen. Darunter sind auch drei unglaublich verstörte Tschechen, die den Rest der Reise damit verbringen, alles aus unserem englischen Reiseführer abzuschreiben, was sie nur können, obwohl sie kein Wort davon verstehen. In ganz Marokko herrscht dieses Jahr Touristenmangel; bei früheren Reisen hatte ich dagegen immer Probleme, hier eine Unterkunft zu finden, und bin häufig anderen Ausländern begegnet. Jeder hat eine andere Erklärung dafür: Die Nachwirkungen des Golfkriegs, meint der eine. Alle Welt ist zur Expo '92 in Sevilla, meint der andere. Daran ist Algerien schuld, meint geheimnisvoll der dritte.

Die Landschaft bis Fès gehört zu den schönsten Marokkos. Die Strecke schlängelt sich in die Ausläufer des Mittleren Atlas hoch, überquert dabei immer wieder den Fluß Rdom und wird durch Apfel- und Pfirsichgärten, Olivenhaine und saftige Wiesen gesäumt.

Wir klettern nach Meknès hinauf (552 m), und als wir dessen Bahnhof wieder verlassen, beobachten wir, wie zwei kleine Jungen am Zugende aufspringen. Sie halten sich krampfhaft am Türgriff fest, schaffen es aber nicht einzusteigen, weil sich die Tür gegen den Fahrtwind nicht öffnen läßt und ihnen der Schwarm

von Fahrgästen drinnen auch nicht gerade behilflich ist. Als ich 10, 15 Minuten später wieder nach den beiden ausschaue, sind sie verschwunden – unmöglich zu sagen, ob sie abgesprungen oder abgestürzt sind.

Die letzte Stunde bis Fès ist ein vollkommener Genuß. Die Hitze hat sich für heute verabschiedet, und in diesen Breiten werden die Schatten schnell länger, taucht die untergehende Sonne die ganze Landschaft in weiche Farben. Wir kommen nach Fès, und obwohl der Zug in östlicher Richtung, zur algerischen Grenze weiterfährt, scheint hier alle Welt auszusteigen.

Fès ist eine der ungewöhnlichsten Städte der Erde – ein Angriff auf die menschlichen Sinne, ein unvergeßliches Chaos von Wohlgerüchen und üblen Ausdünstungen, unbeschreiblichen Geräuschen und überwältigenden optischen Eindrücken. Für jeden abendländisch-sensiblen Menschen sind schon die Tiere allein ein Schock: Truthähne und Kaninchen, die gefesselt in der Tiefe winziger Läden liegen; Fische mit wolkigen Augen, die auf glitzernden Steinplatten schimmern; meterhohe Bottiche voller sich windender Schlangen, die zähen Schleim absondern; Maultiere, Esel und knochige Pferde, die alle Straßen verstopfen; schmutzige Aquarien voller Schildkröten, die vergeblich zu fliehen suchen; magere Katzen, die müde nach etwas Freßbarem suchen, und Hühner, die auf dem Hackklotz eines Schlachters ihren letzten Atemzug tun. Nehmen Sie sich einen offiziellen Stadtführer.

Wir steigen als erste aus und genießen ein zauberhaftes Schauspiel: Ein Strom von vielen hundert Reisenden ergießt sich aus dem Bahnhof in die *Ville nouvelle*, die im Licht der untergehenden Sonne in samtenen Farben erglüht.

Fès ist die älteste Königsstadt Marokkos, die schon 809 Hauptstadt eines islamischen Königreichs wurde. Morgen werden wir die Qissariya besuchen – das nachts verschlossene Marktviertel, in dem die kostbarsten Waren angeboten werden – den Henna-Markt, die Medresen und die Grabmoschee von Mulay Idris . . . Morgen.

Praktische Tips

■ Es gibt täglich zwischen sechs und acht Verbindungen, aber nur einen durchgehenden Zug. Die Fahrtzeit für die 583 km lange Strecke zwischen Marrakesch und Fès beträgt acht bis zehn Stunden.

■ Der Express hat klimatisierte Wagen und ist etwas schneller und teurer als der *Rapide*. Es gibt drei Klassen: die 1., die 2. (die gut ist) und eine Sparklasse, die sehr billig, überfüllt und unbequem ist. Die 1. Klasse ist selten voll, aber für die klimatisierten Wagen der 2. Klasse sind Reservierungen zu empfehlen.

■ Die beste Reisezeit liegt zwischen Mai und November; im Winter ist es hier kälter, als man glaubt; das Frühjahr beginnt recht spät, und im Juli und August kann es unglaublich heiß sein. Während des Ramadan sollten Sie, wenn möglich, in Marokko nicht reisen.

■ Die Strecke wird von den Marokkanischen Staatsbahnen (ONCFM) betrieben. Da der Service zur Zeit beträchtlich verbessert wird, sind zuverlässige Informationen über den aktuellen Stand nur in den dortigen Bahnhöfen erhältlich.

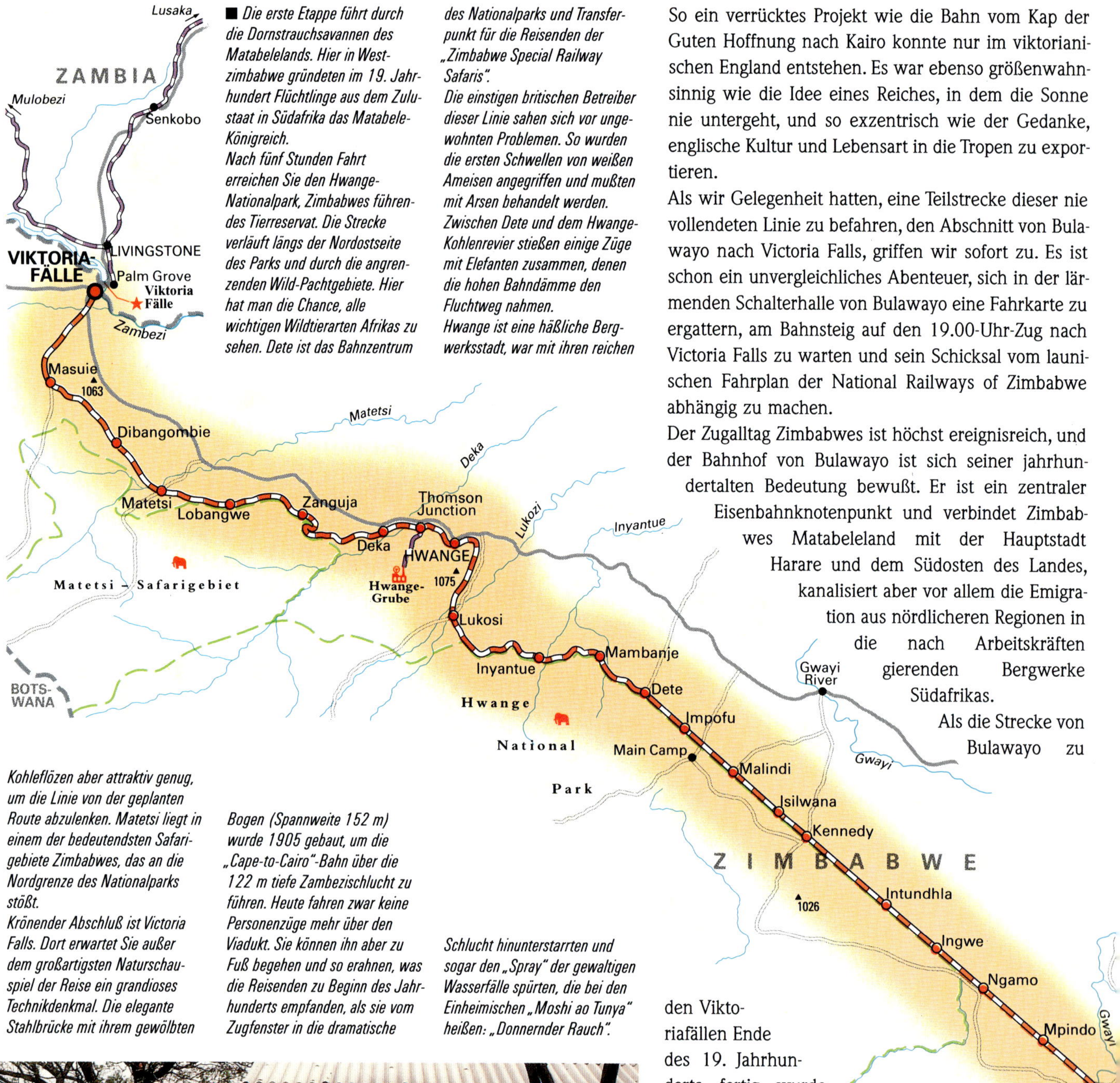

■ *Die erste Etappe führt durch die Dornstrauchsavannen des Matabelelands. Hier in Westzimbabwe gründeten im 19. Jahrhundert Flüchtlinge aus dem Zulustaat in Südafrika das Matabele-Königreich.*
Nach fünf Stunden Fahrt erreichen Sie den Hwange-Nationalpark, Zimbabwes führendes Tierreservat. Die Strecke verläuft längs der Nordostseite des Parks und durch die angrenzenden Wild-Pachtgebiete. Hier hat man die Chance, alle wichtigen Wildtierarten Afrikas zu sehen. Dete ist das Bahnzentrum des Nationalparks und Transferpunkt für die Reisenden der „Zimbabwe Special Railway Safaris".
Die einstigen britischen Betreiber dieser Linie sahen sich vor ungewohnten Problemen. So wurden die ersten Schwellen von weißen Ameisen angegriffen und mußten mit Arsen behandelt werden. Zwischen Dete und dem Hwange-Kohlenrevier stießen einige Züge mit Elefanten zusammen, denen die hohen Bahndämme den Fluchtweg nahmen.
Hwange ist eine häßliche Bergwerksstadt, war mit ihren reichen Kohleflözen aber attraktiv genug, um die Linie von der geplanten Route abzulenken. Matetsi liegt in einem der bedeutendsten Safarigebiete Zimbabwes, das an die Nordgrenze des Nationalparks stößt.
Krönender Abschluß ist Victoria Falls. Dort erwartet Sie außer dem großartigsten Naturschauspiel der Reise ein grandioses Technikdenkmal. Die elegante Stahlbrücke mit ihrem gewölbten Bogen (Spannweite 152 m) wurde 1905 gebaut, um die „Cape-to-Cairo"-Bahn über die 122 m tiefe Zambezischlucht zu führen. Heute fahren zwar keine Personenzüge mehr über den Viadukt. Sie können ihn aber zu Fuß begehen und so erahnen, was die Reisenden zu Beginn des Jahrhunderts empfanden, als sie vom Zugfenster in die dramatische Schlucht hinunterstarrten und sogar den „Spray" der gewaltigen Wasserfälle spürten, die bei den Einheimischen „Moshi ao Tunya" heißen: „Donnernder Rauch".

So ein verrücktes Projekt wie die Bahn vom Kap der Guten Hoffnung nach Kairo konnte nur im viktorianischen England entstehen. Es war ebenso größenwahnsinnig wie die Idee eines Reiches, in dem die Sonne nie untergeht, und so exzentrisch wie der Gedanke, englische Kultur und Lebensart in die Tropen zu exportieren.
Als wir Gelegenheit hatten, eine Teilstrecke dieser nie vollendeten Linie zu befahren, den Abschnitt von Bulawayo nach Victoria Falls, griffen wir sofort zu. Es ist schon ein unvergleichliches Abenteuer, sich in der lärmenden Schalterhalle von Bulawayo eine Fahrkarte zu ergattern, am Bahnsteig auf den 19.00-Uhr-Zug nach Victoria Falls zu warten und sein Schicksal vom launischen Fahrplan der National Railways of Zimbabwe abhängig zu machen.
Der Zugalltag Zimbabwes ist höchst ereignisreich, und der Bahnhof von Bulawayo ist sich seiner jahrhundertalten Bedeutung bewußt. Er ist ein zentraler Eisenbahnknotenpunkt und verbindet Zimbabwes Matabeleland mit der Hauptstadt Harare und dem Südosten des Landes, kanalisiert aber vor allem die Emigration aus nördlicheren Regionen in die nach Arbeitskräften gierenden Bergwerke Südafrikas.
Als die Strecke von Bulawayo zu den Viktoriafällen Ende des 19. Jahrhunderts fertig wurde, war sie ein Teil der „Cape-to-Cairo"-Verbindung, mit der Afrika, wie mit einem schönen Band, für die Queen und das Britische Empire geschenkverpackt werden sollte. Jedenfalls nach den fiebrigen Visionen von Cecil John Rhodes, einem kränklichen englischen Pfarrerssohn, der nach Afrika geschickt wurde, um sein Asthma zu kurieren, und sich dort nicht nur prächtig erholte, sondern auch ein reicher Unternehmer, Premierminister der Kapkolonie und glühender Expansionist wurde.
Rhodes verkörperte die viktorianische Idee vom heldenhaften Geschäftsmann. Er hatte einen Traum, einen profitablen Traum, der zudem mit den Zielen des Empire in Einklang stand. Ein *Punch*-Cartoon des 19. Jahrhunderts zeigt ihn als „Koloß von Rhodos" – den

Durch Zentralafrika von Bulawayo zu den Viktoriafällen

TONY PINCHUCK

Diese Bahn durch Westzimbabwe ist voll romantischer Erinnerungen an die Afrikareisen der Jahrhundertwende. Sie führt durch eines der besten Wildgebiete des Kontinents und endet an den Viktoriafällen, einem der Naturwunder dieser Erde. Diese Strecke war ein Herzstück der britischen Pläne zur Kolonisierung Afrikas, ihre Route ist reich an historischen Reminiszenzen. Bevor Zimbabwe unabhängig wurde, hieß es Rhodesien, nach dem britischen Politiker Cecil John Rhodes, der Ende des 19. Jahrhunderts von einer Welt phantasierte, die von Großbritannien, Deutschland und den USA beherrscht würde. Diese Eisenbahn ist ein Relikt seiner Phantasien.

OBEN *Die Main Falls – nur ein Teil der atemberaubenden Viktoriafälle*

GANZ LINKS *Kunsthandwerker im Zentrum von Bulawayo*

Tropenhelm in der Hand, den einen Stiefel auf das Kap und den anderen auf Ägypten gestellt. Rückblickend muß man sagen, daß die Afrikaner, deren Länder er annektierte, seine schwere Fußbekleidung, mit der er über ihren Kontinent trampelte, wesentlich weniger schätzten – wenn sie auch für seine Eisenbahn immer noch Verwendung haben.

„Das Ziel ist", erklärte Rhodes, „Afrika in der Mitte durchzuschneiden, und die Eisenbahn wird die Regionen längs der Route für den Handel erschließen." Die Strecke kam aber nie bis Kairo, sondern endete irgendwo knapp hinter dem Kongo.

Diese Eisenbahn ist wie ein Diagramm, das die Entwicklung des geschäftlichen und politischen Schicksals von Cecil Rhodes registriert. Der erste Abschnitt des eisernen Schienenstrangs, der von Kapstadt nach Kimberley führt, geht auf die Entdeckung von Diamantenfeldern zurück (1887). Die Edelsteine füllten Rhodes' Taschen und lenkten seine Blicke nach Norden, wo sie nach weiteren Schätzen suchten.

Mittels seiner British South Africa Company kaufte, raubte oder eroberte er immer neue Territorien. Bald durchquerte die Bahn die Sandwüsten der Kalahari in Ostbotswana, um dann ins Herz Zimbabwes abzuschwenken und Bulawayo zu erreichen, den großen zentralafrikanischen Knotenpunkt. Dort bog sie nach Nordwesten ab und erreichte schließlich die Viktoriafälle. Hier querte sie den Zambezi, führte in nordöstlicher Richtung nach Lusaka und in den sogenannten Kupfergürtel Zambias, drang bei Ndola nach Zaire ein, wo sie dann an ihr Ende kam.

Obwohl es zwischen der Südspitze Afrikas und Victoria Falls keinen durchgehenden Zug mehr gibt, kann man diese lange Reise doch auf durchgehendem Gleis machen. Man muß nur umsteigen und mit den Bahnen Südafrikas, Botswanas und Zimbabwes fahren.

Heute beginnt man diese Reise meist in Bulawayo. Hier kann man noch immer die, wenn auch verstaubten, Spuren des Empire entdecken. Die Bauten Bulawayos – von dem düsteren, alles beherrschenden Ge-

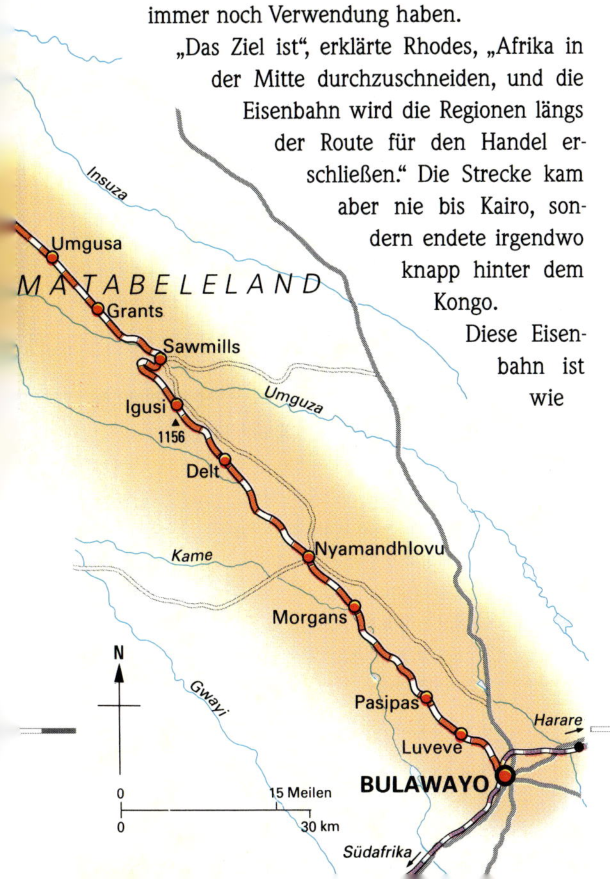

GANZ OBEN *Das Abendessen im Bahnsafari-Stil unterscheidet sich wohltuend vom üblichen Zugservice*

OBEN *Zimbabwes Bevölkerung besteht überwiegend aus Mashoma, zum Teil auch aus Matabele*

richtsgebäude im Zentrum bis zu den luftigen Kolonialresidenzen in den einst Weißen vorbehaltenen Vororten – stammen alle aus der Blütezeit britischer Herrschaft. Der „Koloß von Rhodos" ist jedoch tief gesunken. Seine Statue im Stadtzentrum wurde 1980, als Zimbabwe seine Unabhängigkeit erlangte, von ihrem Sockel geholt und von wütenden Zuschauern angeblich mit Füßen getreten.

Man kann ihren Zorn gut verstehen. Rhodes provozierte 1893 einen Krieg mit dem Matabelekönig Lobengula, eroberte das Land samt dessen Hauptstadt Bulawayo und vertrieb die Matabele von ihrem Boden, um für die Eisenbahn Platz zu schaffen. Wo heute der Bahnhof steht, war eines der Eliteregimenter Lobengulas stationiert.

Als wir durch Zimbabwe reisten, waren die Züge mit ihren alten Garratt-Dampfloks nicht immer pünktlich. Danach hat man begonnen, die Dampfloks im Personenverkehr auszumustern und durch Dieselloks zu ersetzen. Wenn Sie auf einen Dampfzug Wert legen, müssen Sie eine Pauschalreise buchen.

Die Bahnsafaris, die seit Ende der 1980er für diese Strecke organisiert werden, passen gut zu den obsessiven Elementen des viktorianischen Geistes. „Lesen Sie weiter, um mehr über den Enthusiasten-Express zu erfahren", drängt der Rail-Safaris-Prospekt. Für einen stattlichen Betrag darf man da auf dem Führerstand einer Garratt-Lokomotive mitreisen, in einem Lokschuppen übernachten und auf einem Rangierbahnhof dinieren. Vor meinem geistigen Auge sehe ich riesige Loks, die links und rechts einer festlichen Tafel rangieren und fette Rußwolken ausstoßen, die sanft auf den Pudding herabsinken.

Die Zambezi-Spezial-Dampfsafaris sind weniger *loko*zentrisch und lassen, wenn auch nicht ganz authentisch, auf der Fahrt von Bulawayo zu den Viktoriafällen die Eleganz der Dampfepoche neu aufleben: mit rollendem Material aus den 1920ern, weißen Tischdecken und Champagner.

Für einen Bruchteil des Safaripreises (so viel wie eine Taxifahrt durch London) hielt unser fahrplanmäßiger Zug zwar keinen Champagner bereit, aber wohl genauso viele Abenteuer. Als er mit etwa einer halben Stunde Verspätung abfuhr, schien das niemanden zu stören.

Für die Einheimischen ist die Eisenbahn mehr als nur ein Verkehrsmittel. Sie führt die Familien zusammen und trennt sie wieder, sie ist die Nabelschnur, die den Stadtbewohner mit der ländlichen Heimat verbindet. Da hier fast jeder solche Bande hat, spielt die Bahn im sozialen und wirtschaftlichen Leben Zimbabwes eine entscheidende Rolle.

Es war ungefähr 7.30 Uhr abends, und die Dunkelheit brach herein, als der Bahnhofsvorsteher mit seiner gut gebügelten, dunkelblauen Uniform und dem Omo-weißen Hemd seinen Plan mit der Platzaufteilung auf den Bahnsteig brachte.

Ein Gefühl von Kontinuität

Diese Listen hängen bei den Zimbabwe National Railways noch immer in denselben dick lackierten und verglasten Schaukästen aus, die schon bei den Rhodesia Railways jahrzehntelang Dienst taten. Die Wagen haben zwar einen neuen Anstrich in Braun und Creme und tragen die NRZ-Aufschrift, aber das eingeätzte RR-Monogramm findet sich immer noch auf den Fensterscheiben und selbst den Spiegeln der Abteile, die meist aus den 1950ern und 1960ern stammen.

Die Wagenklassen unterscheiden sich deutlich voneinander. Die 1. und 2. Klasse mit ihren Schlafwagenabteilen bilden das eine Ende des Zuges. Sie bieten viel Platz und Komfort, während die Reisenden der 3. Klasse am anderen Zugende in eine Art rollendes Ghetto gezwängt werden und die Nachtfahrt auf engstem Raum und harten Holzbänken aussitzen müssen. Die Passagiere der 3. Klasse schlagen sich mit Körben voller Waren, prallen, verschnürten Schachteln, Blechkoffern und Geflügel herum. Unter ihnen sind meist einige afrikanische Frauen. Sie sind die neuen Unternehmer Zimbabwes und haben die Zigarren rauchenden Briten abgelöst, die einst hier reisten, um nach Geschäften Ausschau zu halten. Ganz im Geiste viktorianischer Selbsthilfe betreiben diese modernen Vertreterinnen der freien Marktwirtschaft einen unsicheren Handel und fahren über die Grenze nach Francistown im benachbarten Botswana, um mit geschmuggelten Zimbabwe-Dollars Konsumgüter einzukaufen, die sie dann zu Hause verkaufen. Im Bahnhof von Bulawayo wimmelt es von diesen Ehefrauen und Müttern, alle in tropisch bunten, mit Früchtemotiven bedruckten Kleidern. Da sie mit wenig Kapital und knapper Profitmarge arbeiten, übernachten sie oft im Bahnhof von Francistown und riskieren dabei, wegen Landstreicherei verhaftet zu werden.

Wir nahmen 1. Klasse, die sich von der 2. eigentlich nur durch eine geringere Platzzahl pro Abteil unterscheidet. Unser Coupé war für Ehepaare bestimmt; unverheiratete Paare sollten ein wenig schummeln, um bürokratische Konfusion zu vermeiden.

In der 1. Klasse sind die Abteile für vier Personen, in der 2. für bis zu sechs. Sie sind nach Geschlechtern getrennt. Die Polstersitze werden nachts in Schlafplätze verwandelt. In jedem Abteil gibt es ein Handwaschbecken aus rostfreiem Stahl, fließendes, heißes und

OBEN *Wasseraufnahme*

kaltes Wasser und einen Spiegel. Die Jalousien an den Fenstern und die abschließbaren Türen sorgen für völlige Ungestörtheit.

Schließlich ertönte das Abfahrtssignal, und die Lok zog ihre lange Last aus dem Bahnhof. Sie nahm nur langsam Fahrt auf, als sie die beleuchteten Kühltürme zurückließ, die in dieser Stadt, in der kaum ein Gebäude über drei Stockwerke hoch ist, wie Wolkenkratzer wirken. Die Gleise schlängeln sich durch die *Townships* Mpopoma und Luveve, deren Streichholzschachtelhäuser bis an den Bahndamm reichen. Schwache Lichter und rauchende Schornsteine weisen uns den Weg aus der Stadt, geleiten den Zug in die Dunkelheit hinaus.

Bald nach der Abfahrt kommt der Bettenschaffner durch die Wagen der 1. und 2. Klasse. Er arbeitet bemerkenswert schnell, klappt den oberen Schlafplatz herunter und richtet das Bett mit frisch gebügelten Leintüchern und Kopfkissen. Dann zieht er die Rükkenlehne des Sitzes hoch und befestigt sie oben an einem Lederriemen, um für die untere Koje Platz zu schaffen, bei der er dann auch seine Bettmacher-Akrobatik vorführt. Wenn er fertig ist, kann man sich im Abteil nirgendwo mehr hinsetzen und muß sich entweder hinlegen oder durch den Zug spazieren.

Wolldecken könnte man wegen der hohen Tagestemperaturen für überflüssig halten (es bleibt ja selbst in der „kühlen“ Trockenzeit von Mai bis September warm). Aber auf einigen Streckenabschnitten kann es doch nach Einbruch der Dunkelheit empfindlich kalt werden.

Mehr aus Neugierde als aus Hunger spazierte ich durch die 2. Klasse zum Speisewagen. Ein gelangweilter Kellner servierte einer alleinreisenden Frau, die über einer Flasche *Lion Lager* (helles Löwenbier) halb zusammengebrochen war, eine Portion *Sadza* and *Nyama* (traditioneller Maisbrei mit Fleischeintopf). Keiner der anderen, lebhafteren Trinker schien überhaupt etwas zu essen. Das britische Rentnerpaar in Abendkleidung war entsetzt. Sie hätten fest mit einem mehrgängigen, von uniformierten Kellnern servierten Abendessen gerechnet, mit Silberservice und gestärkten Tischtüchern, erklärten sie mir. Ich begriff schnell, daß es Zeit fürs Bett war, und bahnte mir meinen Rückweg durch die 2. Klasse, wo ein oder zwei Trinker aus ihren Abteilen hingen, sich gutgelaunt mit ihren Nachbarn unterhielten und Witze erzählten, jedenfalls nach den Salven dröhnenden Gelächters zu urteilen.

Unser Zug fährt durch die Nacht, durch das dünn besiedelte westliche Matabeleland, in dessen überweideten Trockenwäldern Kleinbauern magere Rinder und Ziegen halten. Unglaublich lange Verzögerungen und Aufenthalte an winzigen Stationen, von denen einige mitten im Niemandsland liegen, geben der Reise ihren Rhythmus. Die Namen der kleinen Bahnhöfe sind eine *Mélange* von Englisch und Ndebele: Morgans, Igusi, Sawmills and Nyamandhlovu („Elefantenfleisch“!).

Laut Fahrplan sollte der Zug etwa um 23.00 Uhr in Gwaai Station sein. Längs des Flußtales haben weiße Farmer drei Generationen lang versucht, einen unfruchtbaren Boden fruchtbar zu machen und die Übergriffe der Raubtiere abzuwehren. Jetzt machen viele ihr Land wieder zum Wildgebiet, aber auf kommerzieller Basis.

Daß Sie sich dem Nationalpark nähern, sehen Sie an den Ndebele-Namen der Abstellgleise – eine Folge aufregender Hinweise auf dessen wilde Bewohner: Ingwe (Leopard), Isilwana (Löwe), Impofu (Elenantilope) und Intudhla (Giraffe). Die bekommen Sie vom Nachtzug aus natürlich nicht zu Gesicht, aber mit dem „Zambezi Special" würden Sie hier etwa den Nachmittagstee trinken.

Für Dampflok-*Aficionados* hält das Gebiet einen Lekkerbissen bereit: Der 112 km lange Abschnitt von Gwaai bis kurz vor Dete war zu seiner Zeit die längste gerade Strecke der Welt. Wenn Sie, wie ich, davon nicht so hingerissen sind, sagt Ihnen die Information wohl mehr, daß die lange Gerade die Nordostgrenze des Hwange-Nationalparks darstellt, des besten Tierreservats von Zimbabwe. Dieses ganze Gebiet um Hwange ist ein einziger Flickenteppich von Jagdpachten, privaten Wildfarmen, Safarigebieten und Wildparks, die alle von Tieren nur so wimmeln.

Von Dete bis Hwange führt die Bahn durch dichten Busch und felsiges Hügelland. Diese malariaverseuchte Gegend gilt als David Livingstones „Tal des Todes". Als die Landvermesser an der Jahrhundertwende das Gelände erkundeten, um die Bahnroute festzulegen, mußten sie oft auf Händen und Knien durchs dichte Unterholz kriechen – angesichts der vielen gefährlichen Tiere hier eine haarsträubende Vorstellung! Hwange liegt mitten in dieser Zone, besitzt aber nichts von der Faszination des Nationalparks gleichen Namens. Es ist ein häßlicher Ort und doch der Grund, daß die Bahn überhaupt hier durchführt. Seine reichen Kohlevorkommen zogen die Strecke wie ein Magnet von ihrer eigentlich weiter östlich geplanten Route ab und in Richtung Viktoriafälle. Eine riesige Lok, die wie das Denkmal eines Kriegshelden auf ihrem Sockel thront, drückt Hwanges Dank an die Eisenbahn aus. Sie werden es wahrscheinlich verschlafen.

Wenn zwischen Deka und Matetsi der Morgen graut, erwachen die Reisenden in einer völlig anderen Welt. Der Matabele-Trockenwald weicht wildreichen Savannen, *Mopane*- und Teakwäldern. Erwarten Sie nichts, seien Sie aber auf alles gefaßt: Als ich auf einer Strecke, die sich zwischen einigen Tälern hindurchschlängelte, aus dem Fenster blickte, sah ich eine Säbelantilope über eine weite Lichtung galoppieren – sie schwebte fast, wie mir in meinem Halbschlaf schien –, während gerade die Sonne am bleichen Morgenhimmel explodierte.

Wenig später entdeckte ich sogar ein Löwenrudel, das aus nur 12 m Entfernung lässig den vorbeifahrenden Zug beäugte.

Ich muß fairerweise sagen, daß mir der Schaffner das nicht so richtig abnehmen wollte und meinte, er habe binnen 17 Jahren noch nie eine Großkatze auf dieser Strecke gesehen.

GANZ RECHTS *Die berühmte Eisenbahnbrücke über die Viktoriafälle. Der Sprühnebel, der von den tosenden Wassermassen aufsteigt, hat eine eigene Zone tropischen Regenwalds geschaffen*

UNTEN *Palmen und sogar ein kleiner Teich schmücken den Bahnhof von Victoria Falls*

Erinnerung an die Kolonialzeit

Zwei Stunden nach Sonnenaufgang erreichen wir Victoria Falls, das Ziel unserer Reise. Das Bahnhofsgebäude ist eine weiß getünchte Kreation des frühen 20. Jahrhunderts und wird von Flamboyants mit flammenden Blüten, süß duftendem Rotem Jasmin und Syringen beschattet. Die Bahnsteige sind mit Palmen und Teichen geschmückt.

Ein gut plazierter Torbogen führt zu Zimbabwes elegantestem Hotel hinaus. An einer Reihe von Herrensitzen und Gärten vorbei zieht der Pfad Sie dann unaufhaltsam in den tropfenden Regenwald hinein und bis an den Rand des großartigsten aller Naturwunder Afrikas.

Die Kraft und Energie des Zambezi, der sich hier auf einer Breite von mehr als 1,6 km in einen über 100 m tiefen Abgrund stürzt und dabei eine 100 m hohe Sprühwolke gen Himmel steigen läßt, ist ehrfurchtgebietend.

Auf diesen 1,6 km folgt ein Wasserfall dem andern, bis der Weg schließlich zu der Eisenbahnbrücke führt, die Zimbabwe mit Zambia verbindet. Statt die Brücke an einem technisch günstigen Punkt über den Zambezi zu spannen, bestimmte Cecil Rhodes: Die Bahnreisenden sollen auf dem Viadukt das große Spektakel nicht nur sehen, sondern auch (den Wasserdampf) spüren. Trotz aller standortbedingter Bauprobleme wurde die elegante Stahlkonstruktion über die brodelnde Schlucht 1905 fertiggestellt.

Rhodes ist nie über diese Brücke gefahren. Er starb 1902 in Kapstadt, und seine letzte Bahnreise führte nur bis Bulawayo, zu seiner von ihm selbst bestimmten letzten Ruhestätte in den Matopo Hills.

Uns aber lädt ein Prospekt zum Besuch der Kunsthandwerker im *African Craft Village* ein oder – für den Spätnachmittag – zu einer beschaulichen *Sundowner Cruise,* um bei einigen *Longdrinks* die Schönheiten des Zambezi und die kurze zentralafrikanische Dämmerung zu erleben. Oder was hielten Sie von dem anscheinend bei Fotografen sehr beliebten, atemberaubenden Überflug über die Viktoriafälle, bei dem der Pilot den „Donnernden Rauch“ aus unterschiedlichen Richtungen anfliegt, um ihn in unterschiedlichen Perspektiven zu zeigen, und dann in Richtung Oberlauf des Zambezi abbiegt? Vielleicht etwas zu atemberaubend.

Praktische Tips

■ Der Fahrplan der National Railways of Zimbabwe führt täglich einen Abendzug ab Bulawayo auf, der bis Victoria Falls knapp 13 Stunden benötigt. Alle Abteile der 1. und 2. Klasse verfügen über Schlafplätze, für die man sich gutes Bettzeug mieten kann.

■ Es ist schwierig, von außerhalb Zimbabwes eine Reservierung vorzunehmen; aber es gibt normalerweise genügend freie Plätze. Sie können an jedem Bahnhof Zimbabwes bis zu 30 Tage im voraus buchen.

■ Es gibt auch eine Pauschalreise mit dem „Zimbabwe Special“, der etwa 20mal jährlich zwischen Bulawayao und Victoria Falls verkehrt. Die gesamte Reise, einschließlich Hin- und Rückfahrt, dauert sechs Tage (fünf Nächte) und schließt tagelange Besichtigungstouren abseits der Strecke ein. Für Unterbringung und Essen ist gesorgt. Da diese Package Tours sehr beliebt sind, muß man frühzeitig buchen.

■ Wegen Informationen und Buchungen wenden Sie sich bitte an Ihr Reisebüro oder direkt an Rail Safaris, PO Box 4070, Harare,
Tel. (Harare) 73 60 56,
Fax 70 85 54.

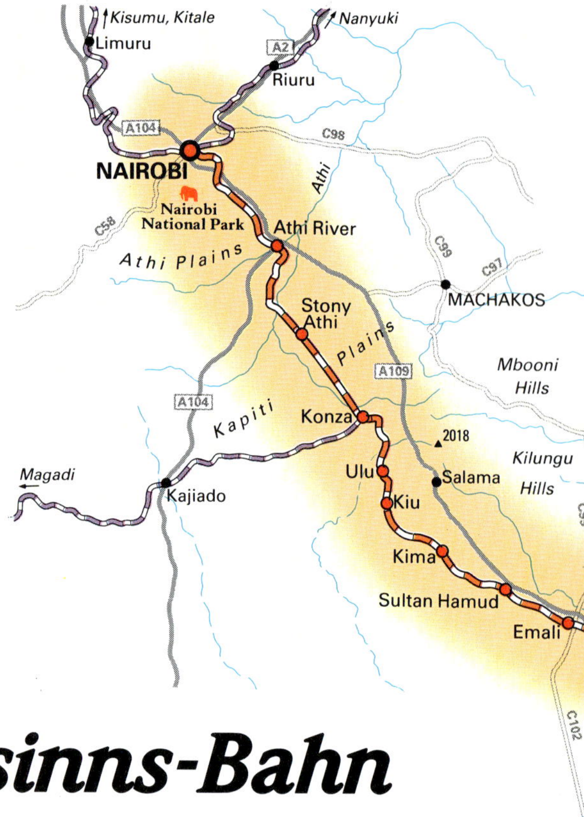

Die Wahnsinns-Bahn von Kenia

RICHARD TRILLO

GANZ OBEN *Die moderne Skyline von Nairobi*

OBEN *Das stolze Löwenwappen der kenianischen Eisenbahn*

GANZ RECHTS *Kenias „Wahnsinns-Bahn" taucht aus dem Dunkel auf*

Die Uganda-Bahn vom Seehafen Mombasa ins Landesinnere wurde an der Wende zum 20. Jahrhundert gebaut. Sie führte durch das wilde Hochland einer Region, die heute zu Kenia gehört, und sollte der Erschließung und dem Abtransport der erhofften Reichtümer Ugandas und Zentralafrikas dienen. Aber was als Zugangsweg ins Innere gedacht war, wurde bald für Tausende weißer Siedler, die sich nach dem Ersten Weltkrieg im Hochland niedergelassen hatten, zur Ausfallstraße, zum Fluchtweg. Auch heute noch fahren die meisten Besucher mit diesem Zug in Richtung Küste, oft nach einer anstrengenden Safari und in Vorfreude auf eine Woche Strand- und Palmenurlaub. Es ist eine Reise auf den Spuren der Vergangenheit.

Es ist 18.45 Uhr. Der schlimmste Teil der Rush-hour Nairobis ist vorüber; die Jakarandabäume und Bürohäuser leuchten in den letzten schrägen Sonnenstrahlen. Ein Taxi, das an London erinnert, setzt uns vor dem Bahnhof ab, und schon hat auch ein älterer Gepäckträger seine Kollegen aus dem Feld geschlagen. Zeit für ein Glas Bier – kaltes Tusker („Elefantenbulle") auf weißem Tischtuch. Die Riffs der *Maroon-Commandos*-Gitarrenband dröhnen aus den Lautsprechern.

Der Anschlagtafel auf dem Bahnsteig entnehmen wir unsere Abteilnummer. Wir quetschen uns hinein und schauen uns um: Chrom und poliertes Holz, Schiebefenster (mit Fliegengitter), Garderobe, Waschbecken, gut gepolsterte Sitz-Klappbetten. Der Trinkwasserhahn ist ohne Wasser und der enge Hockabort am Gangende ohne Toilettenpapier. Laute Rufe auf dem Bahnsteig, jemand klopft an die Gangtür: Der Gepäckträger wartet auf sein Trinkgeld. Wir geben ihm eine Zehn-

■ *Die kenianische Hauptstadt Nairobi wurde 1899 an einem Gleisende gegründet. Das Eisenbahnmuseum in Bahnhofsnähe ist für Bahnfans hochinteressant. Vom Simba-Distrikt sieht man an klaren Tagen den Kilimandscharo, mit 5895 m der höchste Berg Afrikas, etwa 95 km südlich von Nairobi. Die Hotel-Station Kiboko („Flußpferd") bei Hunter's Lodge ist der beste Rastort der ganzen Route, eine schattige, vom Gesang tropischer Vögel erfüllte Oase; in Makindu („Unter den Palmen") steht ein schöner Sikh-Tempel. Kibwezi ist ein Kamba-Handelszentrum mit einem großen Angebot an Honig und Holzschnitzereien und der Distrikt ein hügeliges, von periodischen Flüssen durchzogenes Farm- und Buschland. Mtito Andei („Geierwald"), eine Ansammlung von Tankstellen, Cafés und billigen Hotels inmitten von Baobab-Waldungen, ist die Zentrale des Westlichen Tsavo-Nationalparks. Er und der Ost-Tsavo sind Kenias größte Naturparks – mit einer Fläche von 21 000 km² so groß wie Rheinland-Pfalz, die halbe Schweiz oder Niederösterreich. Die berühmten „roten Elefanten" (rot vom Staub) fielen in den 1980ern weitgehend Wilderern zum Opfer. Das Gemetzel wurde durch einen neuen Wildtierschutz eingeschränkt, und heute gehören diese Parks zu den beliebtesten ganz Kenias. Der Ost-Tsavo ist auch mit der Bahn zu erreichen (in Voi aussteigen), erkunden kann man ihn aber nur mit einem Wagen. Es gibt viele Übernachtungsmöglichkeiten. Die einzige Stadt an dieser Route ist das zwischen felsigen Hügeln gelegene Voi. Es ist ein Zentrum der Sisalproduktion – umgeben von endlosen, schnurgeraden Reihen der kaktusähnlichen Sisalpflanzen – sowie Zentrum des Ost-Tsavo. Mombasa wurde vielleicht schon vor 2000 Jahren gegründet. Es hat gute, preiswerte Restaurants, einige schöne Hotels und ist von sympathischer Bescheidenheit. Besuchen Sie die Altstadt, das Fort Jesus aus dem 16. Jahrhundert und Biashara Street, die Straße der Tuchhändler.*

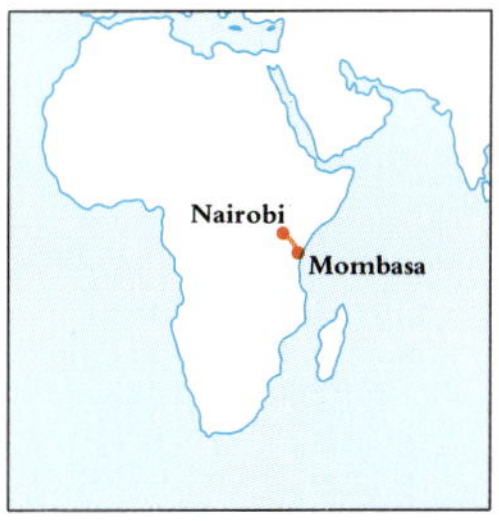

Shilling-Note. Er scheint mehr zu erwarten; erst mit einiger Verzögerung begreifen wir, daß er fragt, ob wir etwas heraus haben wollen. Ein Steward eilt durch den Gang und nimmt die Reservierung fürs Abendessen entgegen. Wir folgen seiner Empfehlung und lassen uns für den ersten Schub eintragen. Wer den dritten Schub wählt, bereut das spätestens um 21 Uhr, wenn das inzwischen erschöpfte Personal das inzwischen abgestandene Essen serviert.

Um 18.59 Uhr beginnen die Lautsprecher einen Monolog auf Swahili. Genau zur vollen Stunde, die Durchsage ist noch nicht beendet, fährt unser Zug ab und zuckelt in gleichmäßigem Tempo durch die Industriegebiete und die armen, ausgedörrten Vororte Ostnairobis: Kaloleni, Makadara, Doonholm. Es ist nun schon recht dunkel, trotz des Vollmonds, der ab und an durch die dahinjagenden Kumuluswolken leuchtet. Am Äquator ist die Dämmerung sehr, sehr kurz; die Sonne taucht senkrecht unter den Horizont und ist in Minutenschnelle spurlos verschwunden. Aus der Dunkelheit ertönen Stimmen, zeichnen sich immer wieder die zerlumpten Gestalten von Kindern ab, die durch das Gewirr der Abstellgleise und das Ödland neben der Strecke trotten. Ein Steward in einer weißen Jacke mit silbernen Knöpfen geht mit großen Schritten durch den Gang und schwingt eine winzige Glocke. Ja, Zeit zum Abendessen. Der Speisewagen ist acht Wagen weiter vorn. Mit Kamera- und Videota-

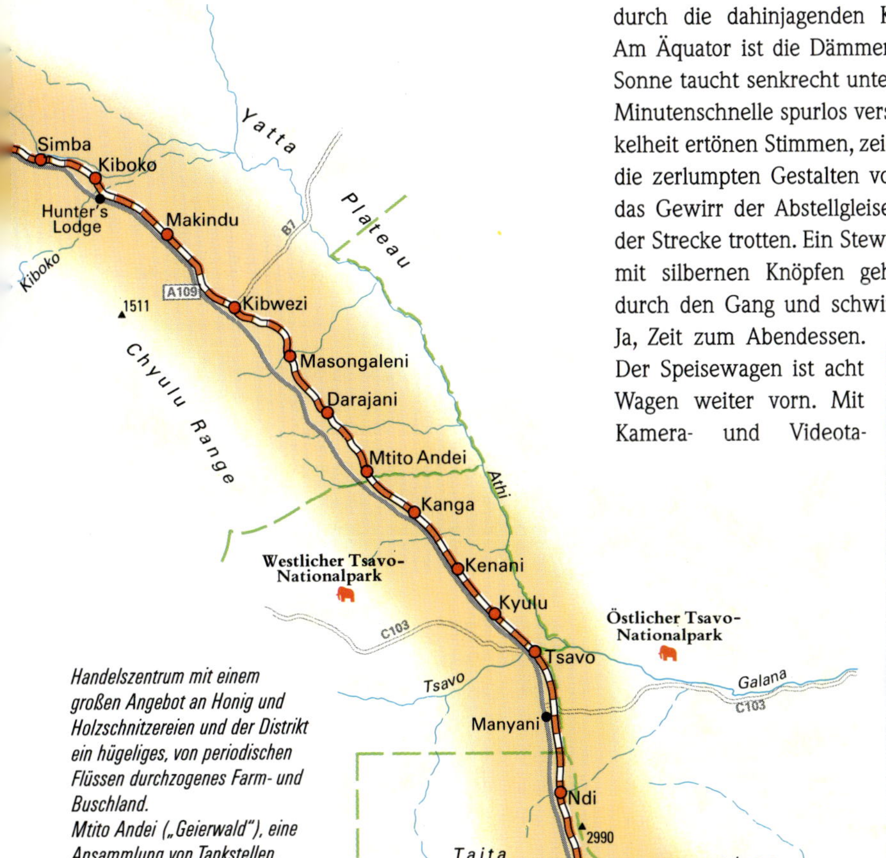
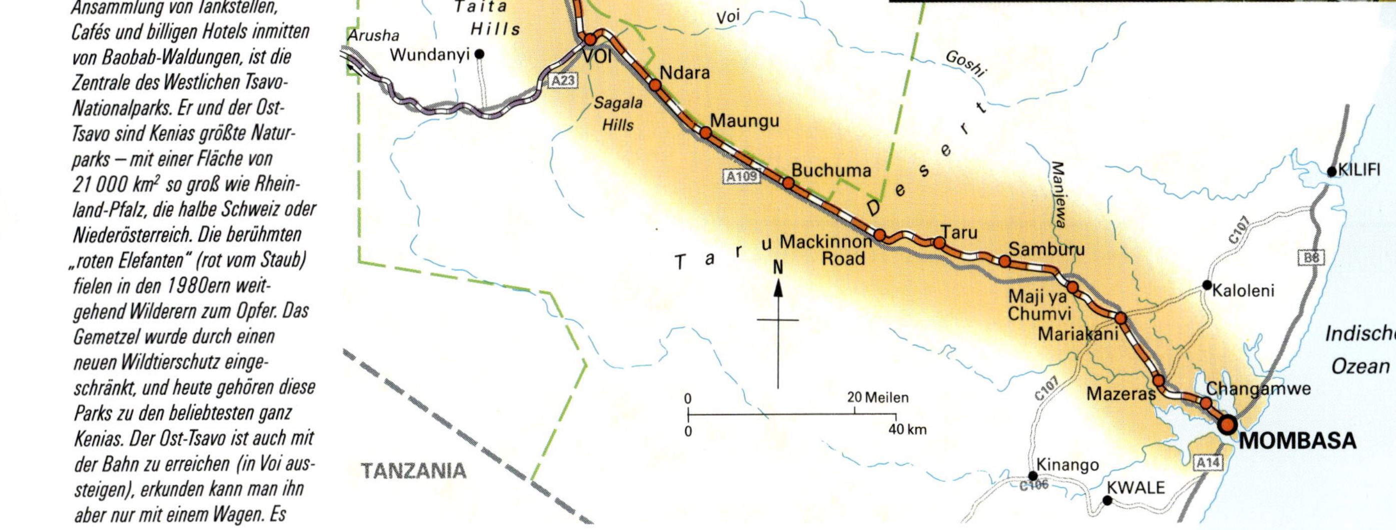

RECHTS *Durch das offene Gangfenster streicht kühlere Luft herein*

schen schwer beladen (weil geschickte Diebe auch auf den fahrenden Zug aufspringen) schlingern wir den Gang entlang und stoßen uns dabei schmerzhaft die Ellbogen. Für ältere oder umfänglichere Reisende ist das ein schwieriges Vorhaben; man sollte sich deshalb bei der Buchung um ein günstiger gelegenes Abteil bemühen. Im Speisewagen setzt man sich, wo gerade ein Platz frei ist. Wir teilen uns den Tisch mit einer lebhaften Gruppe französischer Touristen. Die Speisewagengäste kommen alle aus der 1. und 2. Klasse (die Holzbänkler der 3. Klasse haben keinen Zutritt), sind aber ein buntgemischter Haufen. Es gibt immer ein großes Spektrum von Touristen aller Nationalitäten, das allfällige Missionars-Ehepaar (meist Amerikaner), einige ausländische Arbeiter, Angehörige der Helfer-und-Freiwilligen-Gemeinde sowie, natürlich, eine gewisse Anzahl Mittelschichten-Kenianer (meist Beamte oder Geschäftsleute). Das Abendessen trifft stoßweise ein. Die Speisekarte kündigt Tomatencremesuppe an (sie wird in großen Schüsseln herbeijongliert), *Lake Fish Italienne* (eine schmackhafte Vorspeise, sehr winzig auf den riesigen Tellern) und zur Wahl: Rindfleischkasserolle oder Hühnercurry, mit Beilagen. Das Silberbesteck nimmt man sich von dem schwankenden Tablett, das einem der weit über den Tisch gelehnte Kellner hinhält. Es gibt roten und weißen Keniawein; aber er ist teuer und die Nachfrage daher gering. Wir entscheiden uns für ein weiteres Bier, das wie immer gut, kühl und billig ist, und erinnern an die vergessenen Beilagen zu unserem Curry. Sie kommen schließlich, erweisen sich aber als Ananas aus der Dose, Chutney und vertrocknete Kokosnuß – auch dies Anzeichen des leichten, aber spürbaren Abstiegs, den die Kenya Railways in den zehn Jahren seit meiner ersten Reise hier gemacht haben.

Nach Süden hin ist das Land groß und weit geworden. Die Bahnlinie bildet die Nordgrenze des Nairobi-Nationalparks; er ist für kenianische Verhältnisse klein, aber mit seinen doch 1145 km² groß genug, um den meisten Großtierarten Kenias, mit Ausnahme des Elefanten, Zuflucht zu geben. Irgendwo da draußen leben Nashörner, Giraffen, Zebras, Gnus, Löwen und Leoparden, und es gibt auch Schlammpfuhle mit Flußpferden und Krokodilen. Wir kehren dem kosmopolitischen Geschnatter aus Englisch, Französisch und Swahili den Rücken, schirmen die Augen gegen das grelle Licht und spähen in die düstere Landschaft hinaus – dunkle Formen überall im Mondlicht, aber nichts wirklich Tierähnliches. Als wir eben aufgeben wollen, kommt eine Herde Zebras in Sicht. Sie wirken in der Dunkelheit überraschend grau und pferdeähnlich und sind alle jeweils Kopf an Schwanz postiert – für einen insektenfreien Schlaf. Ein kleiner Triumph, der uns aber den Rest der Mahlzeit versüßt (mit Streuseln bestreutes, überbackenes Ananasdessert und danach ein absoluter Spülwasserkaffee).

Was diese 13stündige Nachtfahrt so genußvoll macht, ist der dramatische Kontrast zwischen Nairobi und Mombasa, zwischen dem Landesinneren und der Küste. Die Hauptstadt Nairobi liegt im Hochland (etwa 1700 m über dem Meeresspiegel), ist im Norden und Westen von hohen Bergketten eingezwängt und öffnet sich im Süden und Osten auf weite Ebenen mit Savannen und Kornfeldern. Mit seinen Geschenkläden, Clubs und Bars und seinen vielen Safariveranstaltern, Hotels und Restaurants ist es eine schnellebige, weltoffene Stadt, nicht älter als die Eisenbahn und ganz auf die Wünsche der Touristen und ausländischen Investoren ausgerichtet. Die Mieten im Zentrum sind hoch, mit steiler Tendenz nach oben. Die meisten der über eine Million Einwohner Nairobis (über)lebt in den überfüllten Slums, die ein, zwei Kilometer hinter den Wolkenkratzern beginnen und sich planlos und mit nur wenigen öffentlichen Einrichtungen ausgestattet weit in die ausgedörrte Ebene hinein erstrecken. Die Bevölkerung Nairobis ist ein breites Gemisch aus den zwei Dutzend ethnischen Gruppen des Landes – den Kikuyu und Luco, Kamba und Luyia, Kalenjin, Massai, Samburu und Turkana, um nur die größten zu nennen –, aber in der Stadt zählen Abstammung und Muttersprache weniger als Qualifikationen und Jobs.

Die Insel- und Hafenstadt Mombasa ist dagegen eine alte, lässige Stadt und so durch und durch tropisch, daß man sich kaum einen stärkeren Gegensatz zu Nairobi vorstellen kann. Die mehr als 1000jährige Altstadt ist ein Labyrinth enger Gassen und verborgener Gänge. Die meisten Einwohner sind Swahili, deren Geschichte bis in die Zeit der ersten Handelskontakte Ostafrikas mit Arabien und den Ländern jenseits des Indischen Ozeans zurückreicht. Die Frauen tragen über ihrer modernen Kleidung lange, schwarze *Bui-bui*-Umhänge mit Schleiern. Das traditionelle Männergewand besteht aus dem *Kikoi*, einem gewebten Umhangtuch, zu dem ein Hemd und eine bestickte Kappe getragen wird. Das Elementar-Swahili ist heute in weiten Teilen Ost- und Zentralafrikas die Verkehrssprache; das reine Swahili aber, das man an der Küste spricht, ist die Sprache der Elite und Ausdruck einer einzigartigen, poetischen, aber vermutlich untergehenden Kultur.

Inzwischen wurden die Betten in unserem Abteil mit frischen Tüchern und einer (notwendigen) Decke sauber gerichtet. Nach dem irgendwie wohlriechenden Fleischfabriken-Vorort Athi River liegt Groß-Nairobi hinter uns. Sobald der dritte Dinnerschub fertig ist, beschleunigt der Zug – von vorsichtigen 40 km/h auf verhaltene 70 km/h. Die Meterspurbahn bringt ihn manchmal gehörig zum Schaukeln. Es ist oft noch das alte Gleis, das zwischen 1896 und 1903 von britischen Ingenieuren und über 30 000 indischen Arbeitern gelegt wurde, die man in Gujarat und im Punjab angeworben hatte. Viele der Bahnhöfe, die alle 15 bis 20 km auftauchen und nun von einsamen, unterbeschäftigten Stationsvorstehern sorgfältig instand gehalten werden, stehen auf den Standorten der „railhead camps", der Wohnlager der vorrückenden Baukolonnen.

Afrikanische Königin

Die Idee, eine Eisenbahn von der Inselstadt Mombasa ins Herz Afrikas zu bauen, wurde Ende der 1880er geboren, als die europäischen Mächte den afrikanischen Kontinent unter sich aufgeteilt hatten und die Regierung Königin Viktorias sich ein möglichst großes Stück von dem Kuchen abschneiden wollte. Die Uganda Railway wurde eine der letzten Glanzleistungen viktorianischer Technik, wenn auch zu einem hohen Preis in Geld und Menschenleben – mit fast 2500 Toten und 6000 Invaliden eine düstere Bilanz.

Zu Beginn war es die Angst der Briten, Deutschland und Frankreich am Oberen Nil zu unterliegen, die das Tempo des Bahnbaus beschleunigte. Radikale Parlamentarier überschütteten das Vorhaben der Tory-Regierung mit Spott und Hohn und tauften es bald die „Lunatic Line", die Wahnsinns-Bahn. Das Projekt hatte von Anfang an mit Problemen zu kämpfen: Der Hafen von Mombasa war für große Schiffe ungeeignet, also mußte ein neuer gebaut werden, desgleichen eine Brücke zum Festland; als die ersten Gleiskilometer die Berghänge hinauf gebaut waren, folgte ein fürchterlicher neumonatiger Härtetest: die Durchquerung der wasserlosen Taru-Wüste; London trieb zu noch größerer Eile an, als in Uganda eine Meuterei ausbrach und die Strecke benötigt wurde, um Truppen ins Landesinnere zu schaffen; aber kaum war der Aufstand niedergeschlagen und die Taru-Wüste durchquert, da wurde man fast ein Jahr lang durch den Bau der Brücke über den Tsavo River aufgehalten. Während dieser Zeit lebten die Arbeitskolonnen in ständiger Furcht vor Löwen, die 28 Bauarbeiter und vielleicht 100 Afrikaner töteten und den Gewehren Colonel Pattersons auf fast

GANZ OBEN *„Unbefugte werden gefressen", warnt das für seinen Wildreichtum berühmte Land*

OBEN *Zebras beobachten uns aus sicherer Entfernung – der Zug berührt auf dem Weg zur Küste den Östlichen und Westlichen Tsavo-Nationalpark*

RECHTS *Kellner im weißen Jackett servieren im Speisewagen das Frühstück*

UNTEN *Orangefarbener Staub neben dem Gleis*

GANZ RECHTS *Die riesigen Stoßzahnbögen der Moi Avenue in Mombasa wurden 1952 zu Ehren der neugekrönten Königin Elisabeth von England errichtet*

übernatürliche Weise entkamen (natürlich hat er sie am Ende dann doch erwischt; sie wurden ausgestopft und sind heute im Chicagoer „Field Museum of Natural History" zu sehen). Das Kambawort *Tsavo* heißt „Gemetzel", und obwohl der Fluß baumbestandene, kühle Ufer hat, ist er bei den Einheimischen seit jeher gefürchtet.

Trotz einer schrecklichen Hungersnot wurde die Linie bis nach Ukambani (Land der Kamba) hinein vorgetrieben. Wieder gab es Probleme mit Löwen und mit vielen Nashörnern: Der *Railhead*-Ingenieur Ronald Preston nannte sie „Plagegeister, die uns ständig bei der Arbeit störten und zu allen möglichen Zeiten auftauchten und die Arbeiter beäugten". Mit zunehmender Höhe und entsprechend abnehmenden malariabedingten Zeitverlusten kam die Strecke zügiger voran. Ende Mai 1899 erreichte das Gleisende ein sumpfiges Stück Einöde namens Waso Nairobi („Kalter Fluß"). Schon im August 1899 begann der regelmäßige Personenverkehr zwischen der im Entstehen begriffenen Stadt Nairobi und Mombasa. Die Uganda-Bahn zog weiter ihrem Ziel, dem Viktoriasee, entgegen und erreichte es im Dezember 1901. Aber erst 1903 waren alle dauerhaften Viadukte fertig, alle zeitweiligen Umleitungen aufgehoben und alle Bahnhöfe gebaut. Die Gesamtkosten betrugen fast 6 Millionen Pfund.

Für diese einspurige Bahn benötigte man 1 250 000 Stahlschwellen und 200 000 Schienenteile, jedes 9 m lang und 225 kg schwer. Bei idealem Gelände, ohne steile Steigungen oder tiefe Schluchten, konnte das Railhead-Team etwa 550 m Gleis pro Tag legen und sein Wohnlager jeweils im Monatsrhythmus weiter nach vorn verlegen. Diese im technischen Sinne idealen Bedingungen hatten die Bahnbauer aber nur in der Taru-Wüste. Dort wurden sie jedoch durch die Hitze, das dichte Dorngestrüpp und die vielen Verletzungen behindert, die sie sich mit ihren bloßen Füßen an Dornen und Sträuchern holten.

Im ersten Frühlicht werde ich durch den Geruch von feuchter Erde geweckt. Ich liege im oberen Bett und drehe mich mit dem Gesicht zum Fußende. Wenn ich den Kopf aus der Koje strecke, kann ich in Bauchlage zum Fenster hinaussehen. Wir sind mitten in der Taru-Wüste und fahren durch Mackinnon Road. Gleich neben dem Gleis, auf der Abteilseite, steht die prunkvolle Moschee Sayyid Baghali Shah Pir

Padree. Als wir die Wüste verlassen, kommen wir in ein von kleinen, noch trockenen Flußbetten durchzogenes und von der Vegetation der ersten Regenfälle grün und gelb gesprenkeltes Land. Wir fahren über die Straße von Nairobi nach Mombasa und sehen am rechten und linken Straßenrand je einen umgekippten

Lastwagen, um die sich aufgeregte Menschen scharen. Diese schmale, mit Schlaglöchern übersäte Landstraße ist eine berüchtigte Todesstrecke, die vor allem nachts ihre Opfer fordert, und es kann Stunden dauern, bis Polizei und Krankenwagen am Unfallort erscheinen. Das ist auch einer der Gründe, weshalb der Zug immer voll ist. In Maji ya Chumvi („Salziges Wasser") sitzen die Frauen schon am Feuer; die Kinder sind zu schläfrig, um dem vorüberfahrenden Zug zu winken, stehen ruhig beisammen und umfassen einander, um sich gegen die Morgenkühle zu schützen. Im Gegensatz zu den Hütten rund um Nairobi oder den Rundhütten in den abgelegenen Gebieten des Hochlands sind die Wohnhäuser hier rechteckig, gelegentlich noch in der traditionellen Weise aus Stroh, meist aber aus Adobeziegeln oder Betonblökken gebaut, getüncht und mit Wellblech gedeckt.

Als wir durch Mariakani fahren („Ort der vergifteten Pfeile"), ist dort schon alles auf den Beinen, um den Tag zu beginnen; Kinder putzen sich die Zähne, Männer treiben Ziegen zusammen, Kleinkinder rennen den Bahndamm hinunter. Wir erreichen Mazeras mit seinen schönen Botanischen Gärten und Kokospalmen. Nun ist es vorbei mit den weiten Ausblicken auf endloses Buschland, hier beginnt wahrhaftig das Küstenland mit seinen Mangobäumen, Bananenstauden und dichten Kokosplantagen. Die Sonne geht auf und beginnt auf den Zug herabzubrennen, als er die steile Steigung zum Meer hinabfährt (170 m auf 24 km). Schlagartig erhöht sich die Luftfeuchtigkeit. Im Speisewagen laufen die Ventilatoren auf Hochtouren, als wir unter dem gerahmten Porträt des strahlenden Präsidenten Moi ein komplettes englisches Frühstück einnehmen.

Der Kaffee ist heiß und stärker als beim Abendessen (was auf einen graduellen Verdünnungsprozeß im Laufe des Tages schließen läßt), und bald perlt uns der Schweiß übers Gesicht – jetzt sind uns die sauberen, gestärkten Servietten sehr nützlich. Fabrikarbeiter, die neben der Strecke hergehen, rufen „Jambo" und wünschen uns einen „Guten Appetit". Einige winken mit zwei Fingern – das ist der Gruß der größten Oppositionspartei Kenias, der FORD (Forum for the Restoration of Democracy, Forum zur Wiederherstellung der Demokratie).

Der Zug überquert vorsichtig den Makupa-Damm zur Insel von Mombasa; unter uns braust der morgendliche Autoverkehr. Die Wracks alter Lokomotiven füllen die Rangiergleise zu unserer Linken, als wir, mit nur fünf Minuten Verspätung, um 8.05 Uhr in den Bahnhof einfahren.

Die sengenden Strahlen der Sonne haben den Bahnhofsvorplatz in einen Backofen verwandelt. Die Autos hier sehen älter aus als in Nairobi. Sie kämpfen mit drahtigen Gepäckträgern, die mit ihren Karren enorme Lasten schleppen, und mit überfüllten, hupenden Bussen um jeden Quadratzentimeter Straße. Meerwärts kündigen tiefhängende, purpurrote Wolken den Monsun an, die Zeit der sintflutartigen Regen, die auf die Dächer und Straßen trommeln und Berge von Müll durch die Alleen schwemmen.

Schwarz verschleierte Frauen kehren schwer beladen und mit vollen Einkaufstaschen vom Mackinnon-Markt zurück. Später am Morgen hören wir den Ruf des Muezzins vom Minarett einer der etwa 50 Moscheen der Stadt. Mombasa wirkt wie eine andere Welt, fast jedenfalls, denn noch ist hier das Britische Empire spürbar.

Praktische Tips

- Zwischen Nairobi und Mombasa verkehren täglich zwei Nachtzüge, in beiden Richtungen. Der langsamere mit seinen häufigen Halts benötigt für die 526 km lange Strecke 14 ½ Stunden, der schnellere 13 (er wird von Touristen meist bevorzugt). Einen luxuriösen Tageszug gibt es samstags von Nairobi und sonntags von Mombasa aus (13 Stunden Fahrtzeit).

- Die Züge sind voll, daher ist eine frühzeitige Buchung erforderlich. Die Abteile 1. Klasse sind für zwei Personen, haben aber für größere Gruppen Verbindungstüren. Die 2. Klasse hat Vierbettabteile, nach Geschlechtern getrennt. In der dritten Klasse sitzt man auf harten Bänken, hat dafür aber die Chance, die weniger wohlhabenden Kenianer kennenzulernen. Der Speisewagen ist für die Reisenden der 1. und 2. Klasse reserviert.

- Die Reise wird durch die Regenzeiten nicht beeinträchtigt (das allgemeine Muster sieht so aus: „lange Regen" von März bis Mai, „kurze Regen" im November oder Anfang Dezember). Aber kurz nach den Regenfällen sind die sanft gewellten Savannen am schönsten. Die Sonne geht jahraus, jahrein immer etwa zur selben Zeit unter.

- Die Strecke wird von den Kenya Railways betrieben. Buchen können Sie in kenianischen Bahnhöfen, bei einem Reisebüro oder bei: Kenya Railways, PO BOX 30121, Nairobi, Tel. (010) 254221211.

Mit dem Blue Train von Kapstadt nach Johannesburg

Gus Silber

Dreimal wöchentlich gleitet der in Blau und Creme gehaltene südafrikanische Blue Train auf dem gleißenden Schienenband zwischen Pretoria und Kapstadt dahin, raunen seine Stromlinienwagen von traumhaften Fluchten. Hinter den goldgetönten Panoramafenstern der schalldichten, ganz mit Teppichen ausgelegten Abteile stoßen die Reichen und Berühmten mit Weinflöten an und sehen das Hinterland vorüberziehen: die Berge und Weinfelder der westlichen Kapprovinz, die glühend heiße, urzeitliche Karoo-Wüste, die Diamantenfelder von Kimberley und die Goldminen von Johannesburg und Witwatersrand. Genau 25 Stunden und 12 Minuten benötigt man für die 1608 km lange Schmalspurstrecke vom Atlantik zur Industriemetropole Johannesburg im Herzen des Transvaal.

OBEN *Der Atlantik, Kapstadt und der alles beherrschende Tafelberg*

■ Kapstadt ist eine faszinierende Hafenstadt, die von dem Granitmonolithen des Tafelbergs beherrscht wird. Von hier fährt der Blue Train durch die Weingebiete der westlichen Kapprovinz, wo im Schutz gewaltiger Bergketten die berühmten südafrikanischen Rot- und Weißweine wachsen. Paarl ist das Zentrum der Weinindustrie. Dort steht das „Taal Monument", ein Obelisk zu Ehren des Afrikaans, das hier im 19. Jahrhundert Schriftsprache wurde. Dann nimmt der Zug die atemberaubenden Kehren am Hexrivierpaß. Dieses Wunder der Technik wurde 1867 durch Wells Hood gebaut und überwand Steigungen von 1 : 31. Hinter den Hexrivierbergen beginnt die Große Karoo, eine Halbwüste, die ein Drittel des südafrikanischen Subkontinents bedeckt. Die Karooformation mit ihren Schichten von vulkanischem Basalt, Sandstein, kristallinischem Schiefer und eiszeitlichem Geröll ist für Wissenschaftler hochinteressant. In der Literatur Südafrikas ist die Trostlosigkeit der Karoo eine Metapher für Leiden und Unverwüstlichkeit.
Auf der Nordroute hält der Blue Train eine Stunde in Matjiesfontein, einem viktorianischen Dorf, das von James Douglas

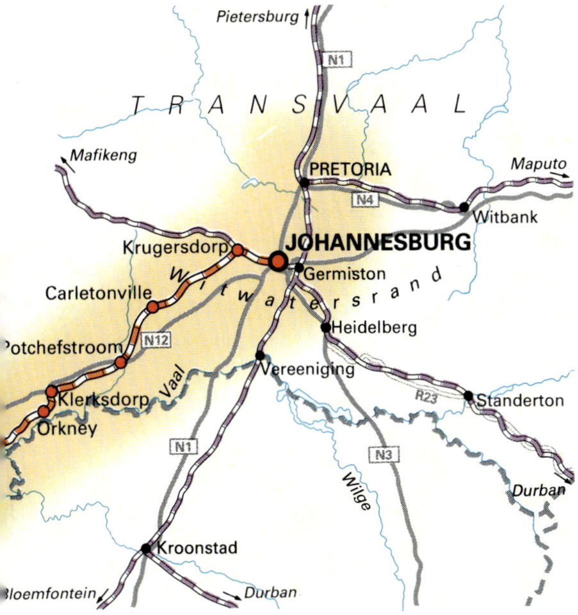

Logan in den 1890ern als Raststation und Kurort gebaut wurde. In De Aar, einem wichtigen Knotenpunkt in der nördlichen Kapprovinz, wechselt der Blue Train von Elektro- zu Dieseltraktion, bevor er durch die Ebene nach Kimberley fährt, dem Zentrum des Diamantenfiebers von 1869.
Beim Morgengrauen erreicht der Blue Train West-Transvaal, wo die Mais- und Sonnenblumenfelder den Abraumhalden und Übertagebauten der tiefsten und ergiebigsten Goldminen der Erde weichen. Dahinter liegt Witwatersrand, das kommerzielle und industrielle Herzland Südafrikas. Sein Nervenzentrum ist das pulsierende Johannesburg, 1740 m über dem Meeresspiegel.
Die 1,5-Millionen-Stadt Johannesburg ist kaum mehr als 100 Jahre alt, hat zwei Universitäten, ein Africana-Museum, zahlreiche Banken und Handelshäuser und riesige slumartige Townships wie zum Beispiel Soweto.
Wenn der Blue Train den Knotenpunkt Germiston passiert, ist es nicht mehr weit bis Pretoria, der Hauptstadt Südafrikas mit ihren berühmten Jakaranda-Alleen.

Tempo ist nicht das Wesentliche beim Blue Train. In den frühen Morgenstunden, wenn seine Fracht noch immer schläft und träumt, wechselt er von Elektro- zu Dieselantrieb und rüstet sich für das flache Stück zwischen De Aar und Kimberley im Norden der Kapprovinz. Dort, im Schutz der Dunkelheit, wird er mit einer Spitzengeschwindigkeit von 100 km/h zu einem wahren Kilometerfresser.

Das Tempo des Blue Train wird durch seine Funktion bestimmt: er ist ein Luxuszug, und der allerhöchste Luxus in unserer Epoche der Überschallgeschwindigkeit ist Zeit. So stand ich denn eines kalten Herbstmorgens – auf der Nordhalbkugel war Frühling, und im Blue Train war daher kostbarer Platz frei – noch vor Sonnenaufgang auf und beeilte mich, um das erste Flugzeug von meiner Heimatstadt Johannesburg zum Seehafen Kapstadt zu bekommen.

Ich brauchte zwei Stunden mit dem Airbus und sah nichts als gefurchtes Ackerland, mächtig geblähte Wolken und die schaumgekrönten Wogen des stürmischen Atlantiks. 30 Minuten später – immer wieder einen Blick auf meine Armbanduhr werfend – rannte ich schon durch die Bahnhofshalle von Kapstadt zum Gleis 24. Als ich den roten Teppich sah, wurden meine Schritte langsamer. Als ich den Blue Train erblickte, schlug mein Puls schneller.

Sein Name ist seit 1923 ein Synonym für superluxuriöse 1. Klasse-Bahnreisen in Südafrika. Blue Train hieß zuerst der Dampfexpress, der den Postschiffdienst der Union Castle mit Johannesburg verband, dann die Garnitur klimatisierter Ganzstahl-Salonwagen *made in Great Britain* und schließlich der Luxuszug mit Elektro- und Dieseltraktion, der 1972 in Südafrika gebaut wurde – und zwar nach technischen und Ausstattungsmaßstäben auf Weltniveau („equal to the best in the world", wie es hieß). Einer bekannten Blue-Train-Legende zufolge soll der Generaldirektor, als er den Entwurf dieser Produktbeschreibung prüfte, seinen Stift genommen und die beiden Wörtchen „equal to, gleichwertig" durchgestrichen haben: „the best of the world".

Da waren sie, die 17 Wagen in Blau und Creme, inklusive eines Lounge Car, eines Küchen- und eines Speisewagens, und da warteten auch die drei Elektroloks der Reihe 5E1, die sich gegen den grauen Himmel am offenen Ende des Bahnsteigs abzeichneten. Im Power Car, der Kraftzentrale des Blue Train, summte ein Rolls-

UNTEN *Der glanzvolle Blue Train erwartet seine Fahrgäste*

GANZ UNTEN *Die alten Gebäude im Hafen von Kapstadt erinnern an die Geschichte der Stadt*

Royce-Diesel vor sich hin, der genug Strom erzeugt, um 107 Reisende und das 28köpfige Personal wohlbehalten nach Johannesburg zu bringen. Ich hatte es nicht eilig, wieder nach Hause zu kommen, und konnte mir für den Heimweg kein besseres Gefährt als dieses vorstellen.

Ich mußte nur einige wenige Schritte über den roten Teppich tun, um mein Zuhause für die nächsten 25 Stunden und 12 Minuten zu erreichen, ging aber forschend weiter, sah goldenen Samt, Mahagonifurnier und Champagnerflaschen, die in silbernen Eiskühlern warteten.

Es gibt vier Klassen der Unterbringung im Blue Train: die Suite des Typs A, mit Schlaf- und Badezimmer, Sitzabteil und Bar; den Typ B, mit Badezimmer und Sitzabteil; den Typ C, mit Dusche und Sitzabteil; und den Typ D, mit gemeinsamer Dusche und Sitzabteil. Ich reiste in einem D-Wagen. Natürlich war es ein *Blue-Train*-D-Wagen.

Ich spähte durch die Jalousie des Speisewagens, wo sich die Reisenden aller vier Klassen zum Mittagessen, Abendessen und Frühstück versammeln würden. Kellner in weißen Jacketts ließen im warmen gelben Lampenlicht das Silberzeug Revue passieren. Aber eine Nelke in einer schlanken Kristallvase versperrte mir den Blick auf die Speisekarte.

Ich saß in meinem D-Klasse-Abteil, nippte an perlendem Kapwein und zeichnete mit dem Finger langsam die königsblaue Linie auf unserer Routenkarte nach, als mir plötzlich bewußt wurde, daß die Landschaft draußen sich bewegte – gerade 10.50 Uhr vorbei. So sacht und sanft wie ein Schiff auf spiegelglatter See war der Blue Train schon auf seinem großen Treck ins Innere Südafrikas.

Hinter uns übten Möwen im frischen Herbstwind ihre Sturzflüge, und der verdrießliche Klotz von Tafelberg legte sich einen grauen Wolkenmantel um die Schultern. Wir nahmen weiter Fahrt auf. Alles, was man bei

UNTEN *Der Blue Train schlängelt sich durch die Landschaft*

Tempo 60 im Blue Train hört, ist ein beharrliches Klopfen an der Abteiltür. Es war Johan Stemmet, der Steward. „Reisen Sie zum erstenmal mit dem Blue Train, Sir?“ Ich nickte.

DER MECHANISMUS DES LUXUS

Der Steward ging zu meinem Fenster hinüber und zeigte mir, wie der Luxus hier funktioniert. Dieser Knopf ruft den Abteildienst. Dieser Griff reguliert die Klimaanlage, und mit diesem bedient man die elektrischen Jalousien. Hier, genau vor Ihren Fingerspitzen, haben Sie zwei Tasten für Stereomusik, und hier sind die Hähne für heißes und kaltes Wasser und eisgekühltes Trinkwasser. Wenn Sie wünschen, daß Ihre Schuhe geputzt werden, stellen Sie sie bitte in das Kästchen da unter Ihrem Sitz.

Draußen war ein grauer, stürmischer Kapstadt-Tag. Die Leute auf den Bahnsteigen blickten von ihren Zeitungen auf, als unser blauer Zug vorüberbrauste – die Stahlräder reibungsarm gelagert und „die pneumatischen Stoßdämpfer mit integrierten Gummielementen ausgestattet, zur Vergrößerung der seitlichen Flexibilität und beträchtlichen Erhöhung der Seitenbeweglichkeit“.

OBEN *Das fruchtbare Weinbaugebiet bei Paarl, im Hintergrund die Hexrivierberge*

Im Blue Train haben auch die obskursten technischen Angaben nichts anderes als den Komfort des Reisenden im Sinn: „Die Innenseiten der Wagenkästen sind mit harzgebundenem Aquaplas-Antidröhnbelag beschichtet, und die Glasfaserschicht auf den Drehgestellen ist mit Stahlblechen abgedeckt.“ Anders gesagt: Es ist ruhig hier drin.

Pneumatisch abgedichtet und von der wirklichen Welt isoliert, regulierte ich mein Klima, meine Beleuchtung und Beschallung ganz nach meinem Belieben. Dann, als die grünen Vororte Kapstadts durch die windgepeitschten Dünen und dürren Büsche von Cape Flats abgelöst wurden, nahm ich noch einen Schluck von meinem gekühlten Schaumwein.

Trotz des Antidröhnbelags hörte ich das Klopfen an meiner Tür. Es war Reggie Wonner, der Manager des Speisewagens. „Reisen Sie zum erstenmal mit dem Blue Train, Sir?“ Ich nickte. Mittagessen um 12.30 Uhr, Abendessen um 20.00 Uhr, Frühstück von 7.30 bis 9.00 Uhr. Der Speisewagen ist vier Wagen weiter vorn, wenn Sie aus der Tür kommen, rechts. Das war mir natürlich bekannt.

In den ausgedehnten, scharf gemeißelten Bergen auf der anderen Seite wuchsen, als ein Vorspiel zu den Weinbaugebieten von Paarl und des Hexrivier-Tals, die ersten verfilzten Reben. Die Gehöfte waren einfach. Ihre weißen Vordächer, zu denen Feldwege mit tiefen

OBEN *Abendessen in luxuriöser, stilvoller Umgebung*

RECHTS *Die karge Karoo-Landschaft*

Wagenspuren führten, wurden von Zypressen bewacht. Hier und dort hatte sich ein Strauß im Buschland niedergelassen und putzte sich inmitten gleichgültiger Schafe und Pferde die Federn.

„Sind Sie schon einmal mit uns gereist, Sir?" Ich schüttelte den Kopf. Renier Koekemoer, der Zugführer des Blue Train, kontrollierte meine Fahrkarte und hakte auf seinem Klemmbrett meinen Namen ab. Seine jahrelange Bahnerfahrung hatte ihn die ideale Fahrkartenkontroll-Stellung gelehrt: Beine auseinander, die Füße fest auf den Teppich gepflanzt, die Ellbogen angewinkelt und die Schultern leicht nach oben geschoben. Die Position des Pistolenhelden. Der Zug konnte rukken, ruckeln oder schlingern, Mr. Koekemoer würde immer auf den Beinen bleiben. Nur eine Frage des Gefühls!

Das war ja der Blue Train mit seinen seitenbeweglichen Stoßdämpfern und den Druckluft-Scheibenbremsen mit Blockierschutz „für eine maximale Bremsleistung". Mr. Koekemoer kündigte einen einstündigen Halt in Matjiesfontein in der Karoo an, Zeit also für einen spätnachmittäglichen Wüstenspaziergang, die es nur bei der Fahrt in nördlicher Richtung gebe.

„Das bedeutet eine Stunde Verspätung", verkündete Mr. Koekemoer und schrieb weiter auf seinem Klemmbrett. „Aber", er blickte auf, „keine Angst, die holen wir in der Nacht wieder auf." Das Wetter besserte sich. Der Wolkenvorhang hob sich über Paarl, und die Mittagssonne beleuchtete wie ein Scheinwerfer den Talboden des Valley of Pearls. Dieser Name ist zwar eine Huldigung an die glitzernden Granitdome der Klein-Drakenstein-Kette, aber die wirklichen Perlen dieses Tales hängen in Trauben von den Rebstöcken.

Welle nach Welle rollte der Wein an unserem Fenster vorbei: Chenin Blanc, Riesling, Cabernet Sauvignon, Pinotage und Shiraz, und im Schatten der Felsen leuchteten die Weinberge in herbstlichem Gold. Als die Zentrale der KWV-Genossenschaft, der Kap-Weinbauern-Vereinigung, hinter uns lag, lieferten wir uns zuerst mit den Sattelschleppern, die Kisten mit Exportwein und Brandy transportierten, ein Wettrennen und machten uns dann allein auf den Weg nach Wellington.

Kurz vor dem Bahnhof von Mbekweni meldete sich Renier Koekemoer über die Lautsprecheranlage: „Guten Tag, meine Damen und Herren! Wenn Sie jetzt auf der Gangseite hinausschauen, sehen Sie Flamingos." Richtig, an den Ufern eines sumpfigen Teiches schlugen schlangenartige Vögel wie exotische Tänzer mit den Flügeln und zeigten uns für einen flüchtigen Moment ihre schwarzen und rötlich orangen Dunen.

Ein Xylophon ertönte, und eine angenehme Frauenstimme interpretierte uns die Tonfolge in drei Sprachen: Mittagessen.

Da wir in der Nebensaison waren, konnte der Speisewagen alle Reisenden – es waren 47 – in einem einzigen Schub aufnehmen. Normalerweise sind 90 Prozent der Fahrgäste ausländische Touristen, die meistens aus Deutschland, Großbritannien und den USA kommen. Aber heute waren das einheimische Englisch und Afrikaans vorherrschend.

Meine Tischnachbarn waren eine muntere alte Dame aus den Gartenvorstädten von Johannesburg und ein etwa 30jähriger Doktor der Mathematik aus Birmingham, der seine Teilnahme an einem akademischen Austauschprogramm in Zambia zu diesem Abstecher nutzte. „Ich fahre gern Bahn", strahlte er, und der vorbeiziehende Strom der sonnigen Berg- und welligen Farmlandschaft spiegelte sich in seiner Bifokalbrille.

Die muntere alte Dame teilte mein Motiv. „Irgendwann", sagte sie und grub dabei den Silberlöffel in ihr Fruchtparfait, „muß man selbst herausfinden, was an dieser Sache dran ist." Wir waren jetzt im Hexriviertal und betrachteten ehrfürchtig die spitzen Berggipfel und wabernden Nebelschwaden, und mir war, als ob wir geradewegs in ein weit geöffnetes Drachenmaul hineinfuhren.

Das waren die Hexrivierberge, ein Granitwall, der die fruchtbaren Obstgärten und Weinberge dieses Tales von den wüsten Ebenen der Großen Karoo scheidet. Das eigentliche Wunder ist aber die Bahn bzw. die Art und Weise, wie sie dieses Hindernis überwand. Von dem großen Kolonialtraum einer Cape-to-Cairo-Route getrieben, begannen die Ingenieure des Britischen Empire 1859 mit dem Bau der Strecke. 1862 erreichten sie das Tal des Eerste River.

Aber der Eerste war nicht mehr als 34 km von Kapstadt entfernt, und die Granitberge im Norden schienen unüberwindlich. Bis Wells Hood eine Lösung fand. Hood war der Landvermesser, der 1876 einen Weg durch die Hexrivierberge bahnte und diese Tour in De Doorns beginnen ließ, 477 m über dem Meeresspiegel. Als die Schmalspurbahn bei 960 m Höhe anlangte, hatte sie schon genügend Kurven beschrieben, um ganze 16 Runden zu drehen – und das bei einer durchschnittlichen Steigung von 1:31. Da saßen wir nun, bewunderten die Aussicht und bewältigten den Hexrivierpaß so mühelos wie unsere Original-Sheffieldmesser das Lachsforellenfilet *Grenobloise*.

„Entschuldigen Sie die Störung, gnädige Frau", sagte Renier Koekemoer. Die muntere alte Dame blickte auf. „Ich wollte nur fragen, ob Ihr Gemälde gut aufgehoben ist."

„O ja, wunderbar", sagte sie. „Ich habe es in der Dusche eingeschlossen." Mr. Koekemoer runzelte ganz leicht die Stirn. „Also wenn Sie möchten, könnten wir es über Nacht in einem unbenutzten Abteil verwahren. Der Zug ist ja nicht voll besetzt. Das macht uns keinerlei Umstände." Aber die muntere alte Dame lächelte und schüttelte den Kopf.

„Vielen Dank, aber mir ist es einfach lieber, wenn es bei mir im Abteil ist." Mr. Koekemoer entschuldigte sich nochmals, erkundigte sich, wie uns der Fisch schmecke, und ging zum nächsten Tisch. Diese Unterhaltung verlangte eine Erklärung. Es stellte sich heraus, daß die muntere alte Dame nicht nur mit dem Blue Train reiste, um herauszufinden, was an dieser Sache dran ist. Sie hatte ein Ölgemälde ihrer Privatsammlung an eine Galerie im Hafenviertel von Kapstadt ausgeliehen und eskortierte es nun in eben dem Stil wieder nach Hause, an den es sich gewöhnt hatte. Es war nicht einfach ein Ölgemälde, es war ein Pierneef.

Jacob Hendrik Pierneef (1886–1957) war Südafrikas bedeutendster Landschaftsmaler, ein Impressionist der niederländischen Schule, der sein Leben darauf verwandte, das Wesen dieses Landes auf die Leinwand zu bannen. Er malte die kleinen Städte und einsamen Gehöfte der Karoo, er malte die Dornbäume und fetten Baobabs des Transvaal-*Bushveld*, er malte die mächtigen Drakensberge der Natal-Randschwelle. Er malte die Art von Landschaften, die man vom Zugfenster sehen kann.

Nicht zufällig besitzt Spoornet, der halbstaatliche Konzern, der Südafrikas Eisenbahnnetz betreibt, die größte Einzelsammlung von Pierneefs Werken. Eine je andere Pierneef-Reproduktion hat den Ehrenplatz an der Wand jedes Blue-Train-Abteils inne. Bei mir war es eine Ansicht von Ladybrand, einer kleinen Stadt im Oranje-Freistaat. Aber ich hatte bislang kaum einen Blick darauf geworfen, denn draußen vor dem Fenster war einfach zu viel los.

„Manche finden Pierneef ein bißchen sentimental", sagte die muntere alte Dame. Sie transportierte ein Gemälde des Loskop-Damms in Ost-Transvaal. Es war ein großes Bild. Aber auch die Duschen des Blue Train sind groß.

Als ich wieder in meinem Abteil zurück war, hatte ich ausreichend Gelegenheit, Pierneefs Ladybrand zu studieren, denn der Blue Train wühlte sich maulwurfsgleich durch das viertlängste Eisenbahntunnel-System der Welt. Es besteht aus vier Tunnels, und der längste mißt 13,5 km. Als wir nach 20 Minuten wieder aus der *klaustrophobie*genen Dunkelheit auftauchten und ich aus meinem Fenster blickte, sah ich die trockenen, wüsten und bitteren Anfänge der Großen Karoo.

Karoo ist ein Wort der eingeborenen Jäger und Sammler vom Volk der Khoisan und heißt „trocken, kümmerlich, ausgedörrt". Ich drehte den Klimaregler nach links und klingelte nach dem Nachmittagstee. Die Dürre ist seit Millionen von Jahren die Herrscherin der Karoo. Aber sie hat auch ihre Hintersassen: dornige, dickblättrige Aloen und kakteenartige Stapelias (Aasblumen), die sich an den steinigen Boden klammern, und ephemere Wildblumen, die nach den sintflutartigen Regenfällen erblühen. Es gibt auch Strauße, Antilo-

RECHTS *Johannesburgs Glanz und Herrlichkeit*

RECHTS UNTEN *Das Denkmal für die Bergleute von Johannesburg gemahnt an die bescheidenen Ursprünge der Stadt. Sie wurde 1886 als chaotische Goldgräbersiedlung gegründet*

pen, Greifvögel. Irgendwo da draußen, beiderseits der Gleisen, leben vielleicht sogar Menschen.

Unter dem blauglühenden Himmel mit seinen dünnen Wölkchen, die langsam auf den Horizont zudrifteten, stand mitten in der Einöde ab und an ein einsames, weißgetünchtes Haus mit rotem Blechdach. Daneben wartete ein rostiges Windrad auf den Wind, wucherte dunkelgrünes Strauchwerk um einen Betontank. Aber so angestrengt ich auch Ausschau hielt, ich sah nie die Menschen, die dort lebten.

Immer weiter ging die Fahrt, an dem dürftigen Teppich aus gelbgrünem Buschwerk, an den zerklüfteten und narbigen roten Felsen und den von Wind und Wetter abgeflachten Hügeln vorbei. „Meine Damen und Herren", sagte die Lautsprecherstimme, „wir sind im Bahnhof von Matjiesfontein eingefahren. Bitte gehen Sie nach vorn durch, denn der Zug ist für diesen Bahnsteig zu lang."

Ich ging nach vorn, trat auf den Bahnsteig hinaus, spazierte durch ein Tor, dann eine Steintreppe hinab und geradewegs auf einen hellroten Londoner Doppeldekker-Omnibus zu. Er war nicht zu verfehlen. Er war der einzige Bus im Ort.

Vor ihm stand der Fahrer und zerfetzte die knochentrockene Karoo-Luft mit dem Geschmetter seines zerbeulten Signalhorns.

Klein-England

„Könnten Sie mir sagen, wie lange die Tour dauert?" fragte ich den Busfahrer. „Keine Sorge", lachte er, „Sie werden Ihren Zug nicht verpassen." Der rote Bus tukkerte auf die Hauptstraße von Matjiesfontein, die einzige Straße in Matjiesfontein, wechselte bald auf eine unbefestigte Piste, wendete, tuckerte zurück und hielt stotternd vor dem „Lord Milner Hotel". Das war also Matjiesfontein, ein Dörfchen mitten in einer fremden Wüste, eine Art Klein-England. Wenigstens zum Teil: der Londoner Bus etwa, die viktorianischen Straßenlaternen und der Union Jack auf den Türmchen des Lord Milner.

Während des Burenkrieges von 1899 bis 1902 sicherten britische Soldaten von hier aus das Ödland der Karoo. Das Hotel war ein Krankenhaus für verwundete Offiziere, und an den Rändern der Stadt waren 10000 Soldaten konzentriert. Aber Matjiesfontein überlebte. Es war keine Garnisonsstadt, sondern Zufluchtsort.

Matjiesfontein wurde von James Douglas Logan gegründet, einem Bahnbeamten und Unternehmer, der auf den Bahnsteigen von Kapstadt als Gepäckträger angefangen hatte, und hielt für die Fahrgäste der neuen Strecke durch die Hexrivierberge Speisen und Getränke und ein gutes Bett bereit.

Der Sultan von Sansibar hat in Matjiesfontein gewohnt, auch Lord Randolph Churchill und der Herzog von Hamilton. Einige blieben. Die Schriftstellerin Olive Schreiner mietete von Logan ein Häuschen und schrieb: „Nun setz ich meinen Hut auf und geh in die

Karoo spazieren." Ich sah mir das Lord Milner an, seine Kronleuchter und roten Teppiche und die schmiedeeisernen Balkone, die so fein gearbeitet waren wie spanische Spitzen. Dann ging ich ebenfalls in die Karoo spazieren.

Ich fühlte mich wie in einer anderen Welt. Die Karoo begann, wo Matjiesfontein endete. Sie selbst aber schien endlos.

Hier die stachligen Salbeibüsche, die klug voneinander Abstand hielten, dort die hohen Eukalyptusbäume mit der sich schälenden Rinde auf rostroter Grundierung und in der Ferne der Hauch von Schnee auf den sägezahnartigen Gipfeln der Swartberg Mountains.

Ich ging zu einem kleinen, weißen Bauernhaus mit rotem Blechdach hinüber.

Niemand zu sehen. Ein Traktor hatte den Geist aufgegeben, seine Reifen waren geschmolzen, die Räder voll Spinnweben. Wie ein verdeckter Ermittler saß eine schwarzweiße Katze mitten in einer Schar emsig pikkender Hühner. Der Stacheldrahtzaun mit seinen taumelnden Pfosten konnte die Landschaft nicht halten.

Der Busfahrer täuschte sich. Wer in Matjiesfontein hält, mitten in der Großen Karoo, kann den Zug im Handumdrehen verpassen.

Wüstennacht

Auf der Gangseite ging die Sonne unter, und ich dämpfte die Beleuchtung, um die Dämmerung besser zu sehen. Hier draußen in der Wüste war der Himmel schwärzer und der Mond heller. Er glitzerte auf den silbernen Windrädern und ließ die Bäume und Berge zu Scherenschnitten werden. Hinter den Fenstern der einsamen Gehöfte brannte Licht. Da war jemand zu Hause.

Ich fand das Kreuz des Südens und die Milchstraße, die bei mir daheim kaum sichtbar sind, aber hier wie Pailletten auf Samt funkelten. Der Blue Train schoß über mondhelle Schienen, und das Xylophon rief uns zum Abendessen.

Es gab unter anderem Karoo-Lamm-Lende und Straußenfilet *Oudtshoorn*. Das gefiel dem Doktor der Mathematik aus Birmingham, der den lieben langen Tag versucht hatte, weit entfernte Strauße vom Zugfenster zu fotografieren. Nach der Schwarzwälder Kirschtorte und dem Käse spazierte ich den mit Teppichen ausgelegten Gang entlang und wunderte mich, warum sich der mir entgegenkommende Steward am Messinghandlauf festhielt. Dann sah ich das Ledertuch in seiner Hand.

Er polierte sich so von einem Wagen zum anderen durch, und nun verstand ich auch, weshalb die Schienen immer so glänzten, wenn wir in eine Kurve gingen.

Heimkehr

An meinem Fenster zuckten Neonlichter vorüber; wir machten Matjiesfontein wieder gut. Um 6.30 Uhr am nächsten Morgen sah ich über den Maisfeldern West-Transvaals die Sonne aufgehen. Das Land wurde von einer Dürre heimgesucht, und die Hüllblätter der Maiskolben waren so mürbe wie altes Pergament. Die blutrote Sonne schlüpfte durch ein Wolkenloch. Nichts deutete auf Regen hin.

Leeudoringstad, Orkney, Klerksdorp: Als die Bergwerksstädte an uns vorüberzogen, standen ihre spinnenbeinigen Fördertürme über tiefen Schächten eisern Wache. Seit 1886 der Goldrausch begann, nachdem der australische Prospektor George Harrison auf einer kleinen Farm in Transvaal zufällig das Konglomerat entdeckt hatte, sind in Südafrika mehr als 36000 Tonnen Gold gefördert worden.

Harrisons kleine Farm heißt heute Johannesburg. Wir waren nun auf der Hauptvorortstrecke und passierten langsam die senfgelben Abraumhalden und riesigen *Townships* von Witwatersrand. Dann machten die sauberen Betonhäuschen und Rosensträucher den Schornsteinen und Silos Platz, und in der Ferne leuchteten Glas- und Stahlpaläste in der Morgensonne. Johannesburg.

In etwas mehr als einer Stunde würde der Blue Train dann im Bahnhof von Pretoria einfahren, aber ich war jetzt zu Hause.

„Ich hoffe, Sie können meine Handschrift lesen", sagte Renier Koekemoer, als er mein Abteil betrat, während draußen vor dem Fenster die Vakuumbremsen seufzten. Das Zertifikat war goldgerändert und hatte eine Prägung in Form eines kursiven „B". Nun war ich also ein „Absolvent des Blue Train". Unterschrift: Mr. Koekemoer.

Als ich auf den Bahnsteig hinaustrat, sah ich die muntere alte Dame aus Johannesburg wieder. Sie erteilte gerade zwei Gepäckträgern ihre Anweisungen, und sie versuchten ein riesiges, flaches Etwas in den Griff zu bekommen, das in zahlreiche Bögen braunen Packpapiers eingeschlagen war. Es war der Pierneef. Ich hatte zwar nur dieses Abschlußzertifikat, dachte mir aber, daß es mit einem Rahmen genauso beeindrukkend wirken würde.

Praktische Tips

- Der Blue Train fährt die 1608 km lange Strecke zwischen Kapstadt und Pretoria dreimal wöchentlich bzw. in den Wintermonaten (Mai, Juni, Juli) einmal wöchentlich. Die Fahrt dauert etwas über 25 Stunden.

- Wir empfehlen, für die Hochsaison (November bis Februar) bis zu einem Jahr im voraus zu buchen. Die Reise ist das ganze Jahr über beliebt, wird aber noch reizvoller, wenn das Licht des südafrikanischen Herbstes die Weinberge des Hexriviertales vergoldet.

- Der Zug hat vier Klassen – von der Luxus-Suite mit Schlafzimmer, Salon und eigenem Badezimmer bis zum Abteil mit gemeinsamer Dusche. Alle Coupés sind klimatisiert und mit Teppichen ausgelegt, haben heißes und kaltes Wasser und fließendes, eisgekühltes Trinkwasser. Im Fahrpreis inbegriffen sind drei Mahlzeiten im Blue Train, der auch über einen Lounge Car für den Aufenthalt tagsüber verfügt. Der Abteilservice erscheint auf Knopfdruck.

- Wegen Zusatzinformationen und Buchungen wenden Sie sich bitte an Ihr Reisebüro oder an: The Manager, Blue Train Reservations, Private Bag X47, Johannesburg 2000, Südafrika,Tel. 27 11 7737631,Fax 27 11 7737643.

Den Nil entlang von Kairo nach Assuan

Robin Neillands

„Ägypten", sagt Herodot, „ist das Geschenk des Nils." Aber Ägyptens Eisenbahnen sind das Geschenk der Briten. Sie haben diese Bahnen gebaut, um das 1882 von ihnen besetzte und 1953 wieder verlassene Land gegen Aufstände, Bürgerkriege und Invasionen zu sichern. Daher wurden sie zwangsläufig unter strategischen Gesichtspunkten und nicht mit Blick auf Geschwindigkeit und Komfort angelegt. Die stationsreiche Zugfahrt längs des Nilufers mag anstrengend sein. Sie ist jedoch eine unübertreffliche Reise durch das Wunderland des Alten Ägypten und auch als Tour durch das moderne Ägypten mit der traditionellen, aber schon etwas banalen Nilkreuzfahrt ganz einfach nicht zu vergleichen.

GANZ RECHTS *Eine anmutige Nil-Felukke mit hohem Lateinersegel*

RECHTS *Reisende auf dem Bahnsteig von Qena*

Kairo ist die größte Stadt Afrikas, das Zentrum der arabischen Welt. Mit ihren unzähligen Menschen, die da chaotisch hin und her eilen und in allen möglichen westlichen und arabischen Gewändern die Basare und Straßen übervölkern, einen beiseite schubsen, einem Dinge verkaufen, die man nicht braucht, und „Bakschisch" verlangen, kommt diese Stadt dem erstmaligen Besucher aber eher wie ein aufgescheuchter Ameisenhaufen vor. Geduld ist das Gebot der Stunde, und nirgends mehr als im Ramses-Bahnhof, wo ein ständiges Kommen und Gehen herrscht, wo überall Leute schlafen oder Babys füttern und trockenlegen oder einfach wie im Koma auf den Bahnsteigen oder Bänken liegen und auf irgendwelche Züge oder irgendein Ereignis warten – und wo die Fahrkartenverkäufer in einer Art tödlicher Lethargie zu verharren scheinen. Machen Sie sich darauf gefaßt, daß der schlichte Vorgang einer Reservierung und eines Fahrkartenkaufs Stunden, wenn nicht Tage dauern kann – das hängt ganz von der Laune des Schalterpersonals und Ihrem Glück ab.

Ägypten besucht man, um das Alte Ägypten zu sehen, und das ist auch wirklich der einzige Grund für eine Fahrt längs des Nils. Es gibt zwei Möglichkeiten, diese Reise mit dem Zug zu machen. Zum einen die speziellen Nachtzüge mit Schlafwagen, die von Wagons-Lits betrieben werden und vom Kairoer Ramses-Bahnhof nach Luxor und Assuan fahren. Das ist die ideale Lösung für alle, die nur die wichtigsten Stätten Kairos und Luxors sehen möchten, wie die Pyramiden und das Tal der Könige in Theben, bevor sie nach Assuan weiterreisen. In diesen recht neuen, aus deutscher Produktion stammenden, klimatisierten Express-Zügen in Wagon-Lits-Qualität finden Sie Scharen dienstbarer Geister in weißen Jacketts, Speisewagen und Zweibettabteile ähnlich wie in Europa. Diese Art des Reisens ist bequem und angenehm, aber nicht sonderlich aufregend. Abgesehen von dem einen oder anderen Kamel irgendwo an der Strecke, könnten Sie auch woanders sein.

Ernsthafte Reisende aber – jene also, die mindestens drei dicke Reiseführer und einige Flaschen Mineralwasser dabei haben – werden sich für einen der Bummelzüge entscheiden, die all die kleinen Städte längs des Nils verbinden. Das ist keine romantische Angelegenheit, und selbst die klimatisierten Wagen der 1. Klasse sind bestenfalls als angemessen zu bezeichnen, aber Sie sehen die Landschaft, lernen Leute kennen und steigen aus, wann und wo Sie wollen.

Wenn Sie den Bogen erst einmal raus haben, ist so eine Reise den Nil entlang ein Kinderspiel. Es gibt eine Menge solcher Züge, darunter überraschend viele Güterzüge, die aber von Menschen überquellen. Sie überlegen sich, welchen Ort Sie sehen wollen, steigen an der nächstgelegenen Station aus und brausen mit dem Taxi oder dem Bus dorthin. Dann nehmen Sie einen Zug zur nächstbesten Stadt, die ein vernünftiges Hotel hat, und beginnen das Ganze wieder von vorn. Das klingt nach Glücksspiel, funktioniert aber prächtig. Ich war jedenfalls überzeugt, daß ich mit dem Wagons-

■ Ägypten ist zum größten Teil Wüste. Seine Bevölkerung konzentriert sich an der Küste, im Delta oder an den Ufern des Nils. Die Bahn folgt, wie die Straße, dem Strom und bringt den Reisenden in die Nähe der Sehenswürdigkeiten.

Von Kairo verläuft sie am Westufer des Nils nach Süden und führt an der Sphinx und den Pyramiden vorbei zu den Ruinen von Memphis und Saqqâra. Dann geht es durch eine fast biblische Landschaft weiter den Fluß entlang, den Felukken und Kreuzfahrtschiffe durchpflügen. Um El Lisht wachsen Palmbäume, grünen bewässerte Gemüsefelder. Dann ragt auch schon die Pyramide von Maidûm am Horizont auf. Beni Suef ist die erste Station, ein Marktzentrum für die Agrarerzeugnisse des Distrikts Faiyûm. Weiter im Süden liegt El Fashn, in dessen Hafen viele Kreuzfahrtschiffe anlegen, und dann El Minya, auch eine Marktstadt und Mittelpunkt einer sehenswerten Region. Die Attraktion des Baumwollzentrums Asyût ist die alte Stadt Lykonpolis.

Bahn, Straße und Fluß ziehen weiter nach Sohâg, das mit einer koptischen Kathedrale, einer Busstation und einem Flughafen aufwartet. Von hier aus sollte man u. a. die Nekropole von Abydos besuchen oder, mit einem langsameren Zug, die Nilstadt El Balyana, die mit ihrem guten Souk (Markt) bei Kreuzfahrtschiffen ebenfalls beliebt ist.

Dann führt die Bahn an den Tempeln von Dandara (Dendera) vorbei, die man mit der Bahn von Qena und mit dem Bus von Luxor aus erreicht. Als nächstes kommen die Tempel von Karnak und, am Westufer, das Tal der Könige, Königinnen und Adligen. Für Luxor sollten Sie zumindest drei Tage einplanen, um das Tal der Könige und Karnak zu besuchen, die Stadt zu erkunden und nach Dandara zu fahren. Bei der Reise zu dem 210 km weiter südlich gelegenen Assuan kommen Sie an Isna, Idfu und dem Tempel von Kom Ombo vorbei.

Von Assuan können Sie per Bus oder Flugzeug einen Abstecher von 480 km durch die Wüste zu den großartigen, von Ramses II. (1290–1224 v. Chr.) am westlichen Nilufer erbauten Tempeln von Abu Simbel unternehmen.

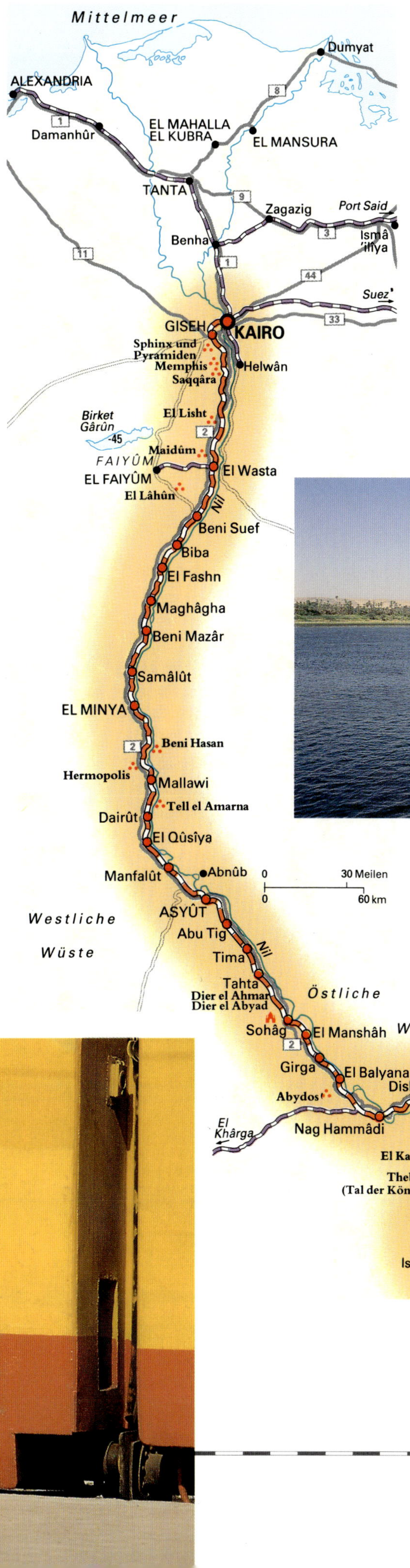

Lits-Spezial zwar den bequemeren Weg wählen, aber die größte Erfahrung meines Lebens verpassen würde. Sobald Ihre Reisevorbereitungen erledigt oder zumindest in guten Händen sind, sollten Sie sich etwas Zeit für Kairo nehmen, bevor Sie sich den Mühen der Bahnreise aussetzen. Vor allem anderem sollten Sie das Ägyptische Museum besuchen. Es beherbergt die bedeutendste altägptische Sammlung, darunter die Schätze des jung ermordeten Pharaos Tutanchamun. Ein Muß sind auch die Sphinx und die Cheopspyramide bei Giseh, unmittelbar am Südrand der Stadt. Man kann dort ein Kamel mieten, und die meisten tun das auch und reiten von Giseh aus zur Pyramide und einmal drum herum. Und wer ein Gespür für dieses wunderbare Ruinenland hat, nimmt noch an einem Busausflug nach Memphis, 20 km südlich von Kairo, und zu den Ruinen und Tempeln von Saqqâra teil. Der kluge Reisende wird auch die gute Tradition nicht

schmähen, zu einem Kaffee, Mittagessen oder Eis bei Groppi am Midan Talaat Harb einzukehren.

Als ich all dies gesehen und getan hatte, war die Zeit gekommen, meinem komfortablen Hotel Lebewohl zu sagen. Ich war inzwischen schon eine Art Held bei den übrigen Gästen, die meinem Vorhaben, mit der Bahn in den Süden zu reisen, mit etwa derselben Ehrfurcht begegneten, die Stanley zuteil geworden sein muß, als er seine Absicht kund tat, Livingstone zu suchen und zu finden. Ein Gentleman, der mir erzählte, daß er schon neunmal den Nil hinaufgefahren sei, fügte hinzu, daß man mir wahrscheinlich die Gurgel durchschneiden würde.

Ich hatte einen Frühzug gewählt, um dem Ansturm der Massen zu entgehen, aber im Ramses-Bahnhof ist 24 Stunden am Tag Rush-hour. Die Verwirrung wurde dadurch vergrößert, daß Scharen von Leuten versuchten, mein Gepäck zu tragen, und noch größere Scharen mir Getränke sowie Brötchen mit unaussprechlichen Belägen oder hieroglyphische Postkarten verkaufen wollten.

Der langsame Zug

Die Bummelzüge sind ramponiert und verstaubt und befördern meist mehr Menschen, als sie sollten. Als ich mich endlich in meinen Zug gekämpft hatte, war mein erster Gedanke, warum ich nicht bequem und angenehm im Wagons-Lits saß. Ernsthafte Reisende finden anscheinend Gefallen an Schmutz und Gedränge und dürften dies als einen Griff ins volle Menschenleben genießen. Die Dieselloks sind französischer oder russischer Herkunft und haben einst Beton und Gerät zum Assuan-Staudamm geschleppt.

Aber es gab auch andere Zerstreuungen. Auf dem Weg aus der Stadt, als wir über unzählige Weichen ratterten, sah ich die hoch aufragenden dreieckigen Spitzen der Pyramiden und die verstreuten Säulen der Tempel von Giseh, Memphis und Saqqâra. Im Westen liegt El Faiyûm, die größte Oase Ägyptens, ein herrlich grünes Paradies nach all dem Lärm und Schmutz Kairos. Zuckerrohr wächst hier, und die Palmen sind mit Datteln schwer beladen. Für mich war das verlockend genug, um in Beni Suef, 120 km südlich von Kairo, auszusteigen und zu übernachten, um dieses Gebiet mit Bus und Taxi zu erkunden und die Wasserräder von Medinet el Faiyûm und die Pyramiden von El Lâhûn zu sehen.

Während der etwa vierstündi-

gen Fahrt von Beni Suef nach El Minya, 249 km südlich von Kairo, verläuft die Strecke direkt neben dem Nil. Ich frühstückte unterwegs – Orangen. Sie wurden mir massenweise von meinen Mitreisenden angeboten, die Säcke voller Früchte, Hennen mit gefesselten Beinen und zumindest eine verängstigte Ziege bei sich hatten. Um Mittag erreichten wir El Minya. Das ist ein guter Ausgangspunkt für den Besuch der Gräber von Hermopolis oder Beni Hasan, 20 km weiter südlich. Ich stieg aus (vier oder fünf Stunden in einem dieser Züge sind das Höchste, was ein Mensch ertragen kann), beschloß aber, den Tag über hier zu bleiben, denn in El Minya gibt es einige Hotels mit guten Restaurants, einen guten Markt und ein paar Buslinien, die flußauf und flußab verkehren. Es hat auch ein sehr gutes Bier. Hermopolis, ein dem Gott Thoth (Hermes) geweihter Tempelkomplex, liegt in der Nähe von Mallawi, einer kleinen Stadt 48 km südlich von El Minya. Noch weiter südlich liegen die Reste der Stadt Tell el-Amarna, die von Echnaton und seiner berühmten Königin Nofretete im 14. Jahrhundert v. Chr. gebaut wurde.

Von El Minya nahm ich einen „Pendler"-Zug, der selbst nach lokalen Maßstäben recht verlottert war und vor Fellachen, die zum Markt unterwegs waren, fast aus den Nähten platzte. Um da überhaupt hineinzukommen, braucht man Ellbogen; Höflichkeit und Rücksichtnahme wären fehl am Platz. Diese Nahverkehrs-Pendlerzüge werden ausschließlich von der ländlichen Bevölkerung benutzt und sehen aus, als ob sie jeden Moment auseinanderfallen würden. An den Schmutz gewöhnt man sich aber erstaunlich leicht. Bei dem Geschnatter und den nicht enden wollenden Fragen der Einheimischen fühlte ich mich nie allein. Eigentlich wäre ich lieber etwas für mich geblieben, aber die Ägypter interessieren sich sehr für ausländische Besucher, und da viele von ihnen ein wenig Englisch oder Französisch können, ist man dauernd in irgendein Gespräch verwickelt. Außerdem wird in jedem Abteil heftig Backgammon gespielt, und so kommt eins zum anderen, bis man schließlich ganz froh ist, wieder aussteigen zu können. Manchmal hat man sogar Mühe, überhaupt aus dem Fenster zu schauen.

Dabei sind rechts und links der Strecke viele Tempelruinen zu sehen, wenn man nach Asyût, dem nächsten Halt, weiterrumpelt. Inzwischen haben wir auch Unterägypten (im Norden) verlassen und befinden uns in Oberägypten (im Süden). Asyût ist die wichtigste

OBEN LINKS *Die Nahverkehrszüge befördern meist mehr Menschen, als sie sollten*

GANZ LINKS *In der Sonne trocknende Datteln, bei Idfu*

OBEN *Geduldig erwarten die Kamele den nächsten Ansturm der Touristen*

GANZ RECHTS *Dieses Relief im Tempel der Himmelsgöttin Hathor bei Dandara schmückt eine der meistfotografierten Wände Ägyptens*

Stadt Oberägyptens, eine bedeutende Bahnstation und ein großes Handelszentrum. Sie liegt am Treffpunkt der Karawanenstraßen, die von der Westlichen Wüste und der Sahara hereinkommen. Der Nilstaudamm von Asyût wurde von den Briten im 19. Jahrhundert errichtet, um die ganze Region bis Beni Suef im Norden zu bewässern. Von Kairo bis hierher benötigt der durchgehende Zug etwa sechs Stunden; ich hatte allerdings drei Tage dazu gebraucht.

Nochmals 96 km weiter südlich hält der Zug in Sohâg, einem Zentrum der koptischen Christenheit in Ägypten. Die beiden Klöster Dier el-Armar (Rotes Kloster) und Dier el-Abyad (Weißes Kloster) liegen in den Hügeln im Westen, und eine Taxifahrt von Sohâg dorthin kostet etwa 25 DM, wenn man gut im Handeln ist. Ich bin nicht sehr gut im Handeln. Als ich es einmal versuchte, nur einmal, ging der Preis in die Höhe. Das spielte aber kaum eine Rolle, denn diese Taxis sind eigentlich immer verdammt billig, auch wenn sie manchmal verdammt schmutzig sind.

Ich hatte mich inzwischen an diese Art zu reisen gewöhnt und begann mich wohl zu fühlen. Meine ägyptischen Mitreisenden fielen in zwei Kategorien: Sie waren entweder freundlich oder zu freundlich. Dauernd boten sie mir Kaffee, Süßigkeiten, Obst in unterschiedlichen Fäulnis-Stadien und Flaschen tödlichen Orangensafts und Wassers an. Ich hörte sogar auf, mir um meinen Magen Sorgen zu machen, und aß ohne Gewissensbisse die Leckereien der Bahnsteigverkäufer – obwohl einen schon der bloße Gedanke schaudern macht, man könnte auf einer Bahnreise durch Äygpten von der Rache der Pharaonen ereilt werden. Angenehm war auch, daß die „Bakschisch!“-Rufe, die einem in Kairo ständig in den Ohren klangen, hier, außer in den Touristenzentren, völlig verstummt waren.

Von Sohâg aus zuckelt der Zug langsam weiter, mit einem Halt hier und einem Halt dort, und durchquert eine zeitlose Landschaft mit manchmal fast biblisch anmutenden Szenen. Bei Nag Hammâdi wechselt die Strecke auf das östliche Ufer des Nils. Die große, reich mit Hieroglyphen versehene Tempelanlage von Dandara liegt nur ein paar hundert Meter vom Stromufer entfernt. Sie birgt einen Isis- und einen Horus-Tempel sowie Hieroglyphen, die die Himmelsgöttin Nut preisen.

Wie immer Sie auch reisen mögen, Luxor ist der absolute Höhepunkt jeder Niltour. Wenn man mit dem Zug von Norden hereinkommt, erhält man einen guten Eindruck von all seiner Pracht. Man fährt sogar unmittelbar an den Tempelbezirken von Karnak vorüber. Luxor ist nicht nur eine sehr schöne Stadt, sondern erlaubt auch eine Fülle faszinierender Besichtigungen und Unternehmungen. Man ist gut beraten, sich dafür mindestens drei Tage zu reservieren, und bekommt selbst dann nur einen kleinen Teil dessen mit, was die Stadt zu bieten hat. Außerdem freute ich mich nach diesen fünf Tagen in schmuddeligen Zügen auf etwas Luxus, eine heiße Dusche und eine gute Kanne Tee.

Wenn Sie vom Bahnhof der Hauptstraße Sharia el-Mahatta folgen, gelangen Sie direkt zu den Ruinen von Karnak. Der bedeutendste Tempel ist dem Sonnengott Amun geweiht. Besuchen Sie ihn am Tage, um die großen Säulen, die Statue von Ramses II., die Sphinx-Allee und all die anderen Sehenswürdigkeiten zu bewundern, aber auch bei Nacht, um die *Son-et-Lumière*-Vorführung zu erleben. Nach Theben und zum Tal der Könige und Königinnen (Biban Al Muluk) müssen Sie mit einer *Felukke* oder Fähre den Nil überqueren. Die Nekropolen Thebens liegen auf dem Westufer, genau gegenüber Luxor. In dieser ausgedehnten, prächtigen Totenstadt wurden die Mächtigen des Alten Ägypten – die Könige und Königinnen und ihre Kinder, die Höflinge, Diener und Adligen – in großen, vergoldeten und sorgfältig verborgenen Gräbern bestattet.

Das berühmteste Grabmal, das die Grabräuber übersehen haben, ist natürlich das Tutanchamuns, der mit etwa zehn Jahren Pharao wurde. Es war fast unversehrt, als es der britische Archäologe Howard Carter nach sechsjähriger Suche 1922 entdeckte. Der Schatz des Tutanchamun, diese „Dinge, wundervollen Dinge“, die Carter in der Grabkammer sah, ist heute in Kairo. Aber der junge Pharao ruht noch immer in seinem alten Grab, das mit seinen reich mit Figuren bemalten und mit Hieroglyphen bedeckten Wänden in der Tat einen wundervollen Anblick bietet.

Ich nahm an einer nächtlichen *Felukken*-Kreuzfahrt auf dem Nil teil, aß auf Hotelterrassen Toasts mit Butter und trank dazu dünnen Tee und stieg dann wieder in den Zug nach Süden, für die letzten 210 km flußauf nach Assuan.

Auf dieser abschließenden Etappe sollte man Isna und Idfu sowie den Tempel von Kom Ombo besichtigen. Ich muß bei dieser Reise mit mindestens einem Dutzend Züge gefahren sein, aber nicht einer davon erreichte sein Ziel in der vom jeweiligen Bahnhofsvorsteher angegebenen Zeit. Diese Bummelzüge sind wahre Weltmeister im Bummeln. Wenn ich im voraus gewußt hätte, wie lange wir in Isna halten würden, hätte ich dort aussteigen und mir die Stadt ansehen können.

Der Stolz von Idfu, meiner letzten Übernachtungsstation, ist der Tempel des Horus, des falkenköpfigen Sohns des Osiris. Dieses riesige, finstere Bauwerk mitten in der Stadt ist mit dem *Gharri* (Pferdetaxi) zu erreichen, sobald man den Fluß überquert hat. Als die Kreuzfahrtschiffe verschwanden, war ich anscheinend der einzige Abendländer in ganz Idfu.

Der Doppeltempel von Kom Ombo liegt weiter im Süden am Nil. Er war den Göttern Horus (dem mit dem Falkenkopf) und Sobek (dem mit dem Krokodilkopf) geweiht. In den alten Zeiten pflegten sich am Nilufer bei Kom Ombo die Krokodile zu sonnen, aber inzwischen ist das Nilkrokodil schon längst aus Ägypten vertrieben worden.

Assuan befindet sich nördlich der großen Nilkatarakte. Es war und ist ein Flußhafen und die Fast-Endstation der Kairobahn. 13 km weiter südlich liegt der 1960–70 gebaute, 111 m hohe und 5 km lange Assuanhochdamm mit dem 550 km langen Nasser-Stausee, der sich bis in den Sudan erstreckt. Assuan ist ein Wintererholungsort, zu dessen Attraktionen ein Quartier im berühmten „Cataract Hotel“, eine *Felukken*-Fahrt zur

Nilinsel Elephantine (Kitchener's Island) und der Besuch des Aga-Khan-Mausoleums zählen.

Den krönenden Abschluß dieser Reise bildet ein Ausflug zu den wunderbar erhaltenen Felsentempeln von Abu Simbel, 480 km südlich von Assuan. Da diese Kunstwerke in den Fluten des Nasser-Stausees versunken wären, wurden sie 1964/68 in einer Aktion der UNESCO in 2000 Steinblöcke zerlegt und 65 m höher wieder aufgebaut. Pharao Ramses II., ihr ursprünglicher Erbauer, hätte das kaum besser machen können. So wie ich mir Ägypten angesehen habe, habe ich es als ein wundervolles, fast magisches Land erlebt. Keiner hat je mehr als eine Zigarette von mir gewollt, und wenn ich auch oft müde und schmutzig war, bedroht habe ich mich nie gefühlt. Man kann dieses Land im Laufe nur einer Reise kaum richtig kennenlernen. Wer aber so mit dem Zug den Nil hinauffährt und es in aller Ruhe erkundet, ist auf dem besten Weg dazu.

Praktische Tips

■ Die Entfernung zwischen Kairo und Assuan beträgt 730 km. Es gibt in beiden Richtungen täglich je zwei spezielle Nachtzüge mit Schlafwagen, die in Luxor halten und etwa 14 ½ Stunden für die Fahrt benötigen. Die Wagen sind klimatisiert, die Abteile haben fließendes Wasser. Es gibt einen Speisewagen, aber im Zug wird auch Wasser und Wein in Flaschen verkauft. Die Fahrkarten sind mindestens 48 Stunden vor Reiseantritt zu kaufen (das gilt insbesondere während der Wintermonate), und zwar bei Wagon-Lits in der Giza Street in Kairo, im Kairoer Ramses-Bahnhof oder bei einem Reisebüro.

■ Sehr viel billiger – und weniger gefragt – sind die täglichen Nahverkehrszüge und die von größeren Zentren aus operierenden lokalen „Pendlerzüge“. Sie führen klimatisierte Wagen 1. und 2. Klasse, aber auch nicht-klimatisierte Wagen 2. Klasse.

■ Auf die Fahrpläne kann man sich nicht verlassen. Deshalb kauft man seine Fahrkarte auch lieber vor Ort.

■ Die beste Reisezeit sind die Monate Oktober bis März; dann sind die Tage normalerweise heiß und sonnig, die Abende und Nächte kühl. Im Sommer kann es in der Tat sehr heiß werden.

Madagaskar – vom Zentrum zur Küste

Robin Neillands

Madagaskar ist weder mit Bahnen noch mit anderen Verkehrsmitteln reich gesegnet. Die Einheimischen behelfen sich, so gut es geht, und reisen zu Fuß oder mit dem Ochsenkarren auf ihren wenigen, schrecklichen Straßen. Wer etwas von der Insel sehen will, muß die Eisenbahn nehmen, so klein deren Netz auch sein mag. Aber hier ist jede Bahnreise interessant. Das liegt an der schönen Landschaft, vor allem aber an den vielen freundlichen Madagassen, die man im Zug kennenlernt. Sie machen den größten Reiz dieser wunderbaren, fremdartigen Insel aus. Bei der Fahrt von der Hauptstadt Antananarivo (oder Tana) zum Ostküsten-Erholungsort Toamasina (oder Tamatave) sollte man in Perinet übernachten und das Lemuren-Reservat besuchen, das allein schon eine Reise nach Madagaskar lohnt.

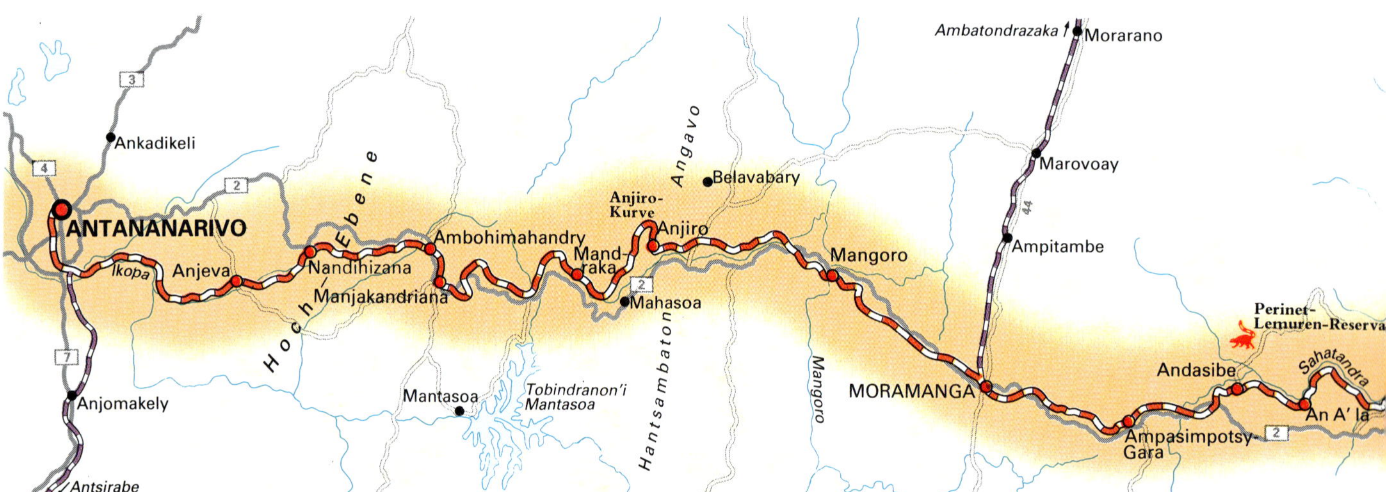

OBEN *Die staubbedeckte Lok der Tamatave-Bahn*

GANZ RECHTS *Obstverkäuferin am Bahnsteig*

Der einzige Zug nach Perinet und Tamatave fährt sechs Uhr morgens in Tana ab. Das ist nicht die Zeit, wo ich in Bestform bin. Aber diese Reise sollte sich jeder Besucher Madagaskars gönnen – sobald er die Sehenswürdigkeiten Tanas, vor allem den Zoma-Markt, hinter sich hat; „Zoma" ist das madagassische Wort für Freitag. Dieser Freitagsmarkt mit seinen aberhundert Ständen und weißen Sonnenschirmen belegt alle Hauptstraßen Tanas, einschließlich der Avenue de l'Indépendence. Hier bekommen Sie alles, vom Zeburind und der verängstigten Ziege bis zum Spielzeugauto aus alten Konservendosen, gebrauchten Autofedern und anderem Kram. Erst wenn Sie den Zoma-Markt besucht haben, sollten Sie nach Tamatave fahren.

Madagaskar, die viertgrößte Insel der Welt, ist größer als die Bundesrepublik, Österreich und die Schweiz zusammen, hat aber nur ein einspuriges Bahnnetz von 855 km Länge. Der Abschnitt von Tana nach Tamatave wurde zwischen 1901 und 1913 von den Franzosen

gebaut und wird von ihnen heute noch in gewissem Umfang instand gehalten. Die 375 km lange Strecke ist auch eisenbahntechnisch ein einziges Fest. Sie führt über viele Viadukte und Steilhänge, die sich hoch über den hellgrünen oder schlammbraunen Reisfeldern der Täler erheben, und verläuft an jähen Abgründen entlang, in denen Wasserfälle tosen und träge Flüsse dahinströmen.

Ein früher Start

Meine erste Aufgabe an diesem frühen Bahnhofsmorgen war, meinen Zug, dann den Wagen 1. Klasse und schließlich meinen Platz zu finden. Ein paar Worte in Französisch, der *Lingua franca* Madagaskars, und schon führte mich ein freundlicher Gepäckträger zum richtigen Bahnsteig. Den richtigen Wagen zu finden, war nun kein Problem mehr – der Wagen 1. Klasse ist der einzige mit Glas in den Fenstern.
Darüber war ich sehr froh, denn in Tana (800 m) kann es in der Stunde vor der Morgendämmerung recht kalt sein. Sehr froh war ich auch über die Tasse Tee, die ich mir auf dem Bahnsteig kaufte. Die meisten meiner Mitreisenden waren Ausländer wie ich. Für die meisten Einheimischen ist ein Ticket 1. Klasse unerschwinglich. Sie reisten, wie die Sardinen, in den 2.–Klasse-Abteilen weiter vorn. Ich kam an ihnen vorüber und erwiderte ihr freundliches Grüßen und fröhliches Winken, als ich den Zug entlangging, um die Lok zu besichtigen.
Es war eine kleine, 20 Jahre alte französische Diesellok, wie ich einer Messingplatte an der

■ *Die Bahn von Tana (Antananarivo) nach Tamatave (Toamasina) führt durch die zentralen Hochebenen Madagaskars zum Regenwald an der Ostküste. Sie folgt dem Ikopa River in die Berge hinauf und verläuft über weite Strecken neben oder in der Nähe der neuen Straße zwischen Tana und der Küste. Die Landschaft ist von fast unendlicher Vielfalt: Reisfelder lösen sich mit Savannen und Steilhängen ab. Da deren Wälder meist abgeholzt sind, werden sie zunehmend erodiert und gleichen roten klaffenden Wunden im Grün und Gold der Berge. Diese einspurige Bahn hat viele Stationen und passiert zahllose Tunnels und Durchstiche, wacklige Brücken, tosende Wasserfälle und ausgedehnte Eukalyptushaine.*
Commandant Roques vom Französischen Ingenieurs-Korps schlug 1897 vor, diese Bahnlinie zwischen der Hauptstadt Tana und dem Hafen von Tamatave zu konstruieren. Die Bauarbeiten dauerten ganze 12 Jahre, von 1901 bis 1913, und kosteten Hunderte, wenn nicht Tausende von Menschenleben. Es waren meist chinesische Arbeiter, die in Kanton und Schanghai angeworben wurden, um die Strecke durchs Bergland und den Dschungel zu schlagen, und hier vor allem an Malaria starben. Allein für die ersten 50 km (1903 eröffnet) benötigte man zwei Jahre, und das war noch der leichteste Teil, da die Strecke neben dem Ikopa verlief. Das technische Glanzstück der Linie ist die berühmte Anjiro-Kurve, eine fast kreisförmige Schleife mit einem Durchmesser von nur 80 m. Sie liegt etwa eine Stunde Fahrtzeit vor Perinet und soll es den von Tamatave kommenden Zügen ermöglichen, noch ein bißchen Fahrt aufzunehmen, bevor sie die steilen Steigungen in die Hochebenen hinauf angehen. Aber auch der Gegenzug legt hier noch zu und rast dann mit 65 km/h nach Perinet und zum Indischen Ozean weiter.

OBEN *Blumenpracht auf dem berühmten Zoma-Markt in Tana*

RECHTS *Fruchtbare, aber schutzlos Wind und Regen ausgesetzte Äcker. Ein Teil Madagaskars ist von Erosion bedroht*

Motorhaube entnahm. Im Führerstand dieses Museumsstücks drängte sich eine Handvoll Madagassen, und außen am Geländer und an den Haltegriffen hingen noch mehr, um ein letztes Mal die Scheiben zu putzen oder Öl auf die Achsen und in die Spalten der Motorabdeckung zu tröpfeln. Nach ihrem Äußeren zu urteilen, schien die Lok eher für kleine Rangierjobs geeignet als für eine Fahrt durch die Berge zur Ostküste, aber der (oder die) Führer versicherte(n) mir, es sei eine sehr gute Lok, und wenn ich später eine Weile im Führerhaus fahren wollte, dann ließe sich das arrangieren. Sie baten mich nur, daß ich ihnen dafür ein kleines *Pourboire* gäbe und wartete, bis die Bürokraten von Tana weit genug weg wären. Das leuchtete mir ein, und so ging ich zu meinem Platz zurück (man sitzt am besten links), als die Lok ein paar warnende Pfiffe ertönen ließ und der Zug sich zur Abfahrt bereitmachte.

Zuerst zieht die Strecke einen Bogen um die eintönigen, deprimierenden Slums am Stadtrand und führt dann ein Stück nach Süden, bevor sie sich, längs des Ikopa River, nach Osten und durch die abwechslungsreiche Landschaft der Hauts Plateaux (Hochebenen) schlängelt. Berge und Täler lösen sich in raschem Wechsel ab, Berge mit fast baumlosen Hängen, die sich schroff über dem Smaragdgrün der Reisfelder erheben. Hier und da waren kleine Dörfer zu sehen, deren Bewohner schon zur Arbeit ausschwärmten und Herden langhörniger Zebus vor sich her die Hänge hinauftrieben, die, je länger wir dahinfuhren, um so mehr von Felsen dominiert wurden. Nun, da es heller geworden war, konnte ich mir auch meine Mitreisenden näher ansehen.

Sie gehörten zu jenem Typ von Reisenden, dem man auf allen berühmten Bahnen der Dritten Welt begegnet: zwei, drei Gruppen von Studenten; einige Deutsche, die schon ihren Reisekommentar in ein Tonbandgerät murmelten; und ein dünner, bärtiger Amerikaner mit Camcorder, der über das schwache Licht fluchte, als er alles auf Band zu bannen versuchte, um seine Leute zu Hause noch mehr zu langweilen. Wir waren ein buntgemischter Haufen von Australiern, Amerikanern, Europäern und Japanern, die sich gegenseitig, in der besten Tradition unabhängiger Reisender, weitestmöglich zu ignorieren suchten. Der einzige Madagasse im Abteil war Monsieur Joseph, Eigner des Bahnhofshotels in Andasibe, der mir zu meiner Freude gleich meine nächste Übernachtung reservierte.

Auf die Savannen und Reisfelder der Hochebenen folgt ein Waldgebiet. Danach klettert der Zug mühsam zum Angavo-Massiv (Hantsambaton Angavo) empor. Er klammert sich dabei an jähe Kliffs und rumpelt durch zahlreiche Tunnels und Durchstiche. Die Berge ragen bis zu 450 m über das Plateau empor und erheben sich hoch über die Täler des Mandraka und des Anjiro. Der Ikopa wird immer schmaler und schneller und führt endlich irgendwo an der Strecke zu einem riesigen Wasserfall. Die Anjiro-Schichtstufe bildet die Grenze zwischen dem Gras- und Eukalyptusland der Hauts Plateaux und dem Regenwald Ostmadagaskars, der von da bis zur Küste hinab den Großteil des Landes bedeckt.

Kurz vor Anjiro erreicht die Bahn ihren höchsten Punkt und die berühmte Anjiro-Kurve. Dort beschreibt das Gleis eine enge Schleife mit nur 80 m Durchmesser. Als wir uns aus dem Fenster lehnten, konnten wir den ganzen Zug sehen, wobei die Lok in der enger werdenden Kurve den Dienstwagen einzuholen schien. Der Amerikaner mit dem Camcorder fiel fast aus dem Wagen, während er alles ins Bild zu bringen versuchte.

Von der Anjiro-Kurve geht die restliche Fahrt bergab, mit häufigen Halts in den vielleicht 30 Stationen unterwegs. Auf den Stein- und Erdbahnsteigen spielen sich bei der Einfahrt des Zuges faszinierende Szenen ab. Ziegen und Hühner spritzen wild auseinander, wenn die fliegenden Händler ausschwärmen, um geröstete Bananen, gemischtes Fleisch und Obst zu verkaufen.

Blick aus dem Führerstand

Dieser Zug nach Tamatave ist eine Touristenattraktion, aber keine Touristenbahn. Er bringt die Einheimischen zur Arbeit und deren Erzeugnisse zum Markt. Im Bahnhof von Anjiro gab es einen Riesenspektakel, als drei große, gilfende Schweine in Kisten gesperrt und ins Gepäckabteil verfrachtet wurden – was mir die Gelegenheit bot, mich zu den Lokführern zu gesellen. Ich gab ihnen einen Dollar Trinkgeld, was nach Meinung der anderen ernsthaften Reisenden völlig überhöht war, die Preise verderben und das gesamte lokale Wirtschaftssystem zerrütten würde. Aber die Lokführer strahlten.

Der Führerstand war eng und voll. Die Hauptaufgabe des einen Mannes war, vor jedem Bahnhof und fast allen Übergängen und Kurven das große Horn zu betätigen. Ein anderer hielt das Ölkännchen und die Teekanne und war einfach unentbehrlich, und der dritte hatte ein wachsames Auge auf ihn. Der vierte unterhielt sich mit mir. Das Problem war, daß niemand die Lok zu führen schien.

Wenn man so im Führerstand einer 20jährigen Lok über eine 80jährige, einspurige Strecke durch den Dschungel schaukelt und schlingert, wird man leicht etwas unruhig. Da sich aber außer mir niemand zu sorgen schien, beruhigte ich mich wieder und schwatzte mit dem „Oberlokführer“, wenn das denn seine Funktion beschreibt. Er zeigte großes Interesse für die königliche Familie von England und sagte, er habe Prinz Philip, den Herzog von Edinburgh, kennengelernt. Anscheinend begegnet man im Zug nach Perinet einer Menge berühmter Leute.

Hinter Anjiro ändert sich die Szene allmählich. Zuerst taucht ein breiter Bambusgürtel auf, anschließend triefend nasser Regenwald. Wie querten den Mangoro und kamen dann, etwa vier Sunden nach der Abfahrt aus Tana, in die Stadt Moramanga. Moramanga ist ein Eisenbahnknotenpunkt. Hier begann am 29. März 1947 der madagassische Unabhängigkeitskampf gegen die Franzosen.

Der Amerikaner mit dem Camcorder übernahm mei-

RECHTS *Ein kleiner Madagasse mit einem Chamäleon*

UNTEN *Waschtag im Bahnhof von Razanaka*

nen Platz im Führerhaus. Etwa eine halbe Stunde später, kurz vor elf Uhr, fuhren wir in Andasibe ein, der Station zum Perinet-Reservat. Man kann auch nach Tamatave durchfahren, aber kluge Leute übernachten hier und reisen erst am nächsten Tag weiter. Der Zug legt in Andasibe ohnehin eine gemütliche Mittagspause ein. Ich ging zu Monsieur Joseph und schleppte mein Gepäck zu einem der strohgedeckten Holzhäuser hinüber, die etwa die Hälfte seiner Hotelkapazität ausmachen.

Das „Hôtel de La Gare" stellt man sich am besten als eine etwas altersschwache, tropische Pension vor, die von Monsieur Joseph und seinem fröhlichen Personal mit großem Charme und einer gewissen Unbestimmtheit geführt wird. Da war zum Beispiel die Sache mit dem Datum. Ich kam am 9. Mai in Andasibe an. Das weiß ich, weil das der Geburtstag meiner Tochter ist und ich sie an diesem Morgen von Tana angerufen hatte. Der Kalender hinter der Theke im Hôtel de La Gare zeigte den 10. Mai. Ich dachte mir nichts dabei. Als ich jedoch am nächsten Morgen zum Frühstück kam, war der 11. Mai aufgeblättert. Monsieur Joseph und Andasibe hatten irgendwo einen Tag gewonnen, aber das schien kaum von Bedeutung. Ich aß zu Mittag und machte mich dann mit einigen anderen Besuchern auf den Weg zu den Lemuren von Perinet.

Die meisten Leute kommen wegen der Lemuren nach Madagaskar. Die Insel hat eine einzigartige Fauna und Flora und kann mit 14 endemischen Lemurenarten, 100 oder mehr verschiedenen Vogelarten und über 8000 Pflanzenarten aufwarten, die es nirgendwo sonst auf der Erde gibt. Die allerberühmteste und am meisten fotografierte Lemurenart ist der Katta (mit dem schwarz und weiß geringelten Schwanz), der auf jedem Madagaskar-Buch und Madagaskar-Plakat erscheint. Er bewohnt das Berenty-Reservat in der Nähe von Taolänaco (Fort Dauphin) im Süden der Insel.

Die Indri-Lemuren von Perinet sind sehr viel seltener und scheuer. Sie stoßen zwar die betörendsten Schreie aus, um mit einem zu spielen, sind aber kaum zu Gesicht zu bekommen. Wir hatten Glück und sahen im Laufe einiger Stunden ganze drei, wenn auch erst nach einem Marsch durch den feuchten und mit Blutegeln verseuchten Regenwald. Sie waren durch das Fernglas deutlich zu erkennen und wirkten mit ihren dicht behaarten, abstehenden Ohren eher wie kuschlige Teddybären. Wir sahen auch viele schöne Schmetterlinge und ein prächtiges grünes Chamäleon, das sich aber weigerte, die Farbe zu wechseln, als wir es auf einen Schal mit Schottenkaro setzten.

Das Abendessen wurde durch die Reise-Anekdoten meiner Gefährten sehr belebt, aber auch durch die Näpfe voll „Killer-Chili", wie wir deren Inhalt bald tauften. Danach und nach den ein, zwei Flaschen Wein verlief der Rest der Nacht sogar noch angeregter. Trotzdem war ich schon bei Tagesanbruch auf, um dem Reservat noch einen Besuch abzustatten, bekam auch zweimal Lemuren zu Gesicht und war dann rechtzei-

tig zur Einfahrt meines Zuges wieder in der Bahnhofsbar. Die letzte Etappe konnte beginnen.
Auch jetzt sind die besten Plätze links. Und da hier viele Leute ausstiegen, um Perinet zu besuchen, hatte ich kein Problem, einen guten Aussichtsplatz zu finden. Nun hat das Gleis auch endlich der Straße Lebewohl gesagt, die es seit Tana begleitete, und folgt ganz allein dem Fluß Sahatandra oder Vohitra. Übrigens haben auf Madagaskar die meisten Dinge zwei Namen,

so etwa Tamatave, dessen korrekterer, aber weniger gebräuchlicher Name Toamasina lautet. Von hier an fällt das Land recht steil bis auf Meereshöhe ab, und die Ausblicke auf die Berge und Regenwälder werden immer malerischer. Das gilt auch für diesen Streckenabschnitt selbst, der Commandant Roques vom Französischen Kolonial-Ingenieurs-Korps und seine Arbeiter jahrelang beschäftigt hat.
Wir rattern über zahlreiche Brücken und durch eine endlose Zahl von Durchstichen und Tunnels, die einander Kilometer auf Kilometer und in schnellem Tempo folgen. Es gibt mehr Dörfer hier und mehr Stationen, vielleicht 20 zwischen Andasibe und Tamatave. Als der Regenwald der Ebene weicht, mehren sich die trostlosen Anzeichen einer fortschreitenden Zerstörung dieses wichtigen Menschheitserbes durch Holzeinschlag und Weidelandgewinnung. In dem dunkler werdenden Regenwald glühen die Feuer. Die Ströme und Flüsse hier auf der Ostseite der Insel sind rot von der mitgerissenen Erde, der Himmel über den Dörfern grau vom Rauch der Kohlenmeiler. Die Brandrodungen (bald vielleicht auch die Holzwirtschaft) zerstören den Regenwald Madagaskars. Wenn der einmal verschwunden ist, rutscht womöglich die ganze Insel, von den tropischen Regenfällen hinweggewaschen, in den Indischen Ozean ab.
Der Zug fährt um 12 Uhr mittags in Andasibe ab, passiert kurz vor Einbruch der Dunkelheit das kleine Dorf Brickaville (Ampasimandotra) und erreicht dann bei Ambila-Lemaitso die Küste. Dort biegt er nach Norden ab, fährt durch kleine Fächerpalmenhaine die Küste hinauf nach Tamatave und folgt dabei dem Pangalanes-Kanal (Lakandranon' Ampangalana), einem beliebten Feriengewässer der Madagassen. Es war so dunkel geworden, daß wir nicht viel sahen, als wir über eine Zahl Weichen ratterten und endlich in den Bahnhof einfuhren.
Alle Reisen durch Madagaskar beginnen und enden in Tana, eine Rückkehr dorthin ist also unvermeidlich. Aber viele Besucher werden länger hier bleiben wollen, denn Tamatave ist eine bedeutende Hafenstadt und ein Urlaubsort. Wer sich aber bei einem Bad im Meer den Reisestaub abwaschen will, sei gewarnt: Es gibt Haie vor diesen Stränden, und zwar sehr gefräßige. Mit schuld daran sind die genialen Planer und Betreiber des städtischen Schlachthofs, der in die Nähe eines der Hauptstrände Tamataves plaziert wurde und mit seinen blutigen Abfällen die Haie anlockt. Wer dennoch ein Bad nehmen und es überleben will, sollte in der geschützten Zone bleiben oder sich an den Hotel-Swimmingpool halten.
In der weichen, warmen Atmosphäre des nächsten Morgens erwies sich Tamatave als angenehme Stadt. Sie ist großenteils im französischen Kolonialstil gebaut, hat schattige Alleen, schöne Gebäude und eine Luft, die vom Wohlgeruch der nahebei wachsenden Gewürznelkenbäume erfüllt ist. Sie können eine Schiffstour zur Ile aux Prunes machen (vom Hafen aus eine Stunde) oder zur Ile Ste. Marie fliegen. Das ist eine tropische Insel wie im Bilderbuch – mit schrägen Palmen und Sandstränden, einem warmen Meer und einem Riff, das die Haie abhält. Sie können aber auch wieder nach Tana zurückfahren und dort eine andere Bahn nehmen, um mehr von dieser schönen Insel zu sehen, bevor sie vollends ins Meer gespült wird.

Praktische Tips

■ Für die 375 km von Tana (Antananarivo) nach Tamatave (Toamasina) benötigt der Zug etwa neun Stunden. Es gibt täglich in beiden Richtungen je eine Verbindung.

■ Der Zug hat drei Wagenklassen, die 1., 2. und 3. Klasse (in letzterer werden eventuell auch lebende Tiere befördert). Es gibt keine Schlafwagenabteile und kein Büffet, dafür aber viele fliegende Händler, die auf den Bahnsteigen Speisen und Getränke verkaufen.

■ Die 1. Klasse ist reservierungspflichtig, in den Wagen der 2. und 3. Klasse gibt es meist ausreichend freien Platz.

■ Auf dieser Strecke ist es das ganze Jahr über heiß, manchmal auch schwül und manchmal staubig. Die Trockenzeit dauert von Mai bis Oktober, aber der Regenwald blüht in der Regenzeit, von November bis April. Die Ostküste weist die höchsten Niederschlagsmengen auf.

■ Die Züge gehören zu den Chemins de Fer Malagasy. Es ist leider nicht möglich, die Reise von außerhalb Madagaskars zu buchen. Wenden Sie sich wegen Informationen, Reservierungen und Fahrkarten an eine Hotelrezeption oder ein Reisebüro in Tana. Natürlich bekommen Sie Ihre Fahrkarten auch in einem Bahnhof, das kann aber eine zeitraubende Angelegenheit werden.

Die Autoren

Paul Atterbury lebt als Dozent und Schriftsteller in England und Frankreich. Seine Themen sind Kunst, Antiquitäten und Reisen; er wurde auch als Berater der *Antiques Roadshow* der BBC bekannt. Als leidenschaftlicher Bahnreisender ist er mit den schönsten Eisenbahnen der Erde gefahren und hat seine Beobachtungen in zahlreichen Publikationen festgehalten, unter anderem in *See Britain by Train*.

Ben Davies arbeitet als Journalist and freier Fotograf. Seine Spezialgebiete sind Wirtschaft, Reisen, Politik in Europa und Asien. Er lebt in Bangkok und schreibt für Printmedien wie *Euromoney* und die *International Herald Tribune*. Zu seinen neuesten Veröffentlichungen gehören zwei Thailand-Reiseführer.

Timothy Jepson hat einige Jahre in Italien gelebt, von 1988 bis 1990 als Korrespondent des *Sunday Telegraph* in Rom. Er ist Autor und Coautor einiger Reiseführer, wie der *Rough Guides to Canada and Italy* und des *AA Essential Explorer Rome*, und arbeitet derzeit an der Serie *Italy by Train*.

Mona King ist freie Schriftstellerin und Übersetzerin und war Leiterin des Mexikanischen Fremdenverkehrsbüros in London. Sie hat in Mexiko und Europa, insbesondere in Spanien, ausgedehnte Reisen unternommen und zahlreiche Reiseführer geschrieben, wie die soeben erschienenen *AA Tourguide Mexico* und *AA Tourguide Spain*.

Anthony Lambert arbeitet als freiberuflicher Publizist. Ein Eisenbahnliebhaber zeit seines Lebens, ist er durch über 40 Länder der Erde gereist – wo immer möglich hinter schnaubenden Dampfloks. Er hat 12 Bücher über Reisen und Verkehr verfaßt und arbeitet für die *Times*, *New York Times* und *Geographical*.

Piers Letcher ist freier Autor und Fotograf in Frankreich. Er hat Computer- und Reisebücher geschrieben, etwa einen Jugoslawienführer, ist Mitarbeiter verschiedener Zeitungen und Magazine und publiziert nun eine Sammlung von Kurzgeschichten.

Kim Naylor ist Fotojournalist in Stockholm und ständiger Mitarbeiter schwedischer Reisemagazine. Er hat etliche Abenteuerreiseführer geschrieben – über Afrika, Indien und Vietnam.

Robin Neillands ist freier Reiseschriftsteller und Autor von über 50 Büchern zu den Themen Reisen, Geschichte und Leben in der Natur. Er schreibt Romane (teils unter dem Pseudonym Robin Hunter) und ist Mitarbeiter vieler Magazine und Zeitungen, wie *Radio Times, Daily Telegraph* und *Harpers*.

Tony Pinchuck wurde in Südafrika geboren und lebt als freier Journalist und Designer in London. Er hat große Teile des südlichen Afrika bereist, zahlreiche Artikel über Simbabwe und einige Bücher veröffentlicht und ist Coautor des *Rough Guide to Zimbabwe and Botswana*.

Christopher Sainsbury war Kunstdozent, wurde Schriftsteller und Fotograf und ist heute, in einer Art Halbruhestand, Reiseführer in Südamerika. Er hat in 44 Ländern der Erde gearbeitet und zweimal die Welt umsegelt.

Richard Sale und Tony Oliver sind Physiker; ihr Spezialgebiet ist Gletscherkunde. Richard Sale ist schon in ganz Europa gewandert und geklettert, konzentriert sich heute aber auf die Arktis. Trecking-, Kletter- und Radtouren sind Tony Olivers Lieblingsbetätigungen; er ist der Autor von *Touring Cycles*. Die beiden haben, zusammen oder allein, zahlreiche Bücher geschrieben und illustriert. Ihr neuestes Projekt ist die *Arctic Odyssey*.

Dave Scott ist Gastronom, Kochbuch- und Reiseautor. Er ist ein weitgereister Mann, hat in Japan gelebt, die Techniken des Kampfsports erlernt, für Zeitungen und Magazine wie die *Sunday Times* und *Here's Health* viele Reise- und Ernährungsartikel geschrieben und über 20 Bücher veröffentlicht, darunter den *AA Essential Guide Japan*.

Gus Silber schreibt als freier Journalist für verschiedene Magazine in Südafrika. Sein Themenspektrum reicht von Sport über Politik bis Reisen; für seine Kritiken, Reiseartikel und Features wurde er mehrfach ausgezeichnet. Er veröffentlichte *Who's Really Who in South Africa* und *It Takes Two to Toyi-Toyi*, ein Überlebenshandbuch für das neue Südafrika.

Roy Sinclair arbeitet als Journalist und freier Fotograf für *The Press* (Christchurch, Neuseeland) und war schon immer ein Eisenbahnfan. Er hat über viele Themen geschrieben, etwa die Nationalparks Australasiens, und mehrere Bücher publiziert, darunter *Rail: the Great New Zealand Adventure*.

Colin und Fleur Speakman betreiben ein Beratungsbüro, *Transport for Leisure*, das für einen „umweltfreundlichen" Tourismus eintritt. Sie haben mehrere deutsche und österreichische Wanderführer verfaßt, wie *Walking in the Black Forest, Walking in Salzkammergut* und *Green Guide to Germany*.

Richard Trillo reist und arbeitet seit anderthalb Jahrzehnten in Afrika. Er hat zwei Reiseführer geschrieben, den *Rough Guide to Kenya* und den *Rough Guide to West Africa*.

Ken Westcott Jones ist Mitglied und Mitbegründer der British Guild of Travel Writers. Er war jahrelang Reiseredakteur der *United Newspapers*; seine Kolumne in der *East Anglian Daily Times* erscheint seit nunmehr über 40 Jahren. Zu seinen vielen Büchern gehört auch *Great Railway Journeys of the World*. Als großer Eisenbahnfan hat er 52 Länder der Erde bereist.

Index

Kursive Seitenzahlen verweisen auf Bildlegenden bzw. Nebentexte (Karte/Praktische Tips).

Der Verlag dankt folgenden Fotografen, Archiven und Institutionen für ihre Hilfe bei der Vorbereitung dieses Buches (o = oben, u = unten, l = links, r = rechts): **Klaus Fader** 2/3; **Rick Godley/Ajax Silver Image Pictures** 18(o); **Jonathan Eastland/Ajax Silver Image Pictures** 96(u); **Al Andalus Expreso** 76, 77, 81(o); **Bryan & Cherry Alexander Photography** 58, 59(o), 63; **J. Allan Cash Photolibrary** 43, 47, 119, 133(u), 148(u), 149; **Amtrak** 102, 104, 106; **The Blue Train** 206; **Britstock-IFA Ltd** 66/7; **Hilary Bradt** 216, 217, 221; **Countrylink** 180/1; **Bill Cousins** 71,72/3, 73; **Ben Davies** 88, 89, 90, 91, 92/3, 93, 94, 95; **Richard Elliott** 56; **SNCF** 34(u), 36; **Ffotograff** 157, 176; **Colin Monteath/ Hedgehog House New Zealand** 197, 199(o); **Nathan Secker/Hedgehog House New Zealand** 174/5; **Shirley Higgins** 218, 220; **Robert Holmes Photography** 120(o), 123(o); **The Hutchison Library** 190, 198/9, 201(o), 212/3; **The Illustrated London News Picture Library** 7, 13; **S. D. Jolly** 28; **A. Kraus** 126, 128/9, 129, 130, 130/1; **Anthony Lambert** 82(o), 83, 84, 85, 86, 87, 133(o), 134/5, 136(l), 137(o); **Piers Letcher** 44, 46(u), 48/9, 48, 185(o), 186, 187; **The Mansell Collection** 9(u), 10; **Mary Evans Picture Library** 6, 9(o); **Millbrook House Ltd** 14/5, 153, 155, 156; **National Railway Museum, York** 8, 12(o); **Kim Naylor** 154, 158/9, 159, 160, 161; **Dr. L. Nixon** 136(r); **Tony Oliver** 57, 61, 62, 145, 147, 148(o), 151, 150/1, 152; **Orient Express Hotels Ltd** 19, 20, 21(o), 21(u), 22/3, 23, 25; **The Photographers Library** 121; **Rail Safaris** 192(o), 194; **Robert Harding Picture Library** 115, 191, 192; **The Robert Opie Collection** 4(o), 4(u), 5(o), 5(u); **David Rogers** 14(u),70, 193, 194/5; **C. J. Sainsbury** 138, 139, 140, 141, 142/3, 143; **Roy Sinclair** 170, 171, 172, 172/3, 175; **South American Pictures** 134, 137(u); **Spectrum Colour Library** 18(u), 24, 27, 31, 99, 100, 101(o), 103, 109, 114/5, 146/7, 163, 166/7, 177, 179(o), 202, 203(o), 203(u), 205, 208(o), 208(u); **The Telegraph Colour Library** 122; **Ian Thomson** 142; **Ian Yates** 196; **Zefa Picture Library (GB) Ltd** 11, 12(u), 15, 26, 40, 59(u), 60, 60/1, 64, 65, 74, 80/1, 82(u), 104/5, 107, 108(o), 108(u), 110, 111, 116, 117, 128, 150, 169, 179(u), 182, 204/5, 207, 219.

Die Autoren der übrigen Fotos, aus dem Archiv der Automobile Association, sind: **M. Adelman** 32, 33, 34, 38, 39, 40, 42, 50, 51, 52, 53, 54, 65, 67, 68(o), 69; **A. Baker** 29, 30, 68(u); **J. Carnie** 74; **J. Edmanson** 80; **R. Elliott** 114, 118, 120(u), 123(u); **D. Hardley** 75; **P. Kenwood** 101(u), 112, 113, 183, 184, 185(u), 187(o), 188, 189, 196, 199(u), 200, 201(u); **J. Lloyd** 37(o); **D. Noble** 55; **D. Robertson** 78, 79; **A. Souter** 40/1, 41, 49; **R. Strange** 1, 35, 37(u), 96(o), 98, 99, 211, 212, 214, 215; **R. Surman** 45, 46; **P. Timmermans** 124, 125; **P. Wilson** 127, 131.